Godfried Edmund Friess

Der Aufstand der Bauern in Niederösterreich

Godfried Edmund Friess

Der Aufstand der Bauern in Niederösterreich

ISBN/EAN: 9783743325388

Hergestellt in Europa, USA, Kanada, Australien, Japan

Cover: Foto ©ninafisch / pixelio.de

Manufactured and distributed by brebook publishing software (www.brebook.com)

Godfried Edmund Friess

Der Aufstand der Bauern in Niederösterreich

DER
AUFSTAND DER BAUERN

IN NIEDERÖSTERREICH

AM

SCHLUSSE DES XVI. JAHRHUNDERTS.

VON

G. E. FRIESS.

Separat-Abdruck aus den Blättern des Vereines für Landeskunde von Niederösterreich, 1897.

WIEN
VEREIN FÜR LANDESKUNDE VON NIEDERÖSTERREICH
IN COMMISSION BEI **L. W. SEIDEL & SOHN,** K. U. K. HOF-BUCHHÄNDLER.
1897.

Druck von Friedrich Jasper in Wien.

INHALT.

I. Abteilung.

	Seite
Vorwort	V
Entstehen und Entwicklung des niederösterreichischen Bauernstandes bis zum Ausbruche des grossen Aufstandes.	1– 96
1. Die Entwicklung der Bauernschaft in Niederösterreich und ihre Lage im XII. und XIII. Jahrhundert.	1– 19
2. Die niederösterreichische Bauernschaft am Schlusse des XIII. und im XIV. Jahrhundert.	19– 27
3. Die niederösterreichische Bauernschaft vom XV. Jahrhundert bis zur ersten Erhebung im Jahre 1525.	27– 47
4. Die erste Erhebung der Bauern in Niederösterreich im Jahre 1525.	47– 61
5. Der niederösterreichische Bauernstand in der Zeit von 1526 bis 1596.	61– 96

II. Abteilung.

1. Beginn des Aufstandes.	96–114
2. Ausbreitung des Aufstandes in den beiden oberen Vierteln des Erzherzogtums.	114–131
3. Der Aufstand auf seiner Höhe.	131–158
4. Niedergang der Erhebung.	158–177
5. Neues Aufflammen und gänzliche Unterdrückung der aufständischen Bewegung im Viertel ober dem Manhartsberg.	177–202
6. Letzte Erhebung der Bauern und gänzliche Niederwerfung derselben im Viertel ober dem Wienerwalde.	202–230
7. Das Strafgericht	230–243
Urkunden.	244–370

Vorwort.

Wenn der Verfasser es unternommen hat, die mächtige Erhebung der Bauernschaft in den beiden westlichen Vierteln von Niederösterreich einer neuen Bearbeitung zu unterziehen, so leitete ihn vor allem der Umstand, dass sich ihm dabei viele Quellen eröffnet haben, die Professor Dr. Karl Haselbach in seiner vor mehr als drei Decennien erschienenen Abhandlung »Der niederösterreichische Bauernkrieg« (Wien 1867) entweder verschlossen waren, oder die er zu benützen nicht in der Lage war. Wenn es auch dem Verfasser gelungen sein mag, manche neue Aufschlüsse zu geben, so soll dadurch der Arbeit Haselbachs in ihren unbestreitbaren Verdiensten kein Abbruch geschehen, da sich ja die Absicht des Verfassers nur dahin richtete, dessen Werk zu ergänzen und auf Grund der neu eröffneten Quellen, wenn notwendig, auch zu berichtigen.

Der Verfasser erachtet es als seine vorzügliche Pflicht, hier allen jenen, die ihm bei dieser Arbeit hilfreiche Hand geboten haben, seinen besten Dank auszusprechen, vor allem Sr. Exc. dem P. T. Herrn k. k. Sectionschef Dr. Wilhelm Ritter von Hartl als gewesenem Director der k. und k. Hofbibliothek, dann den Hochwürdigen Herren Archivaren Albin Czerny des Stiftes St. Florian, Benedict Hammerl des Stiftes Zwettl und Dr. Eduard Katschthaler des Stiftes Melk, sowie — last not least — dem Herrn Landesarchivar von Niederösterreich Dr. Anton Mayer und mehreren andern.

Stift Seitenstetten am Neujahrstage 1898.

G. E. Friess.

I. ABTEILUNG.

Entstehen und Entwicklung des niederösterreichischen Bauernstandes bis zum Ausbruche des grossen Aufstandes.

1. Die Entwicklung der Bauernschaft in Niederösterreich und ihre Lage im XII. und XIII. Jahrhundert.

Gleich den anderen deutsch-österreichischen Ländern weist auch im Stammlande des Kaiserstaates, im Erzherzogtume Österreich unter der Enns, die Bauernschaft während des Mittelalters kein einheitliches Gefüge auf, sondern entwickelte sich aus einer Bevölkerung, deren Teile hinsichtlich ihrer wirtschaftlichen wie rechtlichen Stellung sehr verschiedenartig gestaltet waren.

Als nämlich nach der ewig denkwürdigen Schlacht auf dem Lechfelde im Jahre 955 das Gebiet östlich des Ennsflusses schrittweise — denn erst ein Jahrhundert später erreichte die deutsche Ostmark die Leitha und March als Grenze — wieder unter die Herrschaft des deutschen Königs kam, bedeckten mächtige Forste das Land, die von den Gebirgen herab sich fast bis zu dem beiderseitigen Ufer der Donau erstreckten. Als Teile dieses weiten Waldgebietes erscheinen südlich der Donau der Ennswald, der von diesem Flusse ab sich bis zur Ips und Erlaf erstreckte; die Silva Palta um Mautern; die Silva Houperg, welche nicht nur das Gebiet der oberen Traisen erfüllte, sondern auch gegen Osten sich weithin bis in das Gebiet der heutigen Weltstadt Wien ausdehnte. Am linken Ufer der Donau erstreckte sich die Silva Nortica, ein mächtiges Waldgebiet, das mit seinen Teilen weit nach Böhmen hineinragte und selbst das Marchfeld als Silva Hart noch teilweise bedeckte.[1]) Inseln

---

[1]) Näheres hierüber bieten die trefflichen Arbeiten Dr. O. Kämmels: »Entstehung des österreichischen Deutschtums«, I. Bd., 239 ff., und »Aus dem Sal-

gleich ragten aus diesem weiten Waldgebiete, das noch um 979 so mächtig war, dass es zweifelhaft erschien, ob bei Wieselburg zwischen Erlaf und Ips sechs Königshufen anbaufähiger Erde zu finden seien,[1]) die wenigen Ansiedlungen heraus, welche den verheerenden Einfällen und Raubzügen der Ungarn vom Jahre 907 ab entgangen waren. Doch mit der Wiedergewinnung dieses Gebietes durch die Deutschen hielt auch die christlich-germanische Cultur wieder ihren Einzug in das Land. Die Hochstifte Salzburg, Freisingen, Regensburg, vor allem aber Passau ergriffen von ihrem früheren, von den Karlingern ihnen einst gegebenen Gute wieder Besitz, insoweit sich derselbe noch feststellen liess, und vergrösserten denselben durch zahlreiche Schenkungen, die ihnen die deutschen Könige, deren Eigen das gewonnene Land war, im Laufe des X. und XI. Jahrhunderts machten.[2])

Auch die alten baierischen Klöster wie Altaich,[3]) Tegernsee.[4]) Kremsmünster,[5]) die schon unter den Karlingern im Lande unter der Enns begütert gewesen waren, gelangten teilweise wieder zu ihrem alten Besitze, den sie durch königliche Schenkungen vergrösserten.

Von dem so weit ausgedehnten Königseigen, das im X. und XI. Jahrhundert noch den grössten Teil der Ostmark begriff, erhielt das Haus der Babenberger, unter dem Niederösterreich einer glänzenden Blütezeit entgegengieng, durch königliche Huld grosse Landstrecken. Den Grund hiezu legte jene grossartige Vergabung, welche Kaiser Heinrich II. im Jahre 1002 dem Markgrafen Heinrich I. mit dem ganzen Gebiete zwischen der Liesing und

buche eines österreichischen Klosters« in der Zeitschrift für allgemeine Geschichte, Cultur, Literatur- und Kunstgeschichte von Zwiedinek-Südenhorst, III. Bd., 240 ff.

[1]) Mon. Germ. Diplom. II, I, 232, Nr. 204. »et si minus quam VI regales mansi arabilis terrae nostri iuris infra terminos prescriptos inveniatur . . .«

[2]) Siehe die Traditionsbücher dieser Hochstifte in den Mon. Boic.; Kleinmayrns Juvavia; Ried, Codex diplomaticus Ratisbonensis; Zahn, Freisingische Salbücher in Fontes rerum Austriacarum. II. Abteilung, XXXVI. Bd.

[3]) Nieder-Altaich war besonders in der Wachau begütert; Chmel in Fontes rer. Austr. II, I, und Sitzungsberichte der phil. hist. Classe. X. und XI. Bd.

[4]) Tegernsee hatte seinen grössten Besitz um das heutige Strengberg und bei Langenlois, nachdem es St. Pölten verloren hatte; Mon. Boic. VI. Bd.

[5]) Kremsmünster war im ehemaligen Viertel ober dem Manhartsberge bei Martinsberg nicht unansehnlich begütert; siehe Urkundenbuch von Kremsmünster.

Triesting machte, welcher Grundbesitz infolge nachfolgender Schenkungen im Norden um Raabs, im Südosten um Grafenberg, am unteren Kamp, an der Traisen und Bielach so bedeutend sich vergrösserte, dass er die feste Grundlage der landesfürstlichen Stellung dieses ritterlichen Fürstengeschlechtes war.¹) Gleich den Babenbergern erwarben auch andere grosse Familien des baierischen Adels Grund und Boden in der wiedergewonnenen Ostmark. Um nur einiger zu gedenken, sollen aus den vielen die Grafen von Ebersberg an der Sempt, die bei Persenbeug grossen Besitz hatten, die Grafen von Schallaburg bei Melk, die Grafen von Formbach bei Pütten, die Grafen von Rattelnberg bei Göttweig, die Grafen von Peilstein bei St. Leonhard am Forste, die Grafen von Playen, die Grafen von Neuburg-Falkenstein bei Hernstein, die Grafen von Poigen bei Horn, die Grafen von Pernegg bei Geras hier angeführt werden. ²) Den Grafen zunächst standen die zahlreichen Geschlechter, die als »Nobiles« und »Ingenui« bezeichnet wurden und die sich nach ihren österreichischen Burgen benannten. Zu ihnen zählten die Herren von Erla bei Erla an der Grenze von Oberösterreich, die von Perg, von Traisma an der Traisen begütert, die von Hagenau bei St. Pölten, die von Stille und Heft bei Seitenstetten, die von Kuffarn, die von Schleinitz um Retz, die von Seefeld und viele andere dies- und jenseits der Donau. Auch die Ministerialen der Babenberger, wie die Kuenringer, Pottendorfer, Meissauer, Zelkinger, Puchheimer, Sunnberger u. a., welche von ihren Fürsten mit Land und Leuten ausgestattet wurden, hatten keinen unbedeutenden Besitz in der Ostmark.³) Aus diesen mehr oder weniger begüterten Geschlechtern entwickelte sich im Laufe der Zeit jene Classe von Grundeigentümern, die wir, einer heute gebräuchlichen Bezeichnung folgend, Grossgrundbesitzer nennen können, welche Benennung an Stelle des vom Beginne der Neuzeit ab bis zu der am Anfange des fünften Decenniums unseres Jahrhunderts

---

¹) v. Meiller, Regesten der Babenberger, 3, Nr. 5, und Kümmel, Aus dem Salbuche eines österreichischen Klosters, a. a. O. 235 ff.

²) Kümmel, a. a. O. 237, und die Abhandlungen von Wendrinsky in den Blättern des Vereines für Landeskunde von Niederösterreich. N. F., XI, XII., XIII. und XIV. Bd.

³) Über diese Geschlechter siehe Wissgrill, Schauplatz des niederösterreichischen Adels, V Bd., und dessen Fortsetzung in der herald. Zeitschrift »Adler«, sowie die Monographien von Friess (Kuenringer), Pöltzl (Meissauer), Pröll (Sunnberger) und die einzelnen Jahrgänge der Blätter des Vereines für Landeskunde von Niederösterreich.

durchgeführten Neugestaltung der Verwaltung und Gerichtspflege in Österreich gebräuchlichen Titels »Herrschaften« getreten ist. Lag zwar auch der Beruf dieser Grundherren weit ab von der Beschäftigung mit Acker und Feld, Wald und Wiese, so vergassen sie doch ihrer civilisatorischen Aufgabe nicht und brachten aus ihrer Heimat [1]) Leute mit, welche die weiten, zumeist unbebauten und mit Wald bedeckten Landstrecken der Cultur zuführen sollten. Treue Mitarbeiter in der Lösung dieser schönen Aufgabe fanden die geistlichen wie weltlichen Grossgrundbesitzer der Ostmark an den von ihnen gegründeten Klöstern, welche sie reichlich mit Land und Leuten ausstatteten. [2]) So beginnt vom XI. Jahrhundert ab jene grosse Culturarbeit, welche die damals noch mit dunklen, weithin sich erstreckenden Wäldern bedeckte Ostmark den anderen deutschen Landen bald ebenbürtig zur Seite stellte. Diese Siedler und Arbeiter standen zu den Grundherren in rechtlicher wie socialer Hinsicht in sehr von einander verschiedenen Beziehungen und dürfen durchaus nicht als Bauern im heutigen Sinne des Wortes aufgefasst werden, wenngleich sie auch als die Ahnherrn des österreichischen Bauernstandes zu betrachten sind. Im allgemeinen lassen sich drei Classen der Arbeiter unterscheiden, aus denen die heutige Landbevölkerung erwachsen ist. Zur ersten Classe zählen jene kleinen, freien Grundbesitzer, welche entweder ihren unbedeutenden Besitz trotz der verwüstenden Stürme, die über die Ostmark dahingebraust waren, erhalten, oder nach der Wiedergewinnung derselben durch die Deutschen sich als freie Siedler im Lande östlich der Enns niedergelassen hatten. Ihre Zahl war niemals eine bedeutende und überdies in steter Abname begriffen, wozu die Vermehrung der staatlichen Lasten, insbesondere die Pflicht des Heerbannes, welche infolge der immerwährenden Kämpfe mit den Ungarn und Böhmen stetig im Wachsen begriffen war, das meiste

---

[1]) Die meisten Colonisten kamen aus Baiern, unter dessen Herzogsgewalt die Ostmark stand, doch liessen sich auch Schwaben und Franken, ja selbst Sachsen, in dem wiedergewonnenen Gebiete nieder.

[2]) Die heute noch in Niederösterreich blühenden Stifte verdanken ihre Gründung teils den Bischöfen von Passau, teils den Babenbergern oder ihren Ministerialen und einigen Grafen und Edlen. Als directe Passauer Stiftungen sind anzusehen Göttweig und Herzogenburg; die Babenberger nennen als Gründer Melk, Lilienfeld, Klosterneuburg und Heiligenkreuz; von Grafen und Edlen wurden gestiftet Seitenstetten, Altenburg, Geras; von Ministerialen der Babenberger und mit ihrer Mithilfe wurde Zwettl gegründet.

beigetragen haben mag.¹) Um dem Heerbanne, der sie nur ihrer Wirtschaft ferne hielt und sie in Not und Armut brachte, nich folgen zu dürfen, opferten sie ihre Vollfreiheit und sicherten sich durch Auftragung ihres Gutes an geistliche oder weltliche Grundherren den Schutz derselben. Gegen einen mässigen Jahreszins von fünf Denaren, der, weil diese Summe die landesübliche war, daher »Census consuetus« genannt wurde, erhielten sie ihr aufgegebenes Gut von der Herrschaft zu Leiherecht wieder. Diese Aufgabe der Vollfreiheit wurde aber nicht immer durch die stets sich steigenden Staatslasten hervorgerufen, sondern sie war nicht selten auch eine Folge der Bedrückung von Seite eines mächtigeren Nachbars. So erzählt das Salbuch von Göttweig, dass sich eine gewisse Willibirch um 1140—1160 diesem Kloster zum Zinse von fünf Denaren übergiebt und damit auf ihre Freiheit verzichtet, um ungestümen Bedrängern zu entgehen.²) In ähnlichem Falle scheinen sich die edlen und freien Eltern einer gewissen Adelheid befunden zu haben, welche sich dem Kloster Melk als Zinsleute um 1204 freiwillig unterwarfen.³) Nach der scharfsinnigen Bemerkung Strnadts dürften alle jene, welche in späterer Zeit einem »freien Aigen« aufsassen, als Nachkommen jener Gemeinfreien anzusehen sein, welche durch Umstände genötigt auf ihre Vollfreiheit verzichteten und einem Schutzherrn sich freiwillig unterwarfen.⁴) Diese freiwillig auf sich genommene Unfreiheit bestand aber einzig und allein nur in der Verpflichtung zur Zahlung des Zinses. in jeder anderen Hinsicht waren diese Leute vollkommen frei. Von diesem Zinse, Census, dessen Nichtbezahlung durch drei Jahre den Zinsmann zum Eigenmanne machte, hiessen dieselben Homines Censuales oder kurz Censuales.

Zahlreicher als die Censuales waren die Coloni, Barschalken, worunter die auf dem Gute eines Grossgrundbesitzers sitzenden

---

¹) Das im XIII. Jahrhundert entstandene Landrecht von Niederösterreich kennt keine vollfreien Kleingrundbesitzer mehr. Siehe Hasenöhrl, Das österreichische Landrecht. 1889, § 21.

²) Fontes rer. Austr. II, VIII, 73, Nr. 289. Willbirch flieht »ad asylum summi regis (in Göttweig) ab exactoribus Egypti«.

³) »Adelheidis parentes, cum essent omnino liberi et nobiles et nulli unquam hominum iure famulatus subiacuerint, obtulerunt se Deo ... ad censum V den. singulis annis in prefato cenobio persolvendum ea scilicet condicione, ut si quis eos voluerit subiugare apud supra memoratos sanctos domum refugii inveniant.« Keiblinger. Melk. II. Aufl., 1137, Nr. 5.

⁴) Strnadt. »Peuerbach«, 279.

Pächter verstanden wurden. Sie unterschieden sich von den ersteren dadurch, dass sie dinglich belastet waren, indem sie eine Hube oder ein Rodland zur lebenslänglichen Nutzniessung, die in späterer Zeit meist zum Erbpachte wurde, ausser dem gewöhnlichen Zinse, der in Geld oder Naturalien zu leisten war, auch noch gegen Bestellung bestimmter Teile des Fronlandes übernamen. Die Coloni waren zwar persönlich frei, aber sie wurden als Pertinenz des Grundes behandelt und mussten mit demselben veräussert werden.[1]) Diese Einrichtung war durch das Verpflanzen meist baierischer Colonen nach der Ostmark mitgebracht worden und erinnern an sie noch heute die zahlreichen Ortsnamen auf »Schlag« und »Reut« in Niederösterreich.

Die grösste Zahl weist die dritte Classe auf, die Eigenleute oder Homines proprii. Sie waren teils aus unfreien Knechten, welche der Grundherr auf Huben des Fronhofes dauernd angesiedelt hatte. teils aus Hörigen hervorgegangen, welche nicht mit Grund und Boden ausgestattet waren. sondern auf dem Herrengute selbst zu den geringsten Dienstleistungen verwendet wurden. Die Homines proprii waren Leibeigene im vollsten Sinne des Wortes, die eigenes Vermögen zu erwerben unfähig waren, zu jedem Dienste verwendet und von ihrem Herrn vertauscht, verkauft oder vererbt werden konnten. Erst durch den Einfluss der Kirche wurden die von ihnen eingegangenen Ehen als rechtsgiltige anerkannt und wurde ihre Tödtung als ein Verbrechen erklärt. das freilich durch eine sehr geringe Sühne gebüsst werden konnte.[2]) Das österreichische Landrecht und selbst der vom Könige Rudolf I. von Habsburg im Jahre 1276 gebotene Landfriede zeigen noch die geringe Rechtsfähigkeit der Eigenleute.[3]) Eine Besserung ihrer socialen Lage trat durch die Schenkung von Eigenleuten an ein Kloster oder geistliches Stift zum jährlichen Zins

---

[1]) Hasenöhrl, Österreichisches Landrecht, S. 93, § 21. Bestimmungen über die Frondienste enthält schon die »Lex Bajoariorum I. Cap. 2, § 1, und an mehreren anderen Stellen.

[2]) Werunsky, Österreichische Reichs- und Rechtsgeschichte. I, 36; von Luschin, Österreichische Reichsgeschichte. I, II, § 37, 5—9.

[3]) Hasenöhrl, l. c. 244, Art. 22—24, Mon. Germ. Leg. IV, 411; Lambacher, Österr. Interregnum, Urkd. 118, Nr. 77. »Nullus impediat principes, archiepiscopos et episcopos, abbates, prepositos vel alios prelatos, comites, barones, ministeriales et quoscunque alios, quando cum suis vasallis, propriis hominibus et aliis suis subditis faciunt, quod viderint expedire et quodcunque fuerit rationi consonum.«

von fünf Denaren ein; denn diese Übertragung kam einer nur wenig beschränkten Freilassung gleich, da die Eigenleute dadurch in die Classe der Colonen aufrückten.¹) Eine Wendung zum Besseren trat für die Leibeigenen, die »Servi casati oder manentes«, welche auf grundherrlichen Huben, »mansi serviles«, angesiedelt waren, in ihrem Rechtsverhältnisse zu dem Grundherrn auch dadurch ein, dass infolge des Verkaufes solcher Huben, mit welcher auch in der Regel der Eigenmann mitverkauft wurde.²) die Abgaben und Dienstleistungen desselben auf Grund und Boden gelegt erschienen und diese herrenrechtlichen Leistungen dadurch die Natur dinglicher Lasten annamen.³) Zwar blieben die Eigenleute auch jetzt noch persönlich beschränkt, indem sie ohne Zustimmung ihres Grundherrn weder sich von der anvertrauten Hube entfernen durften, noch auch in der Wahl ihrer Ehegenossin frei waren, aber allmählich fielen auch diese Schranken. Dadurch wurde die volle Verschmelzung mit den beiden anderen Classen, namentlich der zweiten, herbeigeführt und der Grund zur Bildung des Bauernstandes gelegt, der sein Gut in Erbpacht, verbunden mit Zinsleistung und persönlicher Arbeits- und Dienstleistung auf dem Fronhofe, besass. Die Censuales, Coloni und Homines proprii waren, als beiläufig von der Mitte des XV. Jahrhunderts ab die Leibeigenschaft in Niederösterreich fast gänzlich geschwunden war, zu herrschaftlichen Untertanen, zu Hofbauern geworden, welche der Gewalt des Grundherrn unterstanden.

Dieser Gewalt des Grundherrn waren die herrschaftlichen Untertanen in zweifacher Hinsicht, in wirtschaftlicher und verwaltungsrechtlicher, untergeben. Erstere begriff die Abgaben oder Giebigkeiten, sowie die Leistung der Frondienste, letztere den Gerichtsstand und die Polizei des Grundherrn als unmittelbare Obrigkeit seiner Holden.

Was die Abgaben und Frondienste anbelangt, so hafteten dieselben als dingliche Leistungen auf den Gütern der Untertanen. Bezüglich der Güter ist im allgemeinen zu bemerken, dass, während im Altertume wie in unserer Zeit die centralisierte Latifundienwirtschaft vorherrscht, im Mittelalter vermöge der Naturalwirtschaft

¹) Solche Übertragungen finden sich zahlreich in den Traditionsbüchern der Klöster. Siehe: Fontes rer. Austr. II, III, IV, VIII. Bd. u. a.
²) Noch im Jahre 1430 wurde ein Holde verkauft; Lichnowsky, Gesch. des Hauses Habsburg. V. Bd., Reg. Nr. 2848. Im Jahre 1518 vertauscht Hans Crabath von Lappitz auf Seisenegg einen Hof zu Ruprechtshofen sammt den Holden, die darauf sitzen. Archiv Seitenstetten.
³) v. Luschin, a. a. O. 254 ff.
⁴) v. Luschin, a. a. O. 256, 8.

wie überall so auch in Niederösterreich vom XIII. Jahrhundert ab die Decentralisation des Besitzes in Anwendung kam, vermöge welcher der Grundherr sich nur einen kleinen Teil seines Besitzes zur eigenen Bewirtschaftung zurückbehielt, den grössten aber seinen Holden unter verschiedenen Bedingungen überliess. Als wirtschaftliche Einheit muss bis zum XII. Jahrhundert die Hube oder Hufe, »Hoba«, angenommen werden, worunter ausser Hof und Garten und dem Nutzungsrecht an der gemeinen March, dem Gemärke — in anderen deutschen Landen die Allmende genannt — Ackerland in einem Gesammtumfange von dreissig Jochen oder Morgen begriffen wurde.[1]) Die Bezeichnung Hube machte im XIII. Jahrhundert dem Worte Lehen, »Feodum«, Platz, welcher Name jedoch gänzlich verschieden ist von dem rittermässigen Lehen. Verstand man unter diesem die den höheren Ständen specifisch angehörende Eigentumsform, so diente das Lehen des Untertans nur als Bezeichnung der bäuerlichen Wirtschaftseinheit, der früheren Hube. Auch diese Benennung verlor sich nicht gänzlich, sondern diente fortan als Bezeichnung eines kleineren Besitztumes als das Lehen ursprünglich war.[2]) Gegen Ende des XIII. Jahrhunderts begann auch nicht selten eine Teilung des Lehengutes platzzugreifen, und hiessen die Besitzer eines halben Lehens Halblehner, nicht selten auch Halbhufner.

Die von den Gütern zu leistenden Abgaben waren nach dem Besitzrechte sowie nach dem Umfange der Güter verschieden und waren teils gutsherrlicher, teils vogtherrlicher Natur, wozu dann noch die dem Landesherrn zu leistenden Steuern kamen. Die grund- oder gutsherrlichen Abgaben bestanden teils in der Zahlung des Geldzinses, teils in der Lieferung bestimmter Quantitäten von Naturalien. Der in klingender Münze zu erlegende Zins war mässig, da die Abgaben vorwiegend in der Leistung von Naturalien (Körner- und Küchendienst) bestanden. In Bezug auf diese »Servitia« galt im allgemeinen der Grundsatz, dass von allem, was auf dem bäuerlichen

---

[1]) Schröder, Lehrbuch der Deutschen Rechtsgeschichte. 413.

[2]) Nachstehendes beruht zum Teile auf den mustergiltigen Abhandlungen Schalks: »Die niederösterreichischen weltlichen Stände des XV. Jahrhunderts« in Mühlbachers Mitteilungen des Institutes für österreichische Geschichtsforschung. II. Ergänzungsband, 414, 3 ff., sowie »Rechnungen von Amtsleuten der Stiftsherrschaft Schotten in Wien« aus den Jahren 1411—1418 in »Blätter für Landeskunde von Niederösterreich«. XVII. Jahrgang, 277 ff.

Lehen gebaut wurde, auch gedient werden musste. Von Roggen, Hafer und Gerste — Weizendienst findet sich seltener, was den Schluss gestattet, dass diese Frucht damals in Niederösterreich wenig noch gebaut wurde — von dem Weine, den Bohnen, Erbsen, Linsen, von Kraut, Rüben, Flachs und Hanf sowie vom Mohne, dann von Honig, Wachs und Öl, ferner von den Producten der Viehwirtschaft: Schmalz, Butter, Eier, Käse, Hühner, Lämmer, Ferkel und Kälber, wie auch von der Wolle von den Schafen war der Dienst zu leisten. Die Abgaben von den Producten der Viehwirtschaft hiessen das »Waisat«,[1]) später der Küchendienst, während die von den Erzeugnissen der Feldwirtschaft Körnerdienst, die von der Weinernte das Bergrecht genannt wurden. Alle Dienste mussten zu genau festgesetzter Zeit, das Waisat meist zu den höheren kirchlichen Festtagen wie auch zu Fasching, zum St. Georgs- und St. Martinsfeste in das Maierhaus oder den Maierhof geliefert werden, welcher Name von dem Verwalter des Fronhofes, dem »Villicus« oder Maier, herrührt. Da der Besitz der niederösterreichischen Grundherren selten ein in sich geschlossener, zusammenhängender war, nur die Babenberger und die Bischöfe von Passau und Freising wie der von Regensburg besassen teilweise wenigstens zusammenhängende Grundherrschaften, sondern im ganzen Lande zerstreut lag (Streubesitz), so hatten die reicheren Grossgrundbesitzer auch mehrere Maierhöfe, welche nicht selten in den verschiedensten Teilen des Landes lagen. Der besseren Verwaltung halber hatten die geistlichen Grundherren schon gegen Ende des XII. Jahrhunderts ihren Besitz in Ämter, »Officia«, welche bei den Cisterciensern »Grangia« hiessen,[2]) geteilt. In jedem Amte befand sich ein Fron- oder Maierhof mit einem Maier als Verwalter der zum Herrenhofe gehörigen Wälder und Äcker, Wiesen und Gärten. An denselben mussten die Holden ihre Abgaben abliefern und erhielten von ihm die Anweisung bezüglich der Frondienste. Für seine Mühewaltung waren dem Maier, der in der Regel ein Holde war, die Erträgnisse von bestimmten zum Maierhofe ge-

---

[1]) »Waisat oder wisod« bedeutet eigentlich Rechtsweisung und war ursprünglich eine Abgabe für den Gerichtsherrn. Das »Waisat« begriff vorzüglich die Leistungen an Eiern, Käsen, Schmalz, Lämmern und Schweinen, sowie an Hühnern, welch letztere zumeist zu Fasching, daher »Faschanghühner« genannt, zu liefern waren. Werunsky, a. a. O. 36, Strnadt, 1. c. 270.

[2]) Siehe das Stiftungsbuch von Zwettl in Font. rer. Austr. 2. Abt., III, an mehreren Stellen, und Horawitz: Zur Geschichte der Klosterwirtschaft im I. Bande der Zeitschrift für deutsche Culturgeschichte, Neue Folge.

hörigen Grundstücken zugewiesen, welche zugleich mit den anderen
gutsherrlichen Äckern und Wiesen von den Holden bearbeitet wurden.
Auch die weltlichen Grossgrundbesitzer hatten als Verwalter jener
Besitzungen, die sie nicht an Vasallen, deren sie, um ihrer eigenen
Lehenspflicht nachzukommen, stets mehrere hatten, da ein Grosstsil
ihres Besitzes von dem Landesherrn oder einem geistlichen Fürsten
zu Lehen gieng, hintangegeben hatten, Maier als Verwalter ihrer Fronhöfe.[1]) Als aber schon im XII. und — im Lande unter der Enns —
noch mehr im nächsten Jahrhundert die Grundherren den Eigenbau
auf ihren Fronhöfen aufgaben und als Rentner von dem Ertrage
ihrer Zinsen und Naturalleistungen zu leben begannen, überliessen
sie die Fronhöfe ihren Maiern gegen Entrichtung gewisser Abgaben
zu deren Eigenbetrieb.[2])

Ausser den Giebigkeiten an Geld und Naturalien waren die
Grundholden noch zu persönlicher Arbeitsleistung, zu Robot oder
Frondienst für die Bebauung jener Gründe, die sich der Grundherr
in eigener Bewirtschaftung zurückbehalten hatte, verpflichtet. Diese
persönlichen Dienstleistungen bestanden in manueller Arbeit auf den
gutsherrlichen Feldern und Beunten,[3]) sowie in den Wäldern und
Weinbergen des Grundherrn und werden als »opus, labor« oder
»werchart« bezeichnet. Der Holde musste den Acker bestellen,[4]) die
Wiesen mähen und heuen, das reife Getreide schneiden und in den
Scheuern ausdreschen; er musste bei der »Lese« im Weinberge des
Gutsherrn arbeiten, die Trauben keltern; in den Forsten war er
gehalten das Bau- und Brennholz zu fällen und zuzurichten; er
musste die Grundherrschaft mit Fischen aus den gutsherrlichen Ge-

---

[1]) Die Maier waren auf solchen Gütern, die ursprünglich als Dörfer angelegt waren, zumeist auch Gerichtsfronen, bei Streubesitz waren sie blosse Ein-
sammler. Aus den ersteren giengen in späterer Zeit die Amtmänner hervor, welche
bis zur Aufhebung der Grundherrschaften bestanden haben. Strnadt, l. c. 269.

[2]) Lamprecht, Deutsche Geschichte. III, 61, 68. In den culturell vor-
geschrittenen deutschen Gauen erreichte die agrarische Ausdehnung im XII. Jahrhundert schon ihren Höhepunkt, um sich von da ab in ein Renteninstitut zu ver-
wandeln.

[3]) Unter Beunten, welches Wort sich heute noch in beiden Erzherzogtümern
in der Form »Peunt« und »Point« erhalten hat, verstand man grosse, weit aus-
gedehnte Wiesen und Felder, die durch Rodung der Wälder gewonnen worden
waren und von dem Grundherrn anfänglich in eigener Bewirtschaftung behalten,
später aber auch gegen Zins hintangegeben wurden. Lamprecht, Deutsche
Geschichte. III, 59.

[4]) Die Bestellung des Feldes hiess der »Paw«, daher »Pawmann«.

wässern versehen. Auch die Frauen der Holden waren hie und da zum Spinnen der Dienstwolle auf dem Fronhofe verpflichtet. Diese manuellen Dienstleistungen wurden gegen Ende der mittleren Zeit als »Handrobot« bezeichnet, zum Unterschiede von der »Zugrobot«. Diese bestand darin, dass der Holde mit den ihm gehörigen oder in den Ställen der Gutsherrschaft befindlichen Zugthieren, Pferden und Ochsen, die dem Grundherrn notwendigen Fuhren: Heu- und Getreide-, Holz- und Weinfuhren, zu denen noch die Salzfuhren zu zählen sind, leisten musste. Der Zugrobot wurden auch beigezählt das Führen des Düngers sowie das Pflügen und Eggen der herrschaftlichen Wiesen und Felder, wobei die Bespannung für einen Pflug ein Paar Ochsen oder Pferde den Zug bildeten.[1])

Neben diesen Fronden, welche aus dem gutsherrlichen Verhältnisse resultierten, gab es noch andere Robot, die sich zwar zum Teile auf das erwähnte Verhältnis zurückführen lassen, im ganzen aber auf allgemein socialer Basis ruhten. Dahin gehörten die Hand- und Zugrobote beim Baue der Burgen und ihrer Umfassungsmauern, bei der Anlegung von Strassen und Wegen, beim Baue von Kirchen und Gotteshäusern, bei der Anlegung oder Austrocknung von Teichen und Sümpfen. Teilweise wenigstens sind auch die sogenannten Jagdfronden diesen beizuzählen, welche in der Fütterung und Erhaltung der Jagdhunde, in der Stellung der Zutreiber bei einer Treibjagd u. a. bestanden. Diese Art von Robot kam jedem Holden zugute, da sie sichere Zuflucht gegen die Feinde und Räuber, gegen Überschwemmungen gewährte, sowie die Ausrottung der damals auch in Niederösterreich nicht seltenen Raubthiere,[2]) wie der Bären, Luchse, Wölfe, Wildkatzen u. a. zur Folge hatte.

Der Bestimmung der Lex Baiuariorum: »Opera vero tres dies in hebdomada in dominico (Fronhof) operetur, tres sibi faciat«[3]) zufolge, welche die diesem alten Stamme zumeist angehörigen Grundherren von dem Mutterlande auch in ihre neue Heimat, die Ostmark, mitgenommen hatten, war der Holde zu dreitägiger Arbeit auf dem Frongute verpflichtet, in den anderen drei Tagen konnte er der Be-

---

[1]) Über die Frondienste ist der sehr instructive Aufsatz von Dr. A. Mell: Beiträge zur Geschichte des Unterthanenwesens in Steiermark in den Mitteilungen des histor. Vereines für Steiermark, XL. Bl., 135 ff., anzusehen.

[2]) Noch im XVI. Jahrhundert werden diese Raubthiere erwähnt, so im Pantaiding von Hollenstein, Göstling. — Archiv für österr. Geschichte, XXV. Bd., 72.

[3]) Lex Baiuwariorum in Mon. Germ. hist. Leg. III, tit. I, cap. 14.

wirtschaftung seines Besitztums nachgehen. Diese Zahl von hundertsechsundfünfzig Fronwerkstagen wurde jedoch, namentlich auf den geistlichen Gutshöfen, bald gemindert. Als seit dem XIII. Jahrhundert die Gutsherren zu Rentnern geworden waren, konnten die Robot, sowie der grösste Teil der Naturalgiebigkeiten auch um Geld abgelöst werden. Die Ablösung der Frondienste wurde »Juchartpfennig« für die Handrobot und »Weichartpfennig« für die Zugrobot genannt, die der Naturalgiebigkeiten kommt unter der Bezeichnung Pfennigdienst in den alten Urbarien vor.[1])

Ausser den erwähnten dem Grundherrn zu leistenden Abgaben und Diensten hatte der Grundholde bei jeder bedeutsamen Besitzveränderung, als: Kauf und Verkauf seines Besitztums, bei Erbschaften und Todesfällen, noch andere Abgaben zu entrichten. Dieselben, im XV. Jahrhundert »Freigeld« genannt, beruhten auf dem alten Rechtsgrundsatze, dass alles, was der Eigenmann gewinnt, er für seinen Herrn gewinnt, dem Herrn demnach das unbeschränkte Recht auf das ganze Mobiliar- und Immobiliarvermögen des Eigenmanns zustand. Das »Freigeld« wurde verschieden benannt, je nachdem die Besitzveränderung war. Bei Kauf- und Tauschhandlungen sowie bei Schenkungen wurde es als Anlait und Ablait, Anfahrt und Abfahrt erlegt; bei Übername eines Gutes durch die Witwe, den Sohn oder andere Erben hiess es Annemfreigeld; bei Zuheiraten, wenn die Witwe oder Erbtochter sich verheiratete, wurde es als Zustiftsfreigeld erhoben; bei Todesfällen trat das Todrecht, Todfallgeld ein. Zu diesem gehörte auch die Abgabe des »Sterbhaupts«, »Todlayb« oder »Besthaupt« — Mortuarium im weiteren Sinne — das in dem Rechte des Grundherrn bestand, sich das beste oder wenigstens das zweitbeste Stück Vieh — Sterbochse — aus dem Stalle des abgeschiedenen Holden nach dessen Tode anzueignen. Beide Arten des Freigeldes wurden in späterer Zeit als Laudemium und Mortuarium (im engeren Sinne) erhoben. und haben sich diese Bezeichnungen bis zur Neugestaltung der Verwaltung in Österreich erhalten.[2]) Die Höhe des Freigeldes war in älterer Zeit keine bedeutende und überstieg gewöhnlich ein

---

[1]) Urbar von Seitenstetten, Manuscript im Stiftsarchiv.

[2]) Das Vorstehende beruht teilweise auf der lichtvollen Darstellung von Czerny: Der erste Bauernaufstand in Oberösterreich 1525 (Linz 1882), 16 ff. Vogt, Vorgeschichte des Bauernkrieges (Halle 1887), 10, hält Todfallgeld und Besthaupt für eine und dieselbe Abgabe, was dem thatsächlichen Sachverhalte nicht entspricht. Nach Roschers Nationalökonomie 292 soll die Erbschaftssteuer in

Pfund Denare nicht, wie auch das »Besthaupt« um Geld abgelöst werden konnte.¹) Auf anderer Rechtsbasis als die bisher besprochenen Abgaben beruhte der Zehnt oder Zehent. Derselbe resultierte nicht aus dem grundherrlichen Verhältnisse, sondern war ursprünglich kirchlicher Natur und nur durch Verleihung von geistlicher Seite an weltliche Grundherren erlangt worden, wenn er auch in der folgenden Zeit zu den festen Leistungen an die Gutsherrschaft zählte. Es gab dreierlei Zehnte: den grossen und kleinen Kornzehnt, worunter die zehnte Garbe von allem, was Halm und Stengel trieb — auch die Weinrebe gehörte dazu — verstanden wurde. Dieser wurde ohne Abschlag der Baukosten gereicht, doch war der Baumann nicht gehalten, denselben ohne Entgelt in die Gutsscheuern zu liefern. Die zweite Art war der kleine oder Krautzehnt, der von dem Gemüse, besonders von dem in Österreich so beliebten »Kraut« zu geben war. Die dritte Gattung des Zehntes, der Fleisch- oder Blutzehnt, welcher von Hühnern, Lämmern und Schweinen abgeliefert werden musste, ist für Niederösterreich schwer nachzuweisen, da in allen Aufzeichnungen diese Giebigkeit stets als »Küchendienst« erscheint.²)

Was die vogtherrlichen Abgaben anbelangt, so waren zu denselben die Vogtholden verpflichtet. Die Vogteileute, ursprünglich Freie, zählten in früher Zeit zu den Censuales. waren aber im XIII. Jahrhundert schon so innig mit den Grundholden verschmolzen, dass eine Unterscheidung unmöglich ist, da selbst der »Vogthaber«, welchen die Voitleute als Äquivalent für den ihnen zu leistenden Schutz zu geben hatten, ebenso wie die Vogthühner zur Faschingszeit und der Gelddienst von allen Holden gefordert wurden. In diesem Verhältnisse sind die in einigen Pantaidingen von Niederösterreich, wie in dem von Piesting, von Rauhenstein, von Gutenstein,

---

Niederösterreich in späterer Zeit fünf Procent vom Werte des Gutes betragen haben. Vgl. auch Lamprecht: Deutsches Wirtschaftsleben im Mittelalter. I, 926, 1182, 1201 ff.; Schröder: Lehrbuch der deutschen Rechtsgeschichte. § 42, 441 ff.

¹) Strnadt: Peuerbach, 273—275.

²) Den Blutzehnt in Niederösterreich erwähnt Suttinger: »Consuetudines Austriacae« (Walter, 1024) »an etlichen orten dies lands ist der gebrauch, dass nicht allein zu feld, sondern auch zu dorf der zehend, so man den kleinen zehend nennet, gegeben wird nemblich von kälbern, lämlein, günsen, hünern, item kasen«; Schalk: Die niederösterreichischen, weltlichen Stände des XV. Jahrhunderts, a. a. O. 435; Oberleitner: Abgaben der Bauernschaften Niederösterreichs im XVI. Jahrhundert, 15.

von den freisingischen Besitzungen u. a. erwähnten Vogthörigen aufzufassen.¹)

Dem Grundherrn stand auch das Besteuerungsrecht seiner Holden zu, nur, wenn er dem Heerbanne keine Folge leistete, konnten sie ihm die Steuer verweigern. »Und welich herr,« sagt das österreichische Landrecht, »die hervart icht envert, dem sullen sin man debain hersteuer niht geben.« Die Steuer wurde aber nicht nach Willkür und alljährlich — was erst in den letzten Zeiten des Mittelalters der Fall war — sondern nach Recht und Billigkeit festgesetzt. So bemerkt eine Aufzeichnung der Salbücher von Freising zum Jahre 1305: »Notandum, quod steura illi libro annotata non debet recipi quolibet anno, sed tantum in anno ccc quinto de mandato domini fuit imposita.«²) Wurde eine allgemeine Land- oder Heersteuer ausgeschrieben, welche von den Ständen früher bewilligt worden war,³) so hatten die Grundherren das Recht, ihre »holden dar in zu hilf ze nemen und zu steuern«;⁴) doch wussten die Stände für ihre Bewilligung sich andere Zugeständnisse von dem Landesfürsten zu erringen.

Die grundherrlichen Abgaben aller Art, sowol die Zinse als auch die Naturalleistungen, Zehnte und Frondienste, wurden in den Urbarien genau aufgezeichnet. Wie in anderen deutschen Landen wurden auch im Herzogtume Österreich, besonders von der Zeit der Kreuzzüge, vom XII. Jahrhundert an, in welcher zahlreiche Besitzveränderungen vorkamen und der Grossgrundbesitz geistlicher wie

---

¹) Schalk, l. c. 442. Das Pantaiding von Rauhenstein lässt diesen Unterschied noch erkennen, wenn es angiebt: »Wir erkennen auch zu recht und ist von alter so herkomen, daz man die vogtholden beschirmet hat vor irn herren, da si undersitzend, daz si im kain robot thuen und auch kein stewr geben, dann si sollen im raichen rechten dienst und nit mer.« Winter, Niederösterreichische Weistümer. I, Nr. 87, 486, Z. 13; Schalk, a. a. O.

²) Zahn: Die freisingischen Sal- und Copialbücher in Font. rer. Austr. II, XXXVI. Bd., 462.

³) Das Urteil des Reichshofgerichtes vom Jahre 1231, 1. Mai, bestimmte, dass die Einführung neuer Abgaben an die vorhergehende Bewilligung der »Meliores et Maiores terrae« gebunden sei. v. Luschin: Österreichische Rechtsgeschichte. I, II, 208, § 33, 14.

⁴) Czerny: Der erste Bauernaufstand in Oberösterreich 1525, 7. Kurz, Österreich unter Albrecht IV. II. Bd., 136 ff. Häufig erscheint die allgemeine Besteuerung in Zeiten, in denen Feindesgefahr dem Lande drohte, so besonders während der Hussitenkriege: siehe Zeibig, Kleine Klosterneuburger Chronik im Archiv zur Kunde österreichischer Geschichtsquellen. VII. Bd., 45 u. a. m. a. St.

weltlicher Herren bedeutend sich vergrösserte, mit der Anlage solcher Aufzeichnungen begonnen. Dazu nötigte im allgemeinen sowol der grosse wirtschaftliche Aufschwung, welcher auch eine Verbesserung der ökonomischen Einrichtungen erzwang, sowie im besonderen, dass namentlich die geistlichen Gutsherren infolge der nach dem Tode des letzten Babenbergers eingetretenen Unsicherheit der Besitzverhältnisse sich gezwungen sahen, ihre Rechte und Ansprüche zu wahren.[1] »Die Urbarien,« schreibt Inama-Sternegg,[2] »zeigen uns nicht bloss, welche Ausdehnung der grundherrschaftliche Besitz in verschiedenen Gegenden und zu verschiedenen Zeiten hatte, in welche Formen er sich gekleidet und welche Wandlungen er durchgemacht hat, sondern auch die Art und Weise, auf welche er allmählich durch die verschiedensten Vorgänge gebildet und geeinigt wurde. Sie belehren uns ferner über die langsam sich umgestaltende Gliederung des Besitzes in Ortschaften und Einzelgüter und beleuchten uns damit von allen Seiten das wichtigste capitalistische Substrat der Grundherrschaft, durch welche dieselbe die Macht erhielt, ihre fruchtbare organisatorische Rolle für die Volkswirtschaft der mittleren Zeit zu übernemen.« Bei der Anlegung eines Urbars wurden nur die thatsächlichen Verhältnisse aufgezeichnet, jede Willkür ferne gehalten. Wie gross die Sorgfalt und Genauigkeit war, mit welcher die Urbare verfasst wurden, bezeugt die Abfassung des bischöflich freisingischen Urbares vom Jahre 1291. Zuerst wurden der Amtmann und Schöffe, Förster, Fronbote und andere grundherrschaftliche Amtleute vorgerufen und eidlich verpflichtet, die Wahrheit anzugeben. Dann wurden die Holden berufen und vor ihnen der Amtmann auf seinen Eid befragt, wie viel an Getreide, an Geld, an Schweinen, Schafen und anderen Giebigkeiten die Colonen zu reichen hätten, was der Amtmann, der Schöffe, der Fronbote und Gerichtsschreiber für ihre Dienste von den Holden bezögen, ob die Untertanen die Marksteine nicht verrückten,[*] ob sie früher mehr oder weniger bezahlt, ob sie

---

[1] Lorenz, Deutsche Geschichtsquellen. III. Aufl., 217; Schröder, a. a. O. 675.

[2] Über die Quellen der deutschen Wirtschaftsgeschichte in den Sitzungsberichten der k. k. Akademie der Wissenschaften in Wien. Philos.-hist. Classe, LXXXIV. Bd., 200.

[*] Wie strenge die Verrückung der Mark- oder Grenzsteine bestraft wurde, zeigen die Weistümer von Niederösterreich, z. B. von Reinprechtspölla, Ober-Stockstal, Hernals, Höflein, Kagran und vielen anderen. Kaltenbäck, Die österreichischen Rechtsbücher des Mittelalters, erste Reihe; Winter, a. a. O.

des Bischofs Wälder und Weiden nicht geschädigt oder abgeweidet hätten, ob sie seine Falken und Fische fiengen oder einen zu geben schuldigen Dienst verschwiegen.¹) Für die Genauigkeit und Milde, mit welcher bei der Anlegung dieser wichtigen Flur- und Grundbücher vorgegangen wurde, spricht auch der Umstand, dass die aufrührerischen Bauern unter ihren Beschwerden und Forderungen auch die anführten, man möge die alten Urbarien wieder in Gebrauch nemen, was in denselben verzeichnet stehe, wollten sie gerne leisten.²)

In den Urbarien wurden nicht nur die Giebigkeiten und Frondienste genau aufgezeichnet, sondern auch die Zeiten festgesetzt, in welchen sie zu reichen oder zu leisten waren. Der Zins wurde nicht selten als »verzückter Dienst« bezeichnet und musste stets an dem festgesetzten Tage »bei scheinender Sonne« geleistet werden. Auch der deutsche Humor fehlte hiebei nicht. So mussten, um anderes zu übergehen, am Faschingstage (Fasching-Dienstag) die Bauern von Sieding, wenn der Besitzer des Schlosses Stixenstein in Niederösterreich auf dieser Burg weilte, für die Steuerfreiheit des »Halter«- (Hirten-) Häuschens eine schneeweisse Henne auf einem mit Pferden bespannten Schlitten in den Schlosshof fahren und um den Schlitten mit der Henne einen Tanz aufführen, wofür sie der Burgherr mit Wein und Brot zu bewirten verpflichtet war. Welcher Holde in diesem Aufzuge und bei dem Tanze fehlte, musste zwei Schillinge Pfenning zu Wandel geben. Wer die Königssteuer von drei Denaren am heiligen Christtage nicht erlegte, dem wurden drei Schindel auf das Hausdach und drei Wasenstücke auf seinen Acker gelegt zum Zeichen, dass sie verfallen wären.³) Die Abstiftung eines Besitztums trat in früherer Zeit, in welcher die Unterschiede zwischen Censualen, Colonen und Eigenleuten noch nicht gänzlich verschwunden waren, für den ersteren nach längerer Stundung des Zinses, gewöhnlich

---

¹) Zahn, Die freisingischen Sal-, Copial- und Urbarbücher in Font. rer. Austr. II, XXXVI. Bd., 227. Obwol der oben beschriebene Vorgang bei Anlegung des Urbares von dem freisingischen Gutsbesitze in Krain erwähnt wird, kann doch derselbe zweifellos auch für die Abfassung der Urbarien über die grossen niederösterreichischen Güter dieses Hochstiftes: Waidhofen a. d. Ips mit Göstling und Hollenstein, Ulmerfeld mit Neuhofen, Gross-Enzersdorf angenommen werden; Czerny, a. a. O. 22.

²) Siehe »Beschwerden« im Anhange Nr. 1.

³) Oberleitner, a. a. O. 9; siehe auch Gierke, Der Humor im deutschen Rechte.

nach Verlauf von drei Jahren, erst ein. »Quod si tribus annis«, bestimmte das österreichische Landrecht, »neglexerint et quarto non correxerint, stipendiarius ecclesie maneat«, der Censuale ward in diesem Falle zum Eigenmanne, »stipendiarius perpetuo servus permaneat«. In der späteren Zeit, vom XIV. Jahrhundert ab, trat schon nach kürzerer Frist, meist nach sechs Wochen, die Abstiftung ein.[1]
Die Bewirtschaftung von Grund und Boden bewegte sich während des ganzen Mittelalters in festgebundener Form. Vorherrschend wurde die Dreifelder-, seltener die Egartenwirtschaft betrieben. Die Zeit der Feldarbeiten war genau geregelt; niemand durfte früher oder später mit dem Ackern, Pflügen, Säen und Ernten beginnen, als es das alte Gewohnheitsrecht gestattete. So heisst es im Pantaiding des Chorherrenstiftes St. Pölten um 1490: »Wir melden, ob einer kraut oder trucht lenger steen liess, wan vechsenzeit (Ernte) ist, so soll man sein schon untzt an den dritten tag. und nach dem dritten tag, so soll derselb sein guet selber behueten.« Das Pantaiding von Tattendorf um das Jahr 1450 verbietet das Mähen vor dem St. Jakobstage (25. Juli) bei einem Wandl von sechs Schilling zwei Pfenningen und dem Richter zwölf Denare, unter gleicher Strafe war es verboten vor dem St. Laurenztage (10. August) Obst abzupflücken.[2]

Was die rechtliche Stellung der Holden anbelangt, so unterstanden dieselben in allen peinlichen Fällen den sogenannten niederen Landgerichten. Inhaber derselben waren die Grossgrundbesitzer. welche den Gerichtsbann als Afterlehen vom Herzoge trugen, aber auch durch Kauf, Tausch oder Erbgang in den dauernden Besitz derselben gelangt waren. Niederösterreich zerfiel infolge der Teilungen, die nicht selten vorkamen, am Ausgange des Mittelalters in eine grosse Zahl dieser Gerichte und kam im Durchschnitte auf $1^2/_3$ Quadratmeilen und 4843 Seelen je ein Landgericht mit dem Anrecht auf Stock und Galgen.[3] Die Grossgrundbesitzer. zumeist geistliche und weltliche Herren, verwalteten das Landgericht meistenteils nicht selbst — erstere durften dies gar nicht vermöge der canonischen Satzungen — sondern liessen es durch einen eigenen

[1] Hasenöhrl, a. a. O. 91; Strnadt, Peuerbach, 272.
[2] Kaltenbäck, a. a. O. II, 61, § 10; Winter, a. a. O. I, 404, Nr. 74, Z. 32; Schalk, a. a. O. 441.
[3] v. Luschin, Geschichte des älteren Gerichtswesens. 114 ff., § 12.

Beamten, den Landrichter, ausüben, mussten aber bei Ernennung desselben stets die Bannleihe vom Herzoge unmittelbar erbitten. Neben der Gerichtsbarkeit des Landrichters stand die hofrechtliche des Grundherrn über seine Holden, welche über alle nicht landesgerichtsmässigen Fälle, ausgenommen Mord, Brand, Raub, grössere Diebstähle, Notnunft u. dgl. m., zu entscheiden hatte. Der Competenz des Hofgerichtes unterlagen deshalb alle bürgerlichen Rechtsfälle, als die Rechtsstreitigkeiten um liegende Güter der Holden, die Leitung der Vormundschaftssachen, die Aburteilung aller Vergehen, welche im Hausfrieden des Grundherrn und seiner Holden, im Hause oder unter der »Dachtraufe« des Hauses verübt wurden. Auch die Polizeigewalt stand dem Grundherrn zu. Bei Streitigkeiten zwischen dem Grundherrn und seinen Holden, namentlich wenn es sich um die Abstiftung oder den »Heimfall« des Gutes wegen nicht bezahlter Zinsen handelte, pflegte der erstere seit dem XV. Jahrhundert ein sogenanntes »unparteiisches Geding« zu veranlassen, das darin bestand, dass er an seine Stelle einen unparteiischen Mann als »gesatzten Richter« berief und ihm einige gleichfalls unverdächtige Beisitzer, die nicht seine Untertanen waren, beigab.[1])

Unabhängig von den beiden erwähnten Gerichten bestand das Dorfgericht oder das der Gemeinde, welches oft mehrere Dörfer, oft auch nur eine Anzahl von Einzelgehöften umfasste. Dasselbe richtete über alle Angelegenheiten der agrarischen Verwaltung, über Mass und Gewicht, über Raufhändel, Zank und Streit unter den Insassen, Verbalinjurien und andere dergleichen Sachen. Das Dorfgericht wurde in der Regel zwei- oder dreimal im Jahre abgehalten, und hatten alle Dingpflichtigen bei demselben zu erscheinen. Dabei wurden zunächst die Rechtsverhältnisse zwischen Grundherren und Holden vorgetragen, später verlesen und dann die Versammelten befragt, ob es stets so gewesen sei oder nicht, worauf dann zumeist das sogenannte Rügegericht statthatte. Dieses ehafte »Ding« wurde Pantaiding, Ehafttaiding bezeichnet, mit welchen Namen dann auch, als die Rechtsverhältnisse aufgezeichnet wurden, diese Aufzeichnungen als Pantaidings-, Ehaftstaidingbuch, Weistum belegt wurden.[2])

So entwickelte sich durch das Fallen der Schranken, welche die Censualen, Colonen und behausten Eigenleute ursprünglich trennten,

[1]) v. Luschin, a. a. O. 174; Werunsky, l. c. 67 ff.
[2]) Werunsky, l. c. 68; Schröder, Lehrbuch der Rechtsgeschichte. 670, § 58.

der Stand der Holden. Hintersassen oder Untertanen, für welche sich vom XIII. Jahrhundert ab allmählich die Bezeichnung »Bouren«, Bauern, einbürgerte.

2. **Die niederösterreichische Bauernschaft am Schlusse des XIII. und im XIV. Jahrhundert.**

Die Festsetzung der Abgaben und Dienste, welche dem Grundherrn alljährlich zu leisten waren und die nicht willkürlich geändert werden konnte, wurde für die Weiterentwicklung des Bauernstandes auch im Lande unter der Enns von grosser Wichtigkeit. Es wurde schon erwähnt, dass die Grundherren bis gegen Ende des XII. Jahrhunderts noch vielfach Eigenwirtschaft trieben, die sich bei den Klöstern, namentlich den Cisterciensern, noch länger als ein Jahrhundert erhielt. Im XIII. Jahrhundert fiengen die Grossgrundbesitzer an, den grössten Teil der zu einem Fronhofe gehörigen Ländereien, namentlich die Beunten, an ihre Holden und Eigenleute zu verpachten und nur einen kleinen Teil derselben in Eigenbewirtschaftung zu behalten. Diese sogenannten Hofländereien wurden teils durch die Holden vermöge ihrer Robotverpflichtung, teils durch Knechte und Arbeiter oder Tagwerker um niederen Lohn bearbeitet. Das Haupteinkommen der Grundherren bildeten die Zinse und Naturalgiebigkeiten ihrer Holden. Die Ursache dieser wirtschaftlichen Änderung war die gerade um diese Zeit beginnende Capitalwirtschaft. Der Grundherr bedurfte des Geldes zur Befriedigung seiner sehr gewachsenen Bedürfnisse, und dieses konnte er sich nur dadurch verschaffen, dass er die Ablösung der Naturalabgaben sowie auch der Frondienste um Geld gestattete. Der Bauer konnte sich die klingende Münze durch die infolge der Kreuzzüge, welcher mächtigen Bewegung auch die niederösterreichischen Grossgrundbesitzer geistlichen und weltlichen Standes nicht ferne blieben, eingetretene intensivere Bearbeitung seiner Felder und Äcker, sowie durch Anbau neuer Nutzpflanzen reichlicher als früher verschaffen, besonders als die niederösterreichischen Städte aufzublühen begannen, in welchen er für seine landwirtschaftlichen Producte ein vortreffliches Absatzgebiet fand.[1]) Der Bauer war dadurch nicht nur im Stande, die festgesetzten Zinsen zu bezahlen, sondern auch die übrigen ihm obliegenden Leistungen

[1] Luschin, Österreichische Reichsgeschichte. I. II, 34, 13. 222.

in klingender Münze zu reichen und sich selbst zu einem gewissen Wohlstande aufzuschwingen, den uns der Dichter Neidhart von Reuenthal schildert, wenn er singt:[1]

>»Von hinne unz an den Rîn,
>von der Elbe unz an den Phat
>din lant diu sint mir elliu kunt.
>din enhabent niht so mangen hiuzen dorfman
>als ein kreizelin
>wol in Oesterrîche hat.«

Dadurch erwachte in den Bauern das Selbstbewusstsein, das sich mit stolzem Trotze, wie uns diesen der »Stricker« in seiner Dichtung: »Das Märe von den Gauhühnern« und andere Dichter dieser Zeit schildern, gegen die Übergriffe des Adels zu wehren verstand. Während sich aber die materielle Lage der landbautreibenden Bevölkerung von Niederösterreich seit Beginn des XIII. Jahrhunderts sehr günstig gestaltete, und manche Bauern zu grossem Wohlstande gelangten, verschlimmerte sich die der Grossgrundbesitzer stets mehr und mehr. Es ist das düstere Bild der Verschuldung und Verarmung, das uns von dieser Zeit an von Seite der niederösterreichischen Grundherren geistlichen wie weltlichen Standes entgegentritt. Trugen hiezu auch die vielen Kriege und Kämpfe, welche die Regierungszeit des letzten Babenbergers, Friedrich II. des Streitbaren, ausfüllten, und namentlich die nach seinem unvermuteten Hinscheiden im Jahre 1246 über seine Lande und besonders über Niederösterreich hereingebrochene »schreckliche, kaiserlose Zeit« nich unwesentlich bei, so war doch die eingetretene Änderung in den volkswirtschaftlichen Verhältnissen die Hauptursache dieser traurigen Lage der Grossgrundbesitzer. Das Erträgnis von Grund und Boden war

---

[1] Moriz Haupt, Neidhart von Reuenthal. II, v. 15—20, S. 93. Der Wohlstand, dessen sich die niederösterreichischen Bauern gegen Ende des XIII. Jahrhunderts durch ihre hochentwickelte Bodencultur erfreuten, spiegelt sich auch in dem Rechnungsausweis über den Ertrag des Kreuzzugszehnten ab, der von Niederösterreich die hohe Summe von 662 Kilogramm feinen Silbers betrug. Haben auch zu diesem in den Jahren 1282—1285 gesammelten Zehnte Clerus, Adel und Bürger des Landes viel beigetragen, so hat auch die Bauernschaft sicherlich ihren Teil dazu gegeben, welcher, nach dem angeführten Ergebnis zu schliessen, kein unbedeutender war. Steinberg, Die Einhebung des Lyoner Zehnten im Erzbistum Salzburg in den Mitteilungen des Instituts für österr. Gesch. von Mühlbacher, XIV, 54.

ausserordentlich gestiegen,[1]) so dass der geringe, in den Urbarien festgesetzte Zins kein entsprechendes Äquivalent mehr bildete für die Benützung von Feld und Acker, Wald und Wiese. Die Zinsen und Naturalabgaben konnten aber kraft des Hofrechtes einseitig nicht erhöht werden, wozu noch der Umstand kam, dass ein Versuch der Erhöhung von Seite der Grundherren mit dem Aufgeben des Gutes von Seite der Holden — »Landflucht« — beantwortet wurde, welche in dem gerade um diese Zeit beginnenden Aufblühen der niederösterreichischen Städte stets eine Freistätte — »Stadtluft macht frei« — fanden, in denen der unangefochtene Aufenthalt von Jahr und Tag kraft fürstlicher Privilegien frei machte.[2] So verlieh Kaiser Friedrich II. der Stadt Wien im Jahre 1247: »daz die purger vrey sein und nicht eygen. Seczzen wir, daz alle purger und inwaner und zu komund, die unversprochenleich iar und tag in der stat behalten sint nach der stat recht und pewerten gewonhaiten der stat, daz sie leben in unserr und des reichs herschaft und sicher und vreyer er ledig und vrey vor aller dienstlaich beschaiden«, welches Privilegium König Rudolf I. von Habsburg bestätigte.[3])

Es konnte daher nicht fehlen, dass die günstige Lage der Bauern namentlich bei den weniger begüterten Grundherren, den Rittern und Edelknechten, deren Besi z sich überdies durch Teilungen zersplittert hatte, Neid und Missgunst erregten, aber trotz der »dörper-

[1]) Nach Lamprecht, Die Entwicklung des deutschen, vornemlich des rheinischen Bauernstandes während des Mittelalters und seine Lage im XV. Jahrhundert in Westd. Zeitschr., VI. 29, betrug in der Gegend am mittleren Rhein sowie der Mosel die Erhöhung des Wertes von Grund und Boden im XIII. Jahrhundert das Siebzehnfache des früheren. Lässt sich infolge der damals noch weniger entwickelten Städte für Niederösterreich eine so starke Erhöhung des Wertes von Grund und Boden nicht annemen, so kann dieselbe doch auch nicht ganz geleugnet werden, da sie durch die scharfen und bitteren Aussprüche und Bemerkungen der gleichzeitigen Dichter und Satiriker genügend bezeugt wird.

[2]) Dafür spricht z. B. das Privilegium König Ottokars II. für Tulln von 1270: »Omnis in prefata civitate residens super cuiuscunque feudum resideat, non debet colonus alicuius sed civis regius appellari, nec etiam debet alicui steuram nisi regi solummodo ministrare et hoc aliis civibus sociatis.« Winter, Urkundliche Beiträge zur Rechtsgeschichte ober- und niederösterreichischer Städte, Märkte und Dörfer, 23, Nr. 9, § 9, welches Privilegium Kaiser Rudolf 1276 bestätigte. Winter, a. a. O. 25, Nr. 10, § 9. Auch das dem XIV. Jahrhundert angehörende Stadtrecht von Wiener-Neustadt sagt: »Statuimus, ut si quis annum et diem in civitate civis residens extiterit sine impetitione aliqua servitutis, quod ex tunc huiusmodi impetitio nullatenus audiatur, sed in ea liberam ducat vitam.« Winter, a. a. O.

[3]) Hasenöhrl, a. a. O. 86, § 20.

lichen« Derbheit der Bauern mit diesen Wechselheiraten eingiengen, wie der österreichische Dichter Seifried Helbling berichtet, wenn er schreibt:

»Lieber knecht, iz gct der kouf,
swie got wil. der ab, der ouf.
eins gebûren grôzes guot
bringt in an den übermuot,
daz er dünket sich sô wert,
ze konschaft er nit gert.«
siner hûsnôzinne:
»in leitent sîne sinne.
daz er eins ritters tohter bît.
manegem ritter wonent mit
vil kint und noetikeit,
der sîn tohter niht verseit
dem selben gebouren,
sô er muez erknûren!
des wünsch ich: phiu sînen nac,
daz er den henfînen sac
leit zen den edelen sîden!
daz solt wol vermîden
ein gebiurischez barn.« [1])

Und an einer anderen Stelle desselben Gedichtes sagt derselbe Satiriker:

»Ich sag dir, ob du mirs enganst,
noetigen ritter des gezimt.
daz er ze konschefte nimt
ein gebûrin umbe guot.« [2])

Oder:

»Herr, doch wil ich iu verjehen.
den ritter ich hân gesehen,
des vater ein geboure was
sîn muoter des wol genas
ders ein geburinne hiez
niemen sluoc iu noch ensticz
dar umb. ez was diu wârheit.« [3])

[1]) Seemüller, Seifried Helbling. VIII. Ged., 192, v. 215—233.
[2]) Helbling, a. a. O. VIII, 197, v. 368—372.
[3]) Helbling, a. a. O. VIII, 191, v. 179—185; Schalk, a. a. O. 430.

Während im XV. Jahrhundert der Herren- und Ritterstand in
Österreich reine, gegen unten geschlossene Geburtsstände waren, in
welche die Aufname nur durch kaiserliche oder landesfürstliche Nobilisierung möglich wurde, war dies im XIII. Jahrhundert noch nicht der
Fall. Da in dieser Zeit, in welcher der Übergang vom ritterlichen Berufsstand in den Geburtsstand sich eben zu vollziehen begann, der Stand
der Ritter ein nach unten offener war, so geschah es nicht selten,
dass verarmte Lehensherren gegen Entgelt Bauernburschen zu Rittern
machten und sie zu ritterlichen Diensten heranzogen. Helbling berichtet dies, wenn er sagt:

»Frumer kneht, geloube mir,
nu wil ich rehte sagen dir,
wie der selbe[1]) ritter wirt.
der tod, der niemen verbirt
im sînen vater sterbet,
von dem in dann erbet
ein michel teil guotes.
daz hilft in übermuotes.
er gêt zuo dem herren sin
und spricht: »lieber herre mîn,
ir sült mich ritter machen.
swes ir zuo den sachen
bedürft, ich gib iz heimlîch dar
und wil iuch verrihten gar,
welt ir zer hôchzît iemen laden
des geschiht an iuwern schaden.
der herre sprach durch sin êr:
»hastu iht ze reden mêr?
ich han mich des wol bedâht:
got dich mir hât zuo brâht:
swaz sô du mir liebes tuost,
wol du des geniessen muost.
der herzog nach des landes kraft
wil haben grôz ritterschaft.
an des brief bin ich geschriben:
übel waerst dû ûz beliben.
hast dû ze ritterschaft muot

---

[1]) Der Bauernbursche.

des ist dir mîn wille guot.
du hiet von mir burcreht,
di wîl dû bist gewesen kneht:
des wil ich mich verzihen,
dir ze lêhen lîhen.«
der knappe sprach: »sô tuot ir wol
swaz ich gên iu tuon sol,
daz tuon ich williclichen gern,
und des ir niht welt entbern«
der herre sprach: »ich lihe dir
und mache dich ritter mit mir.
so ich dich zuo geverten hân,
so bin ich wol ein dienstman.
und maht dû in den êren dîn,
ein einschilt ritter wol sîn.«[1])

Wenn auch Seifried Helbling nicht Glauben verdient mit seinem Ausspruche, dass in Österreich kaum dreissig echte Ritter zu finden seien,[2]) so mögen doch seine Worte: »des herren küche, dünket mich, ein vil lützel riuhet«[3]) nicht ganz Satire sein, da auch in Wernhers des Gartenäre Meier Helmbrecht der alte Meier seinen Sohn vor dem Hofe warnt, weil er dort Hunger leiden, ein gutes Lager, sowie überhaupt jeder Annemlichkeit entbehren müsse.[4])

Die zunemende Wohlhabenheit der Bauern trat besonders in der reicheren Kleidung zutage. Die alte Tracht der Bauern, wie aus der Reimchronik des steierischen Ottokars[5]) und aus der Kaiserchronik[6])

[1]) Helbling, a. a. O. VIII, 193, v. 241—282.
[2]) Helbling, a. a. O. VII, 277. v. 1201.
[3]) Helbling, a. a. O. XV, 169, v. 384.
[4]) Keinz, Wernher der Gartenäre, 284.
[5]) Seemüller, Ottokars Reimchronik. 183 b, Cap. 201.
[6]) Kaiserchronik, herausgegeben von E. Schröder in Mon. Germ. histor., Deutsche Chronik. I.

»An dem sunnentag soll er ze kirchen gan
den gart (Ochsentreibstock) in der hand tragen,
wirt das swert bi im vunden,
man sol in vueren gebunden
zuo dem kirchzûne,
da habe man den gebûren
und slahe im hût und har abe,
und ob er manscaft trage,
sô were er sich mit der gabeln.«

Das Verbot des Tragens des Schwertes wird auf Kaiser Friedrich I. zurückgeführt. Mon. Germ. Hist. Leg. II, 101.

erhellt, bestand aus einem langem Rocke von grauem Loden, welcher in der Mitte durch einen ledernen Gürtel zusammengehalten wurde, aus Hemd und Beinkleidern, esteres aus grober »rupfener« oder »haerener« Leinwand, letztere aus Loden für den Winter, aus Leinwand für den Sommer gefertigt. Diese, aus der auch der Sommerrock gemacht war, wurde meist blau gefärbt. Die Füsse staken in Schuhen von ungegerbtem Rindsleder, die durch zwei Riemen an die Beine gebunden wurden. Als Kopfbedeckung diente ein Hut, im Winter aus Filz, im Sommer aus Stroh gefertigt. Dazu kamen für die kältere Zeit nach grobe Fausthandschuhe, »hendlinge« genannt. An den Sonn- und Feiertagen trug er eine dunkelblaue Kleidung aus einem guten »haerenen« Stoffe oder Tuche gemacht. Helbling schreibt diese dem Bauer gewöhnliche Kleidung einer Verordnung Herzog Leopold VI. zu, wenn er sagt:

»Dô man dem lant sîn reht mag
man urloubt im¹) hûsladen grâ
und des virtages blâ.
von einem guoten stampfhart.
dehein varwe mer erloubet wart
im noch sînem wîbe.«²)

Auch Waffen, Schwert, Lanze und Schild, waren dem Bauer zu tragen nicht erlaubt. Herzog Leopold VI., erzählt Helbling, habe dies verboten.

»Die gebûrn er tragen hiez
knütel für die hunde,
der swert man in nicht gunde
noch der langen misicar.«³)

Aber diese einfache Tracht genügte den reichgewordenen Bauern, besonders den jüngeren, nicht; sie wollten es den Edelherren gleichthun.

»Gebûr, ritter. dienstmann
tragent alle glîchez kleit.
swaz ein ritter gerne treit.
nach swelhem lant und swelhem sit.
daz treit der gebûr mit«

---
¹) Dem Bauer.
²) Helbling, a. a. O. II. 69, v. 70--75; womit die Anmerkungen Seemüllers 316 zu vergleichen sind.
Helbling, a. a. O. VIII, 213, v. 876-- 880.

sagt Helbling.[1]) Auch die Haare, welche im Gegensatze zu den Edlen und Freien kurz geschoren sein sollten, wurden von den jüngeren Bauern bald lange, nach Wernher auch gelockt, getragen.[2]) Wie in der Tracht, so griff auch beim Mahle bei manchen »Geburen« die Üppigkeit um sich. Wie Helbling berichtet, soll Herzog Leopold auch die gewöhnliche Nahrung der Bauern festgesetzt haben:

> »Man schuof in zeiner lipnar
> fleisch und krût, gerstbrin,
> an wiltpract solden sie sin
> zem vasttag hanf. lins und bon;
> die herren ezzen. daz was sit.«

Nun aber setzt der Satiriker bei:

> »Nu ezzent sie den herren mit
> swaz man guotes vinden mac
> daz ist dem land ein schûrslac«[3])

und erzählt weiter, dass während der ritterliche Dichter sich nicht selten mit Käse und Brot und etwas Wein begnügen muss, zwanzig und noch mehr Gerichte auf die Tafel der Bauern gesetzt werden.[4]) Der Dichter »von Metzen hôchzît« schildert gleichfalls die üppigen Tafelfreuden, denen sich die Bauern ergaben.[5]) Auch manche andere Laster, wie Neid, Habsucht, Grosssprecherei und namentlich die Rauflust, sollen damals unter den Bauern geherrscht haben.[6])

Wenn auch das Bild, das uns Neidhart. Wernher, Helbling u. a. von dem Leben und Treiben der Bauern in Österreich im XIII. Jahrhundert entwerfen, unstreitig mit zu grellen Farben gemalt wurde, so entbehrt es doch nicht jeder Wahrheit, wie dies auch aus den Predigten des Minderbruders Berthold im erwähnten Seculum und aus Heinrich des Teichners[7]) Aussprüchen im nächsten Jahr-

[1]) Helbling, a. a. O. II, 68, v. 60—65.
[2]) Meier Helmbrecht, a. a. O. 271—278.
[3]) Helbling, a. a. O. VIII, 213, von 880—887.
[4]) Helbling, a. a. O. VII, 254. v. 489—494, und II, 82, v. 474—485; Helmbrecht, 867 und 1470.
[5]) Lassberg, Liedersal III, 399, womit Alwin Schultz: Höfisches Leben, I, 518, zu vergleichen ist.
[6]) Neidhart, 55, 39; 36, 15; 57, 2; 74, 21 u. a.
[7]) Karajan, Heinrich der Teichner in Denkschriften der k. k. Akademie der Wissenschaften phil.-hist. Classe, VI, 165, Note 279.

hundert unzweifelhaft hervorgeht. Dass es auch in der folgenden Zeit nicht besser wurde, bezeugen die Worte Thomas Murners in seiner »Narrenbeschweerung«,¹) sowie die Vorschläge, welche die niederösterreichischen Stände wegen des Aufwandes und der Üppigkeit, welche die Bauern in Kleidung, Essen und Trinken bei Hochzeits-, Tauf- und Sterbemahlzeiten entwickelten, auf dem Ausschusslandtage in Innsbruck unter Kaiser Maximilian I. im Jahre 1518 der Regierung machten. ²) Selbst König Ferdinand I. von Österreich sah sich 1542 genötigt, den unziemlichen Aufwand der Bauern strenge zu untersagen. ³)

3. Die niederösterreichische Bauernschaft vom XV. Jahrhundert bis zur ersten Erhebung im Jahre 1525.

Der im XIV. Jahrhundert in Österreich lebende Dichter Heinrich der Teichner sagt in einem seiner Gedichte über die Bauern: Der Bauer sei nur erträglich, wenn er arm sei. »Alsô der bûren armuot ist bezzer dan ir richen, wan sie machent sieche und lîchen in gelücke seht ir wol. Habent sie ir stedel vol, so ist anders nit ihr flehten, dan vil trinken unde vehten und mit hufen gein der hel. Aber hânt sie ungevel, sô ist wênic ir gelich mit trahtung nach dem himelrich, daz sie mit dem kriuze loufent und diu wambiz grôz verkoufent, swert, spiz umb lipnar«... »Waer diu werlt der herren blôz und die buren selber herrn, ez waer niem ein will ân werrn, si sluegen an einander hin, liezn einander kleinen gewin. Mit dem zins und mit der stiure waerens zwir als ungehiure, dan die herren mit ir gewinn.« ¹) Dieser Ansicht gab der Chorherr von Zürich Felix Hemmerlin († 1457) im nächsten Jahrhundert ähnlichen Ausdruck, wenn er in seinem Buche »De nobilitate« sagt: »Rustica gens, optima flens, pessima gaudens«, welcher Satz in der nachfolgenden Zeit zum geflügelten Worte

---

¹) Goedeke, Eilf Bücher deutscher Dichtung. I, 25.
²) Zeibig, Der Ausschuss-Landtag der gesammten Österreichischen Erblande zu Innsbruck 1518 im Archiv. I. c. XIII, 242, 244 ff. So heisst es bezüglich der Kleider: »Bauern und Arbeiter in den Städten und auf dem Lande dürfen kein Tuch tragen, von dem die Elle über einen ungarischen Gulden kostet, auch keine Perlen, Gold, Sammt und Seide. Ihre Weiber, doch nicht die Kinder, dürfen zur Verbrämung ihrer Kleider eine halbe Elle Seidenzeug verwenden.«
³) Czerny, Der erste Bauernaufstand in Oberösterreich. 1525, 35.
⁴) Karajan, Heinrich der Teichner, a. a. O. 165.

geworden ist. Der Wunsch des Österreichers wie des Zürichers wurde bald zur traurigen Wahrheit. Die günstige Lage, in welcher sich während des XIII. und der ersten Hälfte des XIV. Jahrhunderts der österreichische Bauer befand, begann in der zweiten Hälfte des genannten Zeitraumes sich in das gerade Gegenteil zu verkehren und seinen wirtschaftlichen Verfall herbeizuführen. Wenn es auch in den fruchtbaren Geländen am rechten und linken Donauufer immerhin noch manche wohlhabende Bauern in dieser Zeit gab, die grössere Masse des Standes selbst war in ihren wirtschaftlichen und dadurch auch in ihren socialen Verhältnissen im steten Rückschritte begriffen, dessen unausbleibliche Folge die allmähliche Zersplitterung des bäuerlichen Besitzes war. Bildete bis zur ersten Hälfte des XIV. Jahrhunderts das Lehen (die Hufe) oder das Halblehen das Normalgut, so begegnet uns in der folgenden Zeit auch das Viertellehen, welches 10 bis 5 und noch weniger Morgen umfasste. Da dieses zuletzt genannte Gut eine Familie nicht mehr ernähren konnte, so sah sich der Besitzer genötigt, als Tagwerker oder durch häusliche Industrie als Weber, Schneider oder Schuster [1]) auf dem Herren- oder grösseren Bauernhofe sich einen Nebenerwerb zu verschaffen. Zu diesen »Kleinhäuslern«, wie man sie nannte, zählten auch die Hofstätter (»Hofstadler«), deren Besitz ausser einem kleinen, unansehnlichen Hause nur einen Garten, um sich das nötige Gemüse, besonders das so beliebte Kraut zu ziehen, und einen kleinen Wiesenfleck begriff, um sich eine Kuh, meist aber nur einige Ziegen (Gaise) zur Gewinnung der so notwendigen Milch halten zu können. [2])

Die Ursachen, welche den wirtschaftlichen und socialen Niedergang in der günstigen Lage des Bauernstandes von Niederösterreich herbeiführten, wurzelten teils in den allgemeinen, alle deutschen Gaue mehr oder minder berührenden Verhältnissen der Zeit, teils in den besonderen Geschicken, denen gerade das Land unter der Enns

---

[1]) Dieser industrielle Nebenerwerb begriff auch die heute noch hie und da gebräuchliche, aber schon sehr in Abname gekommene »Stöhr«.

[2]) Näheres in der Topographie von Niederösterreich (herausgegeben von dem Vereine für Landeskunde von Niederösterreich, I, 226; A. Engelmayr, Untertanen-Verfassung des Erzherzogtums Österreich ob und unter der Enns. I, 4, § 4. Achtellehner, wie solche die Topographie von Niederösterreich anführt, konnte ich aus den mir zugänglichen Urbarien nicht nachweisen, auch kennt sie Engelmayr nicht. Von den Hofstätten sind die Überlandsgründe, »das Überländ«, zu unterscheiden, welches Äcker und Wiesen begriff, die in besseren Zeiten zu den bestifteten untrennbaren Hausgründen hinzugekauft worden waren.

von dem Tode König Albrecht II., 1439, ab ausgesetzt war. Zu den ersteren zählt die Erstarkung des Capitales, deren Folge die Verdrängung der Natural- durch die Geldwirtschaft war. Nach dem Vorbilde anderer Länder, besonders von Italien, hatten sich im XV. Jahrhundert im Deutschen Reiche Handelsgesellschaften gebildet, welche auch die österreichischen Lande, besonders Niederösterreich mit Wien, in den Kreis ihrer Handelsbeziehungen zu bringen verstanden. Durch die reichen Geldmittel, die ihnen zu Gebote standen, beherrschten sie nicht nur nach jeder Richtung den Markt, sondern waren auch im Stande, irgend welche Producte gänzlich aufzukaufen und selbständig den Preis dafür festzusetzen. Zunächst nur für die Einfuhr von fremden Waren, um den Handel Italiens lahm zu legen, in Deutschland gegründet, zogen sie dann die Producte des reichen Bergsegens der österreichischen Länder, später auch die der Gewerbsthätigkeit, besonders der Eisenindustrie, und endlich auch die Erzeugnisse der niederösterreichischen Landwirtschaft: Vieh, Getreide und Wein, in den Bereich ihres Handels, welche Producte sie nicht selten schon vor der Ernte dem geldbedürftigen Bauer abhandelten. »Die grossen Handelsgesellschaften,« klagte der Ausschuss-Landtag der im Jahre 1518 zu Innsbruck versammelten Abgeordneten aller österreichischen Erblande, »haben durch sich selbst und ihre Factores alle Waren, die den Menschen unentbehrlich sind: als Silber, Kupfer, Stahl, Eisen, Linnen, Zucker, Spezerei, Getreide, Ochsen, Wein, Fleisch, Schmalz, Unschlitt, Leder, in ihre alleinige Hand gebracht.... Sie machen beliebig die Preise und schlagen nach Willkür damit auf, wodurch sie sichtbarlich in Aufname kommen, einige davon in ‚Fürsten vermögen gewachsen‘ zum grossen Schaden der Erblande.... Keiner Gesellschaft soll es erlaubt sein, das ungerische oder das Landvieh mit dem hauffen aufzukaufen bei Verlust des Viches, sondern jedem, Reich oder Arm, solcher Vorkauf und das Treiben in die Länder, Städte und Märkte zu fernerem Kauf und Verkauf erlaubt sein.« [1]

Die Preissteigerung, die bezüglich der landwirtschaftlichen Producte eintrat, gereichte dem Bauer nicht zum Vorteile; denn

---

[1] Zeibig, a. a. O. Archiv für Kunde österreichischer Geschichtsquellen. XIII. Bd., 234, Art. 14; Lamprecht, Deutsche Geschichte, V. 1, 49 ff., und besonders dessen Abhandlung: Das Schicksal des deutschen Bauernstandes bis zu den agrarischen Unruhen des XV. und XVI. Jahrhunderts in Preuss. Jahrb. 1885, II. Bd., 175 ff.

der Grundherr forderte infolge dessen von seinen Holden, dass sie statt des Geldes, das sie für ihre Naturallieferungen zu zahlen verpflichtet waren, diese Giebigkeiten in Naturproducten selbst zu leisten hätten.

Auch noch ein anderes Recht namen die Grundherren für sich in Anspruch, das »Anfailrecht«, welches darin bestand, dass der Holde zuerst dem Grundherrn zu dessen Notbedarf seine Erzeugnisse zum Kaufe anbieten musste, was nicht immer um den marktüblichen Preis geschehen sein dürfte.[1] Die Herrschaften hatten dieses den Bauer so schädigende Recht als Gegengewicht gegen das Vorkaufsrecht, »den Fürkauff«, vieler Bürger in den Städten und Märkten des Landes, welche dasselbe vermöge landesfürstlicher Freiheitsbriefe besassen, in Anspruch genommen. Das Recht des »Fürkauff« bestand darin, dass der Bauer seine Erzeugnisse an Vieh, Feld- und Gartenfrüchten nicht jedermann frei verkaufen durfte, sondern vermöge der Privilegien genötigt war, sie den Bürgern in den Städten und Märkten zum Kaufe zu bringen. So hatten, um andere Beispiele zu übergehen, die durch ihre Eisenindustrie am Ende des Mittelalters weithin bekannte Stadt Waidhofen an der Ips, die Stadt Ips an der Donau, die Märkte St. Peter in der Au, Seitenstetten, Aschbach, Wallsee, Scheibbs, Amstetten, Purgstall und Steinakirchen vom Kaiser Friedrich III. schon im Jahre 1448 das Privilegium erhalten, dass innerhalb ihres Gaues nicht nur kein Handel mit den landwirtschaftlichen Producten getrieben werden durfte, sondern dass die Bauern dieses weiten Bezirkes, der den ganzen oberen Teil des ehemaligen Kreises ober dem Wiener Walde umfasste, ihr Vieh und Getreide den Bürgern dieser Ortschaften verkaufen mussten.[2] Dass durch solche Privilegien, über deren genaue Einhaltung die Bürger mit peinlicher Obsorge wachten, der Bauer keine hohen Preise für die Erzeugnisse seiner Mühe und Arbeit, abgesehen von dem Zeitverluste, den ihm die Zufuhr verursachte, erzielen konnte, bedarf keines weiteren Beweises. Da das Anfailrecht der Grundherren zu diesen Privilegien im directen Gegensatze stand, so wurden dieselben sehr häufig nicht beachtet, was zu vielen Streitigkeiten und Klagen auf den Landtagen von beiden Seiten führte. So beschwerten sich die privilegierten Städte

---

[1] Czerny, Der erste Bauernaufstand, l. c. 8.
[2] Friess, Geschichte der Stadt Waidhofen an der Ips. 25, Urkunde, N. 55.

und Märkte von Niederösterreich auf dem oben erwähnten General-Landtag von Innsbruck über das Vorgehen der Grundherren, bei welchen Klagen wie gewöhnlich der »gemeine Mann« und das »kaiserliche Kammergut« in den Vordergrund geschoben wurden. »Der Kaiser hat wol Befehle zur Verhütung des Vorkaufes auf dem Lande ausgehen lassen, auch geboten, dass die Städte und Märkte, die in dieser Hinsicht gefreit sind, von dem gemeinen Mann nicht beschwert werden, bisher ist es aber nicht befolgt worden. Dadurch erleidet des Kaisers Kammergut grossen Schaden, und Städte und Märkte kommen, wenn nicht abgeholfen wird, in Abname. Der Kaiser möge die früher erlassenen Befehle (deren Abschriften ihm zugleich vorgelegt werden) mit aller Strenge erneuern und zu handhaben gebieten.« [1]) Das Ende dieser Streitigkeiten waren in der Regel strenge Erlässe des Landesfürsten, wie uns solche auch in der nachfolgenden Zeit unter den Kaisern Ferdinand I., Maximilian II. und Rudolf II. begegnen, die aber nicht beachtet wurden, das Los des Bauern aber verschlimmerten. Derselbe hätte sich nur helfen können durch Melioration seiner Äcker, Wiesen und Felder, sowie durch Vergrösserung seines Viehstandes; allein dazu bedurfte er des Geldes, das er nur von den Städten erlangen konnte. Dies war aber gleichbedeutend mit seinem Ruine, da der gesetzliche Zinsfuss in damaliger Zeit ein sehr hoher war. [2])

Wir haben schon erwähnt, dass der Bauer infolge seiner gedrückten wirtschaftlichen Lage und der dadurch bedingten Armut zu den Teilungen seines Besitztumes seine Zuflucht nemen musste. Diese Teilungen, welche der Grundherr nur bis zu einer gewissen Grenze gestattete, um das Gut nicht unfähig zu machen, die festgesetzten Giebigkeiten zu reichen, obwol derselbe nicht versäumte, diese auf dem Teilgute festzustellen und wenn möglich zu erhöhen, waren früher, obwol die Volkszahl in steter Zuname begriffen war, durch zwei Thatsachen hintangehalten worden. Die erste derselben lag darin, dass bis zu dieser Epoche in Niederösterreich noch viel unbebautes Land vorhanden war, das von mächtigen Wäldern und Forsten

---

[1]) Archiv, l. c. XIII Bd., 312.
[2]) Janssen, Geschichte des deutschen Volkes. I. Bd., 411 ff., VIII. Bd., 24; Lamprecht, Deutsche Geschichte. V, I. Bd., 88 ; G. Winter. Sociale Bewegungen und Theorien im Zeitalter der Reformation in Brauns Vierteljahrsschrift für Volkswirtschaft, Politik und Culturgeschichte. XXVIII. Jahrgang (1894). N. 1, 16.

bedeckt war. Dasselbe, welches besonders am linken Donauufer noch weite Strecken erfüllte, wurde durch den stetigen Fortschritt der Cultur zugeführt und bot dem Überschuss der ländlichen Bevölkerung einen erwünschten Abfluss und Raum zur Fortentwicklung. Ein interessantes Bild von den stetigen Fortschritten bietet das Salbuch von Göttweig, aus dem wir nur die colonisatorische Thätigkeit dieses Klosters am linken Donauufer hervorheben wollen. Als Bischof Altmann von Passau im Jahre 1083 das Kloster Göttweig gründete, wies er demselben, nebst grossen Landstrecken am rechten Donauufer, auch am linken Ufer dieses mächtigen Stromes einen Teil des »Desertum ad Grie« zu, ein mächtiges Waldgebiet am Oberlaufe der Krems. Hier begannen die Söhne Benedicts und ihre Holden, wie nicht minder auch die Babenberger mit ihren Colonen ihre segensreiche Thätigkeit, der Grossteil des Waldes fiel, Ansiedlungen in Gestalt von Dörfern und Einzelhöfen entstanden, und dort, wo vor weniger als anderthalb hundert Jahren nur dichter, dunkler Wald war, in welchem nur zwei Ortschaften, »Chotansriuts«, heute Kottes, und das »Predium Leopoldi,« heute Leopolds, sowie drei Ansiedlungen: Voitsau, Wolfenreith und Sigisreith waren, sehen wir zu Beginn des XIII. Jahrhunderts eine grosse Anzahl blühender Dörfer und Einzelgehöfte.[1]) Eine ebenso grossartige Thätigkeit entfalteten die Benedictiner von Altenburg und besonders die Söhne des heiligen Bernhard zu Zwettl. Auch die weltlichen Grossgrundbesitzer, namentlich die Grafen von Raabs, Hardegg, die Herren von Kuenring, Schleinz u. a., wetteiferten mit den schwarzen und grauen Mönchen.[2])

Die zweite Thatsache, welche der stetig wachsenden Volkszahl den naturgemässen Abfluss verschaffte, waren die Städte, welche

---

[1]) Fontes rer. Austr. II. VIII, mit den trefflichen Erläuterungen von W. Karlin.

[2]) Näheres und Ausführlicheres bieten die Urbarien und Urkundenbücher der Hochstifte Passau in Mon. Boic. XXVIII, b, XXIX. b, u. s. w., von Freising (Fontes, l. c. XXXI, XXXV und XXXVI), von Zwettl (Fontes, l. c. III), von den Schotten (Fontes, l. c. XVIII), von Altenburg (Fontes, l. c. XXI), Seitenstetten (Fontes, l. c. XXXIII), Klosterneuburg, Heiligenkreuz (Fontes, l. c. IV, X und XXVIII; XI, XVI), das Urkundenbuch von St. Pölten; ferner Keiblingers Geschichte von Melk; Hausiz von Lilienfeld; Bielsky von Herzogenburg; Chmels Urbarien von Niederaltaich und viele andere. Zu vergleichen sind auch meine Arbeiten über die Benedictiner, die Kuenringer; Die Diöcesangeschichte von St. Pölten. I, II. Abt.; reiches Material bieten auch viele Aufsätze in den Blättern des Vereines für Landeskunde von Niederösterreich.

den Holden in ihren Mauern Aufname und Freiheit gewährten. Beide Quellen aber begannen von der Mitte des XV. Jahrhunderts ab für den Abfluss zu versiegen; das früher uncultivierte Land war um diese Zeit zumeist schon gerodet und anbaufähig gemacht worden, und die Städte begannen sich gegen den Zuzug vom Lande abzuschliessen. Diese Abschliessung nam noch zu, als die Zünfte sich ausgestalteten und regelten und nur mehr den Söhnen ihrer Zunftgenossen Aufname in das Handwerk gewährten.[1]

Ingleichen war das in den meisten Privilegien der niederösterreichischen Städte, z. B. Wien, Wiener-Neustadt, Krems, St. Pölten, Waidhofen an der Ips und anderen, schon frühe auftauchende Verbot, innerhalb eines Gezirkes von drei Meilen um die Stadt ein Handwerk zu treiben, für den Bauer von Nachteil, weil er sich dadurch genötigt sah, alles, was er vordem im Hause selbst gefertigt oder anfertigen hatte lassen, in der Stadt zu kaufen.

Auch der Umstand, dass, wie in anderen deutschen Ländern so nicht minder auch in Niederösterreich, die Bürger, namentlich die Handelsherren, ihre überschüssigen Capitalien in ländlichen Werten anzulegen und von den geistlichen wie weltlichen Grossgrundbesitzern Gülten, Giebigkeiten, ja selbst Zehnte[2] zu erwerben suchten, trug zur Verarmung des Landvolkes nicht wenig bei.[3] Heute noch blühen in Nieder- wie Oberösterreich und in den anderen Provinzen des Kaiserstaates mehrere Familien des Adels, deren Stammväter im XV. und XVI. Jahrhundert Bürger und Kaufleute in Wien, Steyr und anderen Städten waren, und die sich auf diese Weise Besitz auf dem Lande und später in geldarmer Zeit auch einen Adelsbrief erwarben.

Diesen Ursachen, welche, abgesehen von den dem Menschen unabwendbaren Heimsuchungen, wie Hagelschlag, Misswachs und Vieh-

---

[1] Die Schuster von Waidhofen an der Ips z. B. verboten in ihren 1520 erflossenen Statuten die Aufname der unredlichen Leute und der Söhne von Taglöhnern und Bauern; in der Schmiedschaft von Ipsitz war noch bis zu Beginn dieses Jahrhunderts dieses Verbot sowie das des Wanderns aufrecht. Manuscript im Archiv von Seitenstetten.

[2] So besassen z. B. einige Bürgersfamilien der Stadt Waidhofen an der Ips Gülten und Dienste, die mit den Häusern in der Stadt verkauft wurden, bis zur gänzlichen Ablösung dieser Herrschaftsrechte um die Mitte unseres Jahrhunderts.

[3] Ausführlicher hierüber handelt Lamprecht in seiner deutschen Geschichte. V I, 85

seuchen, umsomehr, je weniger man in jenen Zeiten verstand, diese Unglücksfälle in der Landwirtschaft durch gegenseitige Hilfe zu mildern, zur Verarmung des Bauern sehr viel beitrugen, müssen auch vor allem die zahlreichen Fehden und Kriege, deren Schauplatz im XV. Jahrhundert insbesonders Niederösterreich war, beigezählt werden. Das Fehdewesen war gerade in dieser Zeit zu entsetzlicher Blüte gediehen, unter ihm hatte der Bauernstand, der ohnedies durch Räubereien oft arg mitgenommen wurde, am schwersten zu leiden Dem Unwesen des Raubrittertums traten zwar die österreichischen Landesfürsten mit aller Macht entgegen, indem sie entweder allein rücksichtslos durch das »Geräun« dagegen einschritten, oder wie Herzog Leopold IV. im Vereine mit den Ständen im Jahre 1407 einen Landfrieden beschlossen, zu dessen stricter Durchführung der Herzog und die Stände eine stehende Macht von 300 Spiessen und ebenso vielen Bogenschützen unter der Anführung des niederösterreichischen Landmarschalls Otto von Meissau aufstellten;[1]) dem Fehdewesen jedoch gegenüber waren auch sie trotz des nicht selten gebotenen Landfriedens ohnmächtig. Gerade aber die Fehden fügten dem Landwirte den grössten Schaden bei. Der Bauer mit seinem Hab und Gut galt dem Feinde als vogelfrei. Um den Gegner zu schädigen, wurden dem Bauern Haus und Hof, Scheune und Stall niedergebrannt, sein Vieh weggetrieben, die Frucht auf dem Felde verwüstet, er und die Seinen überdies nicht selten noch erschlagen, oder es wurden die furchtbarsten Greuel an ihnen verübt; und alle diese Unthaten fand man in dieser Zeit ganz in der Ordnung.

Einige Beispiele hiefür mögen genügen. Als durch den unseligen Bruderzwist im Hause Habsburg zu Beginn des XV. Jahrhunderts Adel und Bürgerschaft von Niederösterreich sich in zwei mächtige Parteien schieden, wiederhallte das ganze Land vom Geklirre der Waffen. Unter den vielen Privatfehden, die neben dem Kampfe um die Vormundschaft über den jugendlichen Herzog Albrecht V. zwischen den Herzogen Leopold IV. und Ernst herliefen, war eine der grössten die des Landeshauptmannes von Oberösterreich, Reinprecht IV. von Walsee, der auch im Lande unter der Enns sehr begütert war, mit Christian von Zinzendorf, Konrad dem Krayger und ihren Anhängern. Beide Parteien trennte nicht bloss politische

---

[1]) Kurz, Österreich unter König Albrecht II., 1.

Gegnerschaft, indem der Walseer, das Haupt des österreichischen Adels, auf Seite des Herzogs Ernst, der Zinzendorfer, dem minder begüterten Adel von Österreich angehörend, auf Seite des Herzogs Leopold IV. stand, sondern auch Privatfehde. Reinprecht von Walsee verwüstete die Besitzungen des Zinzendorfers im Erlaf- und Urlthale, brach mehrere seiner Burgen, wie Perwart, Hausegg, St. Peter in der Au, Randegg u. a., und brannte und plünderte dessen Holden, wogegen der letztere gleiches an den Gütern und Holden des ersteren im Thale der Ips, Erlaf und im Kreise unter dem Wiener Walde verbrach. Dieser furchtbaren Fehde, welche den Zinzendorfer an den Rand des Unterganges brachte, machte endlich der im Jahre 1412 erfolgte schiedsrichterliche Spruch ein Ende.[1]) Nicht minder hatten die Bauern am linken Donauufer, besonders die an der mährischen Grenze wohnenden, durch die Einfälle böhmisch-mährischer Raubritter und deren Fehden mit den österreichischen Edlen zu leiden. Es wird uns bei solchen Verhältnissen, in denen der Bauer stets die Zeche zahlen musste, sicherlich nicht wundern, wenn wir die mit Recht erbitterten Bauern furchtbare Rache an ihren grausamen Bedrängern nemen sehen. Das thaten die Bauern von Drosendorf und der Umgebung dieser Stadt mit Albrecht von Vöttau und seinen Genossen. Als derselbe nämlich im Jahre 1405 raubend und plündernd in Österreich einfiel und der Stadt und Burg von Drosendorf sich bemächtigt hatte, überfielen ihn mehrere in Eile zusammengelaufene Bauernhaufen und erschlugen ihn auf die grausamste Weise.[2]) Die vom thatkräftigen Herzog Albrecht V. wieder hergestellte Ordnung, welche den Bauer aufathmen liess,[3]) wurde nur zu bald durch die wilden, furchtbaren Hussitenkämpfe wieder gestört. Erlitten durch die wiederholten Einfälle dieses wilden fanatischen Feindes die Bauern am linken Donauufer ungeheuren Nachteil, so hatten die am rechten Ufer sesshaften zwar keinen directen Schaden von den Hussiten, allein sie waren nicht viel besser daran, weil zur Abwehr dieses furchtbaren Feindes nicht nur hohe Steuern ausgeschrieben wurden, sondern sie sich auch genötigt sahen, den zehnten Mann der Arbeit zu entziehen und

---

[1]) Notizblatt, Beilage des Archivs für Kunde österr. Geschichtsquellen. 1852, 8, Urkunde Nr. 251. Im Spruchbriefe zwischen beiden heisst es: »Alle Gefangenen, es seien Gereisige oder Bauern, sollen ledig gelassen werden.«
[2]) Kalendarium Zwetlense in Mon. Germ. SS. IX, 696.
[3]) Huber, Geschichte Österreichs. II, 421 ff.

in das Feld zu stellen, wobei ihn je neun der Zurückbleibenden ausrüsten und erhalten mussten.[1])

Nachdem mit Albrecht V. Hinscheiden die Hand erlahmt war, welche das durch Fehden und Raubzüge des einheimischen Adels wie der Grenznachbarn und Hussiten schwer bedrückte Land allein wieder einer besseren Zukunft entgegenzuführen vermocht hätte, gestalteten sich die wirtschaftlichen Verhältnisse in den nachfolgenden Jahrzehnten dieser Epoche für den niederösterreichischen Bauer immer trauriger. Die Wirren, welche wegen der Vormundschaft über Albrechts nachgeborenen Sohn Ladislaus ausbrachen, die heftigen Kämpfe, welche sich nach dessen unvermutet frühem Tode zwischen den Brüdern Kaiser Friedrich III. und Herzog Albrecht VI. von Österreich um dessen Erbe erhoben, brachten dem ohnedies schwer geschädigten Bauer neue Bedrängnisse. Da die Söldnerführer, mit deren aus den benachbarten Ländern Baiern, Böhmen, Polen und Ungarn gesammelten Scharen die Kriege geführt wurden, ob der grossen Finanznot mit ihren Forderungen nicht befriedigt werden konnten, suchten sie sich durch Raub und Ausplünderung der Bürger und Bauern bezahlt zu machen. Am schwersten hatten in diesen Tagen die Bauern des Marchfeldes zu leiden, obwol ihren Standesgenossen in den anderen Landesteilen kein freundlicheres Geschick blühte. Plünderte und verwüstete doch der Söldnerführer Pongrácz von Liptau und Szent Miklos, der sich eines grossen Teiles des Gebietes zwischen der Waag und March bemächtigt hatte und dort wie ein selbständiger Fürst schaltete, mit seinen raublustigen Scharen das ganze Land bis Krems und Zwettl und wurde nicht selten auch von den einheimischen Raubrittern dabei unterstützt.[2]) Und als Pongrácz seine elende Rolle ausgespielt hatte, nam sie Gamaret Fronauer vom Schlosse Ort im Marchfelde wieder auf und verwüstete mit den Scharen »der Brüder«, nachdem Ort gefallen war, von der zu einer Feste umgestalteten Kirche von Schweinbart am Weidenbache aus das ganze Marchfeld, setzte 1461 von Triebensee über die Donau und plünderte das weite Gebiet von Mautern und Hollen-

---

[1]) Zeibig, Kleine Klosterneuburger Chronik, Archiv, a. a. O. VII. Bd., 245; Kurz, a. a. O. I, Cap. 1 und 2; Friess, Hussitenkämpfe Herzogs Albrecht V. von Österreich.

[2]) Chmel, Geschichte Kaiser Friedrich IV. II, 591; Huber, Geschichte Österreichs. III, 79; auch Bachmann, Deutsche Reichsgeschichte im Zeitalter Friedrich III. und Max I. I, 23 ff.

burg bis gegen Wien, indem er sich zugleich wie ein Fürst die Huldigung leisten liess.[1]) Hatte zwar der Bürger von diesen »der Hölle« entsprungenen Rotten, denen in der Bedrückung die kaiserlichen Söldner wenig nachstanden, gleichfalls viel und stark zu leiden, da Handel und Gewerbe sehr darniederlagen und jeder Verkehr gestört oder nur gegen hohe, unerschwingliche Summen an die Bandenführer gestattet wurde, so gewährten ihm und den Seinen doch die Mauern seiner Stadt sicheren Schutz gegen persönliches Ungemach; der Bauer aber, namentlich der des Flachlandes und des Marchfeldes, in den Dörfern wie auf den Einzelgehöften, erlag schutzlos dem Wüten dieser Unholde, welche ihn nicht nur der Lebensmittel, Schuhe und Kleider beraubten, sondern ihm auch nicht selten den »rothen Hahn« auf das Dach setzten und oft auch noch mit den Seinen erschlugen.

Damals kam es auch nicht selten vor, dass der unglückliche Landwirt sein Gehöfte im Stiche liess und mit den Seinen in eine von jenen uralten Erdhöhlen floh, welche einst in altersgrauer Zeit von den ältesten Ansiedlern ähnlicher Ursache halber gegraben oder zugerichtet wurden und die in Niederösterreich, namentlich im Marchfelde, heute noch in nicht unbeträchtlicher Menge sich finden.[2])

Auch die letzten Decennien dieses Jahrhunderts besserten nicht die traurige Lage des Bauern, boten doch auch sie nur ein düsteres Bild von wilden Kämpfen und grausamen Verwüstungen. Infolge der unglücklichen Kriege, welche Kaiser Friedrich III. mit dem Ungarkönig Mathias Corvinus zu führen hatte, überschwemmten dessen Heere das ganze Land unter der Enns, eroberten die Städte, wenige wie Krems, Waidhofen a. d. Ips ausgenommen, und forderten überall die »Huldigung«, die fast gleichbedeutend mit Brandschatzung war. Dieselbe, welche doch wieder zumeist die Untertanen betraf, konnte von diesen umso schwerer geleistet werden, weil der ihnen durch die vorausgegangenen Verwüstungen zugefügte Schaden, welchen der ungarische Feldhauptmann Johann Zeleny durch seinen Raub- und Plünderungszug, den er im Jahre 1481 durch ganz Niederösterreich, von Wien bis an die Enns, angetreten hatte, noch

---

[1]) Ebendorfer, Chronicon Austriacum in Pez Scriptores rerum Austriacarum II. 937 ff.

[2]) Solche Erdhöhlen werden von den Bewohnern des Marchfeldes Erdställe genannt.

bedeutend vergrössert hatte, kaum dem geringsten Teile nach war wieder wettgemacht worden.[1])
Nicht geringeren Schaden fügte dem Bauernstande auch die Münzverschlechterung und die Reception des römischen Rechtes bei. Die Verschlechterung der Münze an Silbergehalt nam zwar ihren Ausgang nicht von Österreich, fand aber leider nur zu schnell Nachahmung. Der Silberpfenning, die gebräuchlichste Geldmünze auch in unseren Landen, von dem dreissig einen Schilling ausmachten, zweihundertvierzig auf ein Pfund giengen, hatte im Jahre 1435 noch einen Feingehalt von 0·25 Gramm, im Jahre 1460 aber nur mehr 0·012 Gramm, war also um mehr als das Zwanzigfache gesunken. Nicht mit Unrecht nannte das Volk diese Pfenninge »Schinderlinge«, um durch diesen beissenden Spottnamen den geringen Wert der Münze auszudrücken.[2]) Die natürliche Folge der Entwertung der Münze war eine allgemeine Preissteigerung sowol der Lebensmittel, wie der Erzeugnisse der Industrie. Wurden zwar dadurch auch die Grundherren selbst nicht wenig in Mitleidenschaft gezogen, da ihnen die Zinsen in der schlechten Münze gezahlt wurden, sie aber anderseits hohe Liedlöhne ihren Arbeitern und Taglöhnern zahlen mussten,[3]) weshalb sie auf den Landtagen dagegen remonstrierten, so traf diese Münzverschlechterung den Bauer doch nicht weniger hart, da ihn die Not zwang, seine Erzeugnisse den Handelsgesellschaften um den von ihnen selbst gemachten Preis zu verkaufen und er von der Preissteigerung keinen Nutzen zog.

Schwerer aber noch traf den Bauer die Reception des römischen oder »fremden« Rechtes bezüglich seiner socialen Stellung.[4]) Dieses

---

[1]) Kurz, Österreich unter K. Friedrich. II. Bd., 140 ff.; Huber, l. c. III, 237—266.

[2]) Huber, l. c. III, 153, und besonders Schalk, Der Münzfuss der Wiener Pfennige in den Jahren 1424—1480.

[3]) »Auch der Lohn der Dienstleute und Taglöhner ist übermässig gestiegen«, klagten die Stände auf dem Generallandtage von Innsbruck; Archiv, a. a. O. 13, 242.

[4]) In jüngster Zeit haben sich die Ansichten über den Einfluss des römischen Rechtes auf die Verschlechterung der bäuerlichen Verhältnisse geteilt. Während Laband in seiner Schrift: Über die Bedeutung der Reception des römischen Rechtes für das deutsche Staatsrecht (Strassburg 1880), und besonders Janssen in seinem so stoffreichen Werke: Geschichte des deutschen Volkes, I. Bd., 473 ff., den nachteiligen Einfluss desselben stark betonen, leugnen ihn Boretius (Die Umwandlung des deutschen Rechtslebens durch die Aufname des römischen Rechtes, Preuss. Jahrbücher, LII. Bd.) und Grossmann (Über die gutsherrlich-

fremde, oder wie es auch genannt wurde, »neue« Recht wurde in den österreichischen wie in den anderen Ländern zwar nicht in der Justinianischen Compilation, sondern in der Gestalt angenommen, die es durch die Glossatoren auf den italienischen Universitäten im Laufe des Mittelalters erlangt hatte. Getragen von der öffentlichen Meinung, beeinflusste dieses neue siegreich vordringende Recht das Verhältnis zwischen Bauer und Gutsherrn sehr bald in erheblichster Weise. Das Sclaventum des römischen Rechtes der alten Imperatoren nam in unseren Landen nie eine praktische Form an, wol aber fand der römische Eigentumsbegriff von Seite der Grundherren schnelles Verständnis und willige Anname; begünstigte er doch die römische Latifundienbildung, kannte er dem Herrn doch nur Rechte, nicht aber auch Pflichten gegen seine Untertanen zu wie das christlich-germanische Recht. Die Holden, welche im Laufe des XIV. Jahrhunderts völlig freie Leute geworden waren, wurden durch die Reception dieses Rechtes fast wieder zu Eigenleuten, denen die römisch-rechtliche Bildung der Richter und Pfleger selbst bei dem besten Willen nicht ihr geschichtliches, wohl erworbenes Recht zuteil werden lassen konnten. Die naturgemässe Folge der Einbürgerung dieses Rechtes war die Ausschliessung des Bauers von dem Gemeinbesitz in Wald und Feld, die als Eigentum des Grundherrn, als Domina,gut oder Hofland anerkannt und durch Einziehung der Überreste der freien Mark vergrössert wurde, die Beschränkung der Freizügigkeit desselben und die willkürliche Erhöhung der Gülten und Frondienste. Auch die Aufhebung des Rechtes des freien Fischfanges und der freien Jagd der Untertanen resultieren aus der Aufname des Corpus iuris civilis. Wie schwer die Äcker und Wiesen des Bauers durch das gehetzte Wild geschädigt wurden, erhellt aus den Verhandlungen der niederösterreichischen Stände auf dem Ausschusslandtag zu Innsbruck. Kaiser Maximilian I., zu dessen Erlustigungen vorzugsweise die Jagd zählte, hegte in den kaiserlichen »ausgezeigten« Bezirken und deren Umgebung eine so bedeutende Menge von Wild, namentlich Schweine, dass die Güter der angrenzenden Herrschaften und ihrer Holden durch dasselbe schwer geschädigt wurden.[1] Dieser grosse Übelstand wurde noch

---

bäurischen Rechtsverhältnisse in der Mark Brandenburg vom XVI. bis XVIII. Jahrhundert; Leipzig 1890. S. 19, 21, 43); doch geben beide manches, was Laband und Janssen berichten, zu. Boretius, 111, 115 Grossmann, 44.

Schon auf dem Ausschusslandtag zu Augsburg, wo im Jahre 1510 die Ausschüsse der fünf »niederösterreichischen Lande« die Erzherzogtümer Österreich

erhöht durch den Übermut, den sich die zur Überwachung der Jagd und Hintanhaltung jedes Jagdfrevels angestellten Jäger und Forstknechte gegen die Bauern und ihre Herren selbst erlaubten. »Die Jägerknechte üben allenthalben im Lande grossen Übermut mit den armen Bauersleuten, quälen dieselben unter dem Vorwande einer fleissigen Aufsicht über das Wild, legen ihnen willkürlich, ohne sie früher bei den Grundherren vorzufordern und zu verklagen. Leibes- und Geldstrafen, und letztere in so hohem Betrage auf, dass daraus grosser Schaden, ja Verödung der Güter entsteht.«[1]) Auf die Vorstellung der niederösterreichischen Stände über den Schaden und den Übermut der Forstknechte, zu dessen Hintanhaltung sie ohnedies, da es ihnen nicht unbekannt wäre, dass »der Kaiser, wenn durch jemand Wildpret gebürscht oder gefällt wird, über die Anzeige in Zorn gerät und die Thäter an ihrem Leben zu strafen hingerissen wird«, strenge Befehle hätten ausgehen lassen, dass jeder, der auf frischer That ertappt oder derselben rechtlich überwiesen würde, gefänglich eingezogen und »nach auffsaczung k. M. peenfall mitsambt Ablegung der Atzung« gerichtlich bestraft würde,[2]) erteilte ihnen der Kaiser die Antwort: »Die hohe Wildbahn, Förste und Jagd im Lande kann der Kaiser als seiner fürstlichen Obrigkeit Gerechtsame und Eigentum nicht aufgeben, sondern ist gesonnen, sie wie bisher zu behalten. Er kann auch nicht glauben, dass das Wildpret so viel Schaden anrichte, als davon geschrieben wird; denn er hat davon nie eine Spur finden können; er erbiete sich aber, was der Wildstand im Lande über 2000 Gulden Schaden thut, der Landschaft gegen dem zu bezahlen, dass diese ihm den Betrag, um welchen der Schaden unter 2000 Gulden bleibt, auszahle.« Auf ihre Besorgnisse, dass der Kaiser vermöge seiner landesfürstlichen Herrlichkeit alle Jagd an sich ziehen wolle, welches Recht sie als ein »vermeintliches« erklärten, da es »den Kauf- und Lehenbriefen der Landleute, welche sie von geistlichen und weltlichen Fürsten und Lehensherren neben

---

und die Herzogtümer Steiermark, Kärnten und Krain) neben dem Reichstag des Deutschen Reiches mit dem Kaiser verhandelten, brachten sie vor: der Kaiser möge der Landschaften und ihrer armen Leute Beschwerden, Nachteil und Schaden, der ihnen durch das Wildpret täglich zugefügt wird, gnädiglich bedenken und sich darin wie Jhrer Mayestet Vordern mit denen Landschaften gethan, gnädiglich halten und davor sein, damit sie und ihre armen Leut dadurch so beschwerlich nit verderbt werden«. Czerny, a. a. O. 40.

[1]) Archiv. a. a. O. XIII. Bd., 253.
[2]) Archiv, a. a. O. XIII. Bd., 242, Art. XIV.

dem Kaiser haben, auch den Gebräuchen und Herkommen durchaus widerspreche«,¹) liess er ihnen antworten: »dass ihm als Herrn und Landesfürsten alle Forste, Jagden und Wildbahnen des Landes zugehören, worüber er notturfftig prif und sigel hat, die er nöthigen Falls aufweisen kann. Dazu kommt noch, dass alle Könige und Fürsten der Christenheit dasselbe Recht haben und üben, doch gedenkt der Kaiser dieses wirkliche, nach der Meinung der Landleute ²) aber vermeintliche Recht jetzt nicht auszuführen, noch auf seiner herrlichait so weit und swer zu liegen, sondern er hat bisher einen ausgezeigten Bezirk zu seiner fürstlichen Erlustigung bestimmt, und dem Jägermeister und dem Forstmeister befohlen darin das Wild zu hegen nach der ihnen erteilten Instruction, welche die Landschaft von dem Jägermeister vernemen kann. Sollten die Nachbarn, deren manche kaum eine halbe Meile Territorium dem Umfange nach besitzen, das Recht haben, darauf das Wild zu jagen, was hälfe dann dem Kaiser sein Hegen desselben und die darauf verwendeten Kosten? Er würde dann recht eigentlich das Wild für die Nachbarn hegen, da dasselbe nicht an einem Orte bleibt, sondern hin und her wechselt. Deshalb kann der Kaiser weder in dem ausgezeigten Bezirke, noch in dessen Umgebung eine Beirrung seiner Rechte dulden, ebensowenig bei dem Rotwilde als bei dem Schwarzwild« ; denn in der Jagd kann das Wild nicht geschieden werden; sein auch der schwein nit soviel als man schreyt. Aber ausserhalb des Gezirkes und der anstossenden Orte hegt der Kaiser kein Wild, lässt darum auch den Betrieb des Waidwerkes durch die Landleute dort zu. Beschwerden gegen den Jägermeister, Forstmeister und die Forstknechte in dieser Hinsicht sollen sie nur dem Kaiser anzeigen, er wird sie wenden.« ³) Die Stände, welche sich mit dieser schroffen Abweisung ihrer Beschwerden nicht zufrieden gaben, brachten · dieselben nochmals vor und erklärten, indem sie den Ruin des »gemeinen Mannes« betonten, dass, wenn keine Abänderung und Abhilfe eintreten würde, besonders auf die Beschwerde wegen des »Getreide, Wein und alle anderen Früchte verwüstenden Schwarzwildes, das Hilfsgeld bei den gemeinen und armen Leuten schwer einzubringen sein würde, weil diese nicht allein durch die Ausgaben auf Zäune und andere Vorrichtungen zur Abwehr

---

¹) Archiv, a. a O. XIII. Bd., 309.
²) Landleute wurden in dieser Zeit die Stände des Landes: Prälaten, Herren und Ritter, sowie die Städte genannt.
³) Archiv, a. a. O. XIII. Bd., 303, 16.

des Schwarzwildes leiden, sondern auch durch dessen Verwüstungen ganz zugrunde gehen.« [1] Diese Sorge um »die gemeinen und armen Leute« von Seite der Gutsherren wurde ihnen aber weniger von dem Mitgefühle mit der Not ihrer Untertanen als durch die in ihre Kreise selbst eingedrungene, nicht selten bittere Not dictiert. Der niederösterreichische Grossgrundbesitz, besonders der des weltlichen Standes, teilte aber hierin nur das traurige Los vieler seiner Standesgenossen in den anderen österreichischen wie deutschen Landen. Durch den geringen Eigenbesitz, welcher durch Erbteilungen häufig noch geschmälert wurde, durch den Aufwand und die Schwelgerei, welche der Adel als Vorrecht seines Standes betrachtete, durch den Umstand, dass im XV. Jahrhundert die Kriege mit geworbenen Söldnern geführt wurden, wodurch seine Dienste entbehrlich wurden und auch sein Einkommen geschmälert wurde, und nicht zuletzt durch die Capitalwirtschaft waren die Gutsherren in ihren finanziellen Verhältnissen sehr zurückgegangen. Die vielen Kriege und Fehden, an denen sie wacker teilnamen, hatten zur Besserung derselben nichts beigetragen, sondern sie noch verschlechtern geholfen, weil viele der niederösterreichischen Herren ihre Güter teils wegen Felonie, teils durch die feindlichen Scharen in den früheren Kriegen, namentlich mit den Ungarn, verloren hatten. Unter den Bitten und Beschwerden, welche die Stände von Niederösterreich auf dem Landtage zu Wien im Jahre 1509 den kaiserlichen Commissären überantworteten, heisst es auch: »Die K. M. zu bittn, damit sein k. Gnadn verfugn, das die Landleut, so irer guter in dem vergangn kriegsleuffen entsetzt und entwert worden, widerumben eingesetzt werden, dadurch die verderbtn Landleut zu irn abgedrungen gutern widerumben komen und nicht so swerlichen mit emperung derselben erarmen.« [2]

Trotz dieser Verarmung, welcher ein Grossteil des Adels unter der Enns damals schon anheim gefallen war, fühlte er sich doch als der erste Stand, dessen Geltung auf höherer materieller Lebenshaltung beruhte. Da die Bürger und Zunftgenossen dank der Mauern und Gräben ihrer Städte und ihrer eigenen Tapferkeit weniger von den Kriegen und Räubereien zu leiden, Handel und Gewerbe, nachdem der Friede wieder eingetreten war, einen hohen Aufschwung genommen hatten, so war auch die Wohlhabenheit in die Städte wieder

---

[1] Archiv, a. a. O. XIII. Bd., 309, 16.
[2] Archiv, a. a. O. XIII. Bd., 328.

zurückgekehrt¹) und mit ihr hatten auch die Kleiderpracht und anderer Luxus ihren Einzug in die Mauern gehalten. Dieselben erweckten naturgemäss den Neid namentlich der kleineren adeligen Grundherren, welche sich in socialer Hinsicht den Bürgern weit überlegen betrachteten, weshalb sie alles daransetzten, es den Bürgern wenn nicht zuvor, doch wenigstens gleich zu thun. Frau und Tochter des auch wenig begüterten Ritters oder Edelmannes sollten den Frauen und Töchtern des Bürgers nicht nachstehen, und er hielt es für eine Forderung seines Standes, dass die Kleidung seiner weiblichen Familienglieder wenigstens ebenso kostbar und reich sei wie die der Frau und Töchter des ehrsamen Rathsbürgers. Doch seine Einkünfte wuchsen nicht trotz Erhöhung der Zinsen und Dienste seiner Unterthanen im gleichen Masse mit denen des Bürgers, und da der Ritter seiner Lehenspflicht wegen oft nicht konnte und noch öfter auch keine Lust verspürte, seinen Kohl selbst zu bauen und durch eine rationelle Bewirtschaftung seiner Wiesen und Felder seine Einnamen zu erhöhen, weil er als Führer einer Schar Söldner seiner Rauf- und Abenteuerlust mehr nachleben konnte, so griff er auch in Niederösterreich nicht selten zum »Stegreif«, der sich von dem Raubsinn der germanischen Urzeit nicht der Intensität nach, wol aber durch eine vollendete Unmoralität unterschied. ²) Weil er aber dem wohlhavenden Bürger und Handelsherrn, der seinen Warenzug durch starkes Geleite zu schützen vermochte, und dem überdies die Stadt selbst den Rücken deckte, nur schwer beizukommen vermochte, so wurde der Bauer wieder das Object seines Angriffes. Mit cynischer Offenheit erklärt ein aus dem XV. Jahrhundert stammendes Lied, »Die Edelmannslehre«,³) dass der Bauer nichts anderes als eine besondere Gattung Hochwildes wäre, dessen Jagd den Edelmann ernähre und belustige.

> »Wiltu dich erneren,
> du junger edelmann.
> folg du miner Lehre:
> sitz uf, drah zum ban.

¹) Die grosse Wohlhabenheit der Bürger in den Städten Niederösterreichs zeigen die Testamente aus dieser Zeit, z. B. die der Bürger von Wiener-Neustadt: Blätter des Vereines für Landeskunde von Niederösterreich 1895.
²) Lamprecht, Deutsche Geschichte. V, I, 80.
³) Diesen Titel hat Uhland dem Gedichte gegeben, das er auch in seinen Volksliedern Nr. 134 zuerst veröffentlicht hat.

halt dich zû dem grünen wald,
wan der bur ins holz fert,
so renn ihn freislich an.
derwisch ihn bi dem kragen,
erfreuw das herze din,
nim im, was er habe,
span us di pferdelin sin.
bis frisch und darzû unverzagt.
wan er nummen (nur einen) pfenning hat,
so riss im dgurgel ab.
heb dich bald von dannen,
bewar die lib, di guot,
dass du nit werdest zû schanden
halt dich in stäter huot.«

Ob diese »Edelmannslehre« mit den angeführten furchtbaren Worten auch in unserem Lande bekannt war, vermag ich nicht nachzuweisen, aber nur zu oft haben auch die Edlen von Niederösterreich im XV. Jahrhundert sie praktisch ausgeführt, wie das »Geräune« und die vielen Räubereien, deren wir oben gedacht, zur Genüge darthun. wobei neben dem Bauer auch die Güter der Kirchen und Klöster und ihrer Holden, trotz päpstlicher Bullen und Concilsbeschlüsse.[1] ein ergiebiges Erwerbsfeld boten.

Das »Bauern Schatzen«, wie man solche räuberische Überfälle in Oberösterreich nannte,[2] verstanden aber nicht nur die Edelleute, sondern, wenn auch nicht immer mit gewaltthätiger Faust, die Verwalter der Landes- und Patrimonialgerichte, bei denen die im deutschen Rechte begründete Büssung einer Strafe durch Geld in schamlose Ausbeuterei ausgeartet war, wozu auch das römische Recht mit seinen verschiedenen »Sporteln«, wie Schreib-, Brief-, Siegelgeld u. a., die beste Handhabe bot. Dass der Frau Justicia dabei die Augen mit einer undurchsichtigen Binde verbunden waren, bezeugt der damals allgemein als ein neues Sprichwort verbreitete Vers:

»Das edle Recht ist worden krank,
Dem Armen kurz, den Reichen lang.«

Vergebens waren alle Klagen gegen diese Missbräuche, und es muss als eine Ausname betrachtet werden, wenn edelgesinnte Fürsten

[1] Solche Bullen erlangten die meisten Stifte Niederösterreichs.
[2] Czerny, a. a. O. 42.

und Gutsherren dagegen einschritten. Diesen wenigen ehrenwerten Männern, die ihre Untertanen nicht als Ausbeutungsobjecte betrachtet wissen wollten, ist Bischof Leo von Freisingen zuzuzählen, welcher über Bericht seines Pflegers zu Waidhofen an der Ips, Wiguleus von Elreching, dass die Untertanen der Güter, welche sein Hochstift zu Waidhofen, Hollenstein, Göstling und Lassing in Niederösterreich besass, in früherer Zeit »etwo mit unordenlicher unnd übermessiger anlegung der steuern, dergleichen mit dem sigl unnd schreibgelt auch mit dem mätterdiennst (Mäherdienst) merckhlich sindt beschwärdt worden«, diese Bedrückung im Jahre 1553 abstellte.[1]

Mit der wirtschaftlichen Verschlimmerung der Lage des Bauernstandes gieng demnach die sociale Hand in Hand. Der Bauer war, wenn auch nicht de iure, wohl aber de facto ein Eigenmann, ein Höriger geworden, dessen einzige Pflicht es war, für die erhöhten Ansprüche, welche das Leben der damaligen Zeit an die Grossgrundbesitzer und Herrschaften stellte, aufzukommen, da er ja ihr Untertan war. Mag es immerhin noch manche wohlhabende Bauern auch in Niederösterreich am Beginne der Neuzeit gegeben haben, die Mehrzahl war arm und herabgekommen. So wenig aber aus den Schilderungen, die uns mehrere Schriftsteller dieser Zeit über das damalige adelige Wohlleben, über den Luxus in Kleidung und Schmuck machen, auf die Wohlhabenheit des Adels geschlossen werden darf, ebensowenig dürfen die Nachrichten über die Schwelgerei und den Aufwand, den viele Bauern in dieser Zeit in Kleidung und Nahrung gemacht haben sollen und gewiss auch gemacht haben,[2] als unumstösslicher Beweis für die Wohlhabenheit der Bauernschaft angesehen werden. Dieselben be-

[1] Aus dem Zusatze zum Banntaiding der Ämter Göstling und Hollenstein aus dem Jahre 1504, herausgegeben von Zahn im Archiv a. a. O. XXV. Bd., 76.

[2] Dafür sprechen die Berichte des Ausschusslandtages von Innsbruck an mehreren Stellen. So heisst es z. B. betreffs der Unsitte des Zutrinkens: »Das übermässige Zutrinken soll in allen kaiserlichen Landen verboten werden, so dass alle Gesellschaften, die heimlich oder öffentlich einander zutrinken, ohne Unterschied, ob es der eine ausbringt oder der andere Bescheid thut, sammt dem Kellner oder Wirte, oder wer sonst in seinem Hause den Unterstand giebt, er würde dann dazu genötigt, in den Städten in dem offenen Narrenhäusl, auf dem Lande in den Märkten, Dörfern und Gerichten in dem gewöhnlichen Gefängnisse für jedesmalige Vergehen durch drei Tage bei Wasser und Brod gefänglich gehalten werden, und darin weder Herr noch Diener, sondern nur der Adel ausgenommen sein.« (Archiv, l. c. XIII. Bd., 237.) Vgl. die Verordnungen wegen des grossen Luxus bei Hochzeiten, Leichenfeierlichkeiten, Taufmahlen u. a. (Archiv, a. a. O. XIII. Bd., 242), und wegen des Kleiderluxus (Archiv, a. a. O. XIII. Bd., S. 243—244).

weisen nur, dass auch die Bauern von dem damals herrschenden Geiste der Zeit ergriffen worden waren.

Als ein charakteristisches Zeichen wie gering die Stellung des Bauern in der damaligen Zeit in den Augen nicht allein des Adels, sondern auch der übrigen Standesclassen war, muss die allgemeine Missachtung angesehen werden, mit der alle anderen Stände bis herab zum Zunftgenossen auf ihn sahen. Die Literatur dieser Zeit bietet den besten Beweis in überreicher Menge hiefür. Abgesehen von den Satirikern Sebastian Brant, Geiler von Kaisersberg, Pamphilius Gengenbach, Heinrich Wittenweiler und vielen anderen, lehren uns dieses die vielen Volkslieder und namentlich die Schwänke [1]) und Fastnachtsspiele, welche vom Bauer nur als einem Tölpel und Dummkopf oder als einem dummdreisten Gesellen oder frech anmassenden Burschen reden.[2]) Die ihm gezollte Verachtung drückt am besten der Reim aus:

> Der Bauer ist an Ochsen statt.
> Nur dass er keine Hörner hat.«

Wie tief auch in Niederösterreich damals die sociale Stellung des Bauern war, beweist besser als viele Worte eine Stelle aus dem Banntaiding von Wolfsberg bei Hollenburg, wo es heisst: »Ein Schuss mit der Armbrust, wenn ein Bauer auf den andern schiesst, der ist 5 Pfund Pfenninge nach Gnaden schuldig. Wer einen ehrbaren Knecht (einen einfachen Adeligen) schiesst, der ist 10 Pfund Denare; wer einen Ritter, der ist 20, wer einen Dienstmann (höheren Ministerialen, welche in Österreich dem Hochadel beigezählt wurden), 30 Pfund Pfenning dem Richter oder seinem Herrn schuldig.[3])

Es konnte nicht fehlen, dass die wirtschaftlich wie social schlechte Lage, in die der Bauernstand seit der Mitte des XV. Jahrhunderts geraten war, bei dem Bauer selbst die tiefste Erbitterung hervorrufen musste, welche umsomehr wuchs, je mehr die Erinnerung an die alten besseren Zustände noch in allen lebendig war. Es ist ja als eine der charakteristischen Eigentümlichkeiten des Bauern bekannt, dass er mit zäher Hartnäckigkeit an den alten Rechten und Gewohnheiten festhält, die mit der zunemenden Verschlechterung seiner Lage

---

[1]) Reichlichen Beleg hiefür bietet Scheible, Das Kloster. I, 723 u. v. a. St.

[2]) Verhältnismässig noch anständig erscheinen in den Fastnachtsspielen als Bezeichnung der Bauern: Flegel, Filzhut, Karrensetzer, Ackertrapp u. a. Lamprecht, a. a. O. V, I, 89.

[3]) Kaltenbäck, Die österreichischen Rechtsbücher des Mittelalters. II. Bd.

nur intensiver wurde und mit Naturnotwendigkeit endlich zu jener furchtbaren Katastrophe führen musste, welche einem alles verheerenden und verwüstenden Orkane gleich in den sogenannten Bauernkriegen zutage trat.

4. Die erste Erhebung der Bauern in Niederösterreich im Jahre 1525.

Die misslichen wirtschaftlichen wie socialen Verhältnisse des Bauernstandes führten im dritten Decennium des XVI. Jahrhunderts endlich jene gewaltige Erhebung herbei, welche in der deutschen Geschichte unter dem Namen des grossen Bauernkrieges bekannt ist, und deren Schauplatz Süddeutschland und einige Länder der Habsburger, wie die Vorlande, Tirol, die Steiermark und die Erzherzogtümer ob und unter der Enns waren. Diese gewaltige Erhebung hatte schon im XV. Jahrhundert mehrere particlle Vorspiele. Im Jahre 1431 griff die rheinische Bauernschaft des Kurfürsten von der Pfalz die Stadt Worms an und forderte von ihr die Auslieferung der Juden, denen, wie es scheint, diese Bauern damals stark verschuldet waren. Derselbe endete mit einem Vergleiche, durch welchen der Rath der Stadt den aufständischen Bauern eine Verlängerung der Rückzahlungsfrist für geliehene Capitalien und Erlassung der Wucherzinsen gewährte.[1]) Die nächste Erhebung fand in dem heutigen österreichischen Herzogtume, damals geistlichen Fürstentume Salzburg statt. Als nämlich im Jahre 1462 der Erzbischof Burkhardt von Weissbriach eine Steuer ausschrieb, erhoben sich die Bauern des Brixenthales, des Pongaus und des Pinzgaus, indem sie dieselbe für ungerecht erklärten, gegen ihren Fürsten, wurden aber endlich von diesem im Vereine mit dem Herzog Ludwig von Oberbaiern wieder unterworfen und mussten über 2000 Goldgulden als Strafe erlegen.[2])

Im Jahre 1471 rotteten sich die Bauern in Obersteiermark zusammen. Als Grund dieser Erhebung wird gleichfalls die auf dem

---

[1]) Bezold, Der rheinische Bauernaufstand im Jahre 1431 in der Zeitschrift für Geschichte des Oberrheins. XXVII. Bd., 129—149.
[2]) Pez, Scriptores rer. Austriac. II, 465, und besonders F. Mayer, Zur Geschichte der ersten Bauernunruhen in Steiermark und den angrenzenden Ländern in den Beiträgen zur Kunde steiermärkischer Geschichtsquellen XIII. Bd., 5.

Landtage zu Völkermarkt im Jahre 1470 von den Ständen bewilligte hohe Steuer angegeben.[1]) Wenige Jahre später, 1478, erhoben sich die Bauern von Kärnten gegen ihren rechtmässigen Herzog, Kaiser Friedrich III. Als Ursache dieses Aufstandes wird die Unzufriedenheit der Bauern mit den Ständen angegeben, welche sie ungeachtet der hohen Steuern doch nicht gegen die Einfälle der Osmanen zu schützen vermochten. Als zu Lichtmess des Jahres 1478 der kaiserliche Verwalter von Spital als Jahreszins für den bisher gezahlten »Agler-Pfenning«[2]) zwei gemeine Pfenninge verlangte, was dem Wertverhältnisse beider entsprach, die Bauern aber nur »drey Hebling« (Heller) geben wollten, brach der Aufstand los. Dem von ihnen geschlossenen Bunde, an dessen Spitze Bundesherren standen, welche Steuern ausschrieben und einhoben, traten nicht nur fast alle Bauern von Kärnten, sondern auch die des Ennsthales in Obersteiermark bei. Diese Erhebung trug schon einen ausgesprochenen revolutionären Charakter, der sich in dem Vorhaben der Aufrührer zeigte, allen Adel zu unterdrücken und das freie Besetzungsrecht der Pfarreien mit Priestern, die sie ein- und entsetzen könnten, wie es sie gelüste, beanspruchte. Auch tritt hier das Moment, das in den späteren Bauernkriegen stets wiederholt auftauchte, frei zu sein wie die Schweizer, die als Vorbilder der politischen Freiheit galten,[3]) zum erstenmal auf. Als nämlich die Kärntner sich mit den Bauern des Ennsthales verbanden, gieng, wie der Chronist Unrest schreibt, »die gemayn sag, sy wolten sich nach der treulosen Sweytzer gewonhayten halten«. Der Bund wurde bekanntlich durch einen Überfall der Türken, in welchem 600 Bauern erschlagen wurden, aufgelöst. Das nachfolgende Strafgericht kostete manchem der Aufständigen »Leyb und Guet«, doch, setzt der Chronist hinzu: »noch get der bund den bauern in sinn, und mussen doch dartzu geschwegyen.«[4])

Entgegen diesen aus particllen Gründen, wie Wucherzinsen, Steuerdruck, Münzverschlechterung u. a. hervorgegangenen Erhebungen rief im Jahre 1475 der Sackpfeifer aus Niklashausen, Hans

---

[1]) F. Mayer, a. a. O. 6.

[2]) »Agler-Pfenning« bedeutet eine Münze von Aquileja.

[3]) Mit dem Begriffe Schweiz oder »die Schweizerei«, der später zum Schlagwort wurde, bezeichnete man zu Beginn der Neuzeit das Streben nach Freiheit und Selbständigkeit; Liliencron, Volkslieder. II, 338, 360, und die Einleitung dazu.

[4]) Unrest: Chronicon Austriacum in Hahns Collectio monument. I, 631—642. und Monumenta Habsburgica. I, 2, 866, 873, 876, 881.

Böheim, ein Mann aus den unteren Volksschichten, eine Bewegung hervor, die zum erstenmal einen allgemeinen Charakter trug. Radical in seinen Anschauungen, die er vor ungemein zahlreichen Menschenmassen mit nicht gewöhnlicher Beredtsamkeit in öffentlichen Predigten darlegte, war er, wie Janssen ihn nennt, der erste Apostel des socialen und persönlichen Naturzustandes. Kaiser, Papst und Fürsten stellte er als Betrüger und Bedränger des Volkes hin, jeglicher Unterschied der Stände müsse aufhören, Wald und Feld, Wiese und Acker, Fluss und Teich soll allen in gleicher Weise zugänglich sein, unter allen Menschen müsse brüderliche Gleichheit herrschen. Der Aufstand wurde niedergeschlagen, der Sackpfeifer endete auf dem Scheiterhaufen (1476).[1]) Die Bauernerhebungen am Lech, 1486, sowie die der Abtei Kempten, 1491, endeten wie der zwei Jahre später, 1493, ausgebrochene Aufstand mit der Niederlage der Bauern. Auch andere revolutionäre Bewegungen, die man kurz die des »Bundschuh«[2]) nannte, wie (1502) die der Bauern des Bischofs von Speyer, die des Jost Fritz, 1513, die des »armen Konrad«[3]) in Württemberg, 1514, u. a. blieben resultatlos.[4]) Gleichzeitig brachen Aufstände der Bauern auch in der windischen Mark. in Krain, Kärnten und Steiermark aus (1513—1516), denen gleichfalls jeder Erfolg mangelte.[5]) Dasselbe Resultat hatte die im Jahre 1517 in der oberen Markgrafschaft Baden entdeckte Verschwörung der Bauern.[6])

---

[1]) Zöllner, Zur Vorgeschichte des Bauernkrieges, 76; Janssen, l. c. II, 399—401.

[2]) Der »Bundschuh« war der dem Bauer eigentümliche Schuh, welchen sie von den Knöcheln an aufwärts gitterartig mit Riemen banden. Derselbe wurde bald das Symbol, unter welchem sich die Bauern versammelten, und das auf ihren Fahnen gemalt erscheint. Pfeiffer, Germania. V, 482. Der Bundschuh erscheint zum erstenmal als Bannerzeichen in einem Aufstand der Bauern im Elsass 1468.

[3]) Die Bezeichnung »der arme Konrad« geht nicht auf eine historische Persönlichkeit zurück, sondern wie man in Frankreich den Bauer als »bon Jaques« bezeichnete, so ward er in Deutschland allgemein Kunz oder Konrad geheissen. »Armor Konrad« bedeutet demnach so viel als die traurige wirtschaftliche und sociale Lage der Bauern.

[4]) Über diese Aufstände siehe näheres in Zimmermanns Geschichte des Bauernkrieges, I, 51—111; Janssen, a. a. O. II, 404—410; Vogt, Die Vorgeschichte des Bauernkrieges, 117—138 u. a.

[5]) Fr. Mayer, a. a. O. 7—42; Diemitz, Geschichte Krains von der ältesten Zeit bis auf das Jahr 1813. II. Bd., 20—32; Fr. Mayer in den Mitteilungen des historischen Vereines für Steiermark. XXIII. Bd., 107—134.

[6]) Janssen, a. a. O. II, 409.

Wenn aber auch die erwähnten Aufstände vom Erfolge nicht begleitet waren und stets mit blutiger Strenge niedergeworfen wurden, so waren sie doch ein untrügliches Zeichen, dass in dem Kreise der allgemein missachteten Bauernschaft ein heftiger Brand wütete, der still und heimlich um sich griff und nur durch locales Aufflackern sein Dasein verriet. Dasselbe wurde zwar in den nächsten Jahren infolge des Auftretens Luthers niedergehalten, aber die Gährung dauerte fort und nam durch die Lehren des »neuen Evangeliums« stetig zu, wenn es auch nicht richtig ist, demselben die Hauptschuld an dem grossen Bauernaufstande des Jahres 1525 zuzuschreiben.[1]) Dieselbe lag einzig und allein in dem harten agrarischen Druck, unter dem der Bauer damals seufzte und zu dessen Erleichterung von massgebender Seite nichts geschah. Der heimlich wütende Brand wurde aber zu Beginn des dritten Decenniums des XVI. Jahrhunderts durch Agitatoren zur verzehrenden Flamme angefacht. Als Krämer und Hausierer zogen dieselben in den süddeutschen Ländern umher und streuten auf den Kirchweihfesten und Jahrmärkten, bei Hochzeiten und Leichenfeierlichkeiten, überhaupt überall, wo die Landbevölkerung zahlreicher zusammenströmte, das Gift ihrer destructiven Lehren aus. Namentlich waren es die Buchhändler, welche Flugblätter und Tractate, damals »Büchlein« genannt, in denen die sociale Lage der Bauernschaft in den düstersten Farben dargestellt war, in ungezählter Menge unter das Volk warfen. Dieselben machten in feurig beredter Sprache die Schlagworte der damaligen Zeit dem Bauer mundgerecht und strotzten überdies von Prophezeiungen und Vorhersagungen, welche bekanntlich auch heute noch nicht selten Glauben finden und umsomehr damals, wo Luthers Lehre die Gemüter so tief aufgewühlt hatte, auf gläubige Herzen trafen. Eine der am weitesten verbreiteten Vorhersagungen war folgende: »Wer im 1523. Jahr nicht stirbt, im 1524. im Wasser nicht verdirbt, im 1525. im Krieg nicht erschlagen wird, der kann vom Wunder sagen.«[2]) Auch ganz gewöhnliche Vorkommnisse in der Natur, selbst die Spiele der Kinder wurden als »Fürbedeutung« erklärt und gläubigen Gemütes aufgenommen. So berichtet die Chronik von Murau in der Steiermark, dass man »im Jahr der Geburth Christi 1525 offt und villmahles hin und wider in Teutschland, wie die Historici

---

[1]) Czerny, a. a. O. 73, bemerkt: »Man kann nicht sagen, dass der Bauernaufstand in Oberösterreich durch das neue Evangelium allein hervorgerufen worden sei.«
[2]) Friedrich, Astrologie und Reformation, 14.

bezeugen, gesehen die Krähe und Raaben in den Lufft gegen einander ziehen und streitten, so hefftig, dass deren ville von dem Luft auf die Erde gefahlen. So haben auch die jungen Knaben, wo sie zusammengekommen, eine Kriegsordnung gemacht, sind aneinander gefallen und sich mit Stecken geschlagen, welches Alles Furbedeutung gewesen ist der kurz (darauf) erfolgten Bauern Aufruhr.«[1]) Sehr mächtig wirkte das auch in den österreichischen Erzherzogtümern zahlreich verbreitete »Büchlein, so den Titul führet: Dy Grundlichen und rechten haubt Artikel aller Paurschafft und Hyndersessen der Gaistlichen und weltlichen oberkayten, von wölchen sy sich beschweret vermainen.«[2]) Dasselbe enthielt eine scheinbare Widerlegung der bekannten zwölf Artikel, welche das religiöspolitische Glaubensbekenntnis der Bauern im Oberland (Oberschwaben) bildeten; zum Schlusse aber heisst es: »ob aber Got die Pauren, nach seinem wortt zu leben ängstlich ruffet, erhören will? Wer will den willen gotes Tadlen? Wer will in sein gericht greiffen? Ja wer will seyner mayestet wyderstreben? Hat er die kinder Israhel zu jm schreyendt erhöret und auss der Hand Pharaonis erledigt? Mag er nit noch heut die seynen eretten? Ja er wirts eretten!« Erzherzog Ferdinand I. von Österreich, dem die starke Unzufriedenheit der Bauern in Österreich nicht entgangen war, erliess am 4. April 1525 ein Patent an die Grundobrigkeiten und Städte, durch welches der Verkauf und die Weiterverbreitung dieses »Büchleins« unter strenger Strafe verboten wurde.[3]) Doch es war schon zu spät, um durch Strafandrohungen dem Zusammenlaufen der Bauern vorzubeugen; denn schon im März dieses Jahres erzählte man sich in Baiern, dass der Aufstand der Bauern bis in die Nähe von Wien verbreitet wäre.[4]) Thatsächlich trat die Zusammenrottung der Landbevölkerung wenige Wochen später auch hervor. Schon am 22. Mai berichtet der Vicestatthalter der niederösterreichischen Regierung, Leonhard von Harrach, an Erzherzog Ferdinand nach Innsbruck, dass die Bauern in der Umgegend von Wien bis Neustadt gegen zwölftausend Mann stark sich zusammengerottet hätten.[5]) Muss diese bedeutende

---

[1]) Chronik von Murau in Steiermärkische Geschichtsblätter. I. 129.
[2]) Prevenhueber, Annales Stirenses, 221.
[3]) Orig.-Pat. im Stadtarchiv von Krems.
[4]) Czerny, a. a. O. 75.
[5]) Oberleitner, Regesten zur Geschichte des Bauernkrieges in Steiermaik und im Stifte Salzburg im Notizenblatte. 1859, 68, Nr. 1.

Zahl von Aufständigen, die wol zumeist Hauer gewesen sein werden, als ein in allen Bauernerhebungen, auch in der des Jahres 1597, üblicher Kniff bezeichnet werden, absichtlich übertriebene Angaben über die Stärke zu verbreiten, um die Schwankenden zu ermutigen, die Gegner aber zu schrecken,[1] so steht die Thatsache, dass der Aufstand begonnen habe, doch ausser allem Zweifel. Die Regierung traf auch ihre Massregeln. Graf Niklas Salm wurde zum Feldhauptmann über das Fussvolk und die Reiterei ernannt, und die Söldnerführer Waisla und Fichnay beauftragt, dreihundert Knechte anzuwerben und dieselben nach Wien zu führen, um die Besatzung der Neustadt und von Korneuburg zu verstärken.[2] Zur Bestreitung der Auslagen wurde, da es in den Cassen an Geld mangelte, der niederösterreichische Clerus, namentlich die Stifte und Klöster, herangezogen und von diesen eine hohe Beisteuer erhoben.[3] Auch wurden an die Städte Abgeordnete gesendet, so Wolfgang Matseber nach Krems, um mit dem Stadtrathe über »gute Ordnung« zu berathschlagen.[4] Im Juni dieses Jahres erliess die niederösterreichische Regierung ein Patent, durch welches den wandernden Krämern und Kaufleuten, sowie den Handwerkern der Besuch der Jahrmärkte und Kirchtage strenge untersagt und die Abhaltung der letzteren selbst verboten wurden.[5] Dieses Verbot, das Salm am 23. Juli von Leoben aus wiederholte, richtete sich vorzüglich gegen die salzburgischen Kaufleute, denen untersagt wurde, in der Steiermark, Kärnten und Niederösterreich Handel zu treiben, da sie alles auskundschaften und darüber nach Salzburg berichten, auch durch ihre bösen Reden über die Regierung von Salzburg viele Gemüter aufreizen.[6] Dasselbe kam aber zu spät, das von diesen Agitatoren ausgestreute Gift hatte im Erzbistume Salzburg wie in dessen Nachbarländern, der Steiermark und Oberösterreich, bereits zu Wirken begonnen. Am 25. Mai hatte der Aufstand der Bauern des Erzbistums in Hofgastein seinen Anfang genommen, und schon am 31. dieses Monats standen Scharen der Aufständigen

---

[1] Czerny, a. a. O. 86.
[2] Oberleitner, a. a. O. 68, Nr. 1.
[3] So musste Melk 3000 Gulden, Seitenstetten 1000, Ardagger 200, Säusenstein 200, Gaming 2000, St. Pölten 800, Herzogenburg 500, Göttweig 1600, Altenburg 400, St. Bernhard 600, Klosterneuburg 5000, Zwettl 3000 Gulden u. a. m. zahlen. Archiv, a. a. O. XXII. Bd., 21.
[4] Stadtarchiv von Krems.
[5] Orig.-Pat. im Stadtarchiv von Krems.
[6] Oberleitner, a. a. O. 71, Nr. 18.

an der Grenze von Oberösterreich und hatten die Ortschaften Strasswalchen, Mondsee und St. Wolfgang, am herrlichen See gleichen Namens gelegen, besetzt, um mit ihren oberösterreichischen Gesinnungsgenossen in Fühlung zu treten.[1]) Das Vorrücken der Bauern von Salzburg an die Grenze von Oberösterreich brachte auch die Unzufriedenen daselbst, welche mit den ersteren in Verbindung standen, zur Erhebung. Doch waren sie nicht einig; denn während die eine Partei durch friedliche Unterhandlungen eine Besserung ihrer Lage zu erreichen hoffte, glaubte die andere dies nur durch rohe Gewalt erlangen zu können. Die letztere radicale Partei, an Zahl der ersteren nachstehend, war es, welche die Fahne des Aufruhrs erhob und, um ihren Anhang zu mehren, ganz derselben Schlagworte sich bediente, welche von den Bauern in Oberschwaben angewendet wurden.[2]) Die Erhebung, als deren Mittelpunkte am rechten Donauufer der alte Attergau und auf dem linken Ufer das Machland anzusehen sind, breitete sich bald weiter aus und ergriff auch die Bauern des Enns- und Steierthales sowie des Thales von Windischgarsten und des von Spital am Pyhrn. Während aber in Oberösterreich trotz der terroristischen Elemente, die an der Spitze des Aufstandes standen, derselbe fast ganz unblutig sich abwiegelte, kam es in der Steiermark, wohin von Salzburg aus gleichfalls der Aufstand ausgebreitet worden war, zu den gewaltthätigsten Scenen. Der Landeshauptmann von Steiermark, Siegmund von Dietrichstein, welcher das steirische Ennsthal zum Gehorsam zurückführen sollte, wurde in Schladming überfallen, mit mehreren Edelleuten und einem Teil seiner Söldner, den böhmischen Knechten — die deutschen Knechte hatten den Aufrührern sich zugesellt — gefangen genommen und entgieng dem furchtbaren Geschicke, durch die Spiesse gejagt zu werden, nur mit knapper Not; die böhmischen Söldner jedoch wurden auf dem Hauptplatze von Schladming hingerichtet.[3])

Wie alle früheren Aufstände, endeten auch die von Oberösterreich und Steiermark ohne jedes andere Ergebnis, als dass die Lage der Bauern sich noch ungünstiger gestaltete. Während aber die Rebellen des Landes ob der Enns zumeist nur um Geld gestraft wurden, hielt der Feldhauptmann Graf Niklas Salm über die der

---
[1]) Czerny, a. a. O. 75.
[2]) Czerny, a. a. O. 85.
[3]) Archiv für österreichische Geschichte. XVII. Bd., 135—128.

Steiermark ein blutiges Strafgericht. Schladming wurde geplündert und dann in Asche gelegt, welches furchtbare Geschick auch dessen Umgebung teilen musste; Johnsbach bei Admont erfuhr, weil sich dort die Verschworenen einmal versammelt hatten, das gleiche Los; Eisenerz, dessen Bergknappen gleichfalls unruhig geworden waren, musste eine hohe Brandschatzung erlegen; die gefangen genommenen Rebellen aber wurden hingerichtet, ihre Häuser dem Erdboden gleich gemacht, ihre Weiber und Kinder in das Elend gestossen.[1])

In Niederösterreich, wo früher noch als im Lande ob der Enns und der Steiermark die Unzufriedenheit der Bauern und Landbevölkerung durch Zusammenrottungen sich kundgab, kam es gleichfalls zu sehr unruhigen Auftritten. Leider fehlen fast alle näheren Nachrichten darüber; die unmittelbar darauf folgenden Türkenkämpfe haben das Andenken daran fast ganz verlöscht, aber aus den wenigen Berichten, die uns zu Gebote stehen, lässt sich erkennen, dass die Erhebung wol in mehreren Thälern und Ortschaften stattfand, dass sie aber keinen gemeinschaftlichen Mittelpunkt hatte, sondern localisiert geblieben ist. Auffallend dabei jedoch ist, dass diese Aufstände zumeist von den Untertanen geistlicher Grundherren, der Stifte und Klöster, erhoben wurden, welcher Umstand wol nicht dem grösseren Drucke dieser Grossgrundbesitzer auf ihre Holden zuzuschreiben ist, da derselbe überall ein gleich harter war, sondern auf der grossen Abneigung, die infolge des Eindringens der Lehre Luthers gegen den geistlichen Stand im allgemeinen und die Klöster im besonderen damals schon in Österreich sich kundgab, beruht haben dürfte, wie dies auch aus einem Schreiben an den Abt Erasmus von Zwettl erhellt.[2])

Die Untertanen des Klosters Zwettl zu Rudmanns, Oberhof, Haslau, Gerotten, Strahlbach, Germans, Pötzles u. a. erhoben sich gegen diese ihre Grundherrschaft, nachdem sie mit ihren Beschwerdeartikeln vom Abte Erasmus von Leisser abgewiesen worden waren. Diese Artikel, zwölf an der Zahl, enthielten manche Beschwerden, denen wir im grossen Aufstande wieder begegnen werden. Vor allem klagten sie, dass sie die Ernte des Getreides (Weizen und Roggen), sowie die des Hafers auf den Äckern des Klosters zu besorgen hätten,

[1]) Oberleitner, a. a. O. IX. Bd., 87, Nr. 40, 43, 45.
[2]) »Qui (Tumultus rusticorum) praesertim Religiosis et Sacerdotibus cuiuscunque status vel Religionis formidabilis est et exitium minatur.« Link, Annales Claravallenses, II. Tom., 381.

ohne dafür eine Entlohnung zu erhalten. Auch müssten sie die geerntete Frucht in die Klosterscheuern führen, ohne dafür bezahlt zu werden. Die Dienstkäse müssten jetzt ein bestimmtes Gewicht haben, auch wären sie jetzt gehalten, statt den Dienst um Geld abzulösen, dafür Käse und Eier zu reichen. Schwer würden sie auch durch die unentgeltlich zu leistenden Weinfuhren von Zistersdorf und Wien (Nussdorf) bedrückt, welche sie früher hätten um Geld ablösen können, die jetzt aber thatsächlich geleistet werden müssten. Ebenso beklagten sie sich, dass sie die herrschaftlichen Äcker bearbeiten und düngen müssten, was sie zu leisten früher nicht verpflichtet gewesen wären. Auch wolle man sie jetzt verhalten, in den Klosterwäldern Bäume zu fällen und in die Säge zu führen, sowie sie es auch schwer empfänden, das Brennholz für das Kloster zu hacken und ohne jede Entlohnung in dasselbe zu führen.[1] Da ihren Beschwerden nicht abgeholfen wurde, verjagten sie die Beamten des Klosters, plünderten die Maierhöfe und drohten das Kloster zu stürmen. Der Abt Erasmus, welchem bei Gelegenheit einer im Jahre 1516 erfolgten Erhebung der Untertanen zu Perndorf Kaiser Maximilian I. zwei eiserne Falkonett und zwölf Doppelhacken (»duos ferreos Falckones et duodecim Duplones«) zugesandt hatte, nam 32 Mann Söldner in das Kloster, welche mit den Dienstleuten dasselbe Tag und Nacht zu bewachen hatten. Die Rebellen, deren Zahl nicht bekannt ist, hielten des Nachts ihre Versammlungen in dem sogenannten Teufelsgraben in nächster Nähe des Klosters, führten jedoch ihre Drohung nicht aus.[2]

Auch in anderen Gegenden des Landes brach die Unzufriedenheit offen hervor. Die Untertanen, welche das Chorherrnstift St. Pölten im Thale der Wachau besass, klagten wegen des Zehntes;[3] die Holden des Freiherrn Georg von Puchheim zu Kottes zeigten sich sehr widerspenstig gegen ihre Grundherrschaft:[4] die Hintersassen, welche das von seinen umwohnenden Holden in dieser Zeit bedrängte Kloster Garsten bei Steyr zu Gastern und Münichreut in Niederösterreich besass, wurden gleichfalls unruhig;[5] die Holden der Pfarre Salapulka

---
[1] Archiv des Stiftes Zwettl, Link, a. a. O. II, 382.
[2] Frast, Geschichte des Stiftes Zwettl in Kirchl. Topographie des Erzherzogtums Österreich. XVI. Bd., 98.
[3] Kirchliche Topographie, a. a. O. VII. Bd., 159.
[4] Aus einem Briefe Puchheims an den Abt Mathias von Göttweig im Archiv dieses Stiftes.
[5] Handschriftliche Chronik dieses Klosters im Archiv von Seitenstetten

zu Talein verweigerten die Robot. Im Kreise ober dem Wiener Walde sollen die unter Melk gehörigen Bauern im Vereine mit den Bürgern des gleichnamigen Marktes Unruhen erregt haben, doch kam es, wie berichtet wird, zu keinen gewaltthätigen Scenen, da die Bürger ihre Drohung, das Kloster zu stürmen und die Capitularen desselben über die Mauern herabzustürzen, nicht ausgeführt haben oder ausführen konnten.[1]) Dass sie aber mit diesem ruchlosen Plane sich trugen, beweist die Strafe der »Brandschatzung«, welche dann über dieselben von Seite der Regierung verhängt wurde.[2])

Von grösserer Bedeutung war der Aufstand der Bauern im Traisenthale. Dieselben erhoben sich gegen den Abt Wolfgang von Lilienfeld, stürmten das Kloster und suchten den Abt in ihre Gewalt zu bekommen, doch derselbe entgieng ihrer Wut durch die Flucht nach Annaberg. Nach grossen Verwüstungen zogen die Rebellen ab und zerstreuten sich.[3]) Zu tumultuarischen Auftritten kam es auch im Thale der Url und in einigen der oberösterreichischen Grenze nahe liegenden Gemeinden. Vornemlich waren es die Untertanen des Klosters Garsten, das in dieser Gegend um Weistrach, Kürnberg, St. Johann zu Engstetten und Behamberg nicht unansehnlich begütert war. Aufgereizt durch die oberösterreichischen Holden, welche dieses Kloster im Ennsthale zu Weyer, Gaflenz, Neustift, Losenstein und Gross-Ramming und anderen Orten besass und die demselben einen keineswegs willkommenen Besuch nicht ohne Zuthun einiger Bürger der Stadt Steyr abgestattet haben,[4]) machten die zu Garsten gehörigen Hintersassen der obengenannten Ortschaften gemeinschaftliche Sache mit den oberösterreichischen Klosterholden.[5]) Auch die Bauern von Salaberg und Haag wurden unruhig, doch gelang es dem Verwalter des erstgenannten Schlosses, dieselben durch den Hinweis auf das traurige Geschick ihrer Standesgenossen in Süddeutschland im Gehorsame zu erhalten.[6]) Dass auch die Untertanen des nahe der Grenze von

---

[1]) Schramb, Chronicon Mellicense, 576; Keiblinger, Geschichte von Melk. I. Bd. (II. Aufl.), 728.

[2]) Schramb, a. a. O. 575.

[3]) Kirchliche Topographie. VI. Bd., 152.

[4]) Prevenhueber, a. a. O. 224; Czerny, a. a. O. 173.

[5]) Archiv von Seitenstetten. Die Rebellen von Weyer, Gaflenz u. a. verwehrten den Abgeordneten aus Steiermark, welche sich zu dem Ausschusslandtage der fünf niederösterreichischen Lande nach der Stadt Steyr begeben wollten, am 26. Juni zu Kasten bei Weyer den Eintritt in Oberösterreich. Prevenhueber, a. a. O. 223.

[6]) Czerny, a. a. O. 203.

Oberösterreich liegenden Klosters Seitenstetten unzufrieden waren, erhellt aus einer Äusserung der Klosterchronik, in der sie von den Gefahren redet, welche den Abt Heinrich III. damals bedrohten, doch scheint es zu keinem gewaltthätigen Auftritt gekommen zu sein.[1])

Eigentümlich war die Haltung der niederösterreichischen Städte zu diesen agrarischen Unruhen. »Leider sei in etlichen Landen, namentlich in Österreich unter der Enns, die Bürgerschaft, welche in allen Landen in ihren Nöten von den drei Ständen nie verlassen worden, dieser Empörung halber mit keinerlei beständiger, gemessener Hilfe zu den anderen drei Ständen gestanden, was eine merkliche Verhinderung gewesen und dem widerwärtigen Bauersmann zu seinem mutwilligen Fürnemen nicht der wenigste Behelf und Trost gewesen«, klagen die Ausschüsse der fünf niederösterreichischen Lande.[2]) Und in der That wagten die Einnemer der Steuer, welche die Stände bewilligt hatten, dieselbe von den niederösterreichischen Städten nicht einzufordern, ohne einen Aufruhr der Bürger hervorzurufen.[3]) Ja so weit giengen die Bürger einiger Städte, dass sie dem aufgebotenen Kriegsvolke den Einlass in ihre Mauern verweigerten, wie dies der Rath von Krems und Stein ausführte, weshalb er vom Erzherzoge zu einer Geldstrafe im Betrage von dreihundert Pfunden Pfenning verurteilt wurde, die er auch im Februar des Jahres 1526 erlegen musste.[4])

Diese Haltung der Städte den Grundherren gegenüber hatte aber, obwol sie selbst ihre schlechte finanzielle Lage als Grund angaben, ganz andere Ursachen. Vor allem war es die Abneigung der Bürger gegen die bevorzugten Stände, welche durch ihre Privilegien sie in ihrem Handel und Gewerbe beeinträchtigten. »Es war ihnen ein gewaltiger Dorn im Auge, dass die drei oberen Stände in der Nähe der Städte in ihren Tavernen Bier und Wein ausschenkten und auf ihren benachbarten Dörfern Gewerbsleute ansiedelten.«[5]) Dazu kam noch, dass die besser situierte Bürgerschaft nicht mit Unrecht von den Handwerkern und ihren Arbeitern nicht

---

[1]) Archiv von Seitenstetten.
[2]) Czerny, a. a. O. 163.
[3]) Archiv, a. a. O. XXII. Bd., S. 22.
[4]) Original-Quittung des Vicedoms über 300 Pfund Pfenninge im Stadtarchiv von Krems.
[5]) Czerny, a. a. O. 97.

ohne Grund besorgte, dieselben könnten im Falle, dass die erstere den Grundherren Hilfe gewähren würde, in ihren Mauern selbst einen Aufruhr erregen, wie dies die »grosse Menge« in Steyr thatsächlich bewiesen hat.[1] Ob zu dieser Haltung die Neigung der Bürger zu dem »neuen Evangelium« beigetragen habe, lässt sich nicht näher mehr begründen, wenn auch feststeht, dass, wie unter dem Adel so nicht minder auch unter den Bürgern damals schon ein grosser Teil den Lehren Luthers anhieng.

Der stets wachsenden Gefahr gegenüber, welche die weitere Ausbreitung des Aufstandes für die bestehende Ordnung in sich schloss, verhielt sich die Regierung nicht müssig; sie verordnete am 26. Mai, dass aus allen Ständen der fünf niederösterreichischen Länder Abgeordnete erwählt würden, welche sich am Donnerstag nach dem Sonnenwendtage (29. Juni) in der Stadt Steyr, welche Stadt für alle Länder am besten gelegen sei, versammeln sollten, um sich wegen der gegenseitig einander zu leistenden Hilfe zu berathen. Da aber die steirischen Deputierten von den aufständigen Bauern von Weyer und Gaflenz zu Kasten an der Fortsetzung ihrer Reise nach Steyr verhindert wurden und in der Feste Gallenstein, wo sich auch der vor den Bauern geflohene Abt Christoph von Admont aufhielt, nachdem seine rebellischen Bauern sein Kloster eingenommen hatten,[2] Zuflucht fanden, so wurden die Ausschüsse der fünf Lande für den St. Margaretentag (12. Juli) nach der Neustadt berufen. Die Sitzungen wurden am 13. Juli jedoch zu Wien eröffnet und am 21. Juli zu Trautmannstorf geschlossen. Das Ergebnis der Berathungen war, dass, wenn ein Land zur Ruhe gebracht wäre, es mit seiner ganzen Macht dem anderen, wo die Rebellion noch tobe, zuhilfe kommen sollte.[3] Da unterdessen der Aufstand im Lande unter der Enns, wie ein Schreiben des Vicestatthalters Harrach vom 16. Juli besagt, schon weit um sich gegriffen hatte, so hatte die Regierung »eilender Hülfe« wegen zweihundert leichte »hussarische Reiter« aufgenommen, welche in die vier Kreise des Landes verteilt wurden.[4] Der in dieser Zeit zusammengetretene Landtag des Erzherzogtums Niederösterreich ordnete das allgemeine Aufgebot des Landes an, und zwar sollten von je hundert

---

[1] Prevenhueber, a. a. O. 223.
[2] Wichner, Geschichte von Admont, IV. Bd., 82.
[3] Czerny, a. a. O. 78 und 162, Anmerkung 2.
[4] Notizblatt, a. a. O. IX. Bd., 70, Nr. 15.

Pfund Gülte ein vollkommen ausgerüstetes Ross (Reiter) und ein Fussknecht besoldet werden. Zugleich wurde mit den Ständen von Mähren in Unterhandlung getreten, um die alten Verträge, kraft welcher im Falle eines Aufruhrs das eine Land dem anderen zuhilfe kommen sollte. zu erneuern. Auch verschloss sich der Landtag nicht der Ansicht, dass die Bauern des Erzherzogtums einige Ursachen zu ihrem Auftreten hätten, wie dies aus einem Beschlusse der Stände erhellt: »es scheine ihnen gütlich und billig, wo die Bauern bei ihren Beschwerungen rechtmässigs ziemlichs Erkenntniss gegen ihren Herrschaften verlangten, dass man nicht stracks ungeachtet rechtess oder unrechtess auf sie greiffe, sondern eine Landschafft sich bei ihren Mitgliedern und bei den Unterthanen überall erkundige und erfahre, und welche Herrschaft ihren Unterthanen zu hart oder strenge gefunden würde, derselbes solle leidliche Mass aufgetragen werden.« [1]) Da Graf Salm zur Niederwerfung des steirischen Aufstandes in dieses Herzogtum abgegangen war, so wurde als sein Unterbefehlshaber Dietrich von Hartitsch bestellt und den Viertelhauptleuten die »Musterung« anbefohlen. Als Musterungsplätze wurden Retz und Korneuburg, das wie die Neustadt mit hundert Knechten verstärkt wurde, bestimmt. Hartitsch rückte von Korneuburg aus gegen die Aufrührer am linken Donauufer aufwärts, während Wolf Matseber und Erasmus von der Hayd nach St. Pölten zogen, um von da nach Krems zu rücken.[2])

Zur Bestreitung der Kosten für die gegen die Bauern aufgenommenen Soldknechte bewilligte der niederösterreichische Landtag die Summe von 87.000 fl.[3]) und wurde überdies noch bei den Klöstern und Kirchen ein Anlehen gemacht, zu welchem Melk. Zwettl, Klosterneuburg je 3000 Gulden, andere, wie Seitenstetten, 500 Pfund beizutragen hatten.[4])

Aus den von der niederösterreichischen Regierung getroffenen Massregeln erhellt, dass die Erhebung am linken Donauufer besonders im ehemaligen Viertel ober dem Manhartsberg weit sich ausgebreitet hatte und mit Raub und Brand gegen ihre Herrschaften vorgegangen worden war. Diese Anname bestätigt ein Befehl des Erz-

---

[1]) Buchholtz, Geschichte der Regierung Ferdinand I. II. Bd., 204.
[2]) Notizblatt, a. a. O.
[3]) Oberleitner, Die Finanzlage Niederösterreichs im XVI. Jahrh. Archiv f. öst. Gesch. XXX. Bd., Beilage 1.
Archiv Seitenstetten, Keiblinger, Melk, I, 727. u. A.

herzogs Ferdinand I. an den Abt Erasmus von Leisser des Klosters Zwettl, in welchem er demselben am 5. Januar 1526 auftrug, sich in der Stadt Zwettl vor den landesfürstlichen Commissären Georg von Puchheim, Landmarschall, Sebastian von Hohenfeld und Dietrich von Hartitsch einzufinden, um mit ihnen über die Höhe der Geldstrafen, welche den Untertanen zur Gutmachung des durch Feuer verursachten Schadens sowie zur Strafe überhaupt auferlegt werden sollten, zu berathen.[1]) Diese Strafe in Geld wurde Brandschatzung genannt und scheint die allgemeine Strafform gewesen zu sein.[2]) Auch gegen die Bürger des Marktes Melk wurde mit dieser Strafe vorgegangen. Jedes Haus musste nebst der gewöhnlichen Steuer noch zwei Goldgulden als Brandschatzung für ihren Anschlag erlegen.[3]) Dass es dabei nicht ohne Härte abgieng und der Unschuldige mit dem Schuldigen leiden musste, lag in der Natur der Sache. Besonders hart mag der erwähnte Dietrich von Hartitsch gegen die Untertanen des Klosters Zwettl vorgegangen sein, weil der Abt Erasmus sich bewogen fühlte, gegen die zu hohe Brandschatzung, mit welcher Hartitsch dessen Holden bestrafte, bei dem Landesfürsten Klage zu erheben.[4]) Neben der Brandschatzung scheinen aber auch einige der Anführer mit dem Tode bestraft worden zu sein. Zu Beginn des Februars des Jahres 1527 erhielt nämlich der erwähnte Prälat vom König Ferdinand I. den Auftrag, neun seiner Holden, welche namentlich angeführt waren, gefangen zu setzen und sie dem Stadtrichter von Zwettl in Eisen und Banden zur Bestrafung zu übergeben. Wie eine spätere Aufzeichnung im Landesarchiv von Niederösterreich besagt, mussten sechs derselben, welche Führer der aufständigen Bauern in der Umgebung von Zwettl gewesen waren und sich nach der Niederwerfung des Aufstandes durch die Flucht der ihnen drohenden Strafe entzogen hatten, ihr Beginnen mit dem Tode büssen. Dieselben wurden an den Ästen eines Baumes, welcher an der Strasse zwischen dem Kloster und der Stadt Zwettl stand, aufgehangen. Bei dem grossen Strafgerichte, das im Jahre 1597 der zweiten Bauernrevolution folgte, und das wie anderwärts auch unter den Untertanen von Zwettl

---

[1]) Link, Annal. Claraval. II. 386.
[2]) Dieselbe hat der bekannte Staatsmann Richard von Strein zu Schwarzenau 1525 für die rebellischen Bauern von Oberösterreich vorgeschlagen. Link a. a. O. 384.
[3]) Monum. Germ. SS. IX. Annal. Mellicens. ad an. 1525.
[4]) Link, a. a. O. 386.

seine Opfer forderte, soll derselbe Baum ähnliche Früchte getragen haben.[1]) Ausser diesen wenigen der Nachwelt erhaltenen Nachrichten über vollzogene Strafurteile berichtet der Staatsmann Reichard Strein, Freiherr zu Schwarzenau, in seinem über Auftrag des Erzherzogs Mathias von Österreich 1598 verfassten Gutbedünken über die Bestrafung der aufgestandenen Untertanen in Niederösterreich, dass den Bauern zur Strafe die Brandsteuer allgemein auferlegt worden sei, welche in späterer Zeit der Hausgulden genannt und gegen welche Abgabe so häufig geklagt wurde.[2])

5. **Der niederösterreichische Bauernstand in der Zeit von 1526 bis 1596.**

Wie alle Bauernaufstände, hatte auch der von Niederösterreich im Jahre 1525 das gewöhnliche Resultat aller gescheiterten Revolutionen zur Folge: die systematische Verschärfung des Druckes. Zwar war in dieser Zeit die Lage aller Classen der Gesellschaft in den österreichischen Ländern eine schwierige. Die Umgestaltung der socialen Verhältnisse, welche die Neuzeit herbeiführte, die Kämpfe um den Besitz von Ungarn mit den Türken und ihren Verbündeten, das Bemühen Ferdinand I. aus den altösterreichischen Ländern und den neuerworbenen einen Gesammtstaat zu schaffen, forderten grosse und schwere Opfer an Gut und Blut von allen Österreichern.

Es war ein hartes Geschick, das damals auf den österreichischen Erbländern, namentlich aber auf dem Lande unter der Enns lastete. Am schwersten aber war der Bauer dadurch getroffen; denn, wenn auch die Lage der Grundherren in damaliger Zeit durchaus keine beneidenswerte war, wenn auch sie durch die erwähnten Ereignisse und Bestrebungen vielfach und schwer an ihrem Vermögen geschädigt wurden, so war doch der Bauer am schwersten geschädigt; denn ersteren boten die Zinsen und Abgaben seiner Untertanen noch ein wenn auch vielfach geschmälertes Einkommen, der letztere aber war selten im Stande, sein durch Naturereignisse, feindliche Einfälle, »gartende« Kriegsknechte und anders geschädigtes Besitztum wieder in den früheren Stand zu setzen und seine verwüsteten Felder und

---

[1]) Landesarchiv von Niederösterreich.
[2]) Richard Streins Guetheduncken wegen des Paurn-Aufstand anno 1598, mitgeteilt von J. Chmel in Kaltenbaecks Österr. Zeitschrift für Geschichts- und Staatskunde 1835, Nr. 40 ff.

Acker, weil es ihm zumeist an Mitteln fehlte, zur alten Ertragsfähigkeit zu bringen. Dazu kam noch, dass viele Grundherren, um ihren zerrütteten Vermögensverhältnissen aufzuhelfen, ihre Holden auf alle mögliche Weise drückten, Abgaben und Dienste in unrechtmässiger Weise erhöhten und dadurch diese gleichsam zum Aufstande nötigten. »Wenn man fragen will,« sagt eine Flugschrift im Jahre 1598, »wem die mehrste Schuld an all dem Unglück, Krieg, Jammer und Verderben, so in Österreich (1597) ausgebrochen, Unzählig heimgesucht, arm gemacht, viel Tausende zu Witwen und Waisen gemacht hat, zur Last fällt, kann man nicht anders sagen, denn so: die vielen Herren und Oberen, so auf ihre Bauern gleich wie auf unterthänige Knecht, schier Lastvieh, unerträgliche Lasten und Bürden aufhäuften, tragen die mehrste Schuld. Wer könnte wohl all die Bürden aufzählen, womit diese armen Leute mehrentheils gedrückt und ohne Recht und Barmherzigkeit.« [1]) Kann man auch nicht zugeben, dass diese Klagen in ihrem ganzen Umfange auf Wahrheit beruhten, so ist doch das Übrigbleibende und durch urkundliche Nachrichten als wahr Bestätigte genug, um die traurige Lage des Bauernstandes im Lande unter der Enns in dem ersten Jahrhundert der Neuzeit ersehen zu lassen.

Die Landesfürsten erkannten, dass der unleidliche Druck die Hauptursache der Aufstände wäre, weshalb schon Ferdinand I. nach der Niederwerfung der ersten Erhebung im Jahre 1525 den niederösterreichischen Grundherren Milde und gütige Behandlung ihren Untertanen empfahl.[2]) Auch Kaiser Rudolf II. und sein Statthalter in Österreich, sein Bruder Erzherzog Mathias, sahen in dem harten Drucke der Herrschaften auf ihre Holden die vorzüglichste Quelle des zweiten grossen Aufstandes in Niederösterreich im Jahre 1597. Nach der Unterdrückung desselben liess deshalb der Erzherzog dem im Mai des erwähnten Jahres wieder zusammengetretenen Landtage von Unterösterreich die Proposition zur Verhandlung zugehen: »Letzlich wüessten die getreuen Ständt, das der Paurnauffstand allermaist sein anfang und praetext genumben, allß ob thaillß auß den Ständten sy wider das allt herkhumben mit übermessiger robat, steur, freygeldt unnd annder gaben über das allt herkhumben beschwerten, so sy leunger nit ertragen möchten, in dem dannacht pillich und Ir. Khays. May. vor Gott schuldig ist,

---
[1]) Janssen, Geschichte des deutschen Volkes. VIII. Bd., 12.
[2]) Bucholtz, a. a. O. II. Bd., 124.

gezimbendes einsechen zu haben unnd neben abstellung derselben ein modum zu finden, wie sollchen fallß, wenn ein armber undterthan so hoch beschwert würdt, zeitliche wendung unnd daselb fuerderlich unnd summarie beschechen khündt; sintemal die armben leut langen rehtes nit vermügen unnd letzlich allß desperati auß ungeduldt zu dergleichen rebellion in extremis gerathen: so wöllen die Ständt hierüber Ir. Khays. May. ihre guetachten eröffnen, was derjenigenhalben, so durch zu scharffe tractation ire undterthanen zu dem auffstandt erstens annfangs bewegt haben, zum aundern, wie solliche neuerungen und beschwerungen insgemain durchgeendt ernstlich abzustellen, und zum dritten, was für ain summari proceß zwischen herren unnd undterthanen in dergleichen fällen, da ain undterthan zu khlagen getwungen wuerdt, zu halten.« [1])

»Robat, steur, freygeldt unnd aunder gaben« bezeichnet der Erzherzog als die Ursachen des zweiten grossen Aufstandes. Damit stimmen auch die Beschwerdeschriften überein, welche in dieser Zeit den von der Regierung bestellten Commissären von den Bauern übergeben wurden. [2]) Die Robot, welche, wie schon oben erwähnt wurde, auch abgelöst werden konnte, wurde bezüglich der Dauer in der Neuzeit in eine »ungemessene« und »gemessene« Robot unterschieden. Die erstere, die »ungemessene«, bestand darin, dass die Arbeitskraft der Holden zumeist für die Bewirtschaftung der im Eigenbau von der Grundherrschaft zurückbehaltenen Wiesen, Felder, Acker und Güter von dieser in Anspruch genommen werden konnte, ohne an eine bestimmte Zahl von Arbeitstagen gebunden zu sein. Bezüglich des Ausmasses der Robot richtete sich dasselbe nach der Grösse und dem Wertverhältnisse der Bauerngüter, wobei zumeist das Lehen oder die Hube wieder das Einheitsmass bildete. Hatte der »Lehner« vier Arbeitskräfte zu stellen, so trafen den Halblehner zwei, den Viertellehner eine; doch bestand auch noch das Ablösungsrecht, das in den Urbarien für die Arbeitskraft sowie für den Tag genau fest-

---

[1]) Niederösterreichisches Landesarchiv, Landtagsacten de anno 1597.

[2]) Beschwerdeschriften haben sich nur wenige erhalten; die meisten derselben stammen aus dem ehemaligen Kreise ober dem Manhartsberge und befinden sich im Archiv des Stiftes Zwettl. Der wenige Decennien später lebende Chronist desselben, Abt Bernhard Link, hat in seinen wertvollen Annalen des Stiftes diese »Beschwerde-Artikel« aufgenommen (II, 507). Da aber manches Wesentliche darinnen übergangen ist, so folgen dieselben nach dem Originale im Anhange Nr. 1.

gesetzt war. Die »gemessene« Robot erstreckte sich auf eine genau festgesetzte Anzahl von Arbeitstagen für die Herrschaft. In den meisten Urbarien war auch bestimmt, ob und was der »Roboter« dafür von der Herrschaft zu erhalten hatte. Meistenteils bestand diese Entlohnung in Reichung einer bestimmten Anzahl von Broten und von Wein oder Most (Cider), wobei nicht selten auch die Grösse und Schwere des Brotes bestimmt war, d. h. wie viele Brote für die Roboter aus einem Metzen Getreide gebacken werden mussten. Es war natürlich, dass bei der »ungemessenen« Robot die Interessen der Holden mit denen der Herrschaft in Collision gerathen mussten, weil die Zeit der ländlichen Arbeiten für beide Teile die nämliche blieb. Da die Herrschaften aber stets zuerst für ihre Güter die Robot heischten, so mussten die gleichen Arbeiten für das eigene Besitztum der Holden zurückstehen, was diesen nicht selten den grössten Schaden zufügte.[1]) Da gerade in dieser Pflicht der Untertanen ihren Grundherren gegenüber die Milde oder Härte der letzteren am meisten zutage trat, so ist es erklärbar, dass die Klagen über die Härte uns in allen Beschwerdeschriften entgegentönen.

Im Lande unter der Enns scheint bei den meisten Grundherrschaften in der Neuzeit die ungemessene Robot sich eingebürgert zu haben. Als im Jahre 1552 anlässlich einer Klage, welche die Untertanen des Herrn Achatz Ennenkl zu Albrechtsberg gegen diesen ihren Grundherrn wegen übermässig verlangter Robot bei dem Landmarschallgericht von Niederösterreich eingebracht hatten, dieses Gericht die Entscheidung traf, dass die Untertanen des Herrn von Ennenkl nur durch zwölf Tage im Jahre Robot zu thun hätten, und die Regierung dann diese Bestimmung auf alle Grundherrschaften des Erzherzogtums unter der Enns ausdehnte, erhoben die niederösterreichischen Stände und deren Verordnete grosse Klage dagegen und erklärten im Jahre 1556, dass diese Verordnung »irer der drey Ständt ersessene recht unnd altes herkumben zum höchsten beschwerlich unnd nicht annemblich wäre. Ir Khönigl. May. (wolle) allergnaedigist bedenkhen, das in disem landt Österreich der undterthanendienst khlain unnd dem Herrn sein

---

[1]) Über die Robotsverhältnisse bringt ausser Czerny sehr treffende Bemerkungen Dr. A. Mell, sowol in seinen Beiträgen zur Geschichte des Untertanenwesens in Steiermark (Mitteilungen des hist. Ver. f. Steiermark, XL. Bd.) als auch in seiner neuesten Schrift: Die Lage des steier. Untertanenstandes.

maist einkhumben an der würtschafft gelegen, so auch wissentlich unnd unvermeintlich, das in disem landt Österreich ainen undterthan so vill grundt umb zwelf schilling Pfenning gelassen so sonst an annder ortten unnd landten ainer umb so vill gründten zehen gulden Rheinisch oder noch mehr dienen muss. In disem landt Österreich (sei) die robath in disem gebrauch, das in aines Herrn oder Landtmannes seiner undterthanen robath halben gelegenheit ist und hierinnen khain gemessen ordtnung gehalten worden.«¹) Auf die Resolution der Regierung, dass diese Entscheidung nicht von ihr ausgegangen wäre, dass sie aber daran festhalten wolle, weil diese jährliche Robotleistung eher noch zuviel als zu wenig sei, wiederholten die Stände und deren Verordnete ohne neue Gründe anzuführen diese Klage so oft, bis ihnen endlich Kaiser Ferdinand I. im Jahre 1563 die »ungemessene Robot« zugestand; doch fügte er die Bedingung bei, dass dadurch die Untertanen ihres Klagerechtes wegen »übermässigen Robotverlangen« keineswegs beraubt sein sollen.²)

Die Stände hatten durch dieses Zugeständnis erreicht, was sie seit langer Zeit angestrebt hatten. Obwol sie in ihrem letzten Bittgesuche um die »ungemessene« Robot erklärt hatten: »so ist auch gar khaines zweifels, ain ieder Landtmann, der anderst ain Christ ist, werdte sein gewissen auch leib und sel bedenklhen unnd seine undterthanen wider Gott noch sein selbst aigen gewissen das, so er niht ertragen mecht unnd wider sein vermügen war, nicht auflegen«,³) so scheint doch bei sehr vielen Grundherren weder das Christentum noch das Gewissen von mächtigem Einflusse auf die verlangten Robotsleistungen ihrer Holden gewesen zu sein, da namentlich von der Zeit ab, in welcher den Herrschaften die »ungemessene« Robot als ein Recht zuerkannt worden war, die Klagen über zu viele Robot von Seite der Untertanen stehend werden. »Zum anndern«, heisst es in der erwähnten Klageschrift der Bauern des Waldviertels, »nachdem die obrigkhaitten ire arme undterthanen mit hoch beschwärdter robath wider das alt herkhumben hart betrungen, dass schier khain aufhoren unnd milterung sein welle, sunder von tag zue tag nur mehr werdn.«⁴) Da die Grundherren für die Bearbeitung der im Eigen-

---

¹) Suttinger, Einer löbl. N. Ö. Laudschafft Gedenkbuch von 1521 bis 1581. Manuscript. II, 1044—1050, Archiv Seitenstetten.
²) Suttinger, l. c. II, 1056.
³) Suttinger, l. c. II, 1056.
⁴) Anhang Nr. 1.

bau behaltenen Felder und Wiesen keine Dienstboten und Arbeiter sich hielten, so mussten die Untertanen alle Feldarbeiten besorgen. Zwar waren in den Pantaidingen und Urbarien die Robotleistungen genau aufgezeichnet. Dieselben konnten auch um Geld abgelöst werden, und war die Ablösungssumme in den »alten Büchern« ebenfalls mit aller Sorgfalt eingezeichnet, wobei zumeist die Clausel: bis auf Widerruf beigesetzt war. Solange der Grundherr als Rentner von den Giebigkeiten und Leistungen der Hintersassen sein genügendes Einkommen bezog, wurden diese selten hart gehalten, erst als infolge der geänderten wirtschaftlichen Verhältnisse die Herrschaft bezüglich eines Grossteiles ihres Einkommens auf den Ertrag ihrer eigenen Felder und Äcker sich angewiesen sah, oder, wie man damals sagte, von »der würtschafft« leben musste, und deshalb der Bebauung der eigenen Gründe alle Aufmerksamkeit zuzuwenden sich genötigt fühlte, begann der Druck der Untertanen durch übergrosses Begehren von Robot und Dienste. Da mit diesen harten Forderungen die alten Pantaidingbücher nicht mehr übereinstimmten, so wurde nicht selten die gewöhnliche öffentliche Verlesung derselben unterlassen, und als über Bitten und Drängen der Untertanen dieselbe nach Verlauf von mehreren Jahren doch wieder statthatte, »kamen Fassungen vor, in welchen das frühere Element kaum mehr zu erkennen war. Die alten Bücher sprechen von Rechten, die neuen nur von Pflichten, die alten bestimmten das wechselseitige Verhältnis der Untertanen, die neuen kennen nur das obrigkeitliche.« [1]) Daraus wird der Ruf der Untertanen nach den alten Urbarien vollkommen erklärlich und begreiflich.[2])

Die Handrobotsleistungen erfuhren auch eine bedeutende Erweiterung. Waren sie früher zumeist nur auf den Kreis der Arbeiten von Feld und Acker, Wiese und Weinberg beschränkt, so wurde jetzt auch die Gartenarbeit einbezogen. Der Bauer musste im XVI. Jahrhundert nicht nur ackern, düngen, pflügen, eggen, säen, schneiden, einführen und dreschen, sondern er war von dieser Zeit ab auch gehalten, den Krautacker zu bestellen, die Krautpflanzen zu setzen, zu hacken, die Frucht auszuschlagen, abzublättern, einzuschneiden und in den Kesseln zu sieden. Ähnliche Arbeiten wurden ihm durch

---

[1]) Kaltenbaeck, Die Pan- und Bergtaidiugbücher in Österreich unter der Enns. I, Einleitung, 12.
[2]) Häufig erwähnt in den Beschwerdeschriften der einzelnen Gemeinden des Waldviertels.

die Rübencultur aufgeladen. Als einige Herrschaften den Hopfenbau begannen, oblag auch wieder dem Bauer die meiste Arbeit. Überdies musste, wenn der Grundherr Flachscultur betrieb, und diese wurde fast von allen Herrschaften betrieben, um die notwendige Leinwand zu erhalten, der Roboter »das Haar rötzen« (Flachs rösten), hecheln, spinnen, bleichen u. s. w. Ausserdem wurden die Hintersassen zum »zäunen«, jäten des Unkrautes in den Gärten, Brennholz hacken, Schindel machen u. a. herangezogen. Die Häufung dieser Arbeit hatte auch eine Vermehrung der Robotarbeiten und Erhöhung der Ablösungssumme zur Folge. So beschwerten sich die Hintersassen von Gross-Pertholz,[1]) dass ein Ganzlehner früher sechs Tage Robot leisten oder zwölf Kreuzer hätte bezahlen müssen, jetzt verlange die Herrschaft zwölf Schillinge. Der Freiherr Adam von Puchheim forderte von den Hintersassen von acht unter seine Herrschaft gehörigen Dörfern zu Münichreut, Speisendorf, Karlstein u. a., dass sie soviel Robot leisten sollten, wie früher die Holden von neunzehn Dörfern geleistet hatten. Die Holden zu Gross-Göpfritz und Raabs, demselben Freiherrn untertänig, beschwerten sich, dass jeder Bauer alljährlich durch achtzehn Tage roboten und überdies noch drei Gulden »Robotgeld« erlegen müsse Die von Höflein[2]) klagten, dass ehedem für die robotenden Arbeiter von einem Metzen Korn (Roggen) vierzig Laib Brot gebacken worden wären, nun würden achtzig daraus gemacht, aber sie erhielten doch nicht mehr Laibe als früher. Die Bauern der Herrschaft Taxen zu Brunn drückte es sehr schwer, dass sie von jedem Gehöfte, ob Ganzlehner oder Hofstätter, einige Jahre schon durch je 13 Tage die gutsherrlichen Äcker und Felder bestellen und durch sechs Tage alle Jahre heuen müssten.[3]) Die Hintersassen, welche das Kloster Altenburg zu Ulrichschlag, Metzles und Götzles besass, beschwerten sich, dass ihnen seit dem Jahre 1584 das »Robotgeld« auf hundert Gulden erhöht worden sei; früher hätten je zwei Häuser einen Schnitter für sechs bis acht Tage gestellt. Ähnliche Klagen erhoben die Hintersassen vieler anderer geistlicher wie weltlicher Grundherren.[4])

---

[1]) Dem Herrn Schwarzmann zu Weitra gehörig.
[2]) Der ehemalige Besitzer erscheint nicht angeführt in den Beschwerdeschriften.
[3]) Der Witwe Christine Woytichin von Slawitz und Taxen gehörig.
[4]) So die von Zwettl, Altenburg, Geras, Pernegg, Melk, Seitenstetten, Greiss zum Wald, Puchheim, Römer, Landau u. v.

Wie die Handrobot, so erfuhr auch die Zugrobot oder der Spanndienst, die Spannrobot, seit der Mitte des XVI. Jahrhunderts eine bedeutende, die Bauern schwer drückende Erweiterung. Im allgemeinen wurden 54 Tage Spanndienst 104 Tagen Handrobot in Niederösterreich gleich gesetzt.¹) Neben den zur Feldarbeit notwendig gehörigen Fuhren, wozu auch »das Bringen« der naturalen Giebigkeiten gerechnet wurde, klagten die Untertanen besonders über die gehäuften Fuhren, wie Markt-, Ziegel- und Schindelfuhren. Die Holden des Herrn Achaz von Landau zu Rapottenstein geben in ihren Beschwerdeartikeln an, dass die Herrschaft von ihnen zu viele Ziegel- und Holzfuhren heische. Früher hätte man sie dafür entlohnt, jetzt bekämen sie nichts, ja Landau verlange von ihnen auch die Leistung der Spannrobot zum Baue seiner jüngst erkauften Höfe. Die Hintersassen desselben Herrn zu Böhmstorf erklärten sich bereit, das für die Herrschaft nötige Brenn- und Bauholz wie früher bereitwillig zu führen, beschwerten sich aber über die von ihnen verlangten Holzfuhren zur Taverne, Schäfferei, Hofmühle und zum Dienerhause. Die Bauern zu Ruprechts, unter die Herrschaft Schwarzenau gehörend, klagten über die ohne jede Entlohnung zu leistenden Getreidefuhren zu dem Wochenmarkte in Krems.

Ebenso häufig sind die Klagen über Weinfuhren. Die Holden von Seitenstetten mussten die leeren »Geschirre« (Fässer) nach Ips führen, von wo sie auf der Donau weiter befördert wurden, und die vollen von dort wieder zurückbringen.²) Die Untertanen von Zwettl zu Gschwendt beschwerten sich, dass sie Zugrobot leisten müssten, seitdem der Abt von Zwettl den Kohlhof erbaut hätte, was früher nicht gewesen wäre. Die Holden derselben Grundherrschaft zu Gross-Globnitz erhoben Klage, dass sie ein Fass Wein von Raffing in das Kloster führen müssten und jährlich zwei Wägen mit Kalk zu demselben zu bringen verhalten würden.³) Die Bauern der Herrschaft St. Peter in der Au, dem sehr verhassten Wilhelm von Seemann zu Mangern, niederösterreichischen Regimentsrath, gehörig, wurden verhalten, alle Steine, Ziegel, Kalk und Holz zum Baue des gleichnamigen Schlosses ohne Entgelt zuzuführen.⁴) Die Holden des Herrn Achaz von Landau

---

¹) Biedermann, Geschichte der österr. Gesammt-Staats-Idee, I, 70, Anmerkung Nr. 73.

²) Archiv von Seitenstetten.

³) Archiv von Zwettl.

⁴) Archiv von St. Peter in der Au.

zu Böhmstorf führten starke Beschwerde, dass sie jetzt den Zehnt eine halbe Meile weit nach Rapottenstein führen müssten, früher wäre dies durch den »Hofzug« (herrschaftliche Pferde) geschehen. Sie seien dadurch sehr häufig genötigt, ihr Getreide auf den Feldern liegen zu lassen.[1]) Auch früher freiwillig geleistete Robotarbeiten wurden in späterer Zeit als Robotpflicht gefordert. So klagten die Untertanen des Herrn von Kirchberg zu Weinern, dass sie früher über Bitten des Herrschaftsbesitzers freiwillig beim Baue des Schlosses geholfen hätten, jetzt fordere man ihre Hilfeleistung als Robot.[2])

Eine namhafte Erhöhung erfuhr von Seite der meisten Grundherrschaften die Ablösungssumme der Robot. Die Hintersassen von Gross-Pertholz beschwerten sich, dass sie früher für sechs Robottage 12 kr. Ablösung gezahlt hätten, jetzt müsste der Ganzlehner dafür 12 Schillinge, der Halblehner für drei Tage 6 Schillinge reichen.[3]) Die Untertanen von Zwettl zu Bösenweissenbach mussten von jedem Haus 19 kr. 3 Pf. Robotgeld geben. Die von Langschlag und Kirchbach unter Herrn von Landau gaben an, früher hätte ein ganzes Lehen mit 8, ein halbes Lehen mit 4 kr. die Robot abgelöst, jetzt aber verlange die Herrschaft 1½ fl.[4]) Die Untertanen des Herrn Adam von Puchheim zu Göpfritzschlag und Münichreut zahlten ausser der zu leistenden Handrobot, die für jeden Bauer 18 Tage betrug, noch 3 fl. Robotgeld.[5]) Die Holden des Klosters Altenburg zu Ulrichsschlag, Metzles und Götzles mussten seit 1584 100 fl. an Robotzins erlegen.[6]) Die Untertanen des Schlosses Roregg im Isperthale beschwerten sich, dass sie ein »zimbliches robbatgelt« zahlen und daneben »fast alle tag« zwei oder drei Personen zur Robot schicken mussten.[7]) Ähnliche Klagen brachten die Hintersassen von Rosenau, Herrn von Streit gehörig, die von Lilienfeld, Schallaburg, welche Herrschaft Wilhelm von Losenstein gehörte, von Melk, Seitenstetten u. a. vor. Es kam auch nicht selten vor, dass der neue Besitzer einer Herrschaft die Hand- und Zugrobot sowie das Robotgeld erhöhte. So gaben die Untertanen des Abraham Pfandler von Lassberg zu Obernonndorf, Reutern und Losch in ihrer Beschwerdeschrift an, dass sie unter Reichard von Streun zu Schwarzenau

[1]), [2]), [3]), [4]), [5]), [6]) Aus den Beschwerdeschriften der Bauern im Archiv von Zwettl.

[7]) Beschwerdeschrift (1597) der Untertanen zu Roregg im Isperthale. Orig.-Pap. im Archiv zu Persenbeug.

wenig mit Robot beschwert gewesen wären, als aber Pfandler diese Herrschaft an sich gebracht habe, hätte er sofort dieselbe bedeutend erhöht, obwol er ihnen die Einhaltung und Beobachtung der alten Rechte und Gewohnheiten versprochen hätte.[1]) Mit den schweren Lasten, die durch die ungemessene Robotleistung den Bauern aufgebürdet wurden, fanden es manche Herrschaften auch vereinbar, ihren Untertanen nicht nur jede Entlohnung, sondern auch Speise und Trank, die ihnen früher gereicht worden waren, teilweise oder ganz zu entziehen. Die Beschwerdeschriften führen darüber häufige Klagen auf, namentlich betreffs der Robot des Mähens und Schneidens des Getreides. Im XIV. Artikel der allgemeinen Beschwerden geben die Bauern an: »Zum 14. ist unnß beschwärlich von wägen des schnitts und (der) maht (Mähe), daß man unns hat gelant essen und trinckhen gegeben, ierzt aber (giebt) man unnß khainen trunckh geschweigen dass lauß (geringe) essen.«[2])

Einen anderen häufig angeführten Beschwerdepunkt bildete die Steuerlast. Die vielen Kriege, welche das Haus Habsburg seit Ferdinand I. mit den Türken und deren Verbündeten um den Besitz von Ungarn zu führen hatte, die Erbauung und Herhaltung der Festungen, besonders an den Grenzen des Reiches, die Anwerbung und Besoldung von Truppen, sowie die anderen vielfältigen Anforderungen, welche die neue Zeit an alle Zweige der Staatsverwaltung stellte, nötigten Ferdinand I. wie seine Nachfolger nur zu oft, von den Ständen ihrer Lande, an deren Zustimmung die Steuererhebung geknüpft war,[3]) materielle Unterstützung zu begehren. Diese benützten aber nicht selten diese Gelegenheit, nicht nur um ihre Beschwerden bei der Regierung anzubringen und ihre Rechte zu erweitern, sondern sie verstanden es auch, ihren Untertanen dadurch neue Lasten aufzubürden.

Um die Untertanen besteuern zu können, bedurften die Stände der Zustimmung der Landesfürsten, welche jedoch nur selten verweigert wurde; doch wurde es jedesmal ausdrücklich betont, dass der gemeine Mann und der Bauer dadurch, so wenig als tunlich sei, beschwert würde. Dieser wohlwollende Sinn, welchen Habsburgs Fürsten von jeher gegen ihre Landeskinder bethätigt haben, begegnete aber nicht bei allen Grundherren der gleichen Gesinnung,

---

[1]), [2]) Aus den Beschwerdeschriften der Bauern im Archiv von Zwettl.
[3]) Siehe die treffliche Ausführung über das Steuerwesen bei v. Luschin, Reichsgeschichte u. a. O. 472, § 9.

manche benützten diese Bewilligung, um den grössten Teil der Steuern auf die Schultern ihrer Hintersassen abzuwälzen, so dass schon Kaiser Maximilian I. dagegen einschreiten und diesen alten »Brauch« der Herren strenge untersagen musste.¹) Wie wenig diese von den Landesfürsten erflossenen Mandate dem Unwesen steuerten, erhellt aus den Klagen der Bauern über die grosse Steuerlast, die sich nicht selten an den Landesherrn selbst um Abhilfe wandten. Die Annahme von Klagen der Untertanen durch die niederösterreichische Regierung über zu hohe Besteuerung erregte aber den Unwillen der Stände umsomehr, als die Regierung sofort der Zahlung von Seite der Untertanen so lange Einhalt that, bis das Recht durch eine genaue Untersuchung entschieden war. Die Stände erblickten darin eine Verletzung ihrer alten Rechte und stellten mehreremale, so auf den in den Jahren 1562, 1564 und einigen nachfolgenden abgehaltenen Landtagen, an den Landesfürsten die Bitte, derselbe möge der Regierung strenge verbieten, derartige Klagen anzunemen und zu verhandeln; besonders aber sollte derselben untersagt werden, dass sie nicht »mit einforderung der steuern ernstlich stillstandt gebeut«.²) Manche Herren geistlichen wie weltlichen Standes liessen die Steuer durch ihre Verwalter und Amtsleute zwar genau und strenge von ihren Untertanen einheben, vergassen aber, dieselbe an die bestimmten Cassen abzuführen. Die durch diese Vergesslichkeit entstandenen Steuerrückstände, welche im Jahre 1561 im Lande unter der Enns die für die damalige geldarme Zeit hohe Summe von 690.421 fl. erreichte, waren für die Verwaltung ein schwerer Nachteil, weshalb Kaiser Ferdinand I. im Jahre 1562 ein strenges Mandat dagegen erliess und alle, die mit ihren Steuern nicht in Ordnung wären, mit der Execution ihrer Güter bedrohte. Als aber im nächsten Jahre (1563) diese Drohung ausgeführt werden sollte, und die Güter einiger Herren, welche mit der Zahlung ihrer Steuern rückständig waren, zum Verkaufe gestellt wurden, erwies sich diese Massregel als wirkungslos, da kein oder nur einige überdies zahlungsunfähige Käufer erschienen.³) Die Vergesslichkeit und teilweise auch das Nichtkönnen der Herren bezüglich der Zahlung der Steuerrückstände wurden für das Erzherzogtum Niederösterreich endemisch, wogegen die Regierung Kaiser Maxi-

---

¹) Hormayr, Archiv. 1811, S. 583.
²) Niederösterreichisches Gedenkbuch, l. c. II, 1035—1040.
³) Bucholtz, a. a. O. IV, 592.

milians II.[1]) und seines Sohnes Kaiser Rudolfs II. vergeblich ankämpfte.

Sehr schwer drückte die Bauern und »gemeinen« Leute neben der gewöhnlichen Steuer, der Landsteuer, als deren Grundlage gemäss des Patentes vom Jahre 1542 von den Grundherren der hundertste ihres Einkommens von ihrem unbeweglichen Vermögen, von den Untertanen von den liegenden Gründen und anderem unbeweglichen Besitz sowie von dem Vieh der sechzigste Pfennig erlegt werden musste, und die bei dem stets wachsenden Geldbedürfnisse mit dem doppelten, ja drei- und vierfachen Steuersatze beschwert wurde.[2]) der Leibpfennig, der von jedem Untertan alle Wochen, daher auch Leibwochenpfennig genannt, seit 1527 mit 1 Pfennig, seit 1537 mit 2 zu begleichen war,[3]) umsomehr, da zur Ergänzung der Landsteuer die Urbarsteuer. der Hausgulden, auch Rauchfang- und »Ruck«- Steuer[4]) genannt, eingeführt wurde. Dazu kamen noch die vielen und hohen Aufschläge auf Getreide, Wein, Bier, Schmalz und andere Victualien, welche zumeist den Bauer schwer belasteten. Es wäre nicht allein die Steuer erhöht worden, klagten die Untertanen des Herrn Achaz von Landau zum Hauss und auf Rapottenstein, sondern noch dazu ein Aufschlag von 12 kr. von 1 fl. eingefordert worden. obwol niemand weiss, wozu dieser Aufschlag verwendet würde.[5]) Die Holden des Propstes zu Zwettl, zu Gerungs und Guttenbrunn beschwerten sich über die grosse Landsteuer. Dieselbe, zu welcher im Jahre 1572 der Leibpfennig geschlagen wurde, war dadurch sowie durch den erhöhten Steuersatz, eine sehr drückende geworden. »17 Untertanen müssten 51 fl. und etliche

[1]) Als die niederösterreichischen Stände wegen der vielen Schäden, welche Überschwemmungen und besonders die ausgesandten Mordbrenner ihnen und ihren Untertanen zugefügt hatten, bei Kaiser Maximilian II. um Nachlassung der Steuern einschritten, gewährte sie der Kaiser, befahl aber, die anderen Abgaben genau zu erlegen, »zumahlen weill offtmahlen ettliche grundobrigkheiten selbst mit erlegung der steuern, die sy von ihren undterthanen berait eingebracht, saumbselig unnd ainer Landtschafft ain nit khlainer rest von ainem jahr zum andern schuldig unnd außtendig wärn«. Niederösterreichisches Gedenkbuch. II, 1096.

[2]) v. Luschin, Österreichische Reichsgeschichte, 477, § 58, 9, und Oberleitner, Die Finanzlage Niederösterreichs im XVI. Jahrhundert. Archiv. Bd. XXX, 27.

[3]) Oberleitner, a. a. O. Bd. XXX, 27.

[4]) Rucksteuer = Rauchsteuer, Rauchfangsteuer, von dem österreichischen Dialectworte Ruck = Rauch.

[5]) Archiv von Zwettl.

Schillinge zahlen, da sie doch nur geringe Häuser und Hofstätten hätten, von welchen überdies zwei keinen ‚Grund' besässen«.¹) Die dem Propste zu Pulgarn in Oberösterreich und der Äbtissin zu Imbach untergebenen Bauern zu Imbach, Neusiedel und Sitzmanns klagten, dass sie vor 40 Jahren alle zusammen 13 fl. an Steuern gezahlt hätten, jetzt »durch die invention des neugen auffschlags« müsste Neusiedel allein 20, Sitzmanns 8 fl. erlegen. ¹) Die Hintersassen von Altenburg zu Ulrichsschlag beschwerten sich über die Erhöhung der Landsteuer, die früher 40, jetzt 60 fl. erfordere.¹)

Die Last der Steuern, zu welcher noch die unter der Bezeichnung Türkensteuer von 1541 ab alljährlich erhobene Erwerbs-, Einkommen- und Vermögenssteuer kam,²) war für alle Stände, den Herren wie den Bauern, eine sehr schwere; doch am schwersten empfand sie der letztere, weil er ausser der sehr häufig ausgeschriebenen Rüststeuer, dem Rüstgelde, auch noch die Blutsteuer zahlen musste durch das Aufgebot des 30., 10. und 5. Mannes. Obwol zwischen den Habsburgern und den Osmanen öfters ein Waffenstillstand geschlossen worden war, welcher den Krieg unterbrach, so dauerte derselbe doch an den Grenzen stetig fort, ja die Raubzüge und Kämpfe an den Grenzen wurden noch häufiger und erbitterter und führten nicht selten zu förmlichen Treffen und Schlachten. Als im Sommer des Jahres 1593 der Pascha von Bosnien, Hassan, Sissek angriff, von Ruprecht von Eggenberg und anderen österreichischen Führern trotz seiner vierfachen Überzahl aber bis zur Vernichtung geschlagen wurde, erklärte die Pforte dem Kaiser Rudolf II. den Krieg.³) Zwar fand der Kaiser bei dem Deutschen Reiche und bei anderen Mächten Hilfe, aber auch in den Erbländern wurde die Rüststeuer ein-

---

¹) Archiv von Zwettl.

²) So zahlte im Jahre 1523 ein Edelmann, Pfarrer, Vicar, Bürger von seinem Besitze, der einen Wert von 1000 fl. überstieg, 1 fl. Steuer, der Bauer von einem gleichwertigen Besitztume nur ½ fl.; der Handwerker hatte jährlich 12 Pfg. zu erlegen. Im Jahre 1532 musste der Taglöhner, der wöchentlich 20 kr. verdiente, jährlich 1 Pfg. davon abgeben, 1537 schon 1½ kr., 1542 60 Pfg. Im Jahre 1557 mussten alle ledigen und verheirateten Gesellen, Handwerker etc., die von ihrem Wochenlohn lebten, jedes Quartal 1 Schilling, und der Knabe, der zu einem Bau Ziegel oder Steine zutrug, musste zu »Georgi« und zu »Michaeli« je 2 Schillinge als Steuer bezahlen. Oberleitner, a. a. O., Archiv. Bd. XXX, 27; siehe auch Huber, Studien über die finanziellen Verhältnisse Österreichs unter Ferdinand I. in Mühlbachers Mitteilungen. IV. Ergänzb., 181 ff.

³) Huber, Österreichische Geschichte. Bd. IV, 74 ff.

gehoben und das Aufgebot bestellt. Als im Jahre 1595 der Krieg unglücklich geführt wurde, und die starke Festung Raabs in die Hände der Osmanen gefallen war, wurde auch der 10. Mann aufgeboten. Dieses Aufgebot war aber nur geeignet, da die zu Hause bleibenden ihre ausgerückten Leute ausrüsten und erhalten mussten, die ohnedies sehr grosse Unzufriedenheit zu steigern. Dieser erhöhte Unmut spricht sich auch in der erwähnten allgemeinen Beschwerdeschrift der Bauern des Waldviertels an erster Stelle aus, wenn es heisst: »Erstlichen, weill eine guette zeit her zu hilff wider den erbfeindt christlichen nambenß den Türckhen mit fortschickhung des dreissigisten und zehenden mans auch begerdten ristgeltt vil hergeben und bezolt worden, also das der armb Paursman unnd hantwerckher unnd andere nit mer vermügen unnd durch ihre obrigkhaitten von hauss unnd hoff vertrungen, seyn sy samentlichen nunmahlen dahin getacht, verer den fünfften man. da es begert wirdt, nit vort zu schickhen noch ainiges ristgeltt außzugöben, sundter der Röm. Khays. May. unnsers allergnedigisten herrn unnd landtsfürsten zu ehrn unnd beschitzung des vatterlandts jeder persöhnlich fordtzuziehn, doch das in albeg ire herren unnd obrigkhaitten auch dabey sein.« [1])

---

[1]) Der Vorgang beim Aufgebot des 30., 10. und 5. Mannes war kurz folgender: Von 30 behausten Untertanen wurde durch das Los einer, aus den übrigbleibenden 29 wurden zwei für den Zehner und aus den restierenden fünf für den Fünfer ausgeschieden, von 30 Holden also 8, welche von den zu Hause bleibenden 22 Untertanen ausgerüstet und erhalten werden mussten. — Czerny, Der zweite Bauernaufstand in Oberösterreich, 114. — Auch die Herrschaften selbst wurden für die von ihnen zu stellenden Gültpferde schwer in Mitleidenschaft gezogen. Es dürfte nicht uninteressant sein, die Kosten eines Gültpferdes (berittenen Knechtes) in damaliger Zeit kennen zu lernen. Im Jahre 1593 hatte die Herrschaft Achleiten in Streugberg (Niederösterreich) ein Gültpferd zu stellen. Der Verwalter führte Ross und Reiter persönlich auf der Donau nach Wien und legte dafür folgende Rechnung: »Verzaichnus, was an zerung unnd aller anderer raitung auf den khnecht unnd roß, so man in Türggenzug geschickht, ist aufgangen, volgt hernach: erstlichen zwaien, so die blötten (Schiff) beschlagen unnd zwo wendt (Wände) aufgemacht, geben und aufgangen 20 krz.; umb die plötten geben 3 fl. 30 krz.; den 29. Septembres an. 93 von Aheleitten außgefaren, die erst nacht zu Spitz verbliben, hab ich der Pflöger und mein diener auch der Raisig khnecht, schiffleutt und ir bueb selbsechst verzert 1 fl. 47 krz.; zu Stain auf die blötten zalt 2 echtering wein unnd prott, thuet 19 krz.; zue Driebensee mittagmall eingenomen, verzörtt 49 krz.; am Sambstag morgen- unnd nachtmall selbsechst verzört 2 fl. 52 krz.; denselben tag, damit der khnecht wie andere gestaffierdt sei, außgeben umb ain huedt 1 fl. 9 krz.; umb die schnuer darzue 16 krz.; umb ain padrondaschen

Die Holden des Herrn von Landau beschwerten sich über das »uberschwencklliche ruestgelt, das auff das Khriegswesen gangen ist und doch nichts damit aussgricht, sonnder nur das arme volckh auf die fleischbanck gefuert umbh leib unnd leben bracht, gränitz, heuser, stet unnd fleckhen übergeben worden.« Vor einem Jahre 30 krz.; umb ain par schnech 16 krz.; umb ain dolch und girtl 1 fl. 30 krz. weiln auch andere reutter zum Winttergleger (Winterlager) lanngo röckh gehabt, so hab ich auch umb ainen dergleichen aufgeben 8 fl. 46 krz.; umb die hafften zum roeckhl 16 krz.; macherlon außgeben 45 krz.; drinckhgelt 6 krz.; den beden schöffleutten sambt der underhalttung geben muessen 4 fl.; item umb ain sackh, wann er auf die fütterei reitt, 24 krz.; umb ain spanner unnd bulverflaschl mit ladungen 44 krz.; umb ain schmürbüxen uund schmirn 12 krz.; umb blei 3 krz.; umb ain eysenzigelkhötten, im fall ime der riemenzaum wirdt abgehauen zum vorthail het, außgeben 7 krz.; item so hab ich dem khnecht hosen, wambs unnd anders im hauß machen lassen, thuet alles sambt den macherlon 9 fl. 28 krz.; umb ain par pixen außgeben 5 fl. 50 krz.; umb ain veldtzaichen 1 fl. 9 krz.; umb ain par winterstrimpf unnd die stifl ins winttergleger 1 fl.; mer umb ain strigl außgebn 15 krz.; umb ain beschlaghamer unnd zangen 25 krz.; umb ain roßkhamb 2 krz.; umb ain pulgen, darein man den beschlagzeug thuet, 24 krz.; umb ain Carduladtsch sambt dem giertl 1 fl. 56 krz.; umb ain par stifl und sporn 2 fl.; umb pulver zue den patronen 24 krz.; item so hab ich wie andere herrn vermüg scheins auf drei monat für die underhaltung roß unnd man geben 50 fl.; dagegen hat er sich erbotten, weill jeder herr seinem khnecht die rüestung ins leger fieren laß, wie ich dann selbs mit unnd bei gewest, das man von ainer ristung 10 fl. geben muessen, so wel er darfür nichts begern, sonnder selbs sehen, wie er sainen harnisch zuebringe; zum anndern so hat sich ain jeder herr gegen seinen diener erbotten, wan die drey monad aus sein, so wollen sie die khnecht mit proviant verner versehen, des er khnecht sich auch begeben, will selbs sehen, wie er verners (weil die audern monad sich auf den Khayser lennden) bezallt wer, doch mit diesen geding, das ime annweeg alls den andern, wie ainem raisig khnecht gepürt, sein besoldung zue Achleutten vorgee, welches nun brenchig ist; zuedem alls ich mit dem khnecht überainkhomen, hat er noch etliche tag in Wien verzeren muessen one verners E. Gn. (Euer Gnaden) uncosten, so doch andere herrn ire diener unz zum vortzug außgehalten, habs auch erhalten; ittem so hab ich die siben täg alls vom sonntag an unz auf den sambstag alda ich der musterung des halben pferdts halben in Wien verharren muessen, sambt dem khnecht unnd denen so mit mir in gescheften hin unnd wider geloffen, auch fuer heu und stren (den habern hab ich mit mir gefütert) verzert 14 fl. 20 krz.; drinkhgelt 7 krz.; umb ain par pannig handtschuch 45 krz.; umb ain elle parchat, die pannzer ermel und schnerz widerumb auf ein neues einzefassen 16 krz. unnd dem schneider davon ze machen 12 krz. thut zuesammen 28 krz.« Die Heimreise trat der Pfleger zu Land an über Krems, wo er sich einen Tag aufhielt, Dürnstein, Spitz, Aggsbach, Melk, Blindenmarkt, Amstetten, von da zu Ross nach Achleiten, auf welcher Fahrt er 7 fl. 48 kr. ausgab. Es kostete demnach die ganze Reise und Ausrüstung der Herrschaft Achleiten 122 fl. 42 kr. Aus dem ehemaligen Schlossarchiv von Achleiten.

hätten die Herrschaften von jedem Untertan zwei Gulden abgefordert mit dem Versprechen, wer dieses Geld erlege, wäre vom Kriegsdienste frei, dürfe nichts mehr zahlen und könne zu Hause bleiben; nach Erlegung der zwei Gulden habe man den zehnten Mann gemustert, der fortziehen musste, dessen Erhaltung aber ihnen aufgebürdet worden wäre.[1]) Die Hintersassen des Prämonstratenserinnen-Klosters von Pernegg zu Immenschlag klagten, dass sie, als »die Rabstat (Raab) von dem erbfeindt angezündt wordten ist«. sie drei Gulden Beisteuer leisten mussten, dieser Betrag sei von da ab stets weiter erhoben und in jüngster Zeit sogar zur gewöhnlichen Steuer geschlagen worden. [1]) Ähnliche Klagen erhoben die Holden des Klosters Lilienfeld, die der Herrschaft Achleiten, denen für die Musterung des zehnten und fünften Mannes drei Gulden von jedem Hause abgefordert wurde,[2]) die von St. Peter in der Au u. a.

Eine fernere Beschwerung und Klage bot der Zehnt. Der bekannte Historiker Czerny bemerkt über die grosse Abneigung, welche von Seite der Untertanen gegen diese uralte Abgabe bestand: »Das, was der Vater, der vom Knechte zum selbständigen Wirtschafter vorrückte, noch als Wohlthat ansah, wurde schon vom Sohne als Last und vom Enkel als aufgedrungene Gewalt empfunden. All die buntscheckige Menge, welche in Feld, Wiese und Wald, zwischen

[1]) Archiv von Zwettl.

[2]) Ehemaliges Archiv von Achleiten, Schlossarchiv St. Peter in der Au u. a. Über den Modus der Musterung berichten Archivalien von Seitenstetten und Achleiten, sowie Czerny in seinem dankenswerten Buche: Der zweite Bauernaufstand in Oberösterreich, 222, Folgendes: Die Herrschaften führten Musterregister über alle waffenfähigen behausten Untertanen. Aus diesen wurde je nach dem Aufgebote der 30., 10. oder 5. Mann durch das Los bestimmt, doch geschah dies stets in Gegenwart des Pflegers und des Amtmannes. Die durch das Los Ausgehobenen mussten am festgesetzten Tage auf dem Musterplatze, der von der Regierung bestimmt wurde und oft weit von der Heimatsgemeinde entfernt war, erscheinen, wo sie einer neuen Musterung durch die Kriegsobersten und Vertreter der Landstände unterzogen wurden. Untertanen, die wegen ihres Alters nicht fortziehen konnten, mussten einen anderen stellen. Jeder musste sich die Waffen: Hellebarde, Schwert oder Muskete selbst anschaffen. Ward die Bewaffnung unzureichend erklärt, so musste die Herrschaft für eine bessere sorgen auf Kosten der Holden; dieselben mussten aber nach der Entlassung an die herrschaftliche Rüstkammer abgeliefert werden. Im Jahre 1594 musste die Herrschaft Achleiten am 24. August mit ihren 48 Ausgelosten — es war das Aufgebot des fünften Mannes ergangen — auf dem Musterplatze Kremsmünster erscheinen, die Kosten der Hinführung, die der Pfleger selbst leitete, und dessen Rückreise betrugen 54 Gulden, 6 Schilling, 26 Pfenning. Ehemaliges Schlossarchiv Achleiten.

den Alpen und den böhmischen Grenzgebirgen sich rüstig tummelte, bestand einst aus Leibeigenen oder Hörigen oder freien Grundbesitzern, welch letztere, um den Gefahren der Isolierung oder dem Drucke des Kriegsdienstes zu entgehen, sich gegen mässigen Zins einem mächtigen Feudalherrn unterworfen hatten. Je nach den Bedingungen bei Übergabe des Bodens (wie vielgestaltig konnte nur der Fundus instructus, das Baugericht, Hofgericht sein) oder bei Aufgabe der Freiheit hatte sich ein verschiedenes Mass von Selbstständigkeit oder Schuldigkeit herausgebildet, dessen Grund und Wurzel später den meisten verborgen war. Um das Mass der Ungleichheit mit ihren Qualen für das Auge des Minderbegünstigten voll zu machen, kam noch die Ungleichheit in der Individualität der Grundherren hinzu, deren es bei der bunten Untereinanderwürflung der Untertanen in Österreich durch Kauf, Tausch, Erbschaft oft auf einer Quadratmeile etliche dreissig gab.« [1])

Diese trefflichen Worte Czernys bestätigen auch die Verhältnisse von Niederösterreich. Herrschaften und Untertanen liessen sich in Bezug auf die Forderung wie die Ablieferung des Zehntes manche Ungebürlichkeiten zuschulden kommen. Die Stände des Landes unter der Enns hatten deshalb schon auf dem Landtage des Jahres 1535 an die Regierung die Bitte gestellt, »nachdem im landt die zehetner unnd undterthanen ihre zehent auf dem feldt nur garbenweiss auswerffen, darinnen merklicher unwillen und drang gespürt, des Königs Mayestät wolle darin gnädigst einsehen und ordnung thun«. Von der Regierung zur Geduld ermahnt, erneuerten sie 1544 diese Bitte um ein Zehnt-Mandat, »wasmassen durch die undterthannen in raichung des schwären und geringen traidt zehandt grosse nachtaillig bevortaillung beschicht, dass die undterthannen mit einführn die zechentgarben außwerffen garbenweiß hin unnd wider zersträt auff den veldt für den zechent ligen lassen, dergleichen im weinzehent, dass sy die im keller zu besichtigen zuelassen verwidern«. [2] Ihre Bitte fand im folgenden Jahre, 1545, Erhörung durch Erlassung eines Zehnt-Generales, das den Untertanen zwar untersagte, die Zehnt-Garben kleiner und geringer zu machen, sie auf dem Felde weit auseinander zu werfen, so dass die Frucht oftmals verdürbe, aber auch den Herren gebot, Zehnt-Garben zu richtiger Zeit »ausstecken«

---

[1]) Czerny, Der erste Bauernaufstand in Oberösterreich, 22.
[2]) Niederösterreichisches Gedenkbuch, 1. c. II, 1251 ff.

und einführen zu lassen, damit der Untertan bei der Ernte nicht gehindert sei oder dessen Getreide dem Verderben anheimfalle. Auch wurde verboten, den Zehnt wie bisher »Garben-weiss« zu liefern, und befohlen die Reichung zu leisten, wie es ortsüblich wäre in »Mändl-, Schöber- oder Häuffelweiss«.[1])

Den Herrschaften wurde befohlen, den Zehnt sofort, sobald die Anzeige an sie ergangen wäre, dass das Getreide abgeschnitten wäre, »ausstecken« zu lassen und nicht damit zu säumen, sonst hätte der Bauer das Recht, den Zehnt auf dem Felde liegen zu lassen, sein Getreide aber nach Hause zu führen.[2]) Gerade dieses Verbot, das Ferdinands I. Nachfolger, die Kaiser Maximilian II. 1564 und Rudolf II. 1584, neuerdings durch Generalmandate einschärften, war es, das die meisten Klagen von Seite der Untertanen zur Folge hatte. So beschwerten sich die Stiftsholden von Zwettl zu Rudmans, dass das »Auszehenten« so langsam und so spät vorgenommen werde, dass infolge dessen ihr Getreide auf dem Felde verdürbe.[3]) Ähnliche Klagen erhoben die Bauern von St. Valentin, Haag, Seitenstetten u. a. Auch von solchen Feldfrüchten, die früher nicht zehntpflichtig waren, wie Erbsen, Linsen und andere Hülsenfrüchte, ebenso von der Mohn- (Magen-)Ernte wurden häufig in der zweiten Hälfte des XVI. Jahrhunderts der Zehnt gefordert, ja die Untertanen der Herrschaft Rosenau zu Jagenbach unter Wolf Dietrich von Greuss auf Schrems und Rosenau mussten sogar von den Früchten der Baumgärten, die stets zehntfrei waren, denselben seit 1594 abliefern. Sehr klagten die Holden auch über das ungleiche Mass, das dabei in Verwendung kam. Der Herrschaft müsse man, sagten die Untertanen von Limbach unter Martin Span, das Getreide mit dem grossen Masse geben, wenn sie aber von der Herrschaft desselben bedürftig wären, erhielten sie es mit dem kleinen zugemessen, müssten aber das grosse bezahlen. Der Zehnt wurde damals schon nicht selten auch verpachtet, oder wie der Ausdruck lautete, »in verlass geben«, wobei es freilich nicht selten vorkam, dass der Pächter die Zehntholden sehr drückte. So beschwerten sich die Untertanen der zur freisingischen Herrschaft Waidhofen a. d. Ips gehörigen Gemeinden Göstling und Hollenstein im Jahre 1596 bei dem Verwalter Christoph Murheimer auf Krölen-

---

[1]) Codex Austr. II.
[2]) Codex Austr. II, 350
[3]) Archiv Zwettl.

dorf, dass sie der Bestandinhaber Egidius Gleichgross mit den Zehnten sehr beschwere.¹) Mit den Klagen über Beschwerung bei Reichung des Zehntes verbanden sich die wegen Erhöhung der Dienste, welche in Geld- und Naturaldienste sich schieden, aber von der Zeit ab, wo die Naturalwirtschaft von der Geldwirtschaft verdrängt wurde, nicht selten insoferne eine Änderung erlitten, dass die Naturaldienste auch mit Geld abgelöst werden konnten. Nach den im Jahre 1542 festgesetzten Einschätzungspreisen hatten die bebauten Güter eine bestimmte Summe für die verschiedenen Naturalgiebigkeiten zu leisten, so für einen Metzen Erbsen (Arbais) 16 Pfenninge, für Linsen 10 Pfenninge, für Rüben, Äpfel, Hopfen 4 Pfenninge, für Zwiebel 14 Pfenninge, für ein Fuder Kraut 2 Schilling, für Garn 3 Pfenninge u. a. Ebenso konnte auch der sogenannte Küchendienst, dem alles vom Ei angefangen bis zum Schlachtvieh unterlag, in Geld erlegt werden. Obwol dieser Dienst genau festgesetzt war, wurde er doch im XVI. Jahrhundert nicht selten willkürlich gesteigert. Auch darüber liegen mancherlei Klagen vor. So klagten die Holden von Zwettl zu Rudmans, dass sie jetzt sieben Metzen Linsen reichen müssten, während sie früher nur zwei abgegeben hätten; früher hätten sie »für ein massl Magen« (Mohn) fünfzehn Kreuzer gezahlt jetzt sechsundzwanzig. ²) Eine ähnliche Klage wegen Aufschlagen des Mohndienstes erhoben die Untertanen zu Zwettlern bei Waidhofen a. d. Thaja. ³) Auch die Reichung des »Hundshaber«, beschweren sich dieselben Holden, sei erhöht worden; früher hätten sie als solchen gegeben, »wie man auff dem denen (Tenne) mit ainem pessen überkherdt hat«, jetzt fordere man das schönste Getreide (Haber), oder schlage es höher an, als es erkauft wird. ⁴) Die Holden von Brunn beschwerten sich, dass sie höheren Gelddienst erlegen müssten, so müsse ein Besitzer von anderthalb Lehen jetzt sechzehn Schilling, neunzehn Pfenninge reichen; nicht minder beklagten sie sich über den gesteigerten Eierdienst, demzufolge der Besitzer von anderthalb Lehen 45, der Lehner 30, der Halblehner 15, der Hofstätter 10 Eier liefern müsse.⁵) Über den erhöhten Dienst von Hühnern und Enten, sowie dass sie drei Pfenninge »von der khue laßgeldt« zahlen müssten. ⁶) Die Untertanen des Herrn von Hoyos zu Persenbeug klagten, dass der Zins für die »Feiterhenen« (Feiertagshühner)

¹) Archiv Seitenstetten.
²), ³), ⁴), ⁵), ⁶) Archiv Zwettl.

unbillig seit wenigen Jahren gesteigert worden sei. Dieselbe Beschwerde hören wir von den Grundholden zu Kürnberg des Herrn von Seemann auf Schloss St. Peter in der Au,[1]) während die der Herrschaft Limbach klagen, dass jetzt die zu reichenden Zehent-Hühne »dem Pfleger nicht gross genug sein könnten, während vormalß einer groß genueg gewesen ist, wann ain hahnen ist auf den metzen geflogen«.[2]) Viele Klagen wurden auch über das unentgeltliche Füttern von herrschaftlichen Hunden, besonders Jagdhunden, obwol der Forsthaber dafür geliefert wurde, über das Aufziehen von Kapaunen und anderem laut.

Waren die bisher angeführten Klagen, welche zum Teile wenigstens auf Wahrheit beruht haben dürften, da sie so häufig ertönen, nur gegen einzelne Grundherrschaften erhoben worden und dieselben, wie mehrmals in den einzelnen Klageschriften bemerkt wird, auch weniger gegen die Besitzer als gegen die Pfleger oder Verwalter der Untertanen und Güter ihre Spitze kehrten, so richtete sich die Klage der Bauern über Beschlagname ihrer Söhne und Töchter zum Dienste der Herrschaft gegen diese selbst. Kein anderer Missbrauch der grundherrlichen Gewalt griff tiefer ein und verletzte die Untertanen mehr als dieser; denn dadurch wurde das persönliche Selbstgefühl und die individuelle Freiheit der Untertanen am schwersten gekränkt und aufgeregt, besonders als noch von Seite einiger Herrschaften den zum Dienste genötigten Kindern und Waisen eine schlechte Behandlung, geringer oder gar kein Lohn und schmale Kost zuteil wurde. Nichts hat mehr Erbitterung hervorgerufen und den Ausbruch der zweiten grossen Erhebung herbeigeführt, als dieser Missbrauch der gutsherrlichen Gewalt, durch welchen der Bauer wieder zum Hörigen, zum Leibeigenen, wurde, wie dies der Verfasser der Beschwerdeartikel selbst zugesteht, wenn er schreibt: »Zum fuerdten (vierten): So werden wir von der obrigkhait trungen unnd zwungen zu diser unnser zusamenverpindung: wann Gott der Herr waisen macht unnd sy von iren eltern etwaß erblich zue geworden (erwarten) haben, so sein etliche herren unnd obrigkhaiten, die nemen der waisen guetl in ire closter unnd schlösser hinein mitsambt den waissen. Wann sy nun zymlich zu iren vogtbaren jaren erwaxen, so prauchen sy es in ire mairhöff und holden so über die massen übel, daß dieselbig waissen von irem dienst muessen entlauffen; alßdan so nemen die

---

[1]) Archiv von Seitenstetten.
[2]) Archiv von Zwettl.

herrn ir waissen guetl zu sich, und waß sy zuoor nit hobhoft worden sein, das mueß man inen ineandnient bey straff erlegen; das khan man nimer getulten oder erleyden, weil es wider Gott unnd alle billigkhait ist.« Im nächsten, dem fünften Artikel, wird gesagt: »So werden wir von der obrigkhait verursacht, wan ein frumer vatter und muetter khinder erzicchen unnd nehren die mit hunger und khumer, wan sy nun zue iren jarn khomen, das sy iren eltern das teglich brodt khunden helften gewinnen, so mueß mans der obrigkhait gehn hoff stöllen unnd hilfft bey etlich herren gar khain entschultigung, wan schon etliche alde eltern ire khinder auß alter unnd schwachheit halber gar wol daheimb betnerfften unnd sy derentwegen frembte chalten haben muessen; da werden sy in der herren dienst dermassen so übl gehalten, das zue erbarmen, unnd sy davon entlauffen muessen, alßthan so wirdt vatter unnd muetter bey grosser straff unnd pan aufferlegt, ire khinder widerumb zue stöllen unnd muessen Gott geb wo sy es bechumen, unnd wen sy nit finden unnd stöllen, werden sy offt von iren tieranischen obrigkhaiten an leib unnd guet ser hart gestrafft, so das dann nit lenger zu getullten unnd zu erleiden ist.« [1]

Wenngleich manche Grundherren diesen Missbrauch, der sich mehr und mehr einbürgerte, auch deshalb pflegten, um den unruhigen Geist unter ihren Holden niederzuhalten und jede Opposition derselben zu brechen, so kann doch andererseits nicht in Abrede gestellt werden, dass die meisten nicht aus diesem Motive allein, sondern durch den Mangel an Dienstleuten häufig sich dazu genötigt sahen, wollten sie anders ihre Eigenwirtschaft betreiben. Gerade von der zweiten Hälfte des XVI. Jahrhunderts ab trat in den meisten Ländern der Habsburger infolge der stets zunemenden Entvölkerung ein Mangel an Gesinde ein; nirgends aber machte er sich fühlbarer als im Lande unter der Enns, der deshalb auch zu einer ständig wiederkehrenden Klage der geistlichen wie weltlichen Herren auf den Landtagen wurde. Die vielen Kriege, die Österreichs Herrscher besonders mit den Türken zu führen gezwungen waren, die öfters das Erzherzogtum heimsuchende Pest und andere Krankheiten verschlangen eine grosse Menge des Menschenmateriales. Es litten darunter aber nicht nur die Grundherren, sondern auch die Bauern selbst, wie nicht minder das Bürgertum und das Handwerk. Erhielt zwar letzteres

[1] Anhang Nr. 1.

durch Zuzug aus dem Deutschen Reiche, besonders aus Baiern, der Pfalz und Franken, einen teilweisen Ersatz, der die klaffendsten Lücken ausfüllte, so war dies doch keineswegs bezüglich des ländlichen Gesindes der Fall, besonders da der Stand der Population in den einzelnen Erbländern, vorzüglich aber in Niederösterreich, ein niederer war.[1]) Dazu gesellte sich eine stets wachsende Scheu vor aller Arbeit, deren Folge die grosse Schar von Bettlern und Vagabunden war, die damals die deutschen Gaue durchzogen und gegen welche alle Mandate und andere Massregeln der Fürsten nichts vermochten. Ihre Zahl wurde noch durch die Hausierer, sowie besonders durch die abgedankten Landsknechte und Söldner, »gartende Knechte« genannt, sehr stark vergrössert. Auch die Zigeuner stellten ein namhaftes Contingent zu dieser allgemeinen Landplage, die vor Diebstahl, ja selbst vor Raub und Mord nicht zurückscheute. Im Lande unter der Enns, wo die Zahl dieser Landstreicher infolge der Kriege schon eine bedeutende war, wurde sie noch durch Leute desselben Gelichters vergrössert, welche, wie die Stände im Jahre 1575 klagten, »maistesthaills von oben herab (aus dem Deutschen Reiche)[2]) und aus andern landten hieher in diss landt khommen unnd sich allerley muethwillens gebrauchen, ja, da ihnen nit ihres gefallens mitgethaillt, noch darzu trolich seyn«.[3]) Vergebens hatte Ferdinand I. schon im Jahre 1544 ein strenges Generalmandat gegen das Hausieren erlassen, umsonst hatten er und seine Nachfolger Maximilian II. und Rudolf II. befohlen, gegen die Bettler, gartende Landsknechte und andere Vagabunden mit aller Strenge vorzugehen,[4]) auch der 1570 von den Ständen eingesetzte Landprofoss, sowie die schärfsten Verbote brachten keine Besserung; die allgemein verbreitete Faulheit und Arbeitsscheu waren eben ein Krebsschaden dieser Zeit.[5])

Wurde schon dadurch die Zahl der Dienstleute vermindert, so trugen zur Erhöhung dieses Übelstandes nicht wenig auch die stets sich mehrenden »Wochenknechte« bei. Man bezeichnete als »Wochenknechte« jene Taglöhner, welche ledig oder ver-

[1]) Siehe auch Mell, Die Lage des steirischen Untertanenstandes, 11.

[2]) Janssen-Pastor, a. a. O. VIII, 341, bemerkt, dass die Bettler damals überall in Deutschland häufig, am zahlreichsten aber und am schlimmsten in den Rheingegenden waren.

[3]) Niederösterreichisches Gedenkbuch, a. a. O. II, 1237.

[4]) Siehe Codex Austriacus unter Bettler, Zigeuner, gartende Knechte, und gesammelte »Generale« im Archiv von Seitenstetten.

[5]) Janssen-Pastor, l. c. VIII, 283—358.

heiratet waren und um wöchentlichen Lohn den Grundbesitzern Dienste leisteten. Da dieselben sehr häufig ihre Dienstplätze wechselten, auch vielfach ohne Arbeit umherstrichen, so ersuchten die Stände von Niederösterreich die Regierung, im Jahre 1565 ein »Generale« dagegen zu erlassen und namentlich ihnen und den unverheirateten Knechten überhaupt zu verbieten, Weingärten, Wiesen und Acker käuflich an sich zu bringen, was besonders dadurch zu geschehen pflegte, dass die Bauern den Wochenknechten für ihre Dienstleistung statt barer Bezahlung ein Stück Land (Feld oder Acker) zu ihrer eigenen Bearbeitung überliessen. Da sie davon keine Steuer entrichteten, so schädigten sie dadurch nicht nur das Land, sondern auch die Grundherren nicht unbedeutend.[1]) Ferner klagten die Stände nicht nur über den schnellen Dienstwechsel des ländlichen Gesindes, sondern dass dasselbe auch sich häufig ausser Land verdingte. Besonders das Niederösterreich benachbarte Mähren — weniger die Steiermark und Oberösterreich — wurde von demselben aufgesucht. Deshalb hatten die Stände schon im Jahre 1548 an König Ferdinand das Ansuchen gestellt gegen die Freizügigkeit einzuschreiten und zu befehlen, »dass keiner keinen Dienstboten, er sei was sorth er welle, nit annemben noch weniger auffhalten solle, er habe dann zuvor vor dem orth, da er zuvor gedient, genuegsam kundtschafft und Paßporth«, auch sollte gegen alle, welche ohne »Paßporth« betroffen würden, mit Leibesstrafen vorgegangen werden. Ferdinand bewilligte diese Bitte, verordnete aber, dass jenen Dienstboten und Ehehalten, die bei Bauern dienen und deren Grundherrschaft weit entlegen wäre, solche »Paßporth«-Briefe oder »Kundtschafft« von dem Amtmanne oder Richter jedes Dorfes gegen ein »Schreibgeld« von drei Kreuzern ausgestellt werden sollten. Der König setzte aber auch hinzu: »dass es zu der dienstbothen umbschwaifenden dienen« nicht gekommen wäre, wenn die Herren selbst stets ihre Pflicht gethan hätten.[2]) Da die Not an tauglichen Dienstleuten stets stieg, so baten die Stände 1546, und in der Folge wiederholten sie diese Bitte noch öfters, der König möge ein Generalmandat erlassen, durch welches die Untertanen »so Söhn und Töchter haben und dieselben zue ihrer haußwürtschafft selbst nit nöttig und nottürfftig haben«, ge-

---

[1]) Niederösterreichisches Gedenkbuch, a. a. O. II, Kaiser Maximilian II. willfahrte diesem Ansuchen und verbot 1565 für immer diese Art von Taglöhner. In Oberösterreich wurden sie erst 1581 abgeschafft. Codex Austriacus. II, 508.

[2]) Niederösterreichisches Gedenkbuch, a. a. O. II, 1325.

halten sein sollten, »ihr künder der obrigkhait, darunter sye gesessen, zue derselben diensten anzaigen und anzubietten, und wo die obrigkhaitten derselben selbst nit bedürfftig, dass erst dann solch söhnen oder töchtern an andern dienst gelassen werden sollen«. Die Regierung wies dieses Ansinnen mit der Begründung ab: »Das aber den unterthaunen, so söhn und töchter haben und derselbigen zue ihrer haußwürtschafft nit nottürfftig, aufgelegt werden (soll), dass sye schuldig sein sollen, ihr künder der obrigkhait, darunter sye gesessen, zue derselben diensten anzuzaigen oder anzubietten, und wo die obrigkhaiten derselbn selbs nit bedürfftig, dass erst alsdann solch söhn und töchter an andere dienst gelassen werden sollen, das achten wir für gantz beschwärlich. Es wär auch unbillich, dass ainem unterthanen benomben sein (soll), wan er seine künder nit zu der paurschafft ziehen wollt, dass er nit macht oder gewalt haben solt, dasselb anderst wohin seiner gelegenheit nach zum studieren, handtwerck oder diensten zu schickhen oder zu halten; es wurde auch maniches kündt dardurch an seinen künfftigen glückh und der gemain nuez an geschickhten gelehrten und andern hantwercks und dergleichen leuthen hoch verhindert werden.« [1])

Die Stände waren aber mit dieser Antwort durchaus nicht zufrieden, sondern übergaben am 3. Februar des Jahres 1547 der Regierung ein neues Bittgesuch in dieser Angelegenheit, beschränkten aber ihr Ansinnen, »dieweill ainer Landtschafft unterthännigs begehrn nit dahin gestelt ist, wo ain unterthan ain oder mehr söhn hat, dass derselben irn sönen zum studirn, handtwerck zu lernen oder ander diensten zu lassen verbotten sein soll«, darauf, dass, »nachdem vill unterthannen künder haben, die mit der paurschafft und würtschafft umbgehen und so sy erwachßen, von irn eltern weckh lauffen und dem tagwerkh, damit sy frey sein wellen, nachgehn, dardurch dann zu zeitten durch solcher freyheitt und freyen willen vill übl und leichtfertigkeit beschickt«, der König ein Generale erlassen wolle, dass nur jene Söhne und Töchter der Bauern, welche weder dem Studium noch einem Gewerbe sich widmen wollten und im Hause ihrer Eltern selbst nicht notwendig wären, »zu verhiettung der freyheitt, damit solch jung leuth nit ohne sorg sein, der obrigkhait, darunter der unterthann sitzt, wo der derselben bedürfftig für ander umb gebirlich und zimblich besoldung« übergeben werden sollten.

[1]) Niederösterreichisches Gedenkbuch, a. a. O. II, 1297.

König Ferdinand beantwortete diese Bitte der Stände nicht ganz in ihrem Sinne; denn, heisst es in der noch im selben Jahre erschienenen Resolution, »damit aber dannocht der unterthannen künder nicht als leibeigene leuth und khnecht gehalten werden«, so verordne er: »Welches unterthann sön, so sy daß 15. oder 16. jar erraicht, sich zu den studiern oder der schreiberei nicht gebrauchen lassen, khain hantwerkh lernen, auch seinen freundten, eltern, nachbärn oder jemandts anndern umb gebührlich jarsbesoldung nit verdingen, sonder frey, miesig, unverbunden und one dient sein, oder ires gefallen den tagwerkh oder miessigang unverbunden nachgeen wolten, dass dieselben schuldig und pflichtig sein solten, sich ihrer obrigkhait, darunter sy, ire freundt oder eltern sizen, wo dieselb obrigkhait es begert, umb gebürlichen lon in diensten auf ein jahr zu verdingen und darzue zu halten, dass sie vor außgang der verdingten jars zeit one redliche und begründte ursachen auß dem dienst nit tretten; wo aber einer oder mer nach verscheinung der jars frist sein sach zu verbessern und seinen vattern, freund und nachbarn oder andern in jars besöldung sich verdingen und dienen wolten, so soll in dasselbe von seinem herrn on alle waigerung vergünnet, er seines lidlohns vergniegt mit ordenlichen Paßporten abgeferttigt und in khainen weeg aufgehalten noch verhindert werden.« Zugleich gab König Ferdinand aber auch den Ständen bekannt, dass »herrn gefunden werden, die iren dienstboten iren lidlohn oder die Paßporten unbillicher weiß verhalten, sye wider iren willen über das jar und die verdingte zeit auffhalten oder sonsten mit der notturftigen unterhaltung oder mit schlagen, gefenckhnuß und in ander weeg wider die gebür und unzimblich und übel tractieren und man nun solches Ihr Khönigl. Mayst. oder derselbn N. Ö. Regierung fürkhomen und ausfindig gemacht wurde, solle derselbig heir, was würdten oder standts der ist, den beschwerdtn oder belaidigten dienstbotten seinen lidtlohn, Paßporthen und erlittenen schaden zue bezalen und zue geben schuldtig sein und daneben mit bezalung drifacher besoldtung unnachtläßlich bestrafft werden«.[1])

Da die Stände bei dem wohlwollenden Herrscher nichts weiter erreichen konnten, so verschoben sie ihre Absicht, sich für ihre Dienstarbeiten wohlfeile und genügende Kräfte zu verschaffen, auf spätere Zeit. Kaum hatte aber Kaiser Ferdinand I. die Augen ge-

---
[1]) Niederösterreichisches Gedenkbuch, a. a. O. II, 1301. Das Generale erschien erst mit geringen Abänderungen im Jahre 1550. Codex Austriacus. II, 400.

schlossen, begehrten die Herrschaftsbesitzer von dessen Sohne und Nachfolger Kaiser Maximilian II. im Jahre 1564 ein neues »Generale« zu ihren Gunsten. Die »Römisch Khayserliche Mayestät welle das Generale (vom Jahre 1550) genedigist widerumb verneuern und darinnen sunderlich inseriern, das der Landtleuth unterthannen schuldig sein, ire sön und töchter, so zum dienen tauglich, deren auch ir vätter und müetter nicht selbst bedürfftig, irem grundtherrn vor allen anndern umb zimbliche belohnung dienen zu lassen, und nicht das der unterthannen nachbern vermüg vorigs Generale in dem fahl vor dem grundtherrn ainigen vortl oder fuergang haben sollen; dann es erfolgt aus solicher nachberschafft ain sonderer müessverstandt, nemblich das ain unterthann dem anndern sein kündt über ettlich maill hin lassen mag, obgleich die Grundobrigkhait dabey mangl leiden mueß; in allweg aber bitt ain ersambe Landtschafft gehorsamblich Euer Röm. Khays. May. welle in berührten Generale zue destemehrer sorg ordnen, dass die unterthannen ire sön und töchter alweg zue den Weinnachten iedes jars irem grundtherrn füerstellen, dieselben zue erforschen haben, ob sye ihnen, den grundtherrn, zue dienen tauglich seyn oder nit.«[1]) Kaiser Maximilian II. willfahrte den Bitten der Stände, setzte aber in der deshalb erflossenen Resolution bei, »dass die Landtleut irer unterthannen künder, da sye bey inen dienen, ainen solchen jarlonn geben, als sy die dienstleut sonst von andern haben mechten und nit betruegt werden, inen umb geringere löhn zue dienen«.[2])

Diese öfters wiederholten »Generale« erbitterten die Bauern und Grundholden in hohem Grade; denn es blieb ihnen nicht verborgen, auf welches Ziel ihre Grundherren lossteuerten. Auch die Regierung erkannte die Absicht der Herren, unter der Maske des Dienstbotenmangels und der Hintanhaltung des Müssiggangs und des Vagabundierens die persönliche Freiheit und Selbständigkeit der Bauern soviel als möglich einzuschränken. Gab doch der wohlwollende Kaiser Ferdinand I. die Bitte der Stände nur unter gewissen genau einzuhaltenden Cautelen zu, damit die Söhne und Töchter der Untertanen nicht als Leibeigene behandelt werden;[3]) und seine Nachfolger, von der gleichen edlen Gesinnung beseelt, wiederholten in jedem Mandate diese einschränkenden Bedingungen. Doch die Zeitumstände und politischen Verhältnisse waren stärker,

[1]) Niederösterreichisches Gedenkbuch, a. a. O. II. 1307.
[2]) Niederösterreichisches Gedenkbuch, a. a. O. II, 1309.
[3]) Siehe oben.

und so sah sich Kaiser Maximilian im Jahre 1576 genötigt, die Verpflichtung der Bauernkinder, sich ihren Herrschaften zur Dienstleistung zu stellen, selbst auf die Waisen der Holden auszudehnen.[1]) Hatten die früheren Verordnungen schon grosse Unzufriedenheit von Seite der Bauern zur Folge, so waren die beiden letzterlassenen Generale: dass die Kinder sich zu Weihnachten ihrem Herrn oder dessen Verwalter vorstellen sollten, und dass die Waisenkinder auch zum Dienen verpflichtet seien, nur geeignet, dieselbe zu steigern; besonders als einige Herrschaften trotz der erwähnten Cautelen in den »Generalen« diese Kinder hart behandelten und ihnen ihr Erbe nicht ausfolgen wollten. Aus den vielen Beschwerden, die sich in den Klageschriften des Jahres 1597 finden, sei nur die der Holden von Rapottenstein unter dem Herrn Achaz von Landau angeführt. Sie beschwerten sich, dass sie ihre Söhne und Töchter zum »Hofdienst« (Herrschaft) nicht bloss nach Rapottenstein, sondern auch auf die jüngst von Landau erkauften Höfe: den Schickenhof, Naglhof, Klinghof und das Schloss Rodann stellen sollten. In diese Höfe würden sie ihre Kinder nimmermehr geben, wol aber auf das Schloss Rapottenstein, weil dies von jeher so Gebrauch gewesen sei, doch sollten dieselben eine genügende Entlohnung für ihre Dienstleistungen erhalten. Der Lohn, den ihnen Herr von Landau jetzt zahle, sei so gering, dass »einer mit gunst in schuechen mer abreisset als der lon wert ist«, und sie, die Eltern, selbst oft noch sieben oder acht Gulden zum »Hoflon« ihren Kindern beisteuern müssten. Auch sollte man alte Leute, die ihre Kinder zur eigenen Hauswirtschaft notwendig hätten, nicht nötigen, dieselben zu Hof zu bringen und für ihre Arbeiten fremde Dienstboten sich zu dingen.[2])

[1]) In der Bitte, welche der niederösterreichische Landtag 1576 deshalb an Kaiser Maximilian stellte, heisst es: »die gethreuen Ständte wollten auch Ihr. Khays. May. unterthänigist erindern, das gleich wol noch im 50. jar khayßerlich General außgangen, das der unterthanen sön, kündter, auch die waißen sein und mit eltern haben, welche die unterthanen zue verrichtung ir arbait selbst nit notturfftig, zue verhüttung des missigangs und allerlei üebls, so daraus folgen, von denselben unterthannen ihren herrschafften und obrigkhaitten, darunter sy gesessen sein, für ander derselben diensten anzaigen.« Niederösterreichisches Gedenkbuch, a. a. O. II, 1311. Der Landtag liess sich hier eine Fälschung — nicht zu seinem Schaden — zuschulden kommen, indem er auch die Waisenkinder als zur Dienstleistung verpflichtet anführt, von welchen das »Generale« Kaiser Ferdinand I. nichts enthält.

[2]) Archiv von Zwettl. Ähnliche Klagen erhoben die Untertanen der Herrschaften: Waidhofen an der Ips, Limerfeld, Carlsbach, Ardagger, Salaperg, St. Peter in der Au u. a.

Die Untertanen des Besitzers der Herrschaft Limbach klagten, dass ihre zum Dienen auf das Schloss gegebenen Kinder sehr schlecht gehalten würden. Sie bekämen wenig Nahrung, nicht einmal genug Brot, um ihren Hunger zu stillen. Wenn sie dann ihrem Dienste entliefen, zwinge man die Eltern unter hoher Strafe, die Entlaufenen wieder zur Herrschaft zu stellen.[1]) Die des Herrn Wolf Streun auf Schwarzenau zu Rueprechts befindlichen Holden beschwerten sich, dass ihre Kinder früher ein bis zwei Jahre gegen gewöhnlichen Lohn der Herrschaft gedient hätten; seit längerer Zeit aber müssten sie fünf oder sechs Jahre dienen und erhielten keinen Lohn, nur Schuhe und einige Kleidungsstücke würden ihnen verabreicht.[1])

Eine andere Quelle der Unzufriedenheit des Bauernstandes in Österreich bildete der »Fürkauf«, der, wie oben schon erwähnt wurde, darin bestand, dass der Untertan alle Erzeugnisse seiner Wirtschaft zuerst dem Grundherrn anbieten (»anfailen«) musste, und wenn dieser nicht kaufen wollte, dann erst dem Zwischenhändler überlassen oder selbst zu Markt bringen durfte. Beschränkte das Stellen der Kinder als Dienstleute der Herrschaft die persönliche Freiheit des Bauers, so lag in dem von den Herrschaften sich angemassten Rechte des Fürkaufs eine bedeutende Beschränkung der wirtschaftlichen Selbständigkeit des Holden, weshalb er dasselbe so viel und so oft als möglich zu umgehen suchte, besonders als manche Grundherrschaft statt des marktüblichen Preises ihrem Untertan einen viel niedrigeren Preis zahlte. Da dieses Recht auch die Privilegien der Städte verletzte, so entstanden im Laufe des XVI. Jahrhunderts viele und langwierige Streitigkeiten und Processe, welche nicht wenig zur Entfremdung der Bürger gegen die oberen Stände beitrugen.[2])

Die einzelnen Beschwerdeschriften enthalten manche Klage über den Fürkauf, von dem das Schriftstück, welches alle Beschwerden zusammenfasst, sagt: »zum eilfsten ist unß beschwärlich, daß wir unser fuech (Vich) muessten gehn hoff anfeilen und schier umb halbß gelt muessen geben, so wir sonsten umb pargelt khunden

---

[1]) Archiv von Zwettl.
[2]) Der Codex Austriacus I, 386, zählt im XVI. Jahrhundert allein nicht weniger als achtzehn Generalien auf, welche betreffs des Fürkaufs vom Jahre 1540 ab bis zum Jahre 1600 erlassen wurden. Das »Fuerkauffsrecht erstreckt sich auf unterschiedliche pfenwerth, victualien und waren, als wein, bier, getraid, schmaltz, vieh, Saffran, leinwath, loden, woll, häut, holtz und ander sorten«, heisst es in einem Generale.

verkauffen.« In dieser Klage wird auch auf das Vorgehen mancher Grundobrigkeiten angespielt, welche, wie ein Herr von Hoyos zu Persenbeug, den Bauern ihre Ochsen statt des gewöhnlichen Marktpreises von zehn bis fünfzehn oder zwanzig Thaler nur mit sechs Thalern abkauften, ihnen aber dafür nicht einmal bare Münze, sondern eine Schuldanweisung gaben, die nach längerer Zeit erst eingelöst wurde. Auf diese Weise soll dieser edle Grundherr in kurzer Zeit für sich über dreihundert Stück Ochsen von seinen Holden erworben haben.[1]) Auch über den oft erwähnten Herrn von Landau auf Rapottenstein klagten seine Holden, dass seine Diener ihnen öfters mit Gewalt das Vieh aus dem Stalle genommen hätten, obgleich es noch nicht das nötige Alter zum Verkaufe gehabt hätte.

Wie allgemein nicht nur bei dem Bauer, sondern auch bei dem Bürger dieser »Fürkauf«, der von der geistlichen wie weltlichen Grundherrschaft mit eifersüchtiger Strenge gehandhabt wurde, verhasst war, beweist ein satirisches Gedicht aus dieser Zeit, das ein Meistersinger verbrochen haben dürfte, da es im »Wienerthon« zu singen war. Die Überschrift dieses der Meisterdichtung würdige Poem, das dem »Fürkauf« die damals herrschende Theuerung der Lebensmittel zuschreibt, lautet:

»Der schedlich fürkhauff bin ich genannt,
in aller welt ser wol bekannt,
mein kragen fuell ich geutilich,
im Wyenerthon so singt man mich.«
»Usura pestis est amara.«

Von seinen achtzehn Strophen sei nur jene angeführt, in welcher er dem von geistlicher wie weltlicher Seite betriebenen »Fürkauf« einen Ring anhängen möchte, um ihn sofort zu erkennen:

»Hing man jm (dem Fürkäufer) nur ein ringlin an,
und lies jn für ein Juden[2]) gan,
man würd ja viel erkennen
der geistlichen und weltlichen,
ich wolt schier etlich nennen.«[3])

---

[1]) Oberleitner, Abgaben der Bauernschaft von Niederösterreich, 30.

[2]) In dieser Zeit noch mussten die Juden einen Ring aus färbigem meist gelbem Tuche als Kennzeichen auf ihren Kleidern tragen.

[3]) Das Gedicht hat Kaltenbaeck, Österr. Zeitschr. für Geschichte und Staatskunde, 1837, 384, zuerst veröffentlicht.

Andere Beschwerden des Bauernstandes bildeten: der Tavernenzwang, demzufolge die Holden genötigt wurden, alle ihre Feste, wie die Hochzeitfeier, das Taufmahl, das Todtenmahl (»Totenzerung«) und andere mit Schmausereien verbundene Feierlichkeiten, wie nicht minder auch ihre Tänze nicht im eigenen Hause, sondern in der herrschaftlichen Taverne abzuhalten, wobei sie die Speisen und Getränke um höhere als die gewöhnlichen Preise bezahlen mussten;[1]) die Bewachung der herrschaftlichen Burgen, Schlösser und Klöster, wozu man sie häufig und zuweilen auch in der Nacht berief;[2]) die Entziehung der früher den Bewohnern eines Dorfes überlassenen Waldungen, sowie der Weiden und Einverleibung derselben in den herrschaftlichen Besitz;[3]) das Verbot der freien Jagd, welche als ein nur der Grundherrschaft zukommendes Recht erklärt wurde,[4]) sowie dass sie zu den herrschaftlichen Jagdvergnügen die Treiber stellen und die Rüden füttern mussten.[5]) Ähnlich, wie in anderen deutschen Ländern,[6]) begannen um diese Zeit auch in Österreich die Herrschaften der Schafzucht grössere Beachtung zu schenken und zu diesem

[1]) »Zum 10. ist unß beschwärlich, daß wir alle hochzeiten in khlöster unnd schloessern müssen haben, so sunsten einer offt ain andere gelegenhait haben thuet, dadurch in schwere unkhösten khumbt.« Anhang Nr. 1. Von dem erwähnten Besitzer von Persenbeug weiss O b e r l e i t n e r (Abgaben etc. 29) zu erzählen, dass, sobald eine Hochzeit angesagt war, seine Amtleute Kälber, Schweine, Schmalz, Eier u. a. aufkaufen mussten. Der Bräutigam wurde dann in das Schloss berufen und musste den Bedarf für das Hochzeitsmahl um den dreifachen Preis abnemen. Sehr schwer beklagten sich auch die Untertanen von Lilienfeld und St. Peter in der Au über diesen Zwang.

[2]) »Zum 12. ist unnß beschwärlich, wann unß bost (Ansage) khümet, so muessen wier bey eitler nacht zue der obrigkhait und ire khlöster unnd schlösser verwachen, es geschehe gleich unnsern heußern, wie Gott well.«

[3]) Darüber beschwerten sich die Holden zu Gross-Pertholz, Gerungs, Schönbach, Salaberg, Achleiten u. a. Archiv von Zwettl, Achleiten u. a.

[4]) So beschwerten sich die Untertanen von Gross-Pertholz, dass sie, das Rotwild ausgenommen, früher freie Jagd auf ihren Äckern und Feldern und in ihren Wäldern gehabt hätten, »ietz aber ist sye pännig«. (Archiv von Zwettl.) Hieher gehört auch das von Kaiser Ferdinand I. über Bitten der Stände 1550 erlassene und mehrfach erneuerte Verbot des »Büchsentragens« der Bauern, d. i. des Besitzes von Feuerwaffen, der Armbrust und anderer Waffen. Niederösterreichisches Gedenkbuch, I, 83. Sehr interessante Aufschlüsse über die Jagd finden sich bei C z e r n y: Der erste Bauernaufstand in Oberösterreich, 39 ff., sowie bei Mell: Die Lage des steirischen Untertanenstandes, 80 ff.

[5]) Darüber enthalten die Klageschriften viele Beschwerden.

[6]) J a n s s e n - P a s t o r, a. a. O. VIII, 93 ff.

Behufe manche früher den Holden überlassene Wiese und Weide denselben zu entziehen. Namentlich war dies im Waldviertel der Fall, wo der Boden für den Getreidebau weniger günstig ist, weshalb auch gerade aus diesem Teile des Erzherzogtums die meisten Klagen darüber erhoben wurden. Dass es dabei an mancher Willkür nicht fehlte, und die Schäfer auch auf Feldern und Wiesen, welche den Bauern eigentümlich gehörten, die herrschaftlichen Schafe weideten, lag bei den geschilderten Verhältnissen zwischen Herrschaft und Untertanen in der Luft.[1]) Mit der grösseren Ausdehnung der Schafzucht erwuchs aber dem Bauer, abgesehen von der Entziehung herrschaftlicher Gründe, wieder ein neuer Dienst dadurch, dass er verhalten wurde, die Schafe zu scheren, worüber vielfach geklagt wurde.

Unter allen Klagen, welche die Hintersassen über ihre Grundobrigkeiten damals erhoben, kehrt aber keine öfter wieder als die über die Rechtspflege. Dieselbe, welche ihrem grössten Teile nach damals schon auf den Grundsätzen des römischen Rechtes basierte, widersprach in vielem dem Herkommen und der Gewohnheit und erschien dem Bauer, der mit grosser Zähigkeit an dem Alten hängt, als Unregelmässigkeit und Ungerechtigkeit. »So werden wier verursacht« (zum Aufstande), heisst es in der allgemeinen Beschwerdeschrift an sechster Stelle, »dass offt manche obrigkeit so unbarmherzig strafft, das ueber die massen ist. Vor jarn ward brauch, dass man ein straffmessige persohn fuer richter und rath stöllt, da khlagt in sein widersacher an, unnd nach der clag liess man in zue der verantwordtung khumen, unnd alßthan war es richter und rath bevolchen, die straff zue erkhenen; das war ein löblicher gebrauch; aber iezt ist es laider darzue khomen, dass ettlich obrigkhait nach irem khopf tieranischer weiß strafft, da offt maniche straffmeßige persohn khaumb 1 Gulden oder zween zue straff gebiert, so fordern sie 30 oder 40 Gulden oder noch mehr unnd lassen khainen zu khainer verantwordtung khomen, wil geschweigen, dass sy es liessen einen richter unnd rath erkhenen; das khan man lenger nit leiten noch getulten.«[2])

Erschien diese Rechtspflege dem Bauer als ungewöhnlich und die Strafen als hart und ungerecht, so wurde diese Meinung noch

---

[1]) Besonders klagten die Holden von Weitra über die Willkür des Pflegers Schwarzmann; die von Ipsitz über die des Pflegers Freund. Archive von Zwettl und Seitenstetten.
[2]) Anhang Nr. 1.

verstärkt durch die Willkür, mit welcher so manche Pfleger oder Verwalter dabei zuwerke giengen, besonders, wenn er den letzteren in seinem Amte reich werden sah. »Zum achten werden wier verursacht, dass die pfleger unnd verwalter der herschafften iezt so greilichen mit den armen unnderthanen handeln und schinden, welches augenscheinlich ist, dass offt mannigen pfleger, der auf ain pfleg khumbt, so balt reich wiert, wen er khaumb 10 Gulden werth hinzubringt, über ain zwey jar hat er schon ain 2000 Gulden im außleichen, unnd khauffen nuer die schensten heußer, mülen, herrschafften unnd geschlößer; ist hiemit wol abzunemen, das solliches nuer von dem armen man herkhombt.«[1])

Besonders häufig sind auch die Klagen über die Erhöhung des Freigeldes (Anlait und Ablait), des Todfallgeldes (Besthaupt) und des Hebgeldes. »Zum 15. ist unnß beschwärlich, dass unnser obrigkhait von den verstorbenen unnderthanen so greilich gelt nimbt unnd mit gewalt zue sich pauschen, dass wann ainer stirbt sie imer 30 oder 40 Gulden zu sich nemben; ist es in gelt nit vorhanden, so schauen sie, ob ein guets par oxen verhandten ist.«[2]) Diese Last des Bauern wurde noch vergrössert und dadurch seine Unzufriedenheit erhöht durch die vielen »Sporteln« und Kanzleitaxen, welche der Pfleger und sein Schreiber einhoben. »Zum 16. ist unnß beschwärlich, dass, wann ainer ain hauß khaufft, so muess derselbige mit dem gelt fuer den herren unnd von ainem jeden gulden 1 khreutzer zu zällen göben, das wier doch selber khündten, wann wier nur vil zue zällen hetten.« »Zum 17. ist unnß beschwärlich, dass wann ainer ain hauß khaufft, mueß er albey 10 Schilling schreibgelt göben, so ehemalß auch nit gewesen ist.«[3]) Dazu kam noch das Brief- und Siegelgeld. So klagen die Holden des Stiftes Zwettl zu Bösen-Weissenbach und Voitschlag, dass sie für die schriftliche Ausfertigung eines Vertrages (Vertragsbrief) früher 6, jetzt 36 Kreuzer zu zahlen hätten; für einen Hausbrieff wäre jetzt ein halber Thaler; für einen Anlait- und Ablaitbrief früher 12, jetzt 28 Kreuzer zu erlegen. Die Untertanen der Frau von Lassberg zu Ottenschlag beklagten sich, dass sie früher bei »Hauskäuffen« 9, jetzt aber 36 Kreuzer Schreibgeld zu zahlen hätten; die von Währing unter der Herrschaft Kirchschlag mussten von jedem Gulden 2 Kreuzer Zählgeld zahlen.

Diese oft masslosen Forderungen an Taxen, welche bei jedem Rechtsgeschäfte von den Hintersassen erhoben wurden, giengen nicht

[1]), [2]), [3]) Anhang Nr. 1.

selten nur allein von den Verwaltern und Pflegern der Grundobrigkeiten
aus. Einen Beweis hiefür liefert die Klageschrift der Untertanen des
Klosters Melk zu Landfriedstätten.¹) Dieselben hatten sich gegen ihren
Willen, nur den Bedrohungen und dem Zwange der Rebellen weichend,
der Erhebung des Jahres 1597 angeschlossen. Ihr Grundherr, der
tüchtige Abt Caspar Hoffmann von Melk (1587—1623), berief den
Amtmann und einige der älteren Untertanen dieses Amtes vor sich
und brachte sie durch seine Milde und Güte und namentlich durch
das Versprechen, ihren berechtigten Klagen abzuhelfen, wieder zum
Gehorsam zurück. Die erste ihrer Klagen betraf die ungebürlichen
Taxen. Früher, gaben sie an, hätte der Amtmann die Abhandlungen
bei Todesfällen in Landfriedstätten selbst vorgenommen und die
»Briefe« in »zween ferttigungen« sogleich ausgestellt, wofür sie 20
bis 30 kr. bezahlt hätten. Jetzt werde zwar alles vom »grundt-
schreiber« oder Verwalter inventiert, der neue Besitzer müsse aber
um die ausgefertigten Briefe in die Kanzlei nach Melk gehen und
dort für »die empfachung der gwör« 2 bis 3 Thaler erlegen, so dass,
da der Weg nach Melk weit wäre, ein solches Rechtsgeschäft dem
Holden oft auf 10 bis 20 fl. zu stehen komme. Der Abt habe dies
nicht anbefohlen, sei ihre Meinung, sondern der Verwalter habe es
angeordnet. ²)

Da derartige Überschreitungen den Unmut und die Unzufriedenheit der Bauern nur vergrösserten, so hatten die einsichtsvolleren
Mitglieder der Stände auf dem Landtage des Jahres 1589 durchgesetzt, dass der Kaiser um Erlassung eines »Generales« dagegen
gebeten werden sollte. Kaiser Rudolf kam dieser Bitte auch nach und
erliess gegen »etliche auß ihrem (der Stände) mittl selbsten sonderlich
aber denen, so gegen dem landt ob der Ennß gesessen sein«, am
14. Januar 1590 ein scharfes Verbot gegen die Neuerungen, dass
einige Herrschaften bei einem Todesfalle je das 10. Pfund des Ver-
mögens als Besthaupt beanspruchten — ausgenommen waren nur
jene, welche ihr Recht darauf beweisen konnten — und untersagte
jede willkürliche Steigerung der Schreib und Siegeltaxe bei Aus
fertigung von rechtsgeschäftlichen Documenten. Zugleich setzte er

¹) Bei Petzenkirchen in Niederösterreich.
²) Archiv von Melk. Auch die Holden von Roregg klagten, dass, wenn der
Pfleger eine Reise unterneme, jedes Haus ihm dazu 6 kr. zu geben habe; überdies
mussten sie vom Vermögen das 10. Pfund zurücklassen, Sperrgeld von 1 bis 3 fl.
bezahlen, ein »heyrats brieff« koste 1 fl. 54 kr. u. a. Archiv von Persenbeug.

die Höhe dieser Gebüren fest, und zwar sollte, von »testamenten, verträg, khauff, thail oder ablöß, item geburts-, lehen-, heyrats- und verzichts brieff, so mit dem grössern insigl zu fertigen gebreuchig, ein Reinischer gulden oder sechtzig kreutzer, von allen andern brieffen, schein und urkhunden, so undter der petschafft fertigung außgeben, zween schilling pfenning geraicht werden«. Würde eine Grundobrigkeit diese Taxe überschreiten, so hätte sie nicht nur die Übergebür zurückzuerstatten, sondern auch noch an die kaiserliche Kammer den zehnfachen Betrag als Strafe zu zahlen.[1]

Die Verordnung des Herrschers scheint dem Übelstande wenig Abbruch gethan zu haben, wie dies die Klagen und des gütigen und einsichtsvollen Staatsmannes Reichards von Streun zu Schwarzenau Gutachten über den Aufstand des Jahres 1596/7 beweisen. Die Herrschaften wussten das Klageführen der Unterthanen bei der Regierung so viel als möglich zu erschweren, obwol schon König Ferdinand I. mittelst einer am 17. März 1556 erflossenen Resolution über die Bitte der Stände: die Regierung möge diese Klagen als »mutwillige« und als eine Auflehnung gegen die Grundobrigkeit ansehen und sie nicht selbst erledigen, sondern einer aus den Ständen zusammengesetzten Commission zur Entscheidung überweisen, die eines Herrschers aus dem Hause Habsburg würdige Antwort gab: »eine ehrsambe Landtschafft (möge) selbst vernünftiglich erwegen, daß Ihr. Khönigl. May. als Herrn unnd Landtsfürsten gebühren will auch von ihm selbst göttlichen recht und billich ist, daß Ihr. Khönigl. May. den reichen als den armen und den armen als den reichen ein gleiches recht ergehen lassen solle, und derowegen können Ihr Khönigl. May. keinen (in) seinen fürbringen, anrueffen und bitten hilf- und rechtloß lassen«; mutwillige und unbefugte Klagen sollen der Gebür nach bestraft werden.[2]

Wenn ungeachtet der traurigen wirtschaftlichen und socialen Lage des Bauernstandes im XVI. Jahrhundert doch manche Bauern Luxus trieben, grossen Aufwand bei ihren Hochzeiten, Kindsmahlen und Leichenfeierlichkeiten machten, sich über ihren Stand kleideten, so dass König Ferdinand I. im Jahre 1542 theure ausländische Stoffe, Tücher, feines Pelzwerk, Gold, Sammt und Seide verbieten musste,[3] so lassen sich mehrere Ursachen zur Erklärung dieses zu der ge-

---

[1] Sammlung von Generalien im Archiv von Seitenstetten.
[2] Niederösterreichisches Gedenkbuch, a. a. O. II, 1314.
[3] Sammlung von Generalien im Archiv von Seitenstetten.

schilderten traurigen Lage im directen Widerspruche stehenden Umstandes anführen. Vor allem war es der allgemeine Zug der damaligen Zeit, welcher in Kleidung, Speise und Trank dem ausschweifendsten Luxus huldigte. Die Schilderungen katholischer wie protestantischer Prediger und Schriftsteller beklagen in beredten Worten diesen Auswuchs. Wie weit die Verschwendungssucht in Kleidung und Schmuck damals gieng, mag der Umstand zeigen, dass oft eine einzige Hose, zu der 60 bis 80 Ellen Stoff genommen wurde, mehr kostete, als die Einkünfte eines Dorfes betrugen.[1]) Dem Adel äfften Bürger und auch viele Mitglieder des Clerus in dieser Hinsicht nach; besonders waren die österreichischen Stände bemüht, es ihren Standesgenossen im Deutschen Reiche gleich zu thun, oder sie, wie der vertraute Rath Ferdinands I., Staphylus, bemerkte, darin noch zu übertreffen.[2]) Dass die Bauern, angesteckt durch dieses Beispiel, auch allen möglichen und unmöglichen Aufwand trieben, wird niemanden wundernemen. Ihre Entschuldigung fanden sie in einer Schrift, »Vom Putzteufel« genannt, worin ein Bauer auf die ihm wegen seines Aufwandes gemachten Vorwürfe antwortete: »Was soll ich sparen? Ich will Hab und Gut lieber an mich, Weib und Kind wenden, damit stolzieren oder es durch die Gurgel jagen, denn es Fürsten und Adel geben an Schatzungen und Steuern, so ohnedas unerschwinglich geworden und bis auf Blut und Leben gehen.«[3]) Es wurde den Bauern auch vorgeworfen, dass sie den Freuden der Tafel mehr als zuviel bei ihren Hochzeiten, Kindstaufen und Leichenfeierlichkeiten huldigten, dass sie oft 7 bis 11 Speisen auf ihren Tisch setzten und dazu neben dem Moste (Cider) auch Wein und Bier tränken. Abgesehen davon, dass bei diesen Gängen Kraut und Rüben mit Schweinefleisch die Hauptrolle spielten, ahmten sie auch hierin nur wieder das ihnen gegebene Beispiel ihrer Herren nach, bei denen, wie das Kochbuch des Marx Rumpolt beweist, für ein Grafen- und Herrenbankett 60, für eine Tafel der gewöhnlichen Edelleute über 40 Speisen als standesgemäss galten.[4]) Der grösste Teil der niederösterreichischen Bauern in den beiden oberen Vierteln des Landes, in welchen die Erhebung stattfand, konnte sich aber diesen Luxus selbst bei bestem Willen

---

[1]) Janssen-Pastor, a. a. O. VIII, 220.
[2]) Schelhorn, Amoenitates Hist. Eccl. I, 672. »In hisce Austriae provinciis plus gulae luxurineque indulgetur, quam in ulla parte totius Germaniae.
[3]) Janssen-Pastor, a. a. O. VIII, 253.
[4]) Janssen-Pastor, a. a. O. VIII, 219.

nicht oder nur sehr selten gönnen. Allerdings gab es manche Strecken, in denen sich wohlhabende Bauern fanden — als »guter Getreideboden« galten damals wie heute noch die Gegenden vom Unterlaufe der Enns bis zum Unterlaufe der Ips, ein Hügelland, welches sich zwischen den Ausläufern der Alpen und der Donau erstreckt, sowie die Landstrecke am Unterlaufe der Erlaf bis abwärts von Melk — doch die Bauern im Gebiete der Alpen wie die des grössten Teiles des Waldviertels waren ihrer Mehrzahl nach in dürftigen Umständen, wie dies aus den erhaltenen Klageschriften, die ihrer Mehrzahl nach aus dem ehemaligen Kreise ober dem Manhartsberge stammen, darthun. Und wenn sich die Bauern manchmal einen Aufwand gestatteten und ein reicheres Mahl gönnten, so war dieser Luxus der Grundherrschaft nicht zum Schaden, da sie ja Wein und Bier und nicht selten auch die Rohproducte von derselben kaufen und überdies, wie oben erwähnt wurde, ihre Festlichkeiten in der herrschaftlichen Taverne abhalten mussten. Alle Herrschaften waren dabei aber nicht so rücksichtsvoll wie die Edelleute Richard Streun zu Schwarzenau, Wolf von Stubenberg und Josef von Lamberg, welch letzterer seine Kinder ermahnte:

»Beschwert mit nichten den armen Mann,
Lasst ihm Billigkeit ergan,
Beschützt Witwen und Waisen wol,
Wider Recht niemand geschehen soll.«[1]

---

[1] A. Wolf, Geschichtliche Bilder aus Österreich. I, 115.

II. ABTEILUNG.

Die traurige wirtschaftliche und sociale Lage der niederösterreichischen Bauernschaft am Ausgange des XVI. Jahrhunderts und die daraus resultierende Unzufriedenheit, welche sich durch die Durchführung der Gegenreformation und die Einführung des neuen Kalenders, dem das Volk alles mögliche Unheil zuschrieb, stets steigerte,[1] mussten endlich zu einer gewaltsamen Krisis führen. Anzeichen des nahen Ausbruches dieser tiefgehenden gesellschaftlichen Krankheit hatten sich zwar schon mehrfach in den verschiedenen Teilen des Erzherzogtumes gezeigt, aber kein Verständnis gefunden. Schon im Jahre 1570 hatten die untertänigen Bauern der Stiftsherrschaft Seitenstetten im Thale der Treffling, dann zu Sindelburg und Zelking die Amtleute des Klosters bei der Einbringung des Zehnts und des Dienstes gehindert und hatten nur die Hälfte desselben in »Körnern« (ausgedroschen), die andere Hälfte in Garben gedient. Über Befehl Kaiser Maximilian II. war dieser Missbrauch abgestellt worden, wurde aber wenige Jahre später wieder aufgenommen und bis zur gänzlichen Verweigerung ausgedehnt, was einen neuen strengen Befehl von Seite des Kaisers zur Folge hatte.[2] Fast um dieselbe Zeit versagten zwölf Bauern unter Albrecht von Zinzendorf zu der Herrschaft Oberhausegg zu Gresten gehörig die Reichung des

---

[1] So mussten Bürger und Bauern der grossen Pfarre Aschbach mit grösster Strenge genötigt werden zur Annahme des neuen Kalenders. Archiv Seitenstetten. In Wien selbst schrieb das Volk, wie der Reichshofrath Eder an Herzog Wilhelm von Baiern 1584 berichtet, die Regengüsse und Theuerung dem neuen Kalender zu. Mühlbacher Mitteilungen. VI, 444.

[2] Archiv von Seitenstetten.

Zehnts und der Dienste, weshalb sie dafür im Stadtgraben zu Wien einige Zeit in Eisen arbeiten mussten.[1]) Im Jahre 1585 erlaubten sich die Holden der Herrschaft St. Peter in der Au in Verbindung mit einem Teile der Bürgerschaft des gleichnamigen Marktes gegen die Pfandinhaberin dieses Schlosses, Katharina von Seemann geborne Gienger, verschiedene Gewaltthätigkeiten.[2]) Zwei Jahre später verweigerten die Untertanen dieser Herrschaft sowie die der Äbte von Seitenstetten und Garsten im Thale der Url und Raming die anbefohlene dreitägige Robot, um das Schloss zu St. Peter, wie eine kaiserliche Resolution befahl, zu einem »Viertelhause« zu machen, in welchem die Bewohner der Umgegend bei Feindesgefahr Zuflucht nemen sollten, und nur ein strenger Befehl der niederösterreichischen Regierung konnte die widerspenstigen Untertanen dazu bringen. Im Jahre 1591 erhoben sich die Bauern gegen den Sohn und Nachfolger der früheren Pfandinhaberin der Herrschaft St. Peter in der Au, Wilhelm von Seemann, und verweigerten nicht nur Zehnt und Robot, sondern wollten auch keine »Dienste« mehr geben. Der immer mehr im Thale der Url sich ausbreitenden Bewegung brach aber Wilhelm von Seemann durch Verhaftung der Rädelsführer die Spitze ab. Dieselben wurden über Befehl Kaiser Rudolf II. im Juli 1591 nach Wien geliefert, wo sie einige Zeit in Eisen und Banden im Stadtgraben arbeiten mussten.[3]) Wie in diesem Teile des Landes, so zeigten sich auch am linken Donauufer, im Waldviertel, Spuren einer gewaltigen Gährung.[4])

Dieselbe wurde noch durch das rohe, gewaltthätige Auftreten des gegen die Türken geworbenen Kriegsvolkes mächtig gesteigert. Dasselbe hauste in Niederösterreich wie in einem eroberten Lande, raubte und plünderte Schloss und Gehöft, Burg und Hütte, und quälte die Bewohner in furchtbarer Weise. Am berüchtigsten und deshalb am meisten gefürchtet waren die Wallonen, von welchen Cardinal Khlesl in seinem Gutbedünken über den niederösterreichischen Bauernkrieg selbst schreibt, »dass sie im Rauben, Plündern und Khriegen erfahrner« seien als andere Knechte.[5]) Die

---

[1]) Schlossarchiv zu Gresten.
[2]) Archiv von Seitenstetten.
[3]) Archiv im Schlosse zu St. Peter in der Au.
[4]) So in Isper und a. a. O. Reil, Donauländchen. 228 ff.
[5]) Hammer-Purgstall, Khlesl's des Cardinals... Leben. I. Bd. Urkundensammlung Nr. 131, S. 302.

niederösterreichischen Stände hatten auf den Landtagen mehrmals dagegen Beschwerde erhoben und von der Regierung gefordert, unter diese zahllosen Scharen »ordtnung vnnd ein guetes regiment zu setzen«.¹) Doch brachten diese Beschwerden wenig Abhilfe; denn noch auf dem Landtage des Jahres 1594 klagten sie, »was das landt unnd (seine) inwoner von solchem Khriegsvolckh für verderben unnd not mit auffzerung unnd thailß prandt gelidten, das weist der augenschein« (auf).²) Wie sehr die Bauern unter den Gewaltthaten dieser rohen Horden zu leiden hatten, sagt die ofterwähnte Beschwerdeschrift derselben. »So ist in das vierte jar her durch das herabreisent khriegsvolckh beim Thonastromb große unüberwintliche schäden nit allain mit verzörung allain desjenigen, waß in essen unnd trinckhen fuergetragen worden, damit sy sich doch nit ersedigen lassen, sunder haben noch dartzue waß in parschafft gelt unnd anndern gefundten, wie sy den khisten unnd khästen mit gewalt auffgebrochen unnd waß darinen zue sich genomben, an dem sy nit ersedigt, die lest noch dartzue (die Bewohner) von hauß unnd hoff verjagt unnd jämerlich geschlagen.«³)

Die Drangsale, welche die Bauern von dem rohen Kriegsvolke zu erdulden hatten, führten an manchen Orten zu einem blutigen Zusammentreffen. So kam es schon im November des Jahres 1595 zwischen den Bauern und Hauern von Medling und Umgebung mit den um Wien lagernden Söldnern zu mehrfachen blutigen Scharmützeln.⁴) Nach der Meinung des Melker Chronisten Anselm Schramb, dem einige neuere Historiker hierin gefolgt sind,⁵) wären diese Unbilden die Hauptursache der zweiten grossen Bauernrevolution gewesen. Allein diese Ansicht ist ebensowenig zutreffend wie die Behauptung des Cardinals Khlesl, dass das Luthertum die Wurzel und der Grund des Aufstandes gewesen wäre. Allerdings waren diese Gewaltthätigkeiten sowie die Durchführung der Gegenreformation geeignet, die ohnedies mächtige Gährung zu steigern; aber die eigentliche Ursache, welche den im Geheimen fort-

¹) So auf den Landtagen 1530, 1546, 1560 u. a. Niederösterr. Gedenkbuch 1. c. I.
²) Landesarchiv von Niederösterreich, Landtagsacten 1594.
³) Anhang Nr. 1.
⁴) Aus dem Copialbuche des Stiftes Schlägl. Czerny. Der zweite Bauernaufstand in Oberösterreich, 194.
⁵) Schramb, Chronicon Mellicense, pag. 666, 695; Keiblinger, Geschichte von Melk, I, 857, u a.

wuchernden Brand zur gewaltigen Flamme emporlodern machte, waren sie nicht. Diese muss allein in der traurigen socialen und wirtschaftlichen Lage des Bauernstandes gesucht werden, welche durch den unglücklichen Fortgang des Türkenkrieges sich noch verschlimmerte.

Der im Jahre 1595 so glücklich begonnene Feldzug schlug im nächsten Jahre in das Gegenteil um. Die unglückliche Schlacht auf der Ebene von Keresztes, östlich von Erlau (23. bis 27. October 1596) in Ungarn, die eine Auflösung des kaiserlichen Heeres bewirkte,[1]) erforderte neue Bewilligung der Stände an Geld und Mannschaft, obwol erst am 28. September dieses Jahres der zehnte Mann gemustert und wenige Wochen früher alles Getreide, Mehl und andere Victualien in das christliche Lager nach Ungarn und Wien zur Verproviantierung der Feldarmee und der Stadt vom Lande abgeliefert worden waren.[2]) Die neu angeordnete Aushebung des fünften Mannes sowie die namhafte Erhöhung und strenge Einforderung der Rüststeuer von Seite der Herrschaften brachten die Bauern zum Aufstande. Angeeifert durch das Beispiel der oberösterreichischen Bauern, welche sich schon im Jahre 1595 im Mühlviertel sowie im Hausruckkreise erhoben hatten,[3]) waren schon gegen Ende des Jahres 1595 die Bauern von elf zwischen der Enns und Ips liegenden Pfarreien, als Aschbach, Behamberg, Haag, Haidershofen, St. Johann zu Engstetten, St. Michael am Bruckbache, St. Peter in der Au, Seitenstetten, Strengberg, St. Valentin und Weistrach zu einem Bunde zusammengetreten, um ihren Beschwerden abzuhelfen. Dieser Verbindung schlossen sich bald andere Pfarrdörfer, wie Sindelburg mit Wallsee, St. Pantaleon mit Erla, Biberbach, St. Georgen in der Klaus, Allhartsberg, Neuhofen, Ulmerfeld, Euratsfeld, Amstetten, Viehdorf, Winklarn, Ardagger, Zeillern und Kollmitzberg an, so dass dieselbe thatsächlich alle Pfarreien zwischen den beiden genannten Flüssen umfasste. Dem Vorgange der Bauern von Oberösterreich, mit denen sie in directen Beziehungen standen, folgend, hatten auch sie den Beschluss gefasst, ihre Klagen vor den kaiserlichen Thron zu bringen, und zu diesem Zwecke die Bauern Spatz und Weidinger nach Oberösterreich zu den Aufständigen gesandt, um in die Beschwerdeschrift derselben Einsicht zu nemen. Eine Abschrift

---

[1]) Huber, Geschichte Österreichs. Bd. IV. 398.
[2]) Burger, Geschichte von Altenburg. S. 70; Archiv von Seitenstetten.
[3]) Czerny, Der zweite Bauernaufstand in Oberösterreich. S. 12, 67, 81 ff.

derselben wurde von den Kanzeln der Pfarrkirchen verlesen und diente als Muster für die Klageartikeln der niederösterreichischen Bauern.¹) Als Abgeordnete nach Prag werden genannt Georg Spatz, Bauer zu St. Valentin; Christian Weidinger, Besitzer des Maiergutes Bogenhofen zu Aschbach; Sebastian Schachermeier in der Pfarre Seitenstetten; Michael Beer zu St. Peter in der Au und der Wirt Jakob Rauchperger von Haag. Zur Bestreitung der Auslagen, welche die Reise und der Aufenthalt in Prag kosteten, musste jedes Haus dieser Ortschaften einen Groschen oder mehr, nach den Vermögensverhältnissen, beitragen. Leider sind wir über die ganze Action wenig unterrichtet, nur aus einem Briefe des Abtes Michael Raab von Gleink an den Abt Martin Alopitius von Garsten erhalten wir einigen Aufschluss. Abt Michael schrieb seinem Nachbar, dass er von einigen seiner Untertanen zu Haidershofen²) erfahren hätte, dass sich elf Pfarreien³) zwischen der Enns und Ips, darunter Weistrach und Behamberg, zusammenrottiert und ihre Abgeordneten nach Prag gesandt hätten. Diesen wäre der Bescheid erteilt worden, sie sollten die Wehren und Waffen niederlegen, ihren Bund auflösen und die weitere kaiserliche Entscheidung abwarten.⁴) Den näheren Inhalt der kaiserlichen Resolution kennen wir nicht, schliessen aber daraus, dass gegen Ende November eine Commission für die beiden oberen Vierteln des Landes ernannt erscheint,⁵) dass der Inhalt der kaiserlichen Entscheidung mit der den Oberösterreichern zuteil gewordenen,⁶) in welcher auch eine Commission eingesetzt wurde, so ziemlich gleichlautend gewesen sein dürfte.

Die Folge war, dass der Bund sich nicht auflöste, sondern auch noch viele andere Ortschaften auf dem Ipsfelde und im Gebirge

---

¹) Aus Streins »Guetbedunckhen«.

²) Das Benedictinerstift zu Gleink bei Steyr in Oberösterreich besass am rechten Ennsufer, wie das alte Urbar nachweist, mehrere Untertanen, wie ihm auch die alte Pfarre Haidershofen incorporiert war.

³) Aus den Verhörsprotokollen mit den gefangenen Bauern ergiebt sich, dass nicht elf sondern über zwanzig Pfarreien der Verbindung angehörten. Die oben angeführten Namen derselben sowie die Namen der Hauptanführer entstammen denselben Acten.

⁴) Der Brief ddo. 20. Februar 1596 befindet sich im Archiv zu Gleink; angeführt von Czerny, Der zweite Bauernaufstand in Oberösterreich. S. 194.

⁵) Diese Annahme erhellt aus den Beilagen Nr. 2 und 3.

⁶) Die Resolution ist gedruckt bei Khevenhüller: Annales Ferdinandei. IV. S. 1577.

an sich zog und geheime Zusammenkünfte in abgelegenen Gehöften oder in Wäldern hielt, wodurch der unbotmässige Geist noch mehr erstarkte.[1]) Auch mit der Ablieferung von Wehr und Waffen gieng es sehr langsam vor sich, wie dies daraus erhellt, dass, als das Zeichen zum Beginne der Erhebung gegeben wurde, die Bauern dieser Gegend überall gut bewaffnet erschienen. Bei diesen Versammlungen spielten, wie vor siebzig Jahren im ersten Bauernkriege, so auch in dieser Erhebung, Aberglaube und Weissagungen eine grosse Rolle. Namentlich waren Prophezeiungen der »Sibylle« vielfach verbreitet, und wurde von einem Briefe mit vielen grossen Siegeln, der zu Köln am Rhein existiere und die Rechte der Bauern enthalte, stark gefabelt.[2])

Während im Sommer des Jahres 1596 die oberösterreichischen Bauern, besonders die des Mühlviertels, im wilden Aufstande sich erhoben, blieb es im Lande unter der Enns in dieser Zeit ruhig; doch diese Ruhe war nur eine scheinbare, da die geheimen Zusammenkünfte ununterbrochen fortgesetzt wurden. Namentlich waren die Bauern, welche den Herrschaften: Schloss Steyr, Garsten, Gleink, Seitenstetten und St. Peter in der Au, in dem Gebiete zwischen den Ramingbächen, der Enns und der Url untertänig waren und die mit den oberösterreichischen Bauern des Traunviertels, unter welchen es auch damals schon gewaltig gährte, durch ihre unmittelbare Nachbarschaft in reger Verbindung standen,[3]) in grosser Aufregung, die durch heimliche Zusammenkünfte zu Tiefenbach, einem im oberen Urlthale gelegenen Wirtshause, und an anderen Orten stets genährt wurde und einigemal zu offener Unbotmässigkeit führte. So weigerten einige dem Wilhelm von Seemann zu St. Peter in der Au dienstbare Holden, zu St. Michael am Bruck-

---

[1]) Daraus erklärt sich der schnelle und massenhafte Zuzug der Bauern dieser Gegend gegen Steyr im November 1596.

[2]) Verhörsprotokoll, Manuscript im Landesarchiv von Niederösterreich.

[3]) Die nahen Beziehungen, in denen die Bauern dieser Gegend abgesehen von der Grenznachbarschaft zu ihren Genossen im Traunviertel standen, erhellen auch daraus, dass der Herrschaft Steyr der Markt Aschbach und viele einzelne Häuser daselbst sowie zu Allhartsberg, Biberbach, Behamberg und Kürnberg untertänig waren; Garsten besass gleichfal's in den letztgenannten Orten sowie zu Raming, Weistrach, St. Johann u. a. Untertanen; Gleink zu Haidershofen, Ernsthofen und Stampf Holden. Auch war für die niederösterreichischen Bauern zwischen der Enns und Url die Stadt Steyr mit ihrem Wochenmarkte der Haupthandelsplatz.

bache im Juli dieses Jahres die Robot- und Zehntleistungen;[1]) dem Abte Christoph Held des Stiftes Seitenstetten reichten dessen Untertanen im Thale der Treffling und zu St. Georgen in der Klause weder die schuldigen Dienste noch stellten sie zur Ernte die nötigen Roboter trotz der mehrfachen Aufforderungen.[2]) Abgesehen von diesen die erregte Stimmung der Bauern kennzeichnenden Manifestationen, denen sich noch einige andere gleichartige zu Aschbach und Allhartsberg vorgekommene anreihen,[3]) blieb die Ruhe äusserlich ungestört. Dafür war das Treiben in den geheimen Zusammenkünften desto lebhafter. Die Bauern organisierten sich. Für jede Pfarrei wurden ein Hauptmann, meist der Amt- oder Rutmann, sowie die ihm als Berather zur Seite stehenden Ausschüsse, zumeist aus den Zechleuten der Pfarrei, gewählt, eine Abgabe, der »Eidkreutzer«, eingehoben, die Waffen, welche nur in sehr geringer Zahl abgeliefert worden waren, in Stand gesetzt u. a. »Sie wollten frei werden wie die Schweizer«, sagte der Hauptrādelsführer der Holden von St. Peter in der Au, Michael Beer, in einer Versammlung zu Tiefenbach.[4]) So vorbereitet bedurfte es nur des geringsten Anstosses, um den Aufstand emporflammen zu machen. Und dieser Anstoss kam, als infolge der unglücklichen Ereignisse auf dem ungarischen Kriegsschauplatze die Stellung des fünften Mannes und ein erhöhtes Rüstgeld ausgeschrieben wurden.

[1]) Schlossarchiv zu St. Peter in der Au, Bauernkrieg-Acten, leider sehr unvollständig. Wilhelm Seemann von Mangern entstammte einem bairischen, im XV. Jahrhundert in Österreich eingewanderten Adelsgeschlechte. Er übernam nach dem Tode seiner Mutter 1590 die Herrschaft St. Peter in der Au und einige Güter in Oberösterreich, war Landrath, Verwalter der Landeshauptmannschaft in Oberösterreich, Erzherzog Mathias Rath, Burgvogt zu Enns und Mauthausen, niederösterreichischer Regiments- und Kammerrath, ein thatkräftiger Mann, der von seinen Holden sehr gefürchtet und gehasst wurde.

[2]) Archiv von Seitenstetten. Christoph Held. 1572—1602 Abt von Seitenstetten, ein energischer Mann, reclamierte viele infolge des Protestantismus dem Stifte abhanden gekommene Grundstücke, Zehnte, Dienste und andere Rechte, weshalb er bei den Bauern sehr verhasst war.

[3]) Archiv Seitenstetten, Bauernkrieg-Acten.

[4]) Aussagen des Michael Beer und anderer, fragmentarisch im Schlossarchiv St. Peter in der Au. Auch Achaz von Landau bemerkt in einem Briefe ddo. 21. December 1596, dass die niederösterreichischen Rebellen den Untertanen die schweizerische Freiheit als Beispiel hinstellen. Copialbuch von Schlägl. Den Ruf nach »der Schweizerischen Freyhait« erwähnt auch Strein in seinen »Guetbedanckhen«, abgedruckt in Kaltenbäcks Österr.Zeitschrift für Geschichte und Staatskunde, 1835, 159 ff.

Die Erhebung der Bauern im Viertel ober dem Wienerwalde und ober dem Manhartsberge.

Die niederösterreichische Regierung hatte, als Sultan Mohamed III. sich im Jahre 1596 selbst an die Spitze eines zahlreichen Heeres stellte, ein höheres Rüstgeld und neue Mannschaften von den Ständen der beiden Erzherzogtümer verlangt. Als das türkische Heer vor Erlau erschien und sich zur Belagerung dieser Stadt anschickte, wurde das Begehren der Regierung dringender; doch die Stände beider Länder beeilten sich nicht besonders;[1] endlich aber wurde doch die Musterung des fünften Mannes und der Anschlag des Rüstgeldes für Beginn des Octobers in Österreich ob der Enns festgesetzt und die Burg zu Steyr sowie die Stadt als Musterplatz für die Untertanen der Herrschaft Steyr sowie der Stifte Garsten und Gleink bestimmt.[2] Da diese Grundobrigkeiten auch zahlreiche Holden in Niederösterreich zwischen der Enns und Ips hatten, so mussten auch diese erscheinen. Am 7. October fanden sich fünfhundert Untertanen zur Musterung im weiten Schlosshofe der Burg zu Steyr ein, aber ihr Auftreten verrieth nur zu deutlich, welcher schlimme Geist sie beseelte. »Sie machten keine Reverenz, griffen nicht an den Hut. Sie wollen die Türken im Lande erwarten, liessen sie sich vernemen. Sie wollten nicht eher sich zum Zuge fertig halten, als bis ihre Obrigkeit vorauszöge. Das ganze Aufgebot sei ein leer Gedicht, um von den Untertanen Geld herauszupressen. Sie werden weder das vorige Rüstgeld per zwölf Schillinge noch den neuen Anschlag zu 2 Gulden 8 Kreuzer reichen. Im Falle der Not wollen sie höchstens bis an die Landesgrenze ziehen.«[3] Als der Burggraf von Steyr, Ludwig, von Starhemberg, sie durch gütige Worte zu beruhigen suchte, dieses Beginnen aber vergebens war, und er zwei, welche sich durch ihre trotzige Opposition besonders hervorthaten, gefangen setzen lassen wollte, erhob sich ein furchtbarer Sturm gegen

---

[1] Der Landtag von Niederösterreich bewilligte im Jahre 1596 die gleiche Summe, 150.000 Gulden, wie im Vorjahre. Oberleitner, Finanzlage n. a. O. Archiv 30. Bd. 81. Beilage VIII.

[2] Archiv des Marktes Aschbach, Geschichte von Garsten, Manuscript im Archiv zu Seitenstetten; Prevenhueber, Annales Styrenses. 315, u. a.

[3] Czerny, Der zweite Bauernaufstand in Oberösterreich, 225. Ähnliche Äusserungen finden sich auch in den Beschwerdeschriften einzelner Gemeinden des Waldviertels im Archive von Zwettl.

ihn. »Die anderen Bauern giengen mit aufgeregten Hackeln auf ihn los, einer versetzte ihm mit einem Hackl einen ziemlich starken Streich, doch ohne Schaden, in den Rücken, und ein junger Bub drang mit gezogener Wehr auf ihn ein, so dass der Rentmeister den Burggrafen nur mit Mühe aus der Mitte der Bauern in sein Zimmer hinaufbrachte und sie alle im Schlosse versperren liess. Da drohten sie das Tor aufzuhacken und den Torwärter in Stücke zu hauen.« Endlich am Morgen des anderen Tages, da die Bürgerwehre der Stadt die Tore besetzt hielt, erklärten sich die Bauern bereit, zur Musterung zu gehen und die zwei, welche gegen den Burggrafen thätlich vorgegangen waren, demselben auszuliefern.[1]) welcher sie in strengen Gewahrsam nemen liess.

Dieser ernste Vorgang, welcher von den Bauern, zu ihren Gunsten verdreht, wieder erzählt wurde, verbreitete sich mit Windeseile nicht bloss im Traunkreise, sondern auch im Lande unter der Enns, namentlich in den Geländen zwischen der Enns und Ips, und fachte die ohnedies mächtige Erregung zur Gluthitze an, die endlich durch die Hinrichtung der beiden Gefangenen in vollen Flammen emporloderte. Ludwig von Starhemberg, Burggraf von Steyr, liess nämlich über ausdrücklichen Befehl Kaiser Rudolf II., der sich in der Person des Burggrafen persönlich verletzt fühlte, am 13. November 1596, an den beiden Verhafteten die ihnen zuerkannte Todesstrafe mit dem Schwerte auf dem Schlosse vollziehen und ihre Leichname in einem Walde, »die Sass genant«, beerdigen. Trotz der Heimlichkeit, in welcher die Hinrichtung vor sich gieng, wurde sie doch schnell bekannt und hatte eine furchtbare Aufregung unter der Bauernschaft zur Folge, welche durch »ein gemeines Geschrey, als ob beyder hingerichten Persohnen Cörper aus dem Grabe Blut von sich gäben, welches ohne Aufhören gleichsam über sich walle und demnach ein augenscheinlich Zeichen ihrer Unschuld sey«.[2]) stets genährt wurde. Während sich die Bauern des Traunviertels unter

---

[1]) Khevenhüller, l. c. IV, 1590. Prevenhueber, Annales Styrenses, l. c. Geschichte von Garsten l. c., am besten bei Czerny a. a. O. 225.

[2]) Prevenhueber, Annales Styrenses, 315. Der nachfolgenden Darstellung liegen die Verhörsprotokolle der gefangenen Bauern im Landesarchive von Niederösterreich, sowie in den Archiven von Seitenstetten und St. Peter in der Au, Achleiten und Waidhofen an der Ips (ehemalige Schlossarchive), und die Erzählungen von Prevenhueber l. c., Khevenhüller: Annales Ferdin., IV., und namentlich Czernys treffliche Schilderung in seiner Geschichte des zweiten Bauernaufstandes in Oberösterreich, 226 ff. zugrunde.

Anführung des abgehausten Wirtes von Pettenbach.¹) Georg Tasch,²) erhoben und nach der Einname des Klosters Schlierbach und einiger anderer Schlösser und Ortschaften über Kremsmünster, welches Stift sie durch vier Tage vergebens belagerten, gegen Steyr heranrückten, hatten auch die niederösterreichischen Bauern in dem erwähnten Gebiete die Fahne des Aufstandes entrollt. Als Hauptanführer derselben werden die Bauern Spatz und Zehentmayer von Haag und St. Valentin, Michael Beer von St. Michael am Bruckbache, der Wirt Rauchperger von Haag, Sebastian Schachermayer von Seitenstetten, Christian Weidinger von Aschbach, der Amtmann der freisingischen Herrschaft Waidhofen an der Ips, Georg Kroissbauer,³) u. a. genannt. Durch schwere Drohungen, man werde allen, welche zu Hause bleiben, den Kopf abschlagen und ihre Gehöfte niederbrennen, wurden viele namentlich aus den Pfarreien St. Michael, St. Peter in der Au, Seitenstetten, Biberbach und Waidhofen an der Ips zum Mitziehen und zum Anschlusse an die schon im vollen Aufruhr befindlichen Untertanen der Herrschaften Enns, Steyr, Garsten und Gleink, Salaberg, Achleiten (Strengberg), Sindelburg und Wallsee bewogen. Ein nicht unbedeutendes Contingent stellten auch die zu Oberösterreich gehörigen Holden von Neustift und der anderen sogenannten »steyrischen Ämbter« des Stiftes Garsten. Während Spatz und Zehentmayer nach Oberösterreich sich begaben, um mit Tasch und seinen zahlreichen Scharen in Fühlung zu treten, organisierten Beer und die anderen Anführer die regellosen Haufen zwischen Haag und Haidershofen, liessen sie einen Eid schwören, treu zu ihrem Bunde zu stehen, und erhoben den »Eidkreutzer«⁴) von jedem. Spatz und sein Genosse Zehentmayer trafen mit den Oberösterreichern zu Sirninghofen zusammen, und hier dürfte der Beschluss gefasst worden sein, obwol Spatz und Zehentmayer in ihren späteren Verhören denselben leugneten, gemeinsam vor Steyr zu erscheinen. Dem Beschlusse folgte schnell die Ausführung; denn während Tasch mit seinen Scharen die Stadt am linken Ennsufer und an beiden

---

¹) Pettenbach, eine dem Stifte Kremsmünster incorporierte Pfarre.

²) Weil man den zwei Bauern die Köpfe abgerissen habe, wird der Handel übel, war der Ausspruch des Tasch. Czerny, l. c. 238.

³) Verhörsprotokolle und ein Schreiben des Rathes von Steyr an den von Waidhofen an der Ips ddo. 14. December 1596; Czerny, l. c. 264.

⁴) In den Aussagen wird diese Abgabe bald »Eidkreutzer«, bald »Eidgroschen« genannt.

Ufern der Steier umschloss, besetzten die niederösterreichischen Rebellen den Wachtberg und andere Steyr umgebende Höhen am rechten Ufer der Enns, so dass die ganze Stadt von dem Bauernheere eingeschlossen war. Da die Bürgerschaft von Steyr aber alle ihre Forderungen abschlug und ihnen durch ihre Abgesandten das Thörichte und Verbrecherische ihres Beginnens in eindringlichen Worten vorstellte, so rieth Tasch den Niederösterreichern zur Rückkehr, da er ihrer zur Zeit nicht bedürfe. Die lieben Freunde sollen in ihre Heimat zurückkehren; wenn aber eine andere Botschaft an sie käme, dass der Erbfeind oder anderes böses Volk da sei, und sie, die Oberösterreicher, ihrer begehrten, möchte sie ihnen zuhilfe kommen, was sie auch ihnen gegenüber zu thun versprachen. Nach der Aussage des Hauptmanns der Bauern zu Seitenstetten Schachermayer soll Tasch den Boten der niederösterreichischen Bauern auch gesagt haben: »sie solten sich gedulten, biss ire sachen im landt ob der Enness aussgetragen werdten, alssdann welte er inen auch hilfflich sein, under dessen solten sie nichts widerwertiges anfangen oder ein pluettpad anrichten«. Ähnlich lautete die Aussage des Jakob Rauchperger von Haag, der noch dazu setzte: »Dem aber hat die Gemein nicht folgen wollen, sondern hat hernach den Aufstandt gemacht.« [1])

Obwol die aufgestandenen Bauern des Gebietes zwischen der Enns und Ips den Rath nicht befolgten, so hören wir doch durch einige Zeit nichts weiteres von ihnen, als dass sie im Aufstande verharrten und ihren Bund weiter ausgestalteten. Auch hatten sie ihren Schreiber, ihre Ansager und sogar, aber erst im Februar 1597, einen Profossen.[2]) Als Ziel ihrer Vereinigung gaben sie vor: Abstellung der neuen Auflage, namentlich des Hausgeldes, und Erhaltung ihrer alten Rechte und Freiheiten; wie es vor fünfzig Jahren gewesen wäre, so sollte es wieder werden.[3])

---

[1]) Archiv von Seitenstetten und Czerny, l. c. 265. Die Worte »hernach den Aufstandt gemacht« können sich nur auf die nachfolgende gewaltthätige Periode des Aufstandes beziehen, da der Aufstand ja schon zu Beginn des November 1596 im vollen Gange sich befand.

[2]) Aus den Fuggerischen Relationen, Manuscript in der k. u. k. Hofbibliothek, Nr. 8970, fol. 599.

[3]) Verhörsprotokoll des Jakob Spitzhofer, Amtmann zu Freinstein, hingerichtet zu Ulmerfeld am 15. April 1597, Landesarchiv von Niederösterreich. Auch Streun in seinem Guetbedunckhen» giebt dieses Ziel des Aufstandes an. Kaltenbäck, a. a. O.

Fast gleichzeitig mit der Erhebung der Bauern des Haager-Bundes brach. am 24. November 1596. auch im Gebiete östlich der Ips. besonders im Thale der Erlaf und in den umliegenden Ortschaften der Aufstand aus. Die Veranlassung zu dieser Erhebung war, weil ein dem Freiherrn Volkard von Auersperg zu Weichselbach, Purgstall und Wolfpassing untertäniger Bauer im letzteren Orte »umb schlechter ursach hart an leib und gelt« von dem Verwalter des Herrn von Auersperg gestraft worden war. Sofort strömten viele Bauern, deren Unzufriedenheit wie überall so auch im Erlafthale eine sehr grosse war und von welchen schon mehrere aus den Herrschaften Karlsbach, Seissenegg. Freinstein u. a. an dem Zuge gegen Steyr sich beteiligt hatten, zusammen, und am folgenden Tage. 25. November. wurden die Bauern der Umgegend über Befehl des erwählten Hauptmannes unter starken Bedrohungen — der Hauptmann hatte sich auch einen »Prügelknecht« erkiest — aufgeboten. Dem Befehle wurde auch Folge geleistet. Die Holden Auerspergs zu Purgstall kamen mit Trommeln und Pfeifen nach Wolfpassing in das Lager und forderten diejenigen Bauern. welche der Bewegung sich ferne halten wollten. zum Zuzuge auf. Auf die Ermahnung eines alten Bauers. sich nicht in die gefährliche Unternemung weiter einzulassen. sondern nach Hause zurückzukehren, antwortete der tolle Haufe: sie bedürften keines Predigers. Nachdem sie alle Untertanen von Wolfpassing mit Gewalt zum Mitziehen genötigt hatten, wobei sie eine solche Eile zur Schau trugen. dass sie die Drescher mit ihren Drischflegeln von der Tenne weg mitnamen. rückten sie nach Wieselburg. wo sie ein Lager schlugen. Von diesem aus boten sie die Bewohner aller Dörfer der Umgebung bis Steinakirchen und Pechlarn auf. und. da ihre Zahl schon mehr als dreihundert betrug. nötigten sie die Bürger des ersteren Marktes, sieben Mann wider ihren Willen zu ihnen stossen zu lassen. In Wang. einem kleinen Markte. namen sie dem Richter den Eid ab. es mit ihnen zu halten. und verhielten die Bürger mit Gewalt. mit ihnen weiter zu ziehen. Auf ihrem Weiterzuge entstand ein Streit. indem ein Teil von ihnen nach Gresten rücken. um die »Waldschützen« aus Ipsitz und der Umgegend zu erwarten. der andere nach Ulmerfeld ziehen wollte. Nachdem durch ihre Führer die Einigkeit wieder hergestellt war. bewegte sich der über fünfhundert Mann starke Haufe nach Purgstall und von da nach St. Leonhard am Forste. wo sie weitere Verstärkung abwarten wollten. um dann gegen die Schlösser Karlsbach und Seissenegg zu rücken. Auch dem Herrn Heinrich von Ödt, Besitzer der Herrschaft Reinsberg, hatten sie einen Besuch zugedacht, und liessen ihm sagen, sein Schloss sei ihnen nicht zu hoch gelegen, um ihn nicht heimzusuchen. Als infolge der Hinrichtungen zu Steyr die Bauern zwischen der Enns und Ips sich erhoben, strömten viele Bauern auch aus dem Erlafthale und seiner Umgebung zu ihnen, um gemeinschaftlich mit ihnen gegen Steyr zu ziehen. Zu diesem Zuge sollen wie die von Haag so auch die Bauern von der Erlaf, wie Streun berichtet, durch oberösterreichische Emissäre aufgereizt worden sein.[1] Die Zurückgebliebenen bezogen dann ein Lager zu Wolfpassing und schickten sich zur Belagerung des Schlosses von Wolfpassing an. Die eigentliche Absicht aber gieng dahin, die Zufuhr von Getreide, Schmalz und anderen Victualien nach Scheibbs zu hindern, um dadurch die Bergknappen und Holzknechte von Eisenerz und Umgebung zum Aufstande und zur Vereinigung mit ihnen zu bringen. Vermöge alter Verträge oblag nämlich den drei Eisenbezirken: Steyr, Waidhofen an der Ips und Scheibbs, die Verproviantierung der Arbeiter des Eisenbergbaues und der Gewerke in der Steiermark, und musste jeder Bezirk alljährlich eine gewisse Quantität von Victualien liefern, wofür als Entlohnung Eisenflossen gegeben wurden.[2]

Der bekannte Staatsmann Reichard von Streun, dessen Berichten an die Verordneten von Niederösterreich wir die Darstellung der Erhebung im Thale der Erlaf und Umgebung entnommen haben, wollte die Aufgestandenen zur Ruhe bringen und richtete deshalb ein Schreiben an die im Lager zu Wolfpassing weilenden Bauern, in welchem er ihnen das Verderbliche ihres Beginnens vorstellte und sich bereit erklärte, zur Abhilfe ihrer Beschwerden, die er teilweise als gerecht anerkannte, das Seine beizutragen. Die Bauern namen das Schreiben Streuns, welcher gerade damals auf seinem Schlosse zu Ferschnitz weilte und somit authentischer Zeuge von den Vorgängen war, mit grosser Freude entgegen und luden ihn ein, in ihrer Mitte zu erscheinen. Streun, welcher wegen seiner Abreise nach Wien dieser Bitte nicht entsprechen konnte, liess sie auf-

---

[1] In seinem Briefe an die Verordneten ddo. 26. November 1596, im Archive des Stiftes Melk.

[2] Darüber bringen Näheres: Pritz, Geschichte von Steyr; Friess, Geschichte von Waidhofen an der Ips und Scheibbs; Becker, Der Ötscher und sein Gebiet; Kraus, Die eherne Mark u. a.

fordern, ihre Beschwerden vor die demnächst zusammentretende kaiserliche Commission zu bringen. Gleichzeitig sandte er auch einen Bericht an die niederösterreichische Regierung, durch welchen er sie aufforderte, schleunigst Schritte zu thun, um einen »Generallaufstandt« wie im Lande ob der Enns zu verhüten. Jetzt dürfte die Erhebung noch beigelegt werden können, warte man aber noch einige Zeit, würde es zu spät sein. Zugleich rieth er auch, man möge, da die Erzherzoge Mathias und Maximilian von Wien abwesend seien, »ein fändlein Knechte« nach Pechlarn legen, vor allem aber möge die Commission ihre Arbeit aufnemen und den Beschwerden der Bauern Abhilfe gewähren.[1]

Auf diesen Bericht hin gab die kaiserliche Commission das erste Lebenszeichen ihrer Existenz, vermutlich von Reichard von Streun, der selbst Mitglied derselben war, dazu angetrieben. In dem am 7. December von den Commissären: dem Abte Caspar Hoffmann von Melk, Reichard Streun von Schwarzenau, Hans Wilhelm von Losenstein und Paul Jakob von Starhemberg unterzeichneten Schreiben an die rebellischen Untertanen des Herrn von Auersperg zu Wolfpassing und Purgstall werden diese ermahnt, vom Aufstande abzulassen, und aufgefordert, ihre Beschwerden am 15. December zu Ips den Commissären vorzulegen.[2] Auch auf die Regierung selbst scheint Streuns Bericht nicht ohne Wirkung geblieben zu sein. Am 9. December richtete der Hoch- und Deutschmeister Erzherzog Maximilian, der für den abwesenden Erzherzog Mathias die Statthalterschaft von Niederösterreich verwaltete, an die Commissäre, die er schon im vollen Werke zu sein glaubte, ein Schreiben, in welchen er sich über den stets mehr und mehr um sich greifenden Aufstand der Bauern dahin äusserte, es scheine ihm, die meisten Rebellen seien durch Drohungen zur Erhebung genötigt worden. Die Commission möge deshalb ihre Aufmerksamkeit besonders »auff die persohnen, so ales ansagen, von ainem dorff zum andern die podtschafft tragen«, richten, dieselben abfangen und peinlich um die Ursachen, welche die Bauern zum Aufstande getrieben hätten, befragen, zumal die Herren, wie er vernemе, bereit wären, den gerechten Beschwerden abzuhelfen. Die den Aufständigen benachbarten Edelleute sollten mit ihren treu gebliebenen Untertanen sich zu einem Gegenbund vereinen und den Bauern »die

---
[1] Briefe Streuns ddo. 26. und 28. November 1596, im Archive von Melk.
[2] Anhang Nr. 2.

zenndt zaigen«. Auch möge man verhüten, dass die Rebellen ihre Ausrüstung verstärken und den Ufern der Donau besondere Aufmerksamkeit zuwenden.[1]

Dieselben Ursachen, welche die Bauern des Viertels ober dem Wienerwalde zum Aufstande gebracht hatten: die traurige sociale und wirtschaftliche Lage, in der sie sich befanden, die Musterung des fünften Mannes, die hohen Kriegssteuern und der Druck so mancher Pfleger und Verwalter führten auch ihre Standesgenossen ober dem Manhartsberg der Erhebung zu. Ob auch auf sie das Beispiel der oberösterreichischen Bauern von Einfluss war und ob auch sie, wie dies von den Bauern des Viertels ober dem Wienerwalde ausser allem Zweifel steht, durch Emissäre der Rädelsführer ihrer oberösterreichischen Standesgenossen zum Aufstande gereizt wurden, können wir zwar urkundlich nicht mehr feststellen, auch findet sich in den Aussagen der Gefangenen keine Nachricht darüber, doch unwahrscheinlich dürfte die Anname einer Beeinflussung von Seite der Rebellen des Landes ob der Enns nicht klingen. Die unmittelbare Nachbarschaft, in welcher die »Waldviertler« damals wie heute zu den Bauern des unteren Mühlviertels, in welchem zuerst die Fahne des Aufruhrs entrollt wurde, standen und stehen, sowie dass manche Herrschaften von Oberösterreich auch auf dem linken Donauufer in Niederösterreich Grundholden und Untertanen besassen, sprechen dafür.

Die ersten Anzeichen der revolutionären Bewegung in diesem Teile von Niederösterreich traten fast zur nämlichen Zeit, wie im Viertel ober dem Wienerwalde, zu Tage. Aus einem Briefe, den der Pfleger zu Zeillern bei Amstetten an seinen Herrn, den Besitzer von Kremsegg bei Kremsmünster, Grünthaler, am 24. November 1596 richtete, erfahren wir, dass die Untertanen des Freiherrn Ferdinand Albrecht von Hoyos zu Persenbeug, Roregg, Isper, Emmersdorf und Rachsendorf, sowie die des Freiherrn Wilhelm von Roggendorf zu Peggstall stark zusammenliefen und Landsknechte aufnamen, »woraus zu besorgen, das Wesen werde keinen guten Ausgang nemen«.[2] Wenige Tage später, 26. November, berichtet Streun an die niederösterreichische Regierung, dass Bauern einzelner Herrschaften, unter welchen nur die Untertanen von Persenbeug und Peggstall zu ver-

---
[1] Anhang Nr. 3.
[2] Czerny, a. a. O. 262.

stehen sind, wie aus dem zwei Tage später geschriebenen Briefe erhellt, begonnen hätten, ihre Beschwerden zu sammeln und aufzuschreiben.[1]

Die Lasten, mit welchen die Untertanen des Herrn von Hoyos und des Herrn von Roggendorf beschwert waren, waren in der That auch sehr drückende. Ausser den oben schon erwähnten Lasten finden sich in den in einer gleichzeitigen Abschrift erhaltenen »Beschwährspunckten« der Untertanen der dem Herrn von Hoyos gehörigen Herrschaft Roregg im Isperthale noch einige sehr drückende. »So mueß der armiste von hauß 1 Gulden 30 krz., die ybrigen aber von 2, 3 biß in die 4 Gulden anschlag bezahlen. Item nach proportion eines jeden hauß von 15 biß 20 krz. kölbergelt, von 6 biß in die 12 krz. schmaltzgelt, von 8 biß 24 krz. hienergelt, von 2 bis 4 krz. käßgelt, von 6 biß 30 ayr oder das gelt dafür, umb 1 ay 1 denar, bezahlen. So mueßen etliche 15 biß 20 mezen korn und haber geben, so mancher nit so vill fexnet; so empfinden wir auch schmerzlich, daß der neu gemacht mezen grösser als der alte gemacht worden, yberdises sollen wir von 2 biß 8 kestl poding haber bezahlen. Zu den hoch- und malzciten muessen wir von 2 biß 10 ehmer (Wein) umb doppelt gelt annehmben und darvon Taz und umbgelt abstatten.« Dass wie bei so mancher Herrschaft so auch hier nicht selten weniger die Eigentümer als ihre Pfleger und Verwalter die ursprünglichen Lasten noch erschwerten, mag der Klagepunkt beweisen: »Wan (der) her Regent oder Pfleger ab und zue reiset, mueß jedes hauß 6 krz. geben.«[2] Übrigens erfordert die Gerechtigkeit anzuführen, dass diese schweren Lasten weniger von Ferdinand von Hoyos herstammten, welcher diese Herrschaft erst wenige Jahre früher erworben hatte,[3] als von ihren vorherigen Besitzern, den Roggendorfern, von denen der Besitzer von Pöggstall, Wilhelm von Roggendorf, seine Untertanen so schwer bedrückte, dass ihn ein kaiserlicher Befehl zur Verantwortung vor den Erzherzog Mathias nach Wien berief.[4]

Streun stellt in seinem Berichte an die niederösterreichische Regierung vom 26. November das Beginnen der Holden der Herrschaft Peggstall und Persenbeug als nicht gefährlich hin. Der Auf-

---

[1] Archiv von Melk.
[2] Archiv von Persenbeug. Anhang Nr. 4.
[3] Reil, Donauländchen, 432 ff.
[4] Anhang Nr. 15.

stand im Viertel ober dem Wienerwalde, schreibt er, »hat ain weyt anders ansehen als der jenseits der Thanau (Persenbeug), dann dieselben meines wissens khain anderer herrschafft undterthanen noch bißher zu sich gezogen, allayn, was sy selbst undterainander sich gegen ihre herrschafften vermaint haben beschwert zu sein, aufschreiben«; doch schon zwei Tage später, 28. November, berichtet er, dass die Untertanen Ferdinands von Hoyos am Vortage, 27. November, auf freiem Felde bei Persenbeug zusammengekommen wären, ihre Beschwerden öffentlich verlesen und beschlossen hätten, vierzig Ausschüsse nach Prag zu senden mit der Beschwerdeschrift, »zu der niederösterreichischen Regierung wollen sie nit gehen«; auch die Roggendorfer sollen ihre Klagen zusammenstellen.[1]) Aus diesem letzten Berichte erhellt, dass das Beispiel der Holden von Persenbeug schnelle Nachahmung gefunden hatte und bald auch andere Gemeinden ergriff; denn wie aus den späteren Aussagen sich ergibt, waren in dieser Zeit auch schon die Untertanen mehrerer anderer Herrschaften des oberen Waldviertels gleichfalls darangegangen, ihre Beschwerden aufzuzeichnen, welches Beginnen nur die Folge einer Übereinkunft oder Vereinbarung gewesen sein kann. Das von Streun berichtete Vorhaben, die Beschwerdeschrift nicht der niederösterreichischen Regierung, wie es doch die gewöhnliche Norm gebot, sondern directe dem Monarchen selbst zu unterbreiten, zeigt klar, dass diesem Beginnen ein revolutionärer Charakter, dessen Spitze sich gegen die Grundherren richtete, zugrunde lag, sowie es auch anderseits den Einfluss der aufständigen Bauern des Landes ob der Enns deutlich erkennen lässt. Wenn auch von einem gewaltthätigen Vorgehen der Waldviertler gegen ihre Herrschaften in dieser Zeit nichts überliefert ist, so muss doch aus dem am 10. December 1596 erlassenen Generale des Kaisers Rudolf II. gefolgert werden, dass in den letzten Tagen des Novembers die aufständige Bewegung schon viele Gemeinden des oberen Waldviertels ergriffen hatte, sowie dass wie am rechten Donauufer so auch am linken einzelne Männer es waren, welche durch ihr terroristisches Vorgehen so manche Bauern zum Anschlusse an dieses revolutionäre Beginnen brachten.

) Archiv von Melk.

Ausbreitung des Aufstandes in beiden oberen Vierteln des Erzherzogtums.

Die niederösterreichische Regierung, welche den revolutionären Charakter der Bauernerhebung in den beiden oberen Vierteln des Landes unter der Enns nicht verkannte, anderseits sich aber auch der Notwendigkeit, dem grossen Drucke von Seite der Herrschaften auf die Untertanen abzuhelfen, nicht verschloss, hatte zu diesem Ende zu Beginn des Decembers[1]) eine Commission eingesetzt, welche aus folgenden Mitgliedern bestand: Caspar, Abt von Melk[2]); Ulrich, Abt von Zwettl[3]); Cornelius, Propst von Eisgarn[4]); Paul, Probst von Herzogenburg[5]); Reichard Streun Freiherr von Schwarzenau[6]); Siegmund Graf von Hardegg[7]); Adam Freiherr von Puchheim[8]); Seifried Freiherr von Breuner[9]); Bernhard Leo Gall Freiherr

---

[1]) Mit Rücksicht, dass Streun seine mehrerwähnten Berichte am 26. November noch an die niederösterreichische Regierung richtete, am 7. December aber schon die Commission als bestehend erscheint (Anhang Nr. 2), kann die Ernennung zu Beginn des Decembers angesetzt werden.

[2]) Caspar Hoffmann, Abt von Melk, 1587—1623. Früher Prior des Klosters wurde er 1578 Abt von Mariazell in Niederösterreich, 1583 Abt von Altenburg, und endlich 1587 Abt seines berühmten Mutterklosters Melk. Abt Caspar war ein sehr eifriger, umsichtiger Mann, welcher dem Staate viele und grosse Dienste leistete. Neben Streun war Abt Caspar die hervorragendste Persönlichkeit der Commission. Keiblinger, Geschichte von Melk. I, 808—865.

[3]) Ulrich Hackl, Abt zu Zwettl. 1585—1607, ein Freund des Cardinals Khlesl und ein um Österreich hochverdienter Mann. Link, Annales Clarovall. II. Bergmann, Medaillen u. a. An der Thätigkeit der Commission nam er nur geringen Anteil.

[4]) Cornelius von Cauthere, Propst des Collegiatstiftes Eisgarn in Niederösterreich. Er war Almosenier und Hofkaplan Kaiser Maximilian II. und Pfarrer zu Gars und Raabs. Geschichtliche Beilagen zu den Consistorial-Currenden von St. Pölten. I, 301. Seine Teilname an der Commission war keine hervorragende. Er soll 1597 gestorben sein.

[5]) Paulus Zynkh, Propst von Herzogenburg, 1590—1602.

[6]) Über diesen verdienstvollen Staatsmann ist die treffliche Arbeit von Professor Haselbach in den Blättern des Vereines für Landeskunde in Niederösterreich, II. Jahrgang (1868), zu vergleichen.

[7]) Gestorben 1599, Rath Kaiser Rudolf II. Wissgrill, Schauplatz des niederösterreichischen Adels. IV, 132.

[8]) Besitzer von Raabs.

[9]) Erster Reichsgraf von Breuner, gestorben 1651. Wissgrill, a. a. O., I, 386.

von Gallenstein[1]; Paul Jakob von Starhemberg[2]; Christoph von Greiss zu Wald[3]; Dr. Johann Linsmayr; Hans Rueswein und Jakob Huetstockher.[4] Der Zusammentritt der Commissäre verzögerte sich, und während Erzherzog Maximilian die »anbevohlne Commißion im vollem werche zu sein« vermeinte,[5] hatte sie sich noch nicht einmal constituiert. Zwar hatten Abt Caspar von Melk, Reichard von Streun, Hans Wilhelm von Losenstein und Paul Jakob von Starhemberg, wie schon erwähnt, schon am 7. December als kaiserliche Commissäre ein Schreiben an die Aufständigen zu Wolfpassing und Purgstall gerichtet, sie von ihrem verderblichen Beginnen abgemahnt und sie aufgefordert, am 15. December mit ihren Beschwerden vor ihnen zu Ips zu erscheinen;[6] allein dieses Schreiben gieng nicht von der ganzen Commission als solcher aus. Die Ursache dieser Verzögerung war die finanzielle Frage. Wie nämlich aus einer Zuschrift des Erzherzogs Maximilian an die Commissäre hervorgeht, scheinen diese wegen der hohen Auslagen an den Sekretär Unverzagt eine Anfrage gerichtet zu haben, die ihren patriotischen Eifer nicht besonders hervorleuchten liess. Der Erzherzog gab ihnen in einer Nachschrift die treffende Antwort: »Wir haben verstanden, was ihr dem Unverzagt wegen des uncostens zuegeschrieben; wöllen nit zweifflen, so vil eure persohn anlangt, ir werdet Ir. Maytt. in gehorsamb, dem vatterlandt und euch zum pessten dise mich gehorsamb und guetwillig tragen. Was aber auff pottenlon, raisen und hinwiderschickhen der schreiben und diener von netten sein mehte, dieselb darlehende uncosten solle euch hernach auff euer ordentlich particular erstatt werden.«[7] Da der Aufstand in steter Zunaime begriffen war, so erliess Kaiser Rudolf am 14. December durch die niederösterreichische Regierung eine Aufforderung zur

---

[1]) Bernhard Leo Gall von Gallenstein zu Lostorf (bei Staatz) war Hofkriegsrath, später General, Landesoberster von Österreich, starb 1606. Wissgrill, a. a. O. III, 211.

[2]) Paul Jakob von Starhemberg war Besitzer von Schönbichl bei Melk.

[3]) Christoph von Greiss zu Wald, niederösterreichischer Landrath, starb 1617. Wissgrill, a. a. O. III, 397.

[4]) Jakob Huetstockher entstammte dem bekannten Wiener Bürgergeschlechte, das in den Reichsritterstand erhoben wurde. Er war Besitzer von Scheibenhof und anderen Gütern und starb nach 1598. Wissgrill, a. a. O. IV, 479.

[5]) Anhang Nr. 3.

[6]) Anhang Nr. 2.

[7]) Anhang Nr. 7.

Constituierung und Action an die Commissäre. In diesem an Streun gerichteten Schreiben belobt er dessen bisher entwickelte Thätigkeit und fährt dann fort: »Und hetten (wir) gleichwoll genedigist gern gesechen, daß ier sollliches haubtwesen ins werckh gerichtet unnd aufs wenigist ain anfang gemacht hettet; so verstehn wir doch, daß es bißhero nit beschechen unnd ir euch noch der zusambenkhunfft nit entschloßen.« Nachdem er den Commissären im Hinblicke auf die stets wachsende Gefahr den Befehl erteilt hatte, »sollches lenger nit ainzustellen«, ermahnte er sie ihre »correspondentz mit denen enthalb der Thonau verordneten Commissarien in albeg dahin hallten (zu wollen), daß ier alle zugleich auf beiden landen solliche Commißion neben unnd miteinander verrichtet«, und verstärkte ihre Zahl durch Hans Wilhelm von Losenstein und Maximilian von Mäming, damit »also auff ainß oder deß andern abwesenheit daß wesen nit steckhen bleib«.[1])

Die Erhebung griff indessen in beiden Kreisen mit grosser Schnelle um sich. Im Viertel ober dem Wienerwalde schlossen sich viele Bauern des oberen Ips- und Urlthales sowie des Thales der Erlaf dem Aufstande an. Einen mächtigeren Umfang nam aber die revolutionäre Bewegung im Waldviertel, so dass sie um die Mitte des Decembers schon von dem linken Donauufer bis nach Gmünd, Weitra, Waidhofen an der Thaja, Horn und Arbesbach alle Gemeinden mehr oder weniger ergriffen hatte. Unter den Aufständigen befanden sich auch viele »gartende« Knechte, aber auch Bürger und Gewerbsgenossen, die von dem Aufstand eine Besserung ihrer Lage hofften, oder wie erstere, auch nur des Raubens und Stehlens wegen sich anschlossen. Die so rasche Ausbreitung war das Werk einiger Männer, die, wie der fünfundsiebzigjährige Bauer Andreas Schrembser von Dobersberg, der Schuster Adam Pierschhaimer von Peggstall, von den Bauern kurz als »der Schuster« bezeichnet, Georg Güth, Bauer von Arbesbach, Jakob Heinrichsmann, Bauer zu Vitis, Georg Winter, »des Waldt-Virtl in dem landt Österreich

---

[1]) Anhang Nr. 6. Die Ernennung Hans Wilhelms von Losenstein sowie Maximilians von Mäming dürfte zu Beginn des December erfolgt sein, da ersterer schon am 7. December als kaiserlicher Commissär genannt wird. Losenstein war kaiserlicher Rath, Besitzer von Schallaburg und des Erzherzogs Mathias Hofmarschall; Maximilian von Mäming, Herr zu Kirchberg an der Pielach und Sitzenthal, war Regimentsrath und Kammerrath. Notizenblatt des Archivs für österreichische Geschichte. I, 230.

under der Eus der bedrängten undterthanen Oberhaubtman«, wie er in einem Bittschreiben genannt wird.¹) Leonhard Gassner von Weitra u. a. an die Spitze sich stellten. Allen aber voran war Georg Prunner — so schreibt er sich selbst — Schneider von Emmersdorf, deshalb in den Acten stets als »der Schneider« aufgeführt. Prunner wurde bald die Seele der ganzen Erhebung im Waldviertel. Ehrgeizig, kühn und verwegen, listig und verschlagen, scheute er vor Raub und Plünderung nicht zurück und suchte durch Wahrheit oder Lüge, durch Drohung oder Heuchelei sein Ziel zu erreichen. Das »Verzaichnus der aufrierischen Bauern bestellte und erkieste Ritter, Obriste, Haubtleuth« bezeichnet ihn als »General-Obristen« und berichtet: »Georg Pruner, schneider von Emersdorff, 55 iar alt, so Pestenbeug (Persenbeug) eingenommen, ist erstlichen ein gerichtsdiener, hernach reverendo ein hundtschlager und iczo zue einem General-Obristen erwehlet worden.«²) Prunner entfaltete in der Entfachung des Aufstandes eine fieberhafte Thätigkeit: bald ist er in Weitra, Waidhofen an der Thaja, dann wieder in Emmersdorf, Persenbeug und Peggstall, einige Tage später in Horn und Gars, dann in Zwettl und Gmünd, überall die Bauern zur Erhebung durch schöne Worte oder durch Drohungen mit Kopfabschlagen und Niederbrennen aneifernd. Wie aus zahlreichen Aussagen verhafteter Bauern hervorgeht, hielt er in den aufgeführten und an manchen anderen Ortschaften Versammlungen ab, wobei er den im »Ring« aufgestellten Bauern die Abschaffung der neuen Auflage, besonders des so verhassten Rüstgeldes, und die Erhaltung der alten Rechte und Freiheiten versprach, die Leistung der Robot und Dienste untersagte und die Untertanen zur Verweigerung des Gehorsams gegen ihre Herrschaften aufreizte. Nachdem er sie dann zur schriftlichen Abfassung ihrer Beschwerden aufgemuntert hatte, die er nicht selten durch den ihn zumeist begleitenden Schulmeister von Thaja, Johann, sofort auch niederschreiben liess, oder, wo dies nicht der Fall war, dazu einen Ausschuss von sechs Bauern bestellte, nam er den Versammelten den Eid ab, wenn ihnen die »Ansage« zukomme, gerüstet auf dem bestimmten Sammelplatze sich einzufinden, und liess den Eidkreuzer oder Eidgroschen einheben.

---
¹) Beschwerden der Untertanen von Lauterbach etc. ddo. 25. December 1595 im Archiv des Stiftes Zwettl.
²) Fuggerische Relationen, Manuscript der k. u. k. Hofbibliothek in Wien. Nr. 8970. Fol. 599 a.

Der niederösterreichischen Regierung blieb die Zuname des Aufstandes in den beiden oberen Kreisen des Landes nicht unbekannt, und ihrem Berichte an den Kaiser ist das strenge Generale zuzuschreiben, welches Rudolf II. am 10. December 1596 gegen die Aufrührer von Prag aus erliess. In demselben verweist der Kaiser allen Aufständigen, besonders aber denen von Pechlarn, Marbach, Persenbeug, Peggstall, Purgstall und Melk, welche die Centren der Erhebung wären, ihr hochsträfliches Beginnen und tadelt sehr strenge, dass die Sache so weit schon gekommen sei, »das die underthanen von einem fleckhen zu dem anndern ziehen, die anndern mit throhungen, todtschlegen und abbrennen dahin nöttigen, das menigeleich inn iren gemachten pundt schweren unnd mit inen ziehen muesse«. Er habe beschlossen, den »kayßerlichen Ehrrenholden« mit diesem Generale an die »Paurschafft« abzusenden, und befehle ihnen »bei vermeydung unserer höchsten ungnadt auch leibß und lebensstraff inn sunderheit aber bei verlust aller und yeder euerer haab und guetter auch freyhaitten und gerechtigkhaiten«, sobald ihnen das Generale kund gemacht worden wäre, von der Rebellion abzustehen, in ihre Heimat zurückzukehren und der Obrigkeit den schuldigen Gehorsam zu leisten. Ihren Beschwerden werde, so weit es die Gerechtigkeit zulasse, ernstliche Abhilfe zuteil werden. Den geleisteten Eid erklärte das Generale aus kaiserlicher Macht »als an ime selbst ungültig unnd unerefftig, den khainer zu halten oder zu volziehen schuldig ist«.[1])

Wie der Zusammentritt der ernannten kaiserlichen Commissäre, verzögerte sich aber auch die Absendung des Reichsheroldes, die endlich, nachdem inzwischen die Commission sich constituiert hatte, am 20. December von dem Erzherzoge Maximilian den Commissären mit dem Auftrage bekannt gegeben wurde, den Herold mit den notwendigen Instructionen ihrerseits auszurüsten. Auch sollten sie den Bürgern von Krems und Stein schreiben, dass »man ime neben der hörpaukhen auch ain vier oder fünff trometter oder turner (Musiker) zuegeben soll«.[2])

Dieses Säumen der Regierung und der Commission begünstigte das Fortschreiten des Aufstandes in bedeutender Weise, namentlich im oberen Waldviertel, wo dank der unermüdlichen agitatorischen

---

[1]) Anhang Nr. 5.
[2]) Anhang Nr. 7 und 8.

Thätigkeit Prunners und seiner Mithelfer die Bauern des Gebietes von Zwettl und der Umgegend in stets wachsender Zahl sich erhoben und ihm zuzogen. Wie stark der Zuzug schon in dieser Zeit war, erhellt aus dem Auftrage, den die Vormundschaft Reichards von Puchheim am 20. December an die Bürger ihrer Stadt Horn richtete, sich mit Wehren zu versehen und immer Bereitschaft zu halten, die Aufzugbrücken und das Geschütz in guten Stand zu setzen, die Tore der Stadt frühe zu schliessen und nur bei hellem Tage offen zu halten, »der aufrührischen Bauern wegen, die zahlreich täglich durch Horn reiseten«. Auch wurde im Schosse des Rathes der Stadt bereits die Frage ventiliert, ob man sich den Bauern, im Falle sie nach der Stadt kämen und Anschluss an sie verlangten, zugesellen sollte oder nicht? Es wurde beschlossen, der Herrschaft den gelobten Gehorsam zu bewahren, da man nicht wie die Bauern »mit Stellung der Waisen, mit Spinnen und Verkaufe des Viehes gequält würde«.[1])

Im Viertel ober dem Wienerwalde war in der Bewegung dem Anscheine nach ein Stillstand eingetreten, nur hier und dort, so in Ulmerfeld und in der Umgebung von St. Pölten, trat sie mehr zutage, weshalb die niederösterreichische Regierung im Namen des Kaisers am 22. December dem Richter und Rath von St. Pölten befahl, ihre Stadt mit Munition und Proviant gut zu versehen, die gehorsamen Untertanen innerhalb ihrer Mauern aufzunemen, selbst aber als getreue Untertanen von der beschworenen Pflicht sich nicht abwendig machen zu lassen und mit den benachbarten Edelleuten und den kaiserlichen Commissären gute Beziehungen zu unterhalten.[2])

Am 23. December begann der »Reichserrholt« Peter Fleischmann von Putzlwiz, Erbsass auf Smelwiz (?) und zu Jakobsdorf, seinen Auftrag, das kaiserliche Generale in allen von der Erhebung ergriffenen Städten und Gemeinden öffentlich kund zu thun und die Aufständigen zum Frieden und Gehorsam zu bringen, auszuführen, indem er an diesem Tage das Generale in Stein, und am folgenden, an welchem der Wochenmarkt in Krems abgehalten wurde, den viele

---

[1]) Burger, Geschichtliche Darstellung der Gründung und Schicksale des Benedictinerstiftes St. Lambert zu Altenburg in Niederösterreich. 170.

[2]) Originalschreiben mit Schlussiegel im Archiv der Stadt St. Pölten, gedruckt im Jahresberichte XXV (1883) des Landes-Real- und Obergymnasiums zu St. Pölten, 53, Nr. 1.

Bauern besuchten, dasselbe in dieser Stadt, feierlich angethan mit dem Heroldskleide und unter Trompeten- und Paukenschall, verkündete. Nachdem er am Christtage, 25. December, den Bürgern und Bauern von Langenlois nach dem Gottesdienste das Mandat vorgelesen und sie zur Ruhe ermahnt hatte mit dem Versprechen, ihren gerechten Beschwerden werde von kaiserlicher Majestät gewiss abgeholfen werden, eilte er in das obere Waldviertel.[1]) Um den Worten des Reichsherolds grösseren Nachdruck zu geben, hatte Erzherzog Mathias, der unterdessen aus Ungarn nach Wien zurückgekehrt war und von seinem Bruder die Verwaltung von Niederösterreich wieder übernommen hatte, ein Schreiben an die aufständigen Bauern des Erzherzogtums erlassen. In demselben ermahnte er die Bauern zur Ruhe und zum Gehorsam, forderte sie auf, friedlich zu ihren Häusern zurückzukehren und die Entscheidung der kaiserlichen Commission über ihre Beschwerden abzuwarten. Mit väterlich ernsten und doch gütigen Worten beschwor er sie, von ihrem unheilvollen Beginnen abzulassen, den Rädelsführern keinen Glauben zu schenken, sondern dieselben vielmehr gefangen zu setzen und der Commission zur Bestrafung zu überantworten. »Ihr habt zu bedenkhen, wie die Pauren ob der Enns bishero euch zu bösem unrechtem exempl wider Gott und die obrigkhait, wider geistlich unnd weltliche rechten, wider christliche gebür unnd schuldigkhait, wider ire geschwornen tauff und bruederliche lieb, wider ir und irer eltern ainmal geschwornen und angebornen aydt und pflicht gehandlt und verfuert«.[2])

Von Langenlois war der Reichsherold in das obere Waldviertel, nach Gmünd und Zwettl, aufgebrochen, um die daselbst im vollen Aufruhre befindlichen Bauern zur Ruhe zu bringen. Unter den Bauern und Taglöhnern dieser waldreichen Gegend hatte der von Prunner und seinen Genossen ausgestreute Same der Unzufriedenheit und des Ungehorsams nur zu schnell Wurzel gefasst und in die Halme zu schiessen begonnen. Bei Zwettl versammelten sich viele Bauern — bei 3000 Mann — welche teils Untertanen des Klosters und der gleichnamigen Propstei, teils Holden des Herrn Achaz von Landau zu Rapotenstein und anderer weltlicher Grundherren waren. Diese wurden von Prunner, Auperger, Güth und anderen Führern durch Überredung wie durch Gewalt dahin gebracht, dass sie dem Schneider von Emmersdorf eidlich gelobten, ihren Grundherrschaften bis zur

---

[1]) Kinzl, Chronik der Städte Krems und Stein, 177.
[2]) Anhang Nr. 9.

Entscheidung über ihre Beschwerden weder Abgaben noch Dienste
zu leisten. Aufgeregt durch Prunners Worte zogen sie am 18. December nach Rapotenstein, um an dem Pfarrer dieses Marktes, der
öffentlich gegen ihr Unternemen von der Kanzel gepredigt hatte,
Rache zu nemen und auch an Herrn von Landau ihren Mutwillen auszulassen. Angekommen in Rapotenstein, stürmten sie den Pfarrhof
und plünderten, da sie den Pfarrer nicht anwesend fanden, denselben gänzlich aus. Wie sie auf ihrem Wege von Emmersdorf
nach Zwettl den herrschaftlichen Maierhof zu Ottenschlag ausgeraubt
und verwüstet hatten, so liessen sie auch den Wirtschaftsgebäuden
Landaus, nachdem es ihnen nicht gelungen war, in das Schloss
Rapotenstein zu gelangen, und Landau den Pfarrer, der sich mit
anderen Untertanen dahin geflüchtet hatte, ihnen nicht auslieferte,
ihre Rache fühlen. Nach Rapotenstein entboten sie auch die Bauern
und Holden der Umgebung sowie der Herrschaft Arbesbach, die
sie gleichfalls zu ihrer Fahne zu bringen wussten. Achaz von Landau,
dessen Briefe an die Verordneten von Niederösterreich ddo. 21. December 1596 das Vorerzählte entnommen wurde, berichtet über
die Art, wie sie die Untertanen auf ihre Seite brachten, Folgendes:
»Si halten disen Proceß, dass si einen Ring schliessen und erfordern
die underthannen, so nit geschworn haben, mit gewallt hinein,
halten inen für, wasmassen die underthonnen von den obrigkhaiten
beschwärt, derowegen si dise pyndtnuß für die handt zu nemben und
den last und das joch von inen zu werffen verursacht, füehren daneben das Exempl ein, das vor zeiten die Schweitzer auch dermassen beträngt gewesen, sich aber durch dergleichen verpindtnuß
auch ledig gemacht und biß auf dato also frey verbleiben, verlesen
inen hernach etliche beschwär articull, darauff mueß ein yeder zwen
finger aufreckhen und in namben der heilligen Dreyfaltigkhait
schwören bei einander zu hafften und zu halten, leib, ehr, guet und
pluet zuczuseczen und dabei zu verlassen, khnieen darauf nider und
betten ein Vatterunnser und gibt darnach ain yeder ain khreuzer zum
zeugnuß, das es die Schweitzer auch allso gehallten und ein groß
geldt versamblet haben. Wan nun dieses alles vollendet, lassen sie
etliche, so ain tag 5 oder 6 mit inen gezogen, widerumb haimb
ziehen mit dieser condition, welche stundt inen aufgebotten und ain
orth ernent wierdt, das sie sich bei verlust leibs und lebens, ehr
und guett zue inen versamblen sollen: die anderen underthonnen,
so nun neulich gehuldigt, die nemben sie wider mit sich und ziehen

weiter in ein ander relier, engsten und plagen in gleicher gestalt, das sie inen schwören muessen. Von etlichen nemben sie 20 und 24 khreuzer, das sie inen haimbziehen erlauben«.[1])

Von Rapotenstein, wo Prunner zahlreichen Bauern und Holden den Eid und Schwurkreuzer abgenommen hatte, rückten sie am 21. December gegen Weitra. Die Untertanen dieser Herrschaft zu Lauterbach, Harbach, Harmanschlag, Hirschenwies, Langfeld, Nondorf, Grosspertholz, Bruderdorf, Wetzles und anderen hatten sich gegen den wegen seiner Strenge allgemein verhassten Verwalter dieser Herrschaft, Georg von Schwarzmann, erhoben, waren durch zahlreichen Zuzug von anderen Gemeinden verstärkt gegen Weitra gezogen und hatten, als Prunner mit seiner Schar vor Rapotenstein anlangte, die Stadt umschlossen. Als Schwarzmann die aufständigen Bauern beschwichtigen wollte und zu ihnen vor die Stadt sich begab, musste er, verfolgt von Geschrei und Steinwürfen, eiligst wieder innerhalb der Mauern Zuflucht suchen. Die Stadt wurde drei Tage belagert, worauf dann der »helle Haufe« nach Gmünd zog, wo inzwischen der Reichsherold angekommen war.[2]) Vor dieser Stadt traf er mit Prunner, Gassner, Goeth, Winter und anderen Anführern der zahlreich zusammengeströmten Bauern zusammen und verkündete ihnen am 30. December, angethan mit dem »Reichserholt Khleit« auf offenem Platze in Gegenwart einiger edler Grundherren, wie der Freiherren Christoph von Prag, Hartman von Landau, Sebastian und Wolf Dietrich von Greiss zu Wald und Christoph Müllwanger auf Kranzeck, das kaiserliche Generale. Nach der Verkündigung forderte er die Bauern auf, die Waffen niederzulegen, in ihre Heimat zurückzukehren und ihre Beschwerden innerhalb drei Wochen, vom 1. Jänner 1597 ab gerechnet, durch ihre Ausschüsse der kaiserlichen Commission zu Melk zu überreichen, indem er zugleich allen, welche gehorchen würden, den kaiserlichen Schutz und Schirm versprach. Allein die Bauern misstrauten ihm und in der Furcht, bei ihrer Rückkehr von den gutsherrlichen Be-

---

[1]) Aus dem Codex des Propstes Wenceslaus Zypser von Schlägl (1589 bis 1608). Dem Hochw. Hrn. Bibliothekar dieses Stiftes, Gottfried Vielhaber, der mit grösster Bereitwilligkeit mir die auf den niederösterreichischen Bauernaufruhr bezugnehmenden Documente abschrieb, sei hiemit der beste Dank ausgesprochen.

[2]) Die Belagerung Weitras durch die Bauern vom 23. bis 26. December erhellt aus dem Verhöre mit den zu Seitenstetten hingerichteten Rebellen Thomas Freund aus Ottenschlag, Andreas Schmutzer aus Langenschlag und Christoph Pechlhofer aus Schönau. Verhörsprotokoll im Landesarchiv von Niederösterreich.

amten gefangen gesetzt und bestraft zu werden, erklärten sie. nur dann zu gehorchen, wenn ihnen der Reichsherold den kaiserlichen Schirm und Schutz verbriefen und besiegeln würde. Nachdem Fleischmann diesem Begehren entsprochen hatte, reversierten Prunner und seine Unterbefehlshaber im Namen des niederösterreichischen Bauernbundes dem kaiserlichen Befehle gehorchen zu wollen und unterzeichneten und besiegelten auch den Revers.[1] Am nächsten Tage verlas der Herold das kaiserliche Generale einem zahlreichen Haufen von Bauern — die Acten geben 3000 an — zu Zwettl, die sich gleichfalls dem Vertrage von Gmünd anschlossen.[2]

Obwol Prunner den Revers mit seinen Hauptleuten Gassner und Goeth unterzeichnet hatte, so war er doch nicht gesonnen, denselben auch einzuhalten. Er benützte vielmehr den von dem Reichsherolde ausgestellten und besiegelten Brief, um seine ehrgeizigen unlauteren Zwecke weiter zu verfolgen. Begleitet von einigen seiner Genossen und einer grossen Schar von bewaffneten Bauern rückte er nach Pöggstall und nam im Einverständnisse mit den Bürgern, welche dann auch die Besatzung entlohnten, Schloss und Markt ein, die dem sehr gehassten Freiherrn Wilhelm von Roggendorf untertänig waren. Nachdem er Gassner als Verwalter von Peggstall eingesetzt hatte, welchem nach kurzer Zeit ein früherer Soldat im kaiserlichen Heere, Pirschhaimer, in der Verwaltung folgte,[3] zog er nach Emmersdorf und kündigte den Bürgern von Langenlois in einem am 5. Jänner 1597 ausgestellten Schreiben seinen Besuch mit 100 Schützen an, um ihnen am 7. Jänner seinem vorgeblichen Auftrage gemäss, den ihm der Reichsherold Fleischmann zu Gmünd ertheilt hätte, das kaiserliche Generale kund zu thun. Auch benachrichtigte er sie, dass binnen drei Wochen die

---

[1] Anhang Nr. 10 und 11. Prunner, Gasser und Goeth unterzeichneten den Revers »alß obriste Haubt und Befelchsleuth deß Paurenbundts in Österreich under der Enß« im Namen des »gantzen Khrais«.

[2] Dies erhellt aus Kaiser Rudolfs Mandat an die kaiserlichen Commissäre ddo. 8. Januar 1597. Anhang Nr. 13.

[3] Aussage Pirschhaimers im Landesarchiv von Niederösterreich. Die Besetzung von Markt und Schloss Peggstall muss in dieser Zeit (1. bis 5. Jänner erfolgt sein, da schon am 7. Jänner Gassner als Verwalter daselbst erscheint. Anhang Nr. 14. Wilhelm von Roggendorf hatte sich den besonderen Hass seiner Bauern noch dadurch zugezogen, dass er, bevor er die Herrschaft Peggstall seinem Bruder Caspar verkaufte, von jedem seiner Holden eine Contribution von 6 bis 20 Gulden erhob, weshalb ihn auch Kaiser Rudolf in Wien verhaften liess. Anhang Nr. 15.

kaiserlichen Commissäre nach Emmersdorf kommen werden, um über die Beschwerden zu verhandeln. Die Bürger von Langenlois aber sagten ihm das verlangte Geleite, das sich bei ihm in Krems einzufinden hätte, nicht nur nicht zu, sondern verbaten sich auch seinen Besuch, da ihnen der kaiserliche Herold ohnedies das Mandat öffentlich am Christtag kund gethan hätte und sie auch keine Beschwerden vorzubringen wüssten. Zum Schlusse bemerkten sie, dass »diser markht Ir. Khays. Mayestät in proprio zuegehörig« sei.[1]) Durch diesen Misserfolg liess sich aber Prunner von seinem Plane, das ganze Waldviertel »mit Gottes hilff zusammenzuebringen«,[2]) nicht abhalten. Von Emmersdorf aus, wo er nach der Einname von Peggstall sein Hauptquartier aufgeschlagen hatte, richtete er seine unheilvolle Thätigkeit nach allen Teilen des Kreises. Wie sehr ihm diese gelang und wie allgemein dadurch die Bewegung unter den Bauern wurde, beweist unter anderem auch der Beschluss der Bürgerschaft von Horn vom 1. Jänner 1597, dass ob des stets wachsenden Aufstandes der Gottesdienst für die Stadtbewohner nicht mehr in der ausserhalb der Mauern liegenden Pfarrkirche, sondern innerhalb derselben in der sogenannten Stadtkirche abzuhalten sei, damit nicht etwa die Stadt, während die Bürger ausserhalb der Mauern weilten, von den Bauern überfallen und besetzt würde. Der Besitzer der Herrschaft Horn beschloss auch, um die Zahl der wehrhaften Verteidiger zu vergrössern, deshalb Landsknechte in die Stadt aufzunemen.[3])

Während die Bauernführer rüstig auf ihr Ziel lossteuerten, hatte auch die kaiserliche Commission ihre Thätigkeit begonnen. Abt Caspar von Melk und Richard von Streun, die hervorragendsten Mitglieder derselben, berichteten nicht nur ununterbrochen über das Wachsen des Aufstandes, sondern hatten auch für den 10. Jänner einen Tag nach Ips ausgeschrieben, um mit den Aufständigen zu verhandeln. Auf die Berichte der beiden Mitglieder der kaiserlichen Commission, welche, wie es scheint — denn sie sind uns leider nicht erhalten —[4]) das schnelle Fortschreiten der Erhebung zum Gegen-

---

[1]) Anhang Nr. 12 und 13.
[2]) Schreiben Prunners an die Bürger von Langenlois ddo. 5. Jänner. Anhang Nr. 12.
[3]) Burger, Geschichte des Stiftes Altenburg. 170.
[4]) Nach G. Wolf, Geschichte der Archive in Wien, sollen die im ehemaligen Hofkammer-Archiv aufbewahrten Acten der Bauernrebellion vernichtet worden sein.

stande hatten, griff jetzt auch die niederösterreichische Regierung energischer ein. Nachdem Erzherzog Mathias ob des Ernstes der Zeit für den kommenden Fasching des Jahres 1597, der wie üblich durch Maskeraden, Musik und Tanz und andere Lustbarkeiten gefeiert zu werden pflegte, alle derartigen Unterhaltungen strenge untersagt hatte, rief er den Landtag des Erzherzogtums unter der Enns nach Wien zusammen und bestimmte den 6. Jänner als dessen Eröffnungstag. Am 3. Jänner erliess auch die niederösterreichische Regierung im Namen des Kaisers ein neues Generale, in welchem sie die Aufrührer nochmals eindringlichst warnte und ermahnte, von ihrem unheilvollen, verbrecherischen Treiben abzustehen und dem Mandate, das ihnen der Reichsherold kundthun würde, zu gehorsamen.[1] Der Landmarschall und die Verordneten des Landtages von Niederösterreich erklärten sich gegen dieses neue Generale und waren auch mit dem Vorgehen des Reichsheroldes gegen die Bauern nicht einverstanden, namentlich tadelten sie, dass den Anführern der Aufständigen Gnade und Verzeihung von diesem zugesichert worden wäre. Sie wüssten nicht, wie mit dem neu erlassenen Warnungsmandate vorzugehen wäre, ihre Ansicht gienge dahin, dasselbe entweder auf einen anderen Weg als durch den Reichsherold publicieren zu lassen oder dessen Kundmachung gänzlich zu unterlassen, umsomehr, da die Bauern sich doch nicht zur Ruhe begäben, sondern in ihrem Beginnen fortführen und durch die Anführer derselben stets neue Anhänger der Bewegung zugeführt würden. Die Regierung möge die vom Reichsberolde festgesetzte Frist von drei Wochen, da die Commissäre am 10. Jänner ihre Wirksamkeit in Ips beginnen würden, nicht anerkennen, aber auch in der Anwerbung von Kriegsvolk fortfahren, um gegen die Bauern mit Gewalt einschreiten zu können, wenn sie nicht zum Gehorsame zurückkehren würden.[2] Auf diese Vorstellung hin erliess die niederösterreichische Regierung am 8. Jänner im Namen des Kaisers eine neue Instruction an den Abt Caspar von Melk, Richard von Streun und die anderen kaiserlichen Commissäre, deren Inhalt dahin lautete, dass die Commission am 10. Jänner nicht in Ips, sondern in Persenbeug abzuhalten wäre, weil die Untertanen »enthalb der Thonau« erklärten,

---

[1] Guarient, Codex Austriacus, II, 205. Das Mandat vom 3. Jänner ist aber der blosse Abdruck des am 10. December erlassenen Generales, wie dies auch die Instruction an die kaiserlichen Commissäre besagt.

[2] Landesarchiv von Niederösterreich.

weder nach Ips noch nach Melk kommen zu können. Dieselben wünschten die Abhaltung zu Emmersdorf, was nicht zu bewilligen sei. Sollten die Verhandlungen zu Persenbeug resultatlos verlaufen, so könnte die binnen drei Wochen nach Melk bestimmte Versammlung abgehalten werden, doch möge von dem »Accordo« des Reichsheroldes zu Gmünd und Zwettl nicht viel gesprochen werden. Die Commissäre sollten indessen auch mit den Anführern unterhandeln, damit sie von dem »angefangnen rebellischen werckh« abstünden. Sie hätten vor allem darauf zu achten, dass sich der Herold, der vom Hofe aus an sie gewiesen sei, nicht »zu weit« mit den Bauern einliesse. Den Richter von Haag (Viertel ober dem Wienerwalde) hätte die Regierung durch einen »Ainspaniger« vor sich gefordert, um denselben zu examiniren, zu welchem Verhöre die Commissäre die zu stellenden Fragen ihr bekannt geben sollten. Der kaiserliche Untermarschall wäre nach Peggstall mit dem Befehle an die Bauern gesandt worden, an ihn das Schloss zu übergeben, Wilhelm von Roggendorf sei nach Wien erfordert und daselbst gefangen gesetzt worden. Der in wenig Tagen zusammentretende Landtag hätte zu berathen, ob eine kriegerische Gegenwehre den Bauern gegenüber, falls freundliche Mittel nichts helfen würden, anzuwenden wäre. Die Commissäre sollten auch gegen den »Schneider« (Prunner), der sich kaiserliche Rechte (wegen Verkündigung des Generales in Langenlois) anmasse, einschreiten.[1])

Dieser Instruction gemäss sollte die Verhandlung nicht zu Ips, sondern zu Persenbeug am 10. Jänner mit den Bauern abgehalten werden; doch die Zusammenkunft der Commissäre verzögerte sich, da der Abt von Melk erst am 12. Jänner mit einigen anderen Mitgliedern in Ips eingetroffen und nach zwei Tagen später die Commission endlich vollständig in dieser Stadt versammelt war. Der thätige Abt Caspar hatte sofort nach seiner Ankunft im Namen der Commission an Richter und Rath von Persenbeug die Aufforderung erlassen, sich mit ihren Beschwerden am 17. Jänner zur Verhandlung vor der Commission im Schlosse zu Persenbeug einzufinden und auch den Bauern von Emmersdorf und Roggendorf diese Citation mitzuteilen, weil auch mit diesen sofort in Verhandlung getreten werden sollte. Zu diesem Termine wurde auch der Freiherr Ferdinand Albrecht von Hoyos als Besitzer von Persenbeug und Emmersdorf geladen und ersucht, der Commission in seinem Schlosse

---

[1]) Anhang Nr. 15.

Persenbeug ein Zimmer zu diesem Zwecke einzuräumen.¹) Am 15. Jänner erliess die nun vollständig in Ips versammelte Commission²) ein Ausschreiben an alle aufgestandenen Bauern und Untertanen des Viertels ober dem Manhartsberge, in welchem diesen der Zweck der Commission bekannt gegeben und sie aufgefordert wurden, ihre Beschwerden und Klagen, die sie gemäss des ihnen vom Reichsherolde kundgethanen Generales vom 10. December 1596 zu sammeln hatten, vor ihnen zu Persenbeug klarzulegen. Der Anfang würde am 17. Jänner mit den Holden des Herrn von Hoyos zu Persenbeug und Emmersdorf gemacht, die anderen Gemeinden aber sollten stets rechtzeitig von den für sie bestimmten Verhandlungstagen in Kenntnis gesetzt werden.

Am festgesetzten Tage, 17. Jänner, wartete die vollständige Commission im Schlosse zu Persenbeug auf die Bauern und Bürger dieses Marktes und die von Emmersdorf durch mehrere Stunden, doch niemand erschien vor ihr, die angesetzten Verhandlungen mussten deshalb unterbleiben. Es war dies das Werk Prunners, der ungeachtet seines zu Gmünd und Zwettl gegebenen Reverses die Verhandlungen durchaus in Emmersdorf abgehalten wissen wollte, weil er dort, in seinem Hauptquartiere, umgeben von seinen Hauptleuten und einer grossen Anzahl ihm treu ergebener Bauern dadurch auf die Commissäre einen Druck auszuüben hoffte. Auf seine Veranlassung hin hatte, wie der Abt von Melk an den Erzherzog Mathias berichtet, eine Deputation von Bürgern und Bauern von Persenbeug noch am Abende des 12. Jänner dem Abte von Melk und dem Propste von Eisgarn erklärt, sie würden am 17. Jänner nicht erscheinen, sie hätten ihre Klagepunkte noch nicht gesammelt und könnten diese Sammlung innerhalb des kurzen Termines nicht durchführen; auch hätte der Reichsherold den Tag von Persenbeug abgestellt und ihnen die Zusage gemacht, dass am 22. Jänner zu Emmersdorf mit ihnen verhandelt werden sollte. Obwol ihnen der Abt die Unwahrheit ihrer Angabe nachwies und erklärte, der Commission wäre nicht unbekannt, dass sie ihre Beschwerden in 72 Artikeln schon längst aufgezeichnet und sogar einigen Bewohnern von Persenbeug vorgezeigt hätten, so erschienen sie doch zum 17. Jänner

---

¹) Anhang Nr. 16 und 17.

²) Als Mitglieder erschienen in Ips die oberwähnten Commissäre, ausser Streun, der krank war, doch steht seine Unterschrift unter dem Ausschreiben, und Siegmund Graf von Hardegg, sowie der Abt Ulrich von Zwettl. Anhang Nr. 18.

nicht, sondern liessen durch den Pfleger von Persenbeug erklären, dass sie am 22. Jänner zu Emmersdorf mit der Commission verhandeln wollten. Da der angesetzte Termin zu Persenbeug wegen des Nichterscheinens der Bauern resultatlos geblieben war, so kehrte die Commission noch am selben Tage nach Ips zurück und begab sich, weil dort theuer zu leben wäre, nach Melk. In dem Berichte, welchen der Abt Caspar im Namen der Commission am 19. Jänner an den Erzherzog über den resultatlosen Tag von Persenbeug sandte, klagte er über das Vorgehen des Reichsheroldes, der den Bauern mit Hand und Mund gelobt hätte, dass die Commission am 22. Jänner zu Emmersdorf mit den Aufständigen verhandeln würde. Derselbe zur Verantwortung aufgefordert erklärte, dass er über Befehl der Commissäre, nachdem er zu Ips das kaiserliche Generale verkündet hatte, nach Persenbeug übergesetzt wäre, wo er durch den Pfleger des Herrn von Hoyos die auf dessen Veranlassung zusammen gekommenen Untertanen von Persenbeug, nachdem er das Generale publiciert hatte, zum Gehorsame ermahnen habe lassen. Er habe den Tag von Persenbeug nicht abgesagt, sondern erklärt, jene Bauern, welche am 22. Jänner in Emmersdorf sich versammeln wollten, sollten ihre Klagen durch einen bevollmächtigten Ausschuss an die kaiserliche Commission nach Melk senden; sie könnten jedoch in ihrem Lager beisammen bleiben, um die Entscheidung der Commissäre abzuwarten.[1]) Dieses unkluge Vorgehen des Heroldes wurde von dem schlauen Prunner für seine Zwecke rasch ausgenützt. Derselbe gab den Bauern, die ihm infolge der ihnen gemachten »Ansage«, dass nun »unverweilt mit der scherff vorgegangen und ein erschreckliches Exempl« statuiert werden müsse, von Weitra und anderen Orten zahlreich zugeströmt waren — ihre Zahl soll sich auf 5000 Mann belaufen haben[2]) — bekannt, dass durch den Herold der Tag zu Persenbeug aufgehoben und auf den 22. Jänner zu Emmersdorf festgesetzt wäre.

Die kaiserlichen Commissäre blieben in Melk, und es begannen zwischen ihnen und den zu Emmersdorf unter Prunners Führung lagernden Bauern Unterhandlungen, um diese zum Erscheinen in Melk zu bewegen. Zu diesem Behufe sandten die Commissäre mehreremale Bürger von Melk nach Emmersdorf als ihre Abgeordneten; doch blieben die Unterhandlungen resultatlos, die Com-

---

[1]) Anhang Nr. 19 und 26.
[2]) Nach Kaltenegger's Manuscripte II, 491; andere geben die Zahl 8000 an.

missäre konnten nicht, wie die Bauern verlangten, ohne speciellen Befehl des Erzherzogs nach Emmersdorf gehen, die Bauern aber wollten nicht nach Melk kommen. Prunner, der sich in seinen Briefen als »Oberhaubtman über die auffgestandtnen Burger und Paurn des Waldvierts ob Mannhartsperg« unterzeichnete, lud die Commissäre zur Verhandlung nach Emmersdorf unter Zusicherung freien Geleites, und beklagte sich, als ihm der Abt von Melk auf sein erstes Schreiben vom 19. Jänner nicht sofort antwortete, über dieses beleidigende Stillschweigen: er sei zwar »ain geringe persohn, und reverendto nur ein hosenflickher,« hätte aber doch eine Antwort erwartet, sagte er den Abgeordneten der kaiserlichen Commission. Als der Abt von Melk ein Schreiben an ihn und die Bauern richtete, in welchem er Prunner seine Anmassung verwies und nochmals alle väterlich ermahnte, den kaiserlichen Befehlen zu gehorchen und nach Melk zu kommen, da sie den Reichsherold falsch verstanden hätten, lehnte Prunner diese Einladung, nachdem er mit dem »hellen Hauffen« Rücksprache gehalten hatte, schroff ab. Die Bauern würden zu Emmersdorf die kaiserlichen Commissäre an dem festgesetzten Tage erwarten, liess er der Commission sagen, nur dürfte der Herr von Gall nicht unter ihnen erscheinen, er könne für dessen Sicherheit nicht bürgen, da die Bauern gegen ihn sehr erbittert wären, die anderen Commissäre werde »er also einfüren mit den irigen und in essen und trinckhen tractieren, als wan sye in ainer Reichstatt« wären.[1]

Während dieser resultatlosen Verhandlungen hatten die Aufständigen aber nicht geruht. Die Bauern von Persenbeug und Umgebung hielten dieses Schloss besonders scharf im Auge, und als sie merkten, dass der Pfleger die »besten sachen« auf ein Schiff bringen liess, um sie vor dem ihm kundgewordenen Vorhaben der Aufständigen, das Schloss zu überfallen, in Sicherheit zu bringen, hinderten sie nicht nur die Abfahrt des Frachtschiffes, sondern zwangen den Pfleger, die Sachen wieder in das Schloss zu bringen, welches sie dann durch aufgestellte Posten scharf bewachen liessen. Als der Pfleger, auf den sie es abgesehen hatten, sich der Gefangennahme durch die Flucht entzog, besetzten sie am 25. Jänner das Schloss.[2]

---

[1] Anhang Nr. 20, 21, 22, 23, 24 und 25.

[2] Schramb, Chronicon Mellicense, 696, mit unrichtiger Datierung; statt 23. muss es 27. Jänner heissen, welcher Tag sich aus dem Berichte des Abtes von Melk an den kaiserl. Hofrath Wolf Unverzagt ergibt. Schramb, a. a. O. 698. Eine Ergänzung zur Einnamc von Persenbeug bringt Link in seinen Annalen, a. a. O. II. 512.

Prunner, welcher diese Gewaltthat persönlich nicht leitete, aber darum wusste, wurde von der erfolgten Besetzung in Kenntnis gesetzt, gieng auf den Vorschlag der Bauern, das Schloss als einen Stützpunkt für ihre ferneren Unternemungen zu behalten, ein und sandte einen seiner treuesten Anhänger, Georg Göth, Hauptmann zu Arbesbach, als Verwalter hin. Dieser, ein sehr abergläubischer Mann — er trug immer ein »puechl mit der zauberei sowohl ein khetenglidt, daran ainer gehenckt worden, damit ime nichts beß geschehen soll,« bei sich[1]) — liess die vorhandenen Vorräte im Schlosse aufzeichnen [2]) und dann dasselbe durch 53 Mann bewachen, deren Sold er durch den Verkauf von Getreide bestritt.

Obwol der Abt von Melk und die anderen in Melk anwesenden Commissäre in einem Schreiben vom 24. Jänner an die Bauern zu Emmersdorf dieselben im Namen der Commission aufgefordert hatten, bis zum Einlangen des erwarteten Befehles vom Erzherzog Mathias wegen Bestimmung der Ortschaft, wo die Verhandlungen statthaben sollten, Ruhe zu halten,[3]) kehrte sich Prunner doch nicht daran, sondern rückte gegen Spitz, das er auch am 26. Jänner besetzte und die Bürger und Bauern daselbst zum Anschlusse an die Aufständigen nötigte. Hier erreichte ihn auch das Schreiben des Abtes von Melk am 27. Jänner, worin dieser den Bauern bekannt gab, Erzherzog Mathias habe nicht Emmersdorf, sondern die Stadt Krems als »Mallstatt« des Viertels bestimmt, und sie zugleich aufforderte, diese »Thür der Gnaden« zu benützen, die Waffen niederzulegen und durch einen aus ihrer Mitte gewählten Ausschuss von 30 Mann ihre Beschwerden der Commission, der sie volles Vertrauen schenken möchten, zu übergeben.[4]) Um dieses Mandat allgemein bekannt zu machen und die Ruhe herzustellen, liess es der Abt auch an die Türen der Pfarrkirche von Krems anheften.[5]) Eine ähnliche Aufforderung ergieng an die Bauern des Viertels ober dem Wienerwalde, denen Ips als »Mallstatt« bestimmt wurde. Doch die Bauern,

---

[1]) Aus dem Verhörsprotokoll Göths vom 4. April 1597, im Landesarchive von Niederösterreich. Göth soll auch, so sagt er selbst aus, von den Goldmachern zu Persenbeug ein Stück Goldes, bei drei Ducaten schwer, genommen haben, wofür er sich drei Ellen schwarzes »Zeug« gekauft habe.

[2]) Es fanden sich bei 680 Eimer Wein und viel Vieh; während Göths Verwaltung wurden 10 Eimer ausgetrunken.

[3]) Anhang Nr. 27.

[4]) Schramb, a. a. O. 696.

[5]) Schramb, a. a O., und Archiv von Seitenstetten.

verhetzt von ihren Führern, wollten von einer ruhigen Verhandlung nichts mehr wissen, und bald flammte in den beiden oberen Vierteln von Niederösterreich der Aufstand wilder und heftiger denn je zuvor empor.

Der Aufstand auf seiner Höhe.

Der einsichtsvolle thätige Abt Caspar von Melk schrieb am 27. Jänner 1597 an den kaiserlichen Hofrath Wolf Unverzagt, dass die Commission an die aufständigen Bauern der beiden oberen Viertel des Landes unter der Enns die Aufforderungen, sich an den bestimmten Tagen (die ersten Tage des Februars) mit ihren Beschwerden zu Krems und Ips einzufinden, erlassen hätte und dass die Commissäre einstweilen von Melk in ihre Heimat abgereist wären. Diesem Berichte fügte er nachstehende Worte bei, welche Zeugnis geben, dass der Abt mit seinem klugen Blicke das eigentliche Wesen der Erhebung erkannte. »Ich trag leyder sorg, es sey denen Paurn nit umb abhelffung ihrer praetendierten beschwärnussen, sonder umb etwas anders zu thun, sonst wurden sye wol an ein yedes orth, so ihnen von den Commissariis benent, erschienen seyn: quaerunt magis libertatem, quam aliquid aliud, exitus acta probabit. . . Trag sorg, es werde mit der guette nicht mehr thuen, die Paurn seynd schon zaumloss worden und (haben) das mundstueckh auss dem maul gethan.«[1])

Diese Worte fanden nur zu schnell ihre Bestätigung; denn noch am Abende desselben Tages, 27. Jänner, kehrten die von der Commission an die zu Spitz versammelten Bauern abgesandten Bürger von Melk, Heinrich Scheff und Hans Traxler, zurück und berichteten dem Abte über den Erfolg ihrer Mission. Sie hätten die Bauern bei Spitz getroffen, der Hauptmann Prunner habe sich aber geweigert, das Schreiben, das sie für den 5. Februar nach Krems berief, aus ihren Händen entgegenzunemen, indem er erklärte, dass die Bauern beschlossen hätten, von der Commission fernerhin keine Zuschrift mehr anzunemen. Auch hätten sie sich mit den anderen Bauern eidlich verbunden, sich selbst zu Melk die Antwort von der Commission zu holen. Nach längeren Verhandlungen und Berathungen mit seinen Genossen habe Prunner das Schreiben doch entgegengenommen und, nachdem er es den Bauern öffentlich hatte verlesen lassen, den Abgesandten folgende Antwort erteilt: »Weilen einmahl die angestelte Commission zwischen ihnen keinen fortgang gehabt und ihnen keine antwort auf ihre zuschriften gegeben worden wäre, hätten sie sich allzusammen die viertel ober und unter Manhartsberg verbunden und für Mölckh umb beschaid zu kommen, und das seye einmahl sein endlicher will und gehen (sye) ferner keinen andern contract ein, sonder wollen bey einander verbleiben; dann sye haben derowegen an Ihr khayserliche Mayestätt ein bottschaft abgeferttiget und die Commissarien derowegen verklagt, und können ferner in dieses der herrn Commissarien schreiben nit willigen, sonder sye wöllen allsambtlich nirgents hinkommen als auff Mölckh«.[1]) Auf diese Antwort fügte der Abt seinem Berichte an Unverzagt die Nachricht von der feindlichen Absicht der Bauern gegen Melk bei, bezeichnete die Angabe Prunners, keine Antwort auf dessen Schreiben gegeben zu haben, als Unwahrheit und bat, der Erzherzog möge, obwol er sich vor den Drohungen Prunners und seiner Genossen nicht fürchte, doch seinem Kloster, das ohne jede Hilfe und ein wichtiger Pass zu Wasser und zu Lande sei, dessen Erhaltung notwendig wäre, weil es auch dem Aufstande im Viertel ober dem Wienerwalde, der allgemein werden würde, wenn die Holzknechte aus der Steiermark in das Land kämen, »präcavieren« könnte, ein »Fähndl« Knechte und 100 oder 200 Rosse (Reiter) sowie zehn Tonnen Pulver senden.

Die ohnedies schon starke Aufregung unter der Bauernschaft des Waldviertels, deren Selbstgefühl durch die Besetzung von Peggstall, Persenbeug, Emmersdorf, Spitz und andere Ortschaften bedeutend gestiegen war, steigerte sich noch, als die Nachricht, dass die kaiserliche Commission bis zur Verhandlung in Krems auseinandergegangen wäre, in das Lager der Bauern zu Spitz drang. Prunner und seine Genossen wussten diese Nachricht für ihre unlauteren Zwecke zu verwerten, indem sie unter dem Vorgeben, dass, weil die Commission sich aufgelöst habe, ohne mit den Bauern zu verhandeln, diese selbst jetzt die Klagen sammeln müssten, um sie dem Kaiser zu unterbreiten, die zu Spitz versammelten Bauern zu einem neuerdings durch einen feierlichen Eid bekräftigten Bunde bewogen. Zugleich beschlossen sie, die Bauern des ganzen Waldviertels dem neuen Bunde zu ge-

---

[1]) Originalbericht im Archiv von Melk; auch bei Schramb, a. a. O. 699.

winnen.¹) Zu diesem Zwecke zogen Prunner, Schrembser von Dobersberg und der Schmied von Kamp, Angerer, in die bisher noch ruhig gebliebenen Gemeinden, um auch diese für ihre Sache zu gewinnen und entwickelten eine eifrige Agitation, bei der es weder an listigen Vorspiegelungen noch an scharfen Drohungen fehlte. Dadurch wurden viele bis dahin ruhige Gemeinden zum Anschlusse gebracht, so die Märkte und Ortschaften Gföhl, Gars, Grafenberg, Kottes, Schrems, Vitis, Allentsteig, Neupölla, Dobersberg, Thaja, Litschau und Kirchberg am Walde u. a.²)

Unter Prunners Schar fehlten auch die »gartenden Kriegsknechte« nicht, und gerade diese waren es, welche durch ihr wüstes Treiben, durch Raub und Plünderung der Schlösser und jener Untertanen, welche den Mitzug verweigerten, sich auszeichneten.³) Die Zahl derselben war im Bauernheere keine unbedeutende, wie dies aus dem am 15. Mai 1597 zu Königstetten abgehaltenen Kriegsgerichte erhellt, in welchem ein Hauptmann und 69 Schützen und Musketiere wegen Fahnenflucht, nachdem sie, dem damaligen Kriegsrechte entsprechend, durch drei Tage (12., 13., 14. Mai) öffentlich bei ihren Namen aufgerufen worden waren, aus der kaiserlichen Armee ausgestossen und ihre Namen an einen Galgen geschlagen wurden. Sie waren auf dem Marsche, den das Kriegsvolk gegen die Bauern angetreten hatte (um die Mitte Februar), entwichen.⁴) Durch diese Deserteure kam militärische Ordnung in die Scharen der Bauern; besonders war es der frühere kaiserliche Profoss und dann Lieutenant der Bauern. Sebastian Schönfeld, der, wie er in seinem Verhöre selbst gesteht, die Bauern in Glieder, drei und drei zu einem Gliede verbunden, abteilte.⁵)

Wenn die Bauern eine Ortschaft besetzten, so riefen sie die Grundholden zusammen, liessen sich ihre Klagen und Beschwerden vortragen und dieselben aufzeichnen, um sie angeblich dem Kaiser zu

---

[1]) Nach mehreren Verhörsprotokollen, Fuggerischen Relationen und anderen Nachrichten.

[2]) Diese Ortschaften und andere finden sich häufig in den Aussagen der gefangenen Bauern angeführt, doch lässt sich die genaue Datierung ihres Anschlusses an die Bauern nicht feststellen.

[3]) Verhörsprotokolle im Landesarchiv von Niederösterreich.

[4]) Sie gehörten den Compagnien der Hauptleute Erasmus von Eitzing, Bartholomäus von Öder und Caspar Ernst an. Verhörsprotokolle a. a. O.

[5]) Es erscheinen noch als militärische Führer der Bauern: Hauptleute, Fähnrich, Feldschreiber, Lieutnant, Wachtmeister, Rottmeister u. a.

übergeben. Diese Klagen liefen alle mit mehr oder minder grossen Abweichungen in nachstehende vier Punkte zusammen, welche man als die Artikel der Bauern bezeichnen kann. Sie lauteten:

I. »Erstens, dass sie von iren herren longe zeit hero in vilen stuckhen dermassen mit überaus unchristlichen tribut vnd robatten tribuliert (worden), dass sie dem irigen nit abwarthen könnden, also dass zue erbarmen.
II. Zum andern, wann sie drey muth habern, getrayd, huener, khue, ross und dergleichen haben, miessen sie dass aine stuckh allezeit der herrschafft geben, und überdises alles leg man inen offt Kriegsvolckh auf den halss, dergestalt sei inen unmöglich solliches lenger zue gedulden.
III. Zum dritten begern sie anderst nit nichts, allein dass man sie bei irer vorfarn vnd alten gerechtigkait tribut und Türggensteur, so sie willig begern zue erheben, wie vor 50 und 100 iarn welle bleiben lassen.
IV. Letzlich und in bewilligung dessen erbietten sie sich im fahl der nott und der feindt überhandt nemen sollte, alle einhellig auff und wider den erbfeindt zu ziechen, auch alle billige renndten und gülten geben wie ire vorfahren doch mit diser condition, dass ire herren auch selbst personlich zue feldt mitziechen.«[1]

Durch ihre rührige und eifrige Agitation brachten die Führer eine bedeutende Anzahl von Bauern auf ihre Seite, wenn auch dieselbe durchaus nicht jene hohe Zahl erreichte, deren sich die Aufständigen, vorab Prunner, der, wie der Abt von Melk an Unverzagt treffend schreibt, überhaupt sehr ruhmredig und grossspr echerisch wäre, in ihren Ausschreiben zu rühmen pflegten.[2]) Doch ungeachtet des grossen Terrorismus,[3]) den Prunner und seine Anhänger auf die

---

[1]) Fuggerische Relationen, a. a. O. 819—820b. Der Berichterstatter, welcher manche Wahrheit aber auch viele Dichtung und leere Gerüchte bringt, hat auch in den Relationen, l. c., fol. 819, eine Nachricht, die besagt, dass die Bauern, sobald sie ein Schloss eingenommen hätten, nichts anrühren, alles genau aufzeichnen, auch sogar das, was sie verzehren und vertrinken, überhaupt nie plündern und rauben. Die Nachrichten über die Einname von Pöggstall, Persenbeug, Karlsbach, St. Peter in der Au u. a. bezeugen das Gegenteil.

[2]) So soll Prunner gesagt haben, dass »belder selss inu zween tagen über 100 mille (Bauern) starkh zusamben khommen« könnten; Relationen, a. a. O.

[3]) Die Furcht vor dem angedrohten Verderben bewog viele Gemeinden zum Anschlusse. So entschuldigen sich die Untertanen des Stiftes Melk, zu Weiten und Kolmitz, dass sie dem Befehle des Abtes Caspar, vor ihm zu erscheinen, nicht

ruhigen Untertanen ausübten, gab es doch auch manche Grundholden, die mit ihrer Herrschaft zufrieden waren und den Anschluss verweigerten. Zu diesen, deren Zahl freilich keine bedeutende war, gehörten die Untertanen des Freiherrn Reichards von Streun im Thale der Wachau zu Weissenkirchen, Joching, Wesendorf und St. Michael, welche die Aufforderung Prunners mit der Erklärung zurückwiesen, sie hätten keine Klage gegen ihre Herrschaft, nur bezüglich der Abschaffung der Rauchfangsteuer wären sie bereit mit ihnen zu gehen.[1]) Eine ähnliche Erklärung gaben die Grundholden der grossen Herrschaft Weitra ab, nachdem deren Besitzer die Ursachen der Klagen, von welchen er nie früher Kenntnis gehabt hätte, abgestellt hatte.[2])

Während Prunner mit seinen Scharen die Erhebung der Bauern des ganzen Waldviertels zustande zu bringen suchte und selbst mit den jenseits der Grenzen des Erzherzogtumes, in Böhmen und Mähren, sesshaften Bauern Verbindungen anknüpfte, um auch diese zum Anschlusse zu bewegen,[3]) loderte auch am rechten Ufer der Donau, im Viertel ober dem Wienerwalde, der Aufstand in wilden Flammen neuerdings empor. Daselbst hatten die Bauern vermutlich ob der eingetretenen Winterkälte seit der Mitte December Ruhe gehalten, doch hatten sich mehrere neue Ortschaften, besonders die in der Umgegend von Melk und St. Pölten, ihren Bestrebungen angeschlossen. Das Erscheinen des Reichsheroldes diesseits der Donau schien diese Ruhe zu befestigen und den Frieden wieder herzustellen. Derselbe war, nachdem er in den ersten drei Tagen des Jänners 1597 zu Kirchberg am Walde, Ottenschlag und Peggstall den versammelten Bauern das kaiserliche Generale kundgethan und die gewöhnliche Aufforderung zum Auseinandergehen und Niederlegen der Waffen ergehen hatte lassen — mit welchem Erfolge dies geschah, zeigt die unmittelbar darauf erfolgte Besetzung von Peggstall — auf das rechte Donauufer übergesetzt und hatte in den Tagen vom 5. bis 18. Jänner im Viertel

Folge leisten könnten, weil die Bauern es ihnen verboten hätten; »dass Gott weiss, wie es unsern hauss und hoff, armen weibern und khleinen unerzogenen khindern sonst ergehen würde«. Orig. Schreiben aus dem Jahre 1597, ohne Datierung, im Archive von Melk.

[1]) Anhang Nr. 33.
[2]) Orig. Pap. ohne Datierung, im Archiv von Melk.
[3]) Diese Absicht Prunners erhellt aus den Aussagen seines Sohnes und des Schusters von Marbach, welche beide zu Emmersdorf in der Au am 4. April hingerichtet wurden. Verhörsprotokoll im Landesarchiv von Niederösterreich.

ober dem Wienerwalde in vielen Orten, so zu Amstetten, Neuhofen, Ulmerfeld, Aschbach, Seitenstetten, St. Peter in der Au, Weistrach, Haag, Behaimberg, Waidhofen an der Ips, Ipsitz, Gresten, Gamming, Scheibbs, Purgstall, Steinakirchen, Wieselburg. Pechlarn und Ips, seines Amtes gewaltet.[1]) Wie er selbst an die kaiserliche Commission zu Melk am 22. Jänner berichtet, hätten seine Bemühungen, Friede und Ruhe herzustellen, Erfolg gehabt. Zu Aschbach und Haag habe er die Bauern zur Annahme eines Reverses gebracht, den sie mit ihren Unterschriften und Siegeln bestätigt und in welchem sie versprochen hätten, zum Gehorsame zurückzukehren und Ausschüsse zu wählen, welche die gesammelten Klagepunkte den Commissären übermitteln und an dem von diesen bestimmten Tage und Orte mit ihnen verhandeln würden. Mehr als 15.000 Bauern hätten sich damit einverstanden erklärt.[2]) Diese grosse Zahl erregt Bedenken, das noch verstärkt wird, wenn wir damit die Aufzeichnungen eines gleichzeitigen Chronisten vergleichen, der erzählt, dass die Bemühungen des Reichsheroldes von geringem Erfolge begleitet waren. Die Bauern hätten ihn schimpflich und verächtlich behandelt, an ihn in strenger Weise die Frage gestellt, ob das Generale wirklich vom Kaiser ausgegangen, ob seine Sendung an sie über Befehl der kaiserlichen Majestät und nicht von den Ständen des Landes erfolgt sei, ob der Kaiser von ihren Beschwerden Kenntnis habe und sie abzustellen gedenke u. a.[3]) Mögen aber auch die Berichte des Reichsheroldes von Übertreibung, namentlich bezüglich der grossen Anzahl der Bauern, welche wieder gehorchen wollten, nicht frei sein, so steht doch anderseits fest, dass unter den Bauern in den Thälern der Url, Erlaf und Ips bis in das letzte Drittel des Monats Jänner Ruhe herrschte und dass die kaiserlichen Commissäre am 23. Jänner die Geleitscheine für die Ausschüsse abgesandt sowie diese selbst für den 5. Februar nach Ips zur Verhandlung geladen haben.[4]) In dieser Zeit aber erhob sich ein neuer furchtbarer Aufstand, welcher, von

---

[1]) Diese Ortschaften ergeben sich aus den Aussagen gefangener Bauern von Aschbach, Ipsitz, Seitenstetten, Ulmerfeld, sowie aus einzelnen Nachrichten und Berichten Seemans von St. Peter in der Au, des Abtes Christoph von Seitenstetten und der Chronik des Schulmeisters Wolf Lindner zu Garsten, der zu Beginn des Jahres 1597 Schulmeister in Waidhofen an der Ips war.

[2]) Anhang Nr. 26.

[3]) Wolfgang Lindners Chronik, a. a. O.

[4]) Schramb, Chronicon Mellicense, a. a. O. 647.

Greuelscenen aller Art begleitet, endlich mit der gänzlichen Niederlage der Bauern und ihrer blutigen Bestrafung endete.

Den Anlass zu dieser neuen Erhebung bot das Gerücht, die Stände hätten es bei dem Erzherzoge durchgesetzt, dass von Wien aus Truppen gegen die Bauern der beiden oberen Viertel des Landes gesendet werden sollten. Dasselbe war thatsächlich nicht ganz aus der Luft gegriffen. Der am 14. Jänner 1597 eröffnete Landtag von Niederösterreich hatte am 21. an den Erzherzog ein Schreiben gerichtet, in welchem er vorerst demselben seinen Dank aussprach für seine Bemühungen zur Dämpfung des Aufstandes und daran die Bitte knüpfte, Erzherzog Mathias möge den Ständen gegen die »wider Gottesordnung gesuchte libertet und entlich unterdruckhung des adenlichen namens und stammens« seinen ferneren Beistand und Schutz nicht entziehen. Sie hätten des Aufstandes wegen einen Ausschuss aus den drei oberen Ständen eingesetzt und dazu auch Mitglieder des vierten Standes beigezogen. Dieser Ausschuss unterbreitete dem Erzherzoge nachstehendes Gutachten:

a) Das unbefugte Begehren der Bauern wegen des Ortes der abzuhaltenden Commission wäre von der niederösterreichischen Regierung abzuweisen, und da sie anderes, als was das kaiserliche Generale enthielte und worüber der Reichsherold mit ihnen einen Accordo geschlossen hätte, suchten, sollte mit Ernst gegen sie vorgegangen werden.

b) Die Bauern um Aschbach und Haag hätten sich zwar dem kaiserlichen Generale unterworfen, die Waffen niedergelegt und sich erboten, ihre Beschwerden der kaiserlichen Commission zu übergeben; aber die Bauern seien wankelmütig, weshalb die Anwerbung von Kriegsvolk fortgesetzt und die schon geworbenen 1500 Knechte gemustert werden sollten, um die Macht der Bauern, die schnell wieder beieinander wäre, zu brechen. Dazu riethe auch, dass dadurch die zwei bisher dem Aufstande ferne gebliebenen unteren Vierteln abgehalten würden, sich den Rebellen anzuschliessen sowie dass sich dadurch die ruhigen Untertanen der beiden oberen Viertel und die Städte und Märkte zu grösserem Widerstande ermannen würden.

c) Die Stände des Landes ob der Enns seien zu ersuchen, jede Verbindung der oberösterreichischen Rebellen mit den niederösterreichischen zu hindern.

d) Gegen die Bauern, welche Peggstall besetzt hielten und selbes dem zu ihnen gesandten Untermarschall, der das Schloss bis zur Abstellung der Beschwerden in Sequestration nemen sollte, entgegen dem kaiserlichen Befehle nicht ausliefern wollten, sowie gegen die, welche den Pfarrhof von Rapottenstein geplündert, Ottenschlag und Weitra belagert, den Maierhof zu Ottenschlag ausgeraubt, endlich ruhige Untertanen mit Drohungen und Gewalt zur Verbindung mit ihnen gezwungen hätten, auch trotz des mit dem Reichsherolde abgeschlossenen Accords von Weitra bis Haugsdorf die Ansage hätten ergehen lassen, sollte unverweilt mit »der scherff« vorgegangen und ein »erschreckhliches exempel« statuiert werden, zu welchem Behufe die Knechte sofort nach der Musterung in die beiden oberen Viertel gelegt werden sollten, doch hätten diese gute Mannszucht zu halten.[1]

Die Regierung stimmte diesen Vorschlägen im ganzen bei und beantragte, dass die Stände, da die Zahl der Knechte doch eine geringe wäre, noch 200 Haiduken aufnemen und der Adel des Viertels ober dem Manhartsberg seine Gültpferde mit den dahin zu sendenden kaiserlichen Reitern vereinigen sollte. Zugleich sollten Vorsichtsmassregeln zum Schutze der Brücke Krems-Mautern getroffen, die Ufer der Donau strenge bewacht, die Schiffe in die Städte am rechten Donauufer geborgen, der Verkauf von Pulver, Waffen, Blei, Zündschnüren und anderen strenge verboten, die Städte und Schlösser verproviantiert und Melk mit 500, Ips mit 100 Mann, Krems, Waidhofen an der Thaja, Weitra, Zwettl, Raabs und Horn mit dem Reste der Knechte besetzt werden.[2] Auf die Nachricht, dass die Bauern Persenbeug genommen hätten und auf dem Zuge nach Weissenkirchen und Weitenegg sich befänden, um von dort die Donau zu übersetzen und Melk zu bedrohen, erklärte die Regierung am 29. Jänner, dass die 700 Reiter des Obersten Kollonitsch sofort abgesendet und Ips und Melk mit je 100 Knechten unverweilt besetzt werden sollten. Auch beantragte sie, die Stände sollten 1000 Haiduken sehr bald anwerben, die Pässe von Gaming, Scheibbs, Hausegg und Purgstall besetzen, um den

---

[1] Landtagsverhandlungen des Jahres 1597 im Landesarchiv von Niederösterreich.

[2] Landtagsverhandlungen a. a. O.

Zuzug der Holzknechte von Eisenerz zu verhindern. Der Erzherzog hätte auch schon zu Prag bei seiner Majestät angefragt, »was mit der Pauren abgesanndten zu Prag, so sy irem antzaigen nach da hin abgeferttigt zu thuen sey«, auch hätte er an den Erzherzog Ferdinand von Steiermark wegen der Holzknechte geschrieben und dem Landeshauptmann von Oberösterreich den Befehl erteilt, auf die Boten der Bauern ein wachsames Auge zu haben, den Verkauf und das Fortschaffen von Waffen und Munition zu verhindern und die Schiffe gut zu verwahren. Es werde ein neues Generale erlassen werden, das den Aufständigen die äusserste Strenge des Vorgehens gegen sie, wenn sie nicht zum Gehorsam zurückkehren würden, ankündigen sollte.[1]) Die Bitte der Stände, der Erzherzog möge den Landtag vertagen und die Stände in ihre Heimat zurückkehren lassen, wurde abschlägig beantwortet. Dem Abte von Melk, der sich an den kaiserlichen Hofrath Unverzagt gewandt und von demselben Hilfe für Melk verlangt hatte, gab der Erzherzog in einem Schreiben vom 27. Jänner bekannt, dass er Reiter und Fussknechte absenden werde, die an beiden Ufern hinaufrücken würden und Melk, Ips und andere wichtige Orte zu besetzen hätten. Auch übersandte er ihm ein Mandat durch einen eigenen Kammerboten, welches den Adel und die Städte des Viertels ober dem Wienerwalde aufbot, um Prunners Absicht, mit 300 Bauern die Donau zu übersetzen, zu verhindern, Ips zu schützen, und anordnete, der neu entstandenen unruhigen Bewegung der Bauern dieses oberen Viertels mit aller Strenge entgegenzutreten. Besonderes Augenmerk sollte das Aufgebot den »Ansagern« sowie den Boten von und zu den Aufständigen Oberösterreichs zuwenden. Die Stadt Ips sei zu halten, bis die ohnedies nicht lange ausbleibende Hilfe eintreffen würde.[2]) Diese Stadt selbst wurde durch ein Schreiben aufgefordert, die dem Kaiser geschworne Treue zu bewahren, gute Wache besonders an den Toren zu halten, die Schiffe gut zu verwahren und niemanden ohne gehörigen Ausweis Waffen und Munition zu verkaufen. Auch sollten Richter und Rath der Stadt von allem, was sie über die Bewegung der Bauern, ihre Pläne und Absichten in Erfahrung brächten, ohne Säumnis dem Abte von Melk und dem Freiherrn von Streun berichten.[3])

---

[1]) Landtagsverhandlungen a. a. O.
[2]) Anhang Nr. 32.
[3]) Anhang Nr. 30.

Während aber die Stände beriethen und an den Vorschlägen des Erzherzogs und der niederösterreichischen Regierung nörgelten, den Befehl des Erzherzogs wegen Instandsetzung der Schlösser und Städte als Vorwand benützen, um die Vertagung des Landtages bis Mitfasten zu erreichen, handelten die Bauern. Das Gerücht über das Heraufrücken des Kriegsvolkes, welches wegen seiner Raubsucht und Grausamkeit sehr gefürchtet wurde und deshalb allgemein verhasst war,[1]) wurde von einigen ehrgeizigen Männern, namentlich den schon erwähnten Bauern Spatz, Zehentmaier, damals Richter zu Haag, Beer, Schachermaier u. a., zu welchen sich als neues Element der Schulmeister der freisingischen Herrschaft Neuhofen-Ulmerfeld gesellte, benützt, um die Bauern des Url- und Ipsthales aus ihrer Ruhe wieder zu bringen. Auch Emissäre der oberösterreichischen Rebellen waren thätig, um die Bauern dieser Thäler zu einem neuen Aufstande zu bringen. Am 24. Jänner kamen die Bauern des Redtenbachthales[2]) mit Bauern der dem Stifte Garsten incorporierten Pfarre Neustift zusammen, um wegen eines Zuges gegen Garsten sich zu berathen. Der freisingische Pfleger der Herrschaft Waidhofen an der Ips, Ritter von Murhaimer, sowie der Pfarrer dieser Stadt, denen die Zusammenkunft verrathen worden war, wollten ihre Grundholden von dem Anschlusse an die oberösterreichischen Bauern abhalten; es wurde ihnen dies zwar von ihren Untertanen versprochen, doch sofort nach ihrem Abgange wurde die Verbrüderung zwischen den ober- und niederösterreichischen Bauern des Url- und Ipsthales geschlossen. Durch Boten wurde dieselbe den anderen unruhigen Bauern zu St. Peter, Seitenstetten, Haag, St. Valentin, Erla, Strengberg, Sindelburg, Aschbach, Neuhofen, Ulmerfeld und anderen Ortschaften mitgeteilt und die allgemeine Ansage erlassen, sich bewaffnet auf dem weiten Ipsfelde einzustellen.[3])

In den letzten Tagen des Jänner hatte eine Anzahl von Bauern und anderen Leuten aus der Umgebung von Emmersdorf, Persen-

---

[1]) Auch die Bauern in der Umgebung von Wien wollten revoltieren, weil ihnen die Soldaten so grossen Schaden zufügten. Fuggerische Relationen l. c.

[2]) Wolfgang Lindner, Chronicon Garstense a. a. O. und Archiv Seitenstetten: Bauernacten. Der Redtenbach entspringt an der oberösterreichischen Grenze bei Neustift und ergiesst sich vereint mit dem Schwarzbache bei Waidhofen an der Ips in diesen Fluss.

[3]) Verhörsprotokoll und Archiv von St. Peter und Seitenstetten: Bauernacten.

beug, Peggstall und dem Isperthale die Donau ungeachtet der vom Erzherzoge anbefohlenen strengen Bewachung oberhalb Persenbeug übersetzt und war gegen Ips gekommen. Diese Schar, nach dem Berichte des Abtes von Melk bei 400 an der Zahl, besetzten eine in der Nähe der Stadt Ips befindliche Anhöhe und liessen öffentlich ausrufen: »Wem der Herr von Hoyos zu Pössenbeug schuldig seye, der solle sich in das Schloss Pössenbeug verfuegen, daselb soll jedweder entweder mit Traidt oder mit Wein bezalt werden.«[1]

Das Übersetzen der Donau und die Besetzung einer Anhöhe in der nächsten Nähe der Stadt Ips durch die Aufständigen am linken Ufer dieses Stromes waren keineswegs ein blosses Manöver, um die Bauern des Viertels ober dem Wienerwalde zu einer neuen Erhebung zu bringen, sondern es war nur der erste Schritt zur Durchführung des Planes, den die Führer der Bauern in den beiden oberen Vierteln des Erzherzogtums entworfen hatten. Wie aus den Aussagen einiger gefangener Bauern hervorgeht, fanden die Verhandlungen und die Feststellung des Operationsplanes zu Emmersdorf statt, das von den Bauern besetzt gehalten wurde und wohin mehrere Führer der Rebellen des Viertels ober dem Wienerwalde abgeordnet wurden.[2] Obwol uns über diese Verhandlungen Näheres nichts überliefert wurde, so wird doch der aller Wahrscheinlichkeit nach nicht dem Papiere anvertraute, sondern nur mündlich festgestellte Plan aus den nachfolgenden Unternemungen der Bauern ersichtlich. Vor allem ergiebt sich, dass sie nicht mehr wie bisher isoliert, sondern gemeinschaftlich vorzugehen sich entschlossen hatten. Die Bauern des Viertels ober dem Wienerwalde sollten, verstärkt durch einige Abteilungen der Aufständigen des Kreises ober dem Manhartsberge, die zumeist den Ortschaften am linken Donauufer angehörten, unter einer einheitlichen Führung nebst Ips vor allem Melk in ihre Gewalt zu bringen bemüht sein, um nicht nur jede Schiffahrt von unten- wie von obenher auf der Donau zu hindern,[3] sondern auch

[1] Schramb, a. a. O. 701.
[2] Ausser den Aussagen des Richters von Freinstein und anderer Bauern erhellen die Verbindung der Rebellen beider Viertel und ihre Zusammenkünfte zu Emmersdorf auch aus den Mitteilungen der kaiserlichen Commissäre an die zu St. Pölten am 12. Februar zusammengekommenen Ständeglieder des Kreises ober dem Wienerwalde. Haselbach, a. a. O. 28.
[3] Schramb, a. a. O. 705, und nach ihm Keiblinger, a. a. O. I, 829, berichten gerüchtweise, dass die Bauern durch eine Kette die Donau bei Pechlarn gesperrt haben sollen.

einer von Wien her anrückenden Truppe den Weg zu verlegen.¹) Um gegen eine Kriegsmacht, welche aus dem Reiche und vom Lande ob der Enns gegen Niederösterreich vordringen würde, gesichert zu sein, sollten die hervorragendsten Schlösser, Klöster und Ortschaften, die alle mehr oder minder befestigt waren, von den Bauern besetzt oder wenigstens zum Anschlusse an die Sache der Bauern gebracht werden, um dadurch feste Stützpunkte für das weitere Vorgehen zu gewinnen. Überdies sollten mit den oberösterreichischen Rebellen die Beziehungen inniger gestaltet,²) die Holzknechte, Forstleute und Bergarbeiter der benachbarten Steiermark um Zuzug ersucht und die gesammte Bauernschaft des Viertels ober dem Wienerwalde mit Güte oder mit Gewalt zur Erhebung gebracht werden. Als Führer der Rebellen am rechten Donauufer, von welchem auch der dargelegte Operationsplan aller Wahrscheinlichkeit ausgehegt worden ist, erscheint nicht Prunner, das bekannte Haupt der Bauern des Waldviertels, in welchem er auch seine unheilvolle Thätigkeit fortsetzte, sondern Hans Markgraber, ein Binder aus dem Dorfe Gossam oder, wie es damals allgemein genannt wurde, Gosshaimb bei Emmersdorf,³) doch blieben beide Rebellenhaufen stets in Fühlung. In dem uns erhaltenen Verzeichnis jener Anführer, die am 24. April 1597 aus dem Gefängnisse von Enns nach Wien in das kaiserliche Amtshaus abgeliefert wurden, erscheint zwar Georg Prunner als General-Obrist der Bauern, während Hans Markgraber nur als Oberhauptmann bezeichnet wird,⁴) allein die nachfolgenden Ereignisse weisen immer nur auf

¹) Diese Bedeutung von Melk als eines wichtigen Passes »zu Wasser und zu Land« erhellt auch aus dem Schreiben des Abtes Caspar von Melk an den Hofrath Unverzagt ddo. 27. Jänner, bei Schramb a. a. O. 699. Auch die Oberösterreicher suchten, als sie 1620 unter Gotthard von Starhemberg gegen Wien zur Vereinigung mit den Böhmen unter Thurn rückten, Melk als einen der wichtigsten Punkte in ihre Gewalt zu bringen. Friess: Der Einfall der Oberösterreicher in Niederösterreich.

²) Dafür sprechen die Briefe, welche die beiderseitigen Führer mit einander gewechselt haben. Die Oberösterreicher sollten mit 30.000 Mann die Donau bei Grein und Ips sperren. Nach d. gütigen Mittheilungen a. d. Archiv von Kremsmünster von Czerny.

³) Über dieses Dorf siehe Geschichtliche Beilagen zu den Consistorial-Currenden der Diöcese St. Pölten, IV. Bd., 69. Nach den Fuggerischen Relationen a. a. O. soll Markgraber aus Rosenheim in Baiern gestammt haben; Kurz lässt ihn aus Gossenhaim in Baiern entstammen, nach Czerny a. a. O. soll sein Vater Rathsbürger in St. Florian gewesen sein.

⁴) Anhang Nr. 108.

den letzteren als Oberanführer der Aufständischen am Viertel ober dem Wienerwalde hin.

Dem gefassten Plane entsprechend wurde zuerst das Aufgebot erlassen. Mit welchem Terrorismus dabei vorgegangen wurde, erhellt aus den Aussagen gefangener Bauern. Der Aufgebotsbefehl wurde an den Richter oder sonst einen einflussreichen Mann aus den Zechleuten einer Gemeinde gesandt und ihm im Namen der »ganczen Compagnia der Paurschafft« befohlen, dass er die Leute seiner Gemeinde oder Pfarre »alspaldt bei verlierung von leib, haab, eer, guett unndt guet aufbiete«.[1]) Wer am Erscheinen verhindert wäre, sollte seinen Sohn oder einen anderen Stellvertreter senden, wer nicht erschien, wurde um Geld — und das war die gelindeste Strafe — gestraft; jeder aber musste einen Eid-»Groschen« erlegen, welche von den Unteranführern gesammelt und an Markgaber abgeliefert wurden. Dem Aufgebote wurde auch Folge geleistet, und während sich die Bauern des Enns- und Urlthales in der Nähe von Haag sammelten, war für die des Ipsthales die Ebene von Ulmerfeld und Neuhofen als Sammelplatz bestimmt. Die letzteren traten zuerst gewaltthätig auf. Unter der Führung des Schulmeisters von Neuhofen, Steinhauer, besetzten sie das dem Hochstifte Freising gehörige Ulmerfeld nicht ohne Einverständnis der Dienerschaft des bischöflichen Schlosses und einiger Bürger des gleichnamigen Marktes, namen den Pfleger der Herrschaft sowie den oberösterreichischen Edlen Simon Tallner gefangen und rückten dann gegen den unter der Herrschaft des Burghauptmanns von Steyr stehenden Markt Aschbach, dessen Bürger aber, wie die Drohungen der Bauern beweisen, den Anschluss verweigerten.[2]) Auf ihrem weiteren Zuge durch die »Haide«, einem einst mächtigen Forste zwischen Waidhofen und Amstetten, gerieth der damalige Burghauptmann von Steyr, Ludwig von Starhemberg, in der Nähe von Amstetten in ihre Gewalt. Sein Wagen wurde aufgehalten und Starhemberg, welcher wegen der am 13. November 1596 im Burghofe zu Steyr stattgehabten Hinrichtung von den Bauern sehr gehasst wurde, aus demselben gerissen, mit Schelt- und Schimpfworten überhäuft, gestossen und geschlagen. Er wäre sicherlich getödtet worden, wie ihn auch in der That mehrere Bauern ihre »bixen« an die Brust setzten, wenn nicht der Schulmeister dem

---

[1]) Archiv Seitenstetten, Bauernacten.
[2]) Khevenhüller, Annalen, a. a. O. IV, 1720, und nach einigen Archivalien aus dem Marktarchive zu Aschbach.

wilden Treiben Einhalt gethan und ihn unter seinen Schutz genommen hätte: doch liess er ihn mit auf dem Rücken gefesselten Händen an den Wagen festbinden und führte ihn unter strenger Bewachung mit sich, um ihn dem »Obristen« zu überliefern.[1]

Bei Amstetten traf dieser Haufe mit jenen zusammen, welche unter ihren »Haubtleuten«, wozu meist der Richter einer Pfarrgemeinde genommen wurde, aus dem Enns- und Urlthale zum Sammelplatze zogen. Unter diesen Hauptleuten befanden sich auch der Richter von Haag, Rauchberger, und der Hauptagitator im Urlthale, Michael Beer, Bauer zu St. Michael am Bruckbache. Dieser letztere, der geschworne Feind des Schlossbesitzers von St. Peter in der Au, Wilhelm Freiherrn von Seemann zu Mangern, von dem er sich ungerecht bestraft wähnte, suchte im Lager vor Amstetten eine Schar zu gewinnen, um mit ihr seine Rache an Seemann zu kühlen. Dieses Vorhaben, das er am 31. Jänner und dem folgenden Tage ins Werk setzte, gelang ihm nur zu gut; denn am Lichtmesstage, 2. Februar, zog er mit einer bedeutenden Schar nach dem beiläufig drei Wegstunden vom Lager der Bauern entfernten Schlosse St. Peter und begann noch am nämlichen Tage die Belagerung desselben. Wie aus einigen Aussagen gefangener Bauern sowie aus dem Reverse[2] der Untertanen Seemanns hervorgeht, war dem »Obristen« der Aufrührer, Markgraber, Beers Zug nicht unbekannt, und er sandte ihm später von Neumarkt aus eine Hilfsschar zu. Die Eroberung und Besetzung dieses festen Schlosses, von dem aus das Heranziehen kaiserlicher Truppen aus Oberösterreich gehindert werden konnte, lag in Markgrabers Plane. Durch dieses Hilfscorps und durch viele bisher friedlich gebliebene Bauern der Umgegend von St. Peter, die durch starken Terrorismus zum Anschlusse genötigt wurden, sowie durch einige Bürger dieses Marktes selbst verstärkt, brachte Beer seine Schar auf mehrere Tausende — Seemann giebt in seiner Darstellung der Belagerung an den Erzherzog Mathias die Zahl von 8000 Mann an — mit denen er das Schloss durch mehrere Tage arg bedrängte. Seemann, welcher krank in seinem Gemache lag, konnte wenig Widerstand leisten, weil die Bürgerschaft von St. Peter es zum Teile auch mit den Bauern hielt, zum Teile neutral verblieb: nur die starke Befestigung des Schlosses, die

---

[1] Nach Prevenhuebers Annalen, a. a. O. 378, und den Verhörsprotokollen der gefangenen Bauern
[2] Anhang Nr. 109 und 110.

erst vor wenig Jahren, nachdem es als Zufluchtsort im Falle eines
Vordringens der Türken in diese Gegend bestimmt worden war, hergestellt worden war, hinderte die sofortige Einname. Das Gerücht,
Seemann wäre vom Erzherzoge mit der Durchführung des Generales betraut worden, das in dieser Zeit Kaiser Rudolf gegen die
Bauern erliess, in welchem, wie Markgraber dies im Felde vor Neumarkt vorlas, die Aufrührer als vogelfrei erklärt und mit den
schärfsten Strafen bedroht wurden, entflammte die Wut der Belagerer umsomehr, als es durch die Thatsache, dass Seemanns
Wägen von Reitern begleitet waren, in welchen die Bauern kaiserliche Truppen zu erblicken vermeinten, seine Bestätigung zu erhalten schien. Das Schloss wurde (nachdem Seemann selbst die Tore
hatte öffnen lassen) genommen, die Türen wurden erbrochen, die
Zimmer verwüstet, das Silbergeschirr, die Waffen, Kleidung Haus-
geräte u. a. geraubt und vieles auch zerstört. Seemann, der krank
zu Bette lag, wurde von seinem Lager gerissen, beschimpft, seiner
Waffen beraubt, geschlagen und gestossen und endlich sammt seiner
Tochter als Gefangener erklärt. Mit der Bewachung derselben wurde
der Anstifter der ganzen Bewegung, der Bauer Beer, betraut, welcher,
obwol der erbitterste Feind Seemanns, denselben zwar in strengster
Haft hielt, aber doch verhinderte, dass Rauchenbergers Befehl, der
sich, obwol er schwer krank war, von Bauern in das Schloss
tragen liess, Seemann beim Fenster hinauszuhängen zur Ausführung
gelangte.[1])

Nach der Einname von St. Peter[2]) zog der grösste Teil
der Belagerer von dort wieder auf das Ipsfeld zurück, nachdem

---

[1]) Äusserungen der Untertanen Seemanns im Schlossarchiv zu St. Peter
und in dem Archive von Seitenstetten.

[2]) Der unbekannte Verfasser von »Fünf Predigten über Amos«, Leipzig
1611, berichtet, dass der Leichnam von Seemanns Gemalin, welche eben damals
gestorben sein soll, von den Bauern sehr unehrerbietig behandelt worden wäre.
Auch Prevenhueber, dem aller Wahrscheinlichkeit nach diese Predigten
vorlagen, erwähnt dieser Impietät. Einem Schreiben, das der Abt von Kremsmünster an Johann Sterlin, Rathsbürger zu Dinkelspüchel, 30. März 1597
gerichtet hat, entnemen wir, dass Seemanns Gemalin zu Wien gestorben und
der Leichnam nach St. Peter gebracht worden sei, um dort beigesetzt zu
werden. Nachdem die Aufrührer sich des Schlosses bemächtigt und in demselben
auf furchtbare Weise gehaust hatten, erbrachen sie auch den hölzernen Übersarg,
den kupfernen Sarg jedoch, der den Leichnam barg, liessen sie unberührt. Archiv
von Kremsmünster aus Czernys mir freundlich überlassenen Auszügeln.

sie auf ihrem Wege noch das Stift Seitenstetten arg bedroht und den
Abt desselben, Christoph Held, genötigt hatten, den grossen Haufen
mit Wein und Brot zu tractieren. Mit dieser »glimpflichen« Behandlung des Abtes aber waren die Untertanen des Stiftes zu Ipsitz,
Sonntagberg, Biberbach und Seitenstetten nicht zufrieden, sondern
sie zwangen unter der Anführung des Schmiedes von Biberbach,
Hans Rieger, den Abt, ihnen durch einen Revers zu geloben, ihre
Beschwerden abzustellen. Vor dem angedrohten Tode sowie vor der
Beraubung und Plünderung der Kirche und des Klosters wurden
der Abt und sein Capitel aber nur durch die Beredsamkeit des erwähnten Schmiedes sowie durch den von Markgraber befohlenen
eiligen Rückzug, der ihrer zum Angriffe auf die Stadt Ips benötigte,
geschützt.[1])

Auf der weiten Ebene, welche sich östlich von Amstetten
bis Kemmelbach, durchströmt von der Ips und ihren Nebenflüssen hinzieht, dem Ipsfelde, hatten sich in den Tagen vom
31. Jänner bis 3. Februar die Bauern so zahlreich gesammelt, dass
sie schon am 2. Februar ein stattliches Corps von mehr als 15.000
Mann bildeten. Die Ortschaft Neumarkt war das Centrum des Bauernlagers, nachdem der »Obrist« Markgraber dort angelangt war. Derselbe war durch eine Deputation von fünfzig Mann am 30. Jänner
von Gossam sammt seinem Lieutenant, dem Lederer von Emmersdorf, nach dem Dorfe Hirschenau[2]) geführt worden, von wo aus er
am anderen Tage, 31. Jänner, nach Freyenstein auf das rechte Ufer
der Donau übersetzte. Hier erwarteten ihn der Richter von Karlsbach und die aufständigen Bauern dieser Herrschaft und führten
ihn als ihren »Obristen«, nachdem sie ihm auf freiem Felde zu Carlsbach den Treueid geleistet hatten, mit grossem Gepränge nach
Neumarkt.[3]) Mit Markgraber kam der leitende Geist unter die
zahlreichen Scharen der Rebellen. Er liess sich zu Neumarkt von
allen den Schwur der Treue leisten, nachdem er sie durch trügerische
Worte dazu gebracht hatte, ihn als ihren Führer anzuerkennen.

---
[1]) Anhang Nr. 40.

[2]) Hirschenau, ein Dorf in der Pfarre Nöchling.

[3]) Diese Zeitangaben erhellen aus mehreren Documenten, so unter anderen
auch aus den Relationen, welche die kaiserlichen Commissäre den zu St. Pölten versammelten Ständegliedern des Viertels ober dem Wienerwalde machen, Kaltenegger,
a. a. O. II, 668. Der Bericht, den Reil: Das Donauländchen, a. a. O. 118, über diese
Ereignisse bringt, scheint später erst geschrieben worden zu sein, woraus sich die
unrichtigen Angaben bezüglich der Zeit erklären dürften.

der mit ihrer Hilfe die neuen Auflagen abschaffen und die alten Rechte für sie wieder herstellen werde.¹) Durch die Kriegsleute, welche der kaiserlichen Fahne entlaufen waren und den Aufständigen sich zugesellt hatten, brachte er eine gewisse militärische Ordnung in den »hellen Haufen«,²) wie sich das Bauernheer nach dem Vorgange des grossen Bauernkrieges gerne bezeichnete, ernannte Hauptleute, Fahnenträger, Feldschreiber, Rottleute und Profossen. Zugleich trat er auch mit den rebellischen Bauern des Landes ob der Enns, besonders mit dem Führer der Traunviertler, Tasch von Pettenbach, in Verbindung und liess sie um ihren Beistand ersuchen gegen die Wallonen und Spanier, welche nach dem Beschlusse der Stände von »oben« gegen sie in dieses untere Viertel kommen sollten, um sie und ihre Familien und Gut zu verderben und zu verwüsten.³) Am folgenden Tage begann er die in Emmersdorf gefassten Pläne auszuführen. Am 2. Februar berichten Richter und Rath der Stadt Ips dem Abte von Melk, dass 15.000 Bauern in Neumarkt sich gesammelt und die Absicht kund gegeben hätten, die Stadt zu belagern, sowie dass noch 20.000 Bauern zu ihnen stossen sollten. Da dieselbe eine längere Belagerung nicht auszuhalten imstande wäre, so baten sie um die ihnen zugesagte Hilfe.⁴) Abt Caspar und Hans Wilhelm von Losenstein beantworteten am folgenden Tage das Schreiben des Richters und Rathes von Ips, forderten sie auf, die Stadt nicht den Bauern zu übergeben, sondern sich, »wie erliche khaißerlich glübde und verpflichte burgers- und pidersleuth gebuert, salvieren« und bis zum äussersten zu halten, um den anderen Orten, die bis jetzt kein Bündnis mit den Bauern eingegangen hätten, ein gutes Beispiel zu geben. Sollten die Bauern aber doch die Stadt nemen und von den Bürgern Angelobung der Treue begehren, so sollten sie an dieselben die Frage richten, ob ihre Rebellion sich auch gegen des Kaisers Majestät und deren Untertanen und Güter kehre, oder nur, wie sie vorgäben, gegen die Stände gerichtet sei. Wenn sie die erstere Frage verneinten, wie sie es gewöhnlich zu thun pflegten, so würden sie die Stadt in Ruhe lassen.⁵)

¹) Aus den Verhörsprotokollen, a. a. O.
²) Nach Janssen, a. a. O. II, 500, soviel als der ganze vereinigte Haufe.
³) Czerny, Der zweite Bauernaufstand in Oberösterreich, Anhang, Rebellenbriefe.
⁴) Anhang Nr. 36.
⁵) Anhang Nr. 39.

Auch an die Bauern richtete der Abt ein Schreiben, in welchem er sie an das kaiserliche Generale erinnerte und zur Niederlegung der Waffen und Rückkehr in ihre Dörfer aufforderte. Dieser neue Aufstand wäre nur durch einige leichtsinnige, ehrgeizige Gemüter angesponnen worden. Sie sollten ihre Beschwerden sammeln und vorbringen, wozu er ihnen nochmals einen Tag zur Verhandlung derselben anbot.[1])

Bevor jedoch dieses väterliche Schreiben des Abtes an die Bauern gelangte, waren diese schon (2. Februar) in die Vorstadt von Ips eingedrungen, hatten dieselbe besetzt und forderten Richter und Rath der Stadt auf, die Herren möchten sich mit hinreichend Lebensmitteln versehen, weil sie beabsichtigten »mit gantzer versamblung zu ihnen zu kommen und was fehrer billich recht handlen«.[2])

Während eine Abteilung Bauern die Vorstadt von Ips besetzt hielt, unternam eine andere auf Markgrabers Befehl unter der Anführung Niklas Gerla in der Nacht vom 2. auf den 3. Februar einen Zug gegen das in der Nähe befindliche Schloss Karlsbach, den Freiherren Eustach und Johann Friedrich von Althan gehörig. Im Einverständnis mit einigen Dienern, welche ihnen die Tore öffneten, wurde das stark befestigte Schloss ohne jeden Widerstand eingenommen und besetzt. Die Bauern, denen sich damals schon viel loses Gesindel beigesellt hatte, plünderten die Gemächer, zerschlugen Fenster, Türen und Öfen und thaten sich dann an wohlbesetzter Tafel von den erbeuteten Vorräten gütlich. Auch Markgraber war dazu erschienen und liess die Munition und die Waffen in das Lager bringen, die Geschütze gegen Ips abführen. Auch andere benachbarte Edelsitze, wie Seissenegg und Leutzmansdorf, wurden von ihnen überfallen und ausgeplündert. — in Seissenegg wurde das ganze Silbergeschirr gestohlen — der Besitzer von Leutzmansdorf, Christoph von Lassberg, gefangen genommen und in das Lager abgeführt. Reichard von Streun, der auf seiner Besitzung Freidegg sich befand, wurde stark bedroht und der ihm untertänige Markt Ferschnitz zum Anschlusse genötigt. Das gleiche Los hatte schon früher die drei Märkte Blindenmarkt, Amstetten und Neumarkt getroffen, auch ihre Bürger waren zum »Gelubde« gezwungen worden. Durch diese

---

[1]) Schramb, a. a. O. 703.
[2]) Schramb a. a. O. 702.

Vorgänge bewogen, bat der Abt von Melk, welches Stift von den Bauern stets bedroht war, für sich und die Stadt Ips den Erzherzog um schnelle Hilfe.[1]

Richter und Rath [2] von Ips, welche die Aufforderung der Bauern ablehnend beantworteten — nur bezüglich der Lebensmittel erklärten sie sich bereit, ihnen solche gegen Bezahlung zu überlassen — sandten zwei aus ihrer Bürgerschaft nach Melk, welche um rasche Hilfe baten, da die Belagerung der Stadt am 3. Februar begonnen hätte. Dieselbe könnte sich höchstens einige Tage halten und wäre aus Mangel an Lebensmitteln sowie an Munition umso weniger in der Lage eine längere Belagerung auszuhalten, da unter der niederen Bürgerschaft Elemente wären, die es mit den Aufständigen hielten. Abt Caspar sandte die Boten aus Ips mit einem Schreiben an den Erzherzog und wiederholte zugleich seine dringende Bitte um Hilfe für sein Kloster. »Trag sorg«, schreibt er ferner, »man werde denen von Ips nun mehr wenig hülff zueschicken können, weilen die Pauren auf beyden Seiten der Donau die Paeß innen halten und stark verwachten.«[3]

Da der Stadtrath von Ips den Bauern die Verabreichung von Lebensmitteln zugesagt hatte, so begehrten sie für 800 Mann Einlass, um selbe zu holen, und als der erstere dieses Begehren abwies und nur 16 Mann den Eintritt gewähren wollte, begannen sie am 4. Februar mit der ernsten Belagerung, die der erwähnte Niklas Gera leitete. Die aus Peggstall und Karlsbach mitgeführten Geschütze, zumeist Doppelhacken, wurden gegen die Stadt gerichtet und einige Schüsse — Streun sagt drei — abgefeuert. Obwol Markgrabers »Obrister Wachtmeister«, der Landsknecht Georg, mit den Worten: »Liebe Paurn im namben Gottes habt ein guett hertz, hallt euch woll, seyd frisch auf, nit khlainmuethig, wir wellen heutt ehr einlegen unnd die statt in unsere hendt bekhomen«, die Rebellen zum Sturme aneiferte, so scheint ihnen doch der Mut, sich am kaiserlichen

---

[1] Nach Aussagen gefangener Bauern und Schrambs Chronik, a. a. O. 701. Christoph von Lassberg wurde in Ketten gelegt. Auch ein Herr von Öd und ein Edler von Malentein fielen in die Hände der Rebellen, ersterer aber entwischte ihnen, letzterer wurde nach Ips gebracht.

[2] Der Rath von Ips gab den Bauern die Antwort, »nun wissen wir nicht, was ihr bey uns zu suchen habt«.

[3] Schramb, a. a. O. 704.

»Kammergut« zu vergreifen, vielfach gefehlt zu haben, so dass, wie der Fleischhauer Hayder von Karlsbach in seinem Verhöre gestand, er auf Befehl des »Obrist« sie mit Prügeln zum Angriffe treiben musste.[1]) Richter und Rath der Stadt wandten sich nochmals dringendst um Hilfe an den Abt von Melk, weil sie wegen der Schwäche ihrer Mauern, der geringen Zahl der Verteidiger, welche höchstens zwischen 60 und 70 Mann betrug, wegen des Mangels an Lebensmitteln, welcher durch die Zerstörung der Mühlen an der Ips und Donau durch die Aufständigen, deren Zahl sie auf 30.000 Mann angaben — Streun giebt 20.000 an — und ob der unsicheren Elemente unter der niederen Bürgerschaft die Stadt nicht länger halten könnten, und schlossen endlich, als jede Aussicht auf Entsatz geschwunden war, mit den Bauern, welche durch Abgeordnete der vier Märkte: Amstetten, Aschbach, Neumarkt und Blindenmarkt und zwei aus dem »hellen Haufen« vertreten wurden, einen Vergleich, dem zufolge die Bürger den Bauern versprachen, ihnen in allem Rath, Beistand und Hilfe erteilen und leisten zu wollen, wodurch den Beschwerden der Bauern Abhilfe gebracht werden könnte; sollte der Erbfeind oder »ander außländisch, frembdes volck, daß sie uns verderben wollten,« überfallen, würden beide Paciscenten einander Hilfe und Beistand leisten; die Bauern erklären anderseits, alsbald von der Stadt abzuziehen und die Bürger zu nichts zu nötigen, was wider Gott und des Kaisers Majestät wäre.[2]) Die Bauern zogen dann in die Stadt, hielten aber den Vertrag nicht, sondern nötigten durch schwere Drohungen die Bürger, ihnen den Eid der Treue zu leisten; doch verliessen sie dieselbe, ohne eine Besatzung hineinzulegen, nach kurzer Zeit, zwangen aber die Bürgerschaft, dass von jedem Haus einer mitzöge, um ihren Plan weiter durchzuführen und Melk in ihre Gewalt zu bringen. Vor dem Abzuge jedoch wurde Nikolaus Gera, ein Tuchscherer von Nestling, welcher den Angriff auf Karlsbach und Ips geleitet hatte, von Markgraber zum Ritter geschlagen.[3])

---

[1]) Aus den Verhörsprotokollen, a. a. O.

[2]) Schramb, a. a. O. 707. Durch diesen Vergleich, oder Revers, wie Richter und Rath das Instrument nannten, das aber in Wirklichkeit eine Capitulation der Stadt vor den Rebellen war, verlor Ips nach Niederwerfung des Aufstandes alle seine Rechte und Freiheiten, die erst Kaiser Ferdinand II. im Jahre 1625 der Stadt wieder verlieh; siehe meine Geschichte von Ips, 32.

[3]) Anhang Nr. 108.

Auch übergaben sie den Bürgern den Burggrafen von Steyr sowie die anderen Gefangenen mit dem Befehle, namentlich den ersteren strenge zu bewachen und nicht eher seiner Haft zu entlassen, bis ihre Sache beendet wäre.

Zur nämlichen Zeit, in welcher an den Ufern der unteren Ips die Bauern ihre unheilvolle Thätigkeit begonnen hatten, hatten sich auch die des oberen Erlafthales gegen ihre Herrschaften erhoben. Die grösste Zahl der Untertanen besass in dieser Gegend das ehemalige Karthäuserkloster Gaming, dessen Besitz sich bis an die steirische Grenze erstreckte. Neben demselben erscheinen noch die Zinzendorfer zu Gresten, die Freiherrn von Concin zu Perwart, Plankenstein und Weissenburg, die Losenstein zu Frankenfels und Puchenstuben, die Grienthal zu Reinsberg, die Auersperg zu Purgstall und einige andere damals in dieser Gegend begütert. Bis Ende Jänner war in diesem Thale der Friede nicht gestört worden, erst in den letzten Tagen dieses Monats wurden die Bauern unruhig. Als Urheber dieser Bewegung wird Christian Haller, ein Wirt in Puchenstuben, genannt, dem sein Herr — er war Untertan des Freiherrn Ferdinand von Concin zu Perwart — angeblich in ungerechter Weise ein Paar Ochsen weggetrieben haben soll. Haller begann seine agitatorische Thätigkeit damit, dass er den Bauern um Scheibbs, Jessing, Frankenfels und anderen Pfarreien dieser Gegend ein Schreiben des Reichsheroldes, das angeblich Erzherzog Mathias selbst erlassen hätte, vorlas, in welchem er in seinem Streite mit Concin recht erhalten hätte. Zugleich aber trat er mit den auf dem Ipsfelde lagernden Bauern in Verbindung, von welchen dann ein Abgeordneter in das obere Erlafthal gesandt wurde, der unter dem gewohnten Terrorismus das Aufgebot ergehen liess.

Die Untertanen des Klosters zu Gaming gehorchten nur zum kleineren Teile der Ansage, der grössere wandte sich an den Prior »mit drainenden augen« um Hilfe und Beistand. Der Prior liess durch seine Leute die Schutzsuchenden beruhigen und brachte sie durch das Versprechen, ihnen ihr Vieh und ihre Gehöfte, im Falle dass sie von den Rebellen an diesen Schaden leiden würden, aus der Casse des Klosters zu vergüten, zur Ruhe. Aus Rache darüber fielen Haller und seine Anhänger über einen Diener des Priors her und wollten ihn ermorden. Derselbe aber entfloh ihrer Wut. Die wenigen Bauern des Thales der oberen Erlaf, welche

dem Aufgebot gehorchten, vereinigten sich unter Hallers Führung mit den Rebellen vor Ips.[1]
Nach der Einname dieser Stadt kehrten die »oberen« Bauern, worunter die in den Thälern der Ips und ihrer Nebenflüsse zu verstehen sind, in ihre heimatlichen Ortschaften zurück, nachdem sie dem Obristen gelobt hatten, wenn er die »Ansag« ergehen lasse, sofort wieder zu erscheinen; der Rest rückte unter Markgrabers Befehl am 9. Februar gegen Seisenstein und verlangte von dem Prior[2] dieses Stiftes für ihre »versamblung, die nue gantz aufgezert ist, proviant in wein unnd proth« sowie Pulver und Blei, weil sie sonst das Kloster stürmen würden.[3] Nachdem sie das Verlangte erhalten hatten,[4] zogen sie über Pechlarn nach Winden,[5] wo sie am 11. Februar Lager schlugen, um am folgenden Tage gegen Melk, das in unmittelbarer Nähe ist, zu rücken. Als sie am 9. Februar zu Pechlarn, dessen Bürger sie in die Stadt einliessen, lagerten, erschienen die Commissäre des vierten Standes in Niederösterreich, die Abgeordneten der landesfürstlichen Städte und Märkte, um mit ihnen zu verhandeln und den Aufstand endlich beizulegen.

Der niederösterreichische Landtag, bei dem stets mehr und mehr das Bestreben zutage trat, die Niederwerfung des Aufstandes ganz auf die Regierung zu überwälzen, war mit den ihm vom Erzherzog Mathias vorgelegten Propositionen nicht ganz einverstanden und erklärte sich in seinem Antwortschreiben vom 1. Februar gegen das geteilte Anrücken — am rechten und linken Ufer der Donau — weil »durch derlay abtaillung die macht geschwecht, die Rebellanten entgegen behertzter« gemacht würden. Auch auf die von der Regierung vorgeschlagene Sendung der 1500 Knechte und die Anwerbung von 1000 Haranier giengen die Stände nicht ein, weil diese Zahl viel zu gering wäre gegen die vielen Tausende von Rebellen; ebensowenig wären sie imstande, die Gültpferde aufzubringen. Am Schlusse ihrer Antwort wiederholten sie die Bitte, der Erzherzog möge den Landtag, um die von ihm vorgeschlagene Be-

[1] Haselbach, a. a. O. Urkunde Nr. 2. Die Datierung dieser Urkunde, 8. Februar, ist wie aus ihrem Inhalte und anderweitigen Nachrichten erhellt, unrichtig und soll es richtiger 8. März heissen.
[2] Das Cistercienser-Stift Seisenstein war damals verwaist.
[3] Anhang Nr. 42.
[4] Anhang Nr. 44.
[5] In dem Dankschreiben der Bauern an den Prior von Seisenstein wird dieser Tag angegeben. Unter »Winen« kann nur das Dorf Winden bei Melk verstanden sein.

setzung ihrer Schlösser besser in Angriff nemen zu können, bis Mittfasten vertagen.[1]

Am 6. Februar gewährte Erzherzog Mathias denjenigen Mitgliedern des Landtages, welche in den beiden oberen Vierteln von Niederösterreich ansässig waren, die Erlaubnis, in ihre Heimat sich zu begeben, verweigerte aber die begehrte Vertagung des ganzen Landtages, weil er in nächster Zeit nach Ungarn reisen müsste und keinen seiner Räthe zur weiteren Verhandlung mit den Ständen in Wien lassen könnte. Das Kriegsvolk werde sofort am linken Donauufer, nicht am rechten, wie der Landtag begehrte, bis Krems rücken, von dort soll Melk mit 400 Knechten und 100 Pferden besetzt werden. Erzherzog Mathias, welcher zur Beilegung des Aufstandes eine grosse Thätigkeit entwickelte und auch mit dem Herzoge Maximilian von Baiern wegen Sendung von Kriegsvolk in Verbindung getreten war,[2] forderte die Stände, deren Absicht er durchschaute, kategorisch zur Mitarbeit auf. Doch dies fruchtete bei denselben, welche ihrer Mehrheit nach die Bauern nur mit kaiserlichen Truppen niederwerfen, selbst aber nicht in Anspruch genommen werden wollten, sehr wenig; denn schon am nächsten Tage stellten sie neuerdings das Begehren um Vertagung des Landtages auf vier Wochen und baten, der Erzherzog möchte die Stände der angrenzenden Länder auffordern, ihnen Beistand zu leisten. Auch namen sie das Anerbieten des Erzherzogs, in die beiden oberen Kreise des Landes sich zu begeben und mit den Bauernführern persönlich zu verhandeln, dankbar an.[3]

In der Sitzung des Landtages vom 21. Jänner hatten die drei oberen Stände dem Erzherzog berichtet, dass sie der »Paurn« wegen einen eigenen Ausschuss eingesetzt und in denselben auch Mitglieder des vierten Standes genommen hätten. Die Mitglieder dieses Standes hielten aber abgesondert von den drei anderen Ständen eine Berathung, in der beschlossen wurde, Deputierte aus ihrer Mitte zu wählen, welche persönlich mit den Aufständigen verhandeln sollten, und baten den Erzherzog um die Genehmigung ihres Be-

---

[1] Landtagsverhandlungen 1597 im Landesarchiv von Niederösterreich.

[2] Nach Czernys gütiger Mitteilung aus dem königl. bairischen Reichsarchiv in München. Herzog Maximilian sollte die zugesagte Türkenhilfe auf ihrem Zuge nach Ungarn zur Unterdrückung des Aufstandes zu verwenden gestatten und deshalb die Truppen, vorab ein »Fähndlein«, alsbald senden.

[3] Landtagsacten vom Jahre 1597 im Landesarchiv von Niederösterreich.

schlusses. Dieser, welcher den drei anderen Ständen kein grosses Vertrauen schenkte, da sie bisher nichts geleistet hatten und die Action durch ihre oppositionellen Vorschläge stets nur hinderten, gab in einem Schreiben vom 5. Februar dem vierten Stand bekannt, er neme ihr Anerbieten freundlichst an und ersuchte sie, sobald als möglich ihr Vorhaben ins Werk zu setzen, wozu er ihnen einige Instructionen gab. Die städtischen Commissäre sollten vor allem dahin wirken, dass die Bauern die Waffen niederlegen, in ihre Heimat sich begeben und das kaiserliche Anerbieten, den Zurückgekehrten Gnade zu gewähren und ihre Beschwerden abzustellen, annemen möchten. Sie sollten dann auch die Beschwerden sammeln und dieselben dem Kaiser oder ihm oder der Regierung vorlegen, welche den gerechten Klagen sichere Abhilfe gewähren werde. Die Deputierten sollen den Bauern »ir ungebühr wider Gottes und aller völckher recht vnd ordtnung« vorstellen, besonders aber betonen, dass sie sich durch ihr Vorgehen an der Person des Kaisers selbst und an seiner Hoheit verstündigt hätten, weshalb sich alle Fürsten des Reiches und der kaiserlichen Lande gegen sie vereinigen würden. Es sei unwahr, dass bis jetzt (6. Februar) Truppen gegen sie gesandt worden wären, obwol sie mit der kaiserlichen Commission sowie mit dem zu ihnen gesandten Reichsherold nur ihren Spott und Mutwillen getrieben, mittlerweile Schlösser und Städte genommen und Herren und Frauen gefangen gesetzt hätten. Ihre Erhebung werde ein böses Ende nemen, »ire weib und khindt werden sy am jüngsten tag verklagen, da sy (sie) in ein solches elendt setzen. Ihr khainer, der mit dem leben davon khombt, wirdt sagen dörffen, daß er ain Paur in Österreich gewesen sey; in der gantzen welt wirdt khayner sicher sein«. Ihre alleinige Schuld nur wäre es, wenn das Kriegsvolk gegen sie gesandt würde. Die Commissäre sollten ihnen die feste Zusicherung geben, dass die kaiserlichen Truppen nichts gegen die gehorsamen Untertanen unternemen, dass sie aber mit aller Härte gegen die Ungehorsamen vorgehen, die sie nicht nur an Leib und Leben strafen, sondern auch ihre Gehöfte niederbrennen und ihre Weiber und Kinder zu Bettlern machen würden.[1])

Um das Werk der städtischen Commissäre zu fördern, erschien am folgenden Tage (6. Februar) ein kaiserliches Generale, das an

---

[1]) Die Instruction war gerichtet an die Abgeordneten von Wien und »der andern mitleidigen Stött und Märkht dess vierten Stands«. Orig. im Archiv der Stadt Krems, gedruckt bei Haselbach, a. a. O., Urkunde Nr. 1.

die Bauern der beiden oberen Kreise des Erzherzogtums Niederösterreich gerichtet war. In demselben erklärte der Kaiser, dass es, weil die Bauern in strafbarer »Insolenz« beharrten, mit Waffen und unter fliegenden Fahnen herumzögen, Schlösser und Städte eingenommen und sich zur Ausrottung der Herren neuerdings verschworen hätten, die Notwendigkeit erfordere, gegen sie einzuschreiten. Er habe deshalb befohlen, das Kriegsvolk schnell abzusenden, und gebiete allen Edelleuten beider Viertel, ihre Reiter aufzubieten, Klöster, Schlösser und Städte zu beschützen, nachbarliche Vereinigungen untereinander abzuschliessen, die rebellischen Bauern entweder allein oder in Verbindung mit dem kaiserlichen »General-Obristen« niederzuwerfen und sie am Leib und Leben zu bestrafen, ihre Güter aber mit Feuer und Schwert zu verheeren, Weiber und Kinder derselben in das Elend zu verstossen und sich ihrer Kriegsvorräte zu bemächtigen; doch sollten die Herrschaften die Verirrten nochmals gütigst abmahnen, die gerechten Klagen abstellen und die zum Gehorsame zurückkehrenden Holden in Gnaden wieder aufnemen.[1])

Nachdem der Erzherzog das Vorhaben des vierten Standes genemigt hatte, wählte derselbe aus seiner Mitte: Oswald Hüttendorfer, Mitglied des inneren Rathes von Wien; Silvester Pacher, Stadtrichter von Klosterneuburg; Christoph Winkler, Rathsbürger von Krems; Stephan Mayer, Rathsbürger von Stein; Georg Herbst, des inneren Rathes von Wien Mitglied, und Heinrich Müllner, kaiserlicher Sekretär und Stadtschreiber von Krems und Stein zu Commissären. Dieselben begannen, dem Wunsche des Erzherzogs entsprechend, ohne Zögerung ihre Aufgabe und erliessen ein Schreiben an den »Herrn Veld-Obristen der Paurschafft«, in welchem sie ihm bekannt machen, dass, weil die kaiserliche Commission »vielleicht darumben zerstossen und one frucht abgegangen, das die damalen geweste Commissarien denen Landtstandten zugethan unnd verwanth, derhalben auch euch unnd euren undergebenen desterweniger annemblich gewesen«, sie, die Abgeordneten der Städte und Märkte, sich entschlossen hätten, mit Zustimmung des Erzherzogs Mathias aus der Bürgerschaft von Wien, Klosterneuburg, Krems und Stein sechs Deputierte zu wählen und an sie abzuordnen, um mit ihnen zu unterhandeln. Sie hegten die Hoffnung, dass sie ihnen als Mit-

---

[1]) Archiv von Zwettl, gedruckt bei Link, a. a. O. II, 509.

glieder des vierten Standes, der keine Untertanen hätte, näher stünden als die kaiserlichen Commissäre, und dass die Bauern ihnen Vertrauen entgegenbringen werden, »wie dann die stett unnd märkht mit der Paurschafft unnd hinwieder die Paurschafft mit denen stetten und märkhten zu hanthieren (haben), die auf dem landt in die stett unnd märkht und die burger auß denen stetten unnd märkhten aufs landt hinauß heurathen«.[1]

Die städtischen Commissäre, in der Meinung, die Bauern wären noch vor Ips, begaben sich dorthin und reisten ihnen, als sie von ihrem Fortzuge Nachricht erhielten, nach Pechlarn nach. Daselbst angelangt (10. Februar), mussten sie mitten in dem Bauernheere durch mehrere Stunden warten, ohne dass es ihnen gelungen wäre, vor dem »Veld-Obristen« geführt zu werden, der ihnen nur sagen liess, sie möchten nach Melk kommen, wohin er mit den Bauern zöge. Im Dorfe Winden, wo sie mit diesen wieder zusammentrafen, hatten sie dasselbe Geschick, worauf sie sich nach Melk begaben und von dort ein Schreiben an den Führer richteten, in welchem sie, die schon durch drei Tage den Bauern nachzögen, begehrten, vor ihm gelassen zu werden, wolle er aber mit ihnen nicht verkehren, so möge er ihnen einen schriftlichen Bescheid zusenden, um an die kaiserlichen Städte und Märkte, von welchen sie abgeordnet wären, darüber Bericht erstatten zu können.

Die Bauern rückten indessen vor Melk, nachdem sie auf den einzelnen Melk umgebenden Höhen mehrere grössere Abteilungen aufgestellt hatten, vermutlich in der Absicht, durch ihre grosse Zahl den Bewohnern des Stiftes wie des Marktes Furcht einzuflössen. Da die Bürger von Melk auf ihre Aufforderung, ihnen den Durchzug durch den Markt sowie den Kauf von Proviant zu gewähren, nicht gestatteten und auch sich ihnen anzuschliessen verweigerten, so lagerten sie vor dem Markte. Diese Gelegenheit benützten die städtischen Commissäre, um mit den Abgesandten der Bauern, welche 20 an der Zahl, von dem Bauer Wolf Rath aus Stainakirchen geführt, an dem Markttore erschienen waren, um Lebensmitteln zu holen, in Unterhandlung zu treten, und es gelang ihnen endlich, die Erlaubnis zu erhalten, in das Lager kommen und mit ihnen verhandeln zu dürfen. Die Commissäre begaben sich in das Lager, wurden in den Ring geführt, wo sie ihr Vorhaben darlegten und besonders, der Instruction gemäss, welche ihnen Unverzagt am

---

[1] Landtagsacten 1597, und Haselbach, a. a. O. Urkunde Nr. 3.

10. Februar hatte zukommen lassen, betonten, dass die Bauern von dem Kriegsvolke nichts zu besorgen hätten, wenn sie sich zu Verhandlungen herbeiliessen, über deren Ort und Zeit sie mit ihnen sich vergleichen sollten.[1] Nach langem Reden erreichten die Deputierten, dass die Bauern versprachen, einige aus ihrer Mitte zur weiteren Verhandlung nach Melk zu senden. Mit diesen wurde folgende Übereinkunft getroffen:

1. Die Bürger und Bauern geben ihr Vorhaben, die zwei oberen Viertel von Niederösterreich zu insurgieren, auf und bleiben, weil sie sich wegen der ihnen von ihre Herrschaften und deren Pfleger drohenden Strafen nicht in ihre heimatlichen Ortschaften wagen, an den Orten, wo sie jetzt verweilen, doch ohne die Einwohner dieser Orte zu bedrängen oder sich weiterer zu bemächtigen.

2. Die Commissäre werden sofort einen aus ihrer Mitte zum Erzherzoge abordnen, um von demselben Geleitscheine für die straffreie Rückkehr der Aufständigen in ihre Heimat zu erbitten. Die Geleitscheine sollten auch die Zusicherung enthalten, dass weder sie noch ihre Nachkommen wegen des Aufstandes jemals zur Verantwortung gezogen werden dürften.

3. Die Geleitscheine sollen jedem Pfarrhauptmann überantwortet und von den Kanzeln öffentlich »zu mäniglich wissen« verlesen und verkündet werden.

4. Nach Erhalt dieser Geleitscheine werden die Bauern die Waffen niederlegen, sich ruhig nach Hause begeben, in allen Pfarreien Ausschüsse einsetzen, welche die Beschwerden in ein »Libell« zusammentragen und den städtischen Commissären übermitteln sollten. Von diesen werden einige mit den Ausschüssen der Bauern nach Prag an den kaiserlichen Hof reisen, um die Beschwerdeschriften persönlich dem Kaiser zu unterbreiten und eine neue »unverdächtige« Commission, welche »was recht, göttlich und billich sein wirdt« entscheiden soll, zu erbitten. Nachdem diese Übereinkunft die Zustimmung der Bauern gefunden hatte und durch die Unterschrift und Siegel der städtischen Commissäre bekräftigt worden war, kehrten die ersteren in ihre Lager in der Freiningau, die letzteren nach Melk in ihre Herberge zurück.[2] Doch bald erwachte das Misstrauen

---

[1] Haselbach, a. a. O. Urkunde Nr. 6.
[2] Haselbach, a. a. O. Urkunde Nr. 9, wo es statt »Gotthardt Gölmer« nach einer im Archiv von Seitenstetten befindlichen Abschrift richtiger »Gotthart Khölner« heissen soll.

der Bauern neuerdings. Die Veranlassung dazu steht nicht fest, aller Wahrscheinlichkeit nach aber hatten sie vernommen, dass Morakhsy mit den kaiserlichen Truppen in der Nähe von St. Pölten angekommen und im Vorrücken gegen Melk begriffen wäre. Auch mag ihnen vermutlich durch Bewohner des Marktes Melk[1]) die Ankunft von 120 Knechten im Stifte mitgeteilt worden sein, obwol dieses Fähnlein in der Stille der Nacht in das Kloster eingerückt war. Sofort zogen sie mit ganzer Macht gegen den Markt, dessen Tore geschlossen waren, und begehrten freien Durchzug durch denselben, im Weigerungsfalle würden sie den Markt und das Stift stürmen und niederbrennen. Der Abt gestattete, um Blutvergiessen zu vermeiden, den Durchzug, doch dürften die Bauern nur mit gesenkten Waffen, eingerollter Fahne und ohne die Bewohner irgendwie zu bedrohen oder zu belästigen, durchziehen. Die Bauern fügten sich diesen Bedingungen, zogen in Reihen geordnet durch den Markt und dann wieder in ihr Lager zurück, wohin ihnen der Abt Brot und Wein führen liess.[2])

Niedergang der Erhebung.

Obwol der Durchzug durch den Markt von Melk, wie gleichzeitige Chronisten berichten, eine volle Stunde gewährt haben soll, welche Zeitdauer auf eine stattliche Zahl von Bauern hindeutet, so beginnt doch von diesem Ereignisse ab die Erhebung ihrem Niedergange zuzueilen. Die stattliche Zahl des Bauernheeres findet ihre Erklärung darin, dass gerade in diesen Tagen, als die Bauern vor Melk lagen, der Wirt von Puchenstuben, Christian Haller, mit beinahe 500 Mann zu Markgraber gestossen war. Da nach der Einname von Ips viele Bauern, namentlich die zwischen der Enns und Ips gesessenen, in ihre Heimat zurückgekehrt waren, so hatte der Anführer den Wirt in die Steiermark gesandt, um die Holzknechte von Eisenerz gegen die anrückenden kaiserlichen Truppen zu Hilfe zu rufen. Auf dem Rückwege bot er die Bauern von Lackenhof, Göstling, St. Georgen am Reut, Ipsitz, Gresten, Gaming und Lunz auf und stattete dabei auch dem Kloster Gaming einen Besuch ab. Nachdem er vom Kloster Wein

---

[1]) Dass manche Marktbewohner von Melk es damals mit den Bauern hielten, ergiebt sich aus Keiblinger, a. a. O. I. 828, und aus mehreren Briefen des Abtes Caspar von Melk.

[2]) Schreiben des Abtes von Melk an Strenn ddo. 14. Februar, Anhang Nr. 52.

und Brot für sich und seine Schar erhalten und zum Danke dafür einige Schüsse gegen dasselbe abfeuern hatte lassen, zog er über Scheibbs, Purgstall und Pechlarn dem »hellen Haufen« in Melk zu.[1]

Wie die städtischen Commissäre, von welchen Silvester Pacher nach Wien sich begeben hatte, um vom Erzherzoge die Geleitscheine zu erbitten, so entfaltete dieser selbst in dieser Zeit eine rührige Thätigkeit zur Bewältigung des Aufstandes. Er ermahnte in einem Schreiben an den Prior von Gaming denselben, alles aufzubieten, um den Zuzug seiner Untertanen nach Melk zu verhindern;[2] an den Abt Christoph von Seitenstetten erliess er eine ähnliche Aufforderung.[3] desgleichen an den Prälaten von Lilienfeld;[4] die Bürger von Melk[5] ermahnte er zur Treue und forderte sie auf, sich im Hinblicke auf die Treue ihrer Vorfahren durch die Drohungen der Bauern nicht einschüchtern zu lassen; dem Pfleger und Verwalter von Waidhofen an der Ips befahl er, besonderes Augenmerk auf seine Holden zu haben und die Geschütze des Zeughauses gut zu verwahren;[6] an die Bauern selbst aber richtete er am 13. Februar nochmals gütige, aber auch ernste Worte. Er ermahnte sie, die Waffen niederzulegen, nach Hause zurückzukehren und ihre gesammelten Beschwerden einer in Aschbach seinerzeit tagenden Commission, welche aus Männern zusammengesetzt werden sollte, die nicht Grossgrundbesitzer und Ständeglieder wären, vertrauensvoll zu überreichen. Er stellte ihnen aber auch die traurigen Folgen vor, die sie treffen würden, wenn sie den Gehorsam verweigerten und die gefangen gehaltenen Edelleute sowie die genommenen Städte und Schlösser nicht herausgeben würden. Aus allen österreichischen Kronländern und auch aus dem Deutschen Reiche würden dann Truppen gegen sie anrücken, denen sie nicht widerstehen könnten, welche aber sie und ihre Familien in die unglücklichste Lage bringen würden.[7]

Erzherzog Mathias säumte aber auch nicht, alle nötigen Massregeln für den Fall zu treffen, dass die Aufständigen nur durch Waffengewalt zum Gehorsame zurückgebracht werden müssten. Dem

[1] Aus dem Berichte des Priors von Gaming bei Haselbach, a. a. O. Urkunde Nr. 2.
[2] Anhang Nr. 46.
[3] Archiv von Seitenstetten.
[4] Landtagsprotokolle de anno 1597, Landesarchiv von Niederösterreich.
[5] Anhang Nr. 47.
[6] Ehemaliges Schlossarchiv von Waidhofen an der Ips.
[7] Haselbach, a. a. O. Urkunde Nr. 10.

zu Wien noch versammelten Landtage, dessen Mitgliederzahl sich sehr verringert hatte, liess er am nämlichen Tage, an dem er das Manifest an die Bauern erlassen hatte, neue Vorlagen durch die niederösterreichische Regierung zugehen. Nachdem er in denselben den Ernst der Lage geschildert hatte, verlangte er das allgemeine Aufgebot und bestimmte als Sammelplätze für das Viertel ober dem Wienerwalde Tulln, für das unter diesem Walde Unter-Waltersdorf, für den Kreis ober dem Manhartsberge Retz, für den unter diesem Gebirge Korneuburg. Als Befehlshaber wurden Gotthard von Starhemberg und Ulrich von Khünigsberg vorgeschlagen, welchen die Führer der in den drei oder vier Aufgebotsbezirken jedes Viertels aufgestellten Mannschaften, ein Hauptmann für die Knechte, ein Rittmeister für die Reiter, unterstehen sollten. Um das Weitergreifen der Erhebung in die beiden unteren Vierteln zu hindern, sollte den Holden der Treueid nochmals abgenommen und sie aufgefordert werden, sich mit ihren »besten sachen« mit Weib und Kind in die Klöster und Städte zu flüchten. Zum Schlusse verlangte er das Gutachten der Stände über die Absicht, auf die Köpfe der Rebellen und ihrer Führer hohe Preise zu setzen, und zwar für die Einlieferung des Obristen, lebend 2000 fl., todt 1000 fl., für die eines Rottmeisters 500 fl. beziehungsweise 250 fl., für die eines gemeinen Mannes 100 fl. Den obersten Anführer, Markgraber, hoffe er auf die Weise zu entfernen und unschädlich zu machen, dass er durch den Propst des Stiftes St. Florian in Oberösterreich auf dessen Vater, welcher in dem gleichnamigen Markte wohne,[1] einwirken lassen werde, damit derselbe durch väterliche Gewalt seinem unheilvollen Treiben entzogen würde.[2]

Die Antwort der Stände auf diese vom Geiste des Wohlwollens und der Sorge für die Wohlfahrt von Niederösterreich getragenen Vorschläge des Erzherzogs zeigt so recht die egoistische Engherzigkeit der Mitglieder des Landtages. Man fand dieselben zwar sehr schön und nützlich für das Land, allein die Stände hätten nicht die nötigen Mittel zu ihrer Ausführung, da die Untertanen die Steuern und Naturalleistungen verweigerten, sie überdies gegen die Türken Truppen besolden und sich selbst in ihren Schlössern

---

[1] Nach Czerny a. a. O. soll Markgrabers Vater Rathsbürger in St. Florian gewesen sein.
[2] Anhang Nr. 48 und Kalteneggers Manuscript. II, 522.

vor den Aufständigen schützen müssten. Die niederösterreichische Regierung möge, wie der Landtag des verflossenen Jahres beschlossen hätte, wegen der Defension des Landes sich an die Landtage der an das Erzherzogtum grenzenden Länder wenden, mit denen alte Vereinbarungen bezüglich der gegenseitigen Hilfe beständen. Mit der Aussetzung von Preisen auf die Einlieferung der Rebellen und ihrer Führer erklärten sie sich nicht einverstanden, weil dadurch nur viele Banditen, Räuber und andere Landstreicher in das Erzherzogtum gezogen würden. Es dünke ihnen besser, die Anführer durch Edicte für vogelfrei zu erklären, und denen, welche einen oder mehrere derselben dem General-Obristen überliefern würden, eine bedeutende Summe auszuzahlen; wenn die Ergreifer aber Bauern selbst wären, diesen grössere Rechte und Freiheiten zuzusagen. Was den Vorschlag, dass die ruhig gebliebenen Untertanen bei Herannahen der Rebellen sich mit ihren »besten sachen« sowie mit Weib und Kind in die Klöster und Städte flüchten sollen, anbelange, so zeige die Erfahrung, dass derselbe bei dem Landvolke auch früher nicht Anklang gefunden hätte. Als infolge des Verlustes der Stadt und Festung Raab (1594) eine ähnliche Massregel anbefohlen worden sei, wären die Bauern in die Wälder geflohen und hätten ihr Vermögen lieber daselbst vergraben als den Obrigkeiten zur Verwahrung übergeben. Die Regierung wolle ferner Vorsorge treffen, dass in den beiden unteren Vierteln des Landes Schmiede und Schlosser nicht, wie dies in den zwei insurgierten oberen Kreisen geschehen sei, von den Rebellen gezwungen würden, ihnen Spiesse, Schwerter und andere Waffen zu verfertigen. Es wäre den Ständen nicht bekannt, welche Truppen Gotthard von Starhemberg und der Khünigsberger gegen die aufgestandenen Bauern führen sollten. Für die von ihnen dazu bestimmten Truppen wäre ohnedies der General-Obrist (Morakhsy) ernannt, das Aufgebot der Gültpferde würde aber nicht so bedeutend werden, dass zwei Anführer notwendig würden, dafür genüge ein Mitglied des Landtages auch, das es überdies »wolfeiler« thun würde. Ihre Antwort schlossen sie mit Wiederholung der Bitte, die fürstliche Durchlaucht möge den Landtag vertagen. Auf diese egoistische Bitte erteilte ihnen Mathias die treffende Antwort, dass die Bauern, wenn er jetzt den Landtag schliessen würde, nur sich rühmen würden, »sie hetten Irer Mayestet den landttag verderbt und ire herrn und obrigkhait geschreckht und getwungen, das sy die von so vil jaren her geraichte landtsteur, gränitz anlagen und

Türkhen hülff hetten einstöllen mueßen.«¹) Da die Stände aber die Bitte um Vertagung wiederholt erneuerten, so wurde endlich derselben nachgegeben und der Landtag am 25. Februar vertagt.²)

In den Vorlagen, welche der Erzherzog am 13. Februar den Ständen hatte zugehen lassen, gab er ihnen auch bekannt, dass er die kaiserlichen Commissäre ermächtigt habe, die Ständeglieder des Viertels ober dem Wienerwalde für den 12. Februar zu einer Berathung nach St. Pölten zusammenzurufen. Infolge dieser Ermächtigung hatten Abt Caspar von Melk sowie die Herren von Streun und Losenstein schon am 8. Februar die Einladung zur Versammlung erlassen,³) die auch an dem bestimmten Tage zusammentrat. Obwol über Ersuchen der Commissäre von Richter und Rath von St. Pölten für »die notwendigen Losamente und andere gebürliche underhallltung« sowie nicht minder für die Sicherheit der Berathenden alle Vorsorge getroffen worden war,⁴) erschienen doch nur wenige derselben in St. Pölten. Die Ursache dieses schwachen Besuches der Berathung zu St. Pölten ist darin zu suchen, dass gerade in dieser Zeit die Aufständigen vor Melk lagerten und dadurch den im oberen Teile des Viertels sesshaften Herren den Weg nach St. Pölten versperrten. Reichard von Streun eröffnete in Gegenwart von noch zwei Mitgliedern der kaiserlichen Commission, der Herren von Losenstein und Starhemberg — Abt Caspar von Melk konnte sein Stift wegen der von den Rebellen drohenden Gefahr nicht verlassen — am 12. Februar die Versammlung mit einem kurzen historischen Exposé über den Beginn und bisherigen Verlauf des Aufstandes und forderte die Anwesenden, nachdem er die Ziele der Rebellen: Unterdrückung des Adels, Beraubung der Klöster und Erlangung »der schweitzerischen Freyheiten«, für welch letztere die Bauern sich auch die Herrschaft der Türken gefallen liessen, dargelegt hatte, auf, über die Befestigung der Klöster, Städte und Schlösser und deren Verproviantierung, über die Zahl der von jeder Herrschaft zu stellenden Gültpferde, sowie über die Ernennung von Befehlshabern feste Beschlüsse zu fassen. Nach längeren Berathungen setzte die Versammlung fest:

¹) Landtagsacten ddo. an 1597 im Landesarchiv von Niederösterreich und im Archiv des k. k. Ministeriums des Innern.
²) Da nach dem 24. Februar bis 9. Mai keine Verhandlungsprotokolle sich finden, dürfte der Landtag in dieser Zeit vertagt worden sein.
³) Anhang Nr. 41.
⁴) Gymnasial-Programm von St. Pölten a. a. O.

1. Dass die Klöster: Melk. Göttweig. St. Pölten und Herzogenburg, sowie die Schlösser: Schallaburg. Hohenegg, Zelking. Wald. Ochsenburg und Viehofen zu befestigen und mit je 30 Kriegsknechten, welche im Falle der Not schnell zusammengezogen und mit dem anderen gegen St. Pölten im Anrücken begriffenen Kriegsvolke vereinigt werden könnten, zu besetzen wären.

2. Als Befehlshaber wäre der im Kriegswesen erfahrene Georg Neber zu ernennen.

3. Die Unterhaltungskosten sollten von den Klöstern und Herrschaften gemeinsam getragen werden und habe jeder Abt oder Herrschaftsinhaber an die dafür bestimmten Einnemer Georg Stettner und Paul Spiess 30 Gulden Rheinisch abzuführen.

4. Die Stadt St. Pölten, welche in der Mitte des Viertels ober dem Wienerwalde liege, wurde als Zufluchtsort für die Bewohner der Umgebung erklärt. Richter und Rath der Stadt hätten deshalb eine Anzahl Kriegsleute aufzunemen und zu unterhalten, über welche aber ein von der Versammlung der Stände dieses Viertels erwählter Hauptmann zu bestellen wäre.

5. Jeder Abt oder Herrschaftsbesitzer sollte so viel Gültpferde rüsten, als er zu stellen imstande wäre, und dieselben dem General-Obristen unterordnen.

6. Kanonenschüsse sollten die Nachbarn von der Annäherung der Rebellen an ein Kloster oder Schloss benachrichtigen, auf welche die ersteren sofort den Angegriffenen mit ihrer ganzen Macht zuhilfe zu eilen hätten.

7. Als Proviantmeister wurden von der Versammlung Hans Jörger und Heinrich Hager erwählt.

8. Endlich wurden die kaiserlichen Commissäre bevollmächtigt, die anrückenden kaiserlichen und ständischen Truppen in Verwendung zu nemen, um die Herrschaftsbesitzer so schnell als möglich vor dem unerhörten Aufstande zu schützen und denselben niederzuschlagen.[1])

In diesen Tagen langte auch das Kriegsvolk unter dem Oberbefehl des General-Obristen Wenzel Morakhsy Freiherrn von Noskau in St. Pölten an und wurde in der Stadt und Umgebung einquartiert, während die Reiter unter dem Obersten Kollonitsch näher gegen die Donau Quartiere bezogen. Vom Erzherzoge beauftragt, strenge Mannszucht zu halten, liess Morakhsy am 13. Februar und

---

[1]) Kaltenegger, Manuscript. II, 668.

sechs Tage später wieder über mehrere Verletzer der Disciplin zu
St. Pölten Kriegsgerichte abhalten.¹) Von seinen Truppen sandte er,
dem Befehle des Erzherzogs gemäss, ein Fähnlein nach Melk, um
das Kloster zu schützen.²) Das Anrücken der kaiserlichen Truppen erregte unter den
Bauern starke Beunruhigung und gegen die städtischen Commissäre grosses Misstrauen, weshalb sich Abt Caspar von Melk
bewogen fühlte, durch ein Schreiben vom 13. Februar den Bauern
die Versicherung zu geben, dass die Abgeordneten der Städte es
ehrlich und treu mit ihnen meinten, sowie dass er selbst Morakhsy
schriftlich ersuchen werde,³) das Kriegsvolk nicht weiter vorrücken
zu lassen. Die Bauern möchten ihm bei seinen »wahren ehren
und glauben« doch so viel Zutrauen schenken, dass wenn sie die
Waffen niederlegen und zum Gehorsame zurückkehren würden, ihr
Leben, Habe und Gut gesichert bleiben würde.⁴) Dieses Misstrauen
erhielt neue Nahrung durch das Gerücht, dass vom Deutschen
Reiche her Truppen, darunter die sehr gefürchteten Wallonen und
Spanier, im Anzuge nach Niederösterreich begriffen wären. Diese
Märe fand bei den Bauern, welche von Melk nach Pechlarn sich
zurückgezogen hatten, umsomehr Glauben, als manche Umstände
sie zu bestätigen schienen. So wurde der längere Aufenthalt mehrerer
Edelleute in Enns dahin gedeutet, dass diese gegen die Grausamkeiten der Wallonen Zuflucht hinter den Stadtmauern gesucht
hätten. Der Landeshauptmann von Oberösterreich, Hans Jakob von
Löbel, liess sich auf seiner Fahrt von Linz nach seinem Schlosse
Greinburg, in der Nähe der gleichnamigen Stadt, von zwanzig be-

¹) Strafprotokoll im Landesarchiv von Niederösterreich. Das am 19. Februar
über Paul Haussner aus Ottenburg, einem Musketier des Hauptmanns Eitzinger
von Eitzing, wegen Schlägerei und schwerer Bedrohung eines Wirtes zu St. Pölten
abgehaltene Kriegsgericht bestimmte, dass der Profoss den Delinquenten zu übernemen und ihm einen Beichtvater zu stellen habe, dann soll er auf offenem Platze
in den Ring der Truppen geführt und dem Henker übergeben werden, der »seinen
leib in zway stuckh schlagen (soll), dass der kopf der kleinner und der leib der
grosser thaill sey, dass der tott darnach volge«. Über Bitten des Rathes von
St. Pölten begnadigte ihn Morakhsy, liess die Fahne über ihn schwingen und
schenkte ihm »leben, ehr und redligkhaitt« wieder.
²) Anhang Nr. 45. Die Zahl derselben wird verschieden angegeben, bald
150, bald 120 Mann stark.
³) Abt Caspar von Melk richtete am 14. Februar eine Schreiben in diesem
Sinne an Morakhsy und Streun. Anhang Nr. 51.
⁴) Anhang Nr. 50.

waffneten Knechten begleiten. Dieses Geleite genügte den misstrauischen Bauern, Löbl zu beschuldigen, er wolle den niederösterreichischen Aufständigen schaden und habe es besonders auf die ländlichen Bewohner des »Hössganges«[1] abgesehen. Der Abt von Melk wie die städtischen Commissäre richteten deshalb mehrere Briefe an ihn, in welchen sie ihn ersuchten, von seinem angeblichen Vorhaben abzustehen, weil auch die kaiserlichen Truppen von St. Pölten nicht vorrücken würden, um das eingeleitete Friedensgeschäft nicht zu stören. Obwol Löbl in seinem Antwortschreiben betheuerte, dass er dies ihm unterschobene Vorgehen gegen die seiner Herrschaft Greinburg unterstehenden Bauern des Hössganges nie gehegt und die Soldaten nur zu seinem eigenen Schutze mitgenommen hätte, weil ihn die Bauern überfallen wollten und ihr Obrist ihm sogar in seinem Schlosse durch seine Vorposten suchen habe lassen, um ihm das Schicksal Starhembergs zu bereiten,[2] so blieben die Aufständigen doch misstrauisch. Markgraber und seine Unterbefehlshaber traten deshalb mit dem Anführer der Bauern des Traunviertels, Tasch, wieder in Verbindung und richtete am 13. Februar im Namen der »Ausschüss und Hauptleute in Österreich unter der Ens« ein Schreiben an die »Ersamen und Fürnemen N Ausschüsse auch Haupt- und Rottleute in Österreich ob der Ens«, in welchem er denselben von dem Gerüchte Nachricht giebt, dass die Herren beschlossen hätten, in dieses untere Viertel fremdes Volk, Wallonen und Spanier, so von oben herabkommen sollen, einzuführen. Die niederösterreichischen Bauern hofften von ihnen Hilf und Beistand um der Barmherzigkeit willen, auch gute Wacht, Ordnung und Bereitschaft.[3] Zugleich waren sie bemüht, ihren Vorrat an Proviant, Geschütz und Munition zu verstärken, und sandten deshalb acht wohlbewaffnete Bauern an den Verwalter des dem Stifte Melk gehörigen Schlosses Weichselbach mit der Aufforderung, ihnen das Gewünschte auszuliefern. Sie sahen sich aber in ihren Erwartungen getäuscht; denn der Verwalter lieferte ihnen nur ein kleines »eisernes stückhl« und wenig Pulver aus.[4] In der

---

[1] »Hössgang«, ein alter, ausgetrockneter Donauarm bei Neustadl in Niederösterreich.

[2] Anhang Nr. 55 und Haselbach, a. a. O. Urkunden Nr. 14 und Nr. 23.

[3] Abschriftlich im Archive des Stiftes Kremsmünster, im Auszuge bei Czerny, a. a. O. 372. Rebellenbriefe Nr. 2.

[4] Brief des Verwalters von Weichselbach im Archiv von Melk: Keiblinger, a. a. O. II. Bd., I. Abth., 277.

nämlichen Zeit erschienen sie auch vor dem Schlosse Zelking bei Matzleinsdorf, begehrten und erhielten Brod und Pulver.[1]) Gleichzeitig kündigten sie auch den mit den städtischen Commissären geschlossenen Vertrag von Melk und behielten sich ihre volle Actionsfreiheit wieder bevor.[2]) Dieselbe beschränkte sich aber vorerst nur auf mehrere Briefe an die erwähnten Commissäre, denen sie Falschheit vorwarfen und drohten, wieder nach Melk zu rücken. Den Vorwurf der Treulosigkeit begründeten sie damit, dass, obwol Morakhsy in seinem an die Bauern gerichteten Schreiben, das ihnen durch die Commissäre übermittelt wurde, diesen versprochen habe, nicht weiter von St. Pölten vorzurücken, er doch dem Abte von Melk ein Fähnlein Kriegsknechte gesandt habe, welche dieser in sein Kloster aufgenommen hätte.[3]) Auch sei es mit der Mannszucht der kaiserlichen Truppen schlecht bestellt. Wie ihnen Bauern aus der Umgegend von St. Pölten, in welcher die Truppen lagen — die Reiter bei St. Pölten, das Fussvolk um Pottenbrunn — berichteten, würden die Untertanen von den Soldaten sehr übel behandelt, ihnen Hände und Füsse zusammengeschnürt und die Gefesselten so geschlagen, »dass dem erbfeindt genueg verglichen mecht werden«. Würde diesem Unfuge nicht abgeholfen werden und der Abt Caspar von Melk die Kriegsleute nicht alsbald aus seinem Stifte entfernen, so würden die Bauern mit allen Mitteln dagegen auftreten.[4])

Markgraber wurde zu dieser hochtönenden Sprache durch viele Flüchtlinge, welche, um den Grausamkeiten der Truppen zu entgehen, aus der Umgebung von St. Pölten in das Bauernlager bei Pechlarn gekommen waren, besonders aber auch durch ein Schreiben der Holzknechte von Eisenerz bewogen, in welchem ihm diese ankündigten, dass sie 60.000 Mann stark, »40.000 schitzen, 20.000 helleporter«, im Anzuge zu ihm wären. Er möge ihnen sagen lassen, wohin sie, ob nach Melk oder nach Pechlarn, ihren Marsch richten sollten, weil sie »nit lang auf der pernhaut ligen wellen« und umsonst nicht gekommen wären. Sie hätten »ain christliches gemuet« zu ihnen gefasst und würden, »ob Gott wil nimmer

---

[1]) Schreiben des Pflegers von Zelking an den Hofrichter zu Seitenstetten, 15. Februar. Archiv Seitenstetten.
[2]) Anhang Nr. 53.
[3]) Haselbach, a. a. O. Urkunden Nr. 15, 16, 18.
[4]) Abschriftlich im Archiv von Seitenstetten, gedruckt bei Haselbach, a. a. O. Urkunde Nr. 20.

abweichen«. Weil sie von der Anwesenheit der Truppen gehört hätten, so würden sie sich keine Rast gönnen, sondern den Marsch ununterbrochen Tag und Nacht fortsetzen. Nach ihrer Ansicht wäre es aber das Notwendigste, zuerst das Kloster Melk anzugreifen und dasselbe zu einem »Granizhause« für das arme Bauernvolk und ihre Weiber und Kinder zu machen. Sie würden nicht früher wieder heimziehen, bevor sich nicht »die Paurnschinder und herrn« mit ihnen »genuegsamb« verglichen hätten, würde das nicht geschehen, »so soll fuerrer khain stain auff den anndern beleiben«.[1]) Dieses grosssprechende Schreiben der Holzknechte und Bergknappen von Eisenerz sowie das in den Geländen zwischen der Enns und Ips erlassene Aufgebot veranlassten nicht nur die oberwähnten Schreiben, sondern bestärkten Markgraber nur noch mehr in seinem ehrgeizigen, selbstsüchtigen Treiben. Geblendet durch die Erfolge, welche er durch die Übergabe von Ips, durch die Einname mehrerer Schlösser, durch den Anschluss der Stadt Pechlarn und den Durchzug durch Melk errungen hatte, betrachtete er sein Handeln nicht mehr als eine nur im Interesse des so schwer gedrückten Bauernstandes unternommene Action, sondern glaubte sich zu Höherem berufen. Den besten Beweis für eine solche Anname liefert das Benemen Markgrabers gegen die städtischen Commissäre, als er sie, die ihm doch bis Pechlarn nachgereist waren, bei ihrer Ankunft in dieser Stadt am 10. Februar nicht vor sich liess, sondern, nachdem sie durch zwei Stunden gewartet hatten, nach Melk zu kommen hiess, wo er auf ihr energisches Betreiben endlich zu einer Verhandlung sich herbeiliess.[2]) Noch mehr trat dieses selbstsüchtige Beginnen in den Eidschwüren zutage, welche er von den Bauern zu leisten verlangte. Wie aus einem Briefe des Schlossherrn von Hohenegg, Albert Ennenkl, an Wilhelm von Losenstein ersichtlich ist, mussten die aus der Umgebung von St. Pölten geflohenen Bauern vor ihm im »Ringe« erscheinen, worauf er sie um ihre Beschwerden gegen die Obrigkeit fragte. »Darauf muessen sye niederknüen und dem obristen einen ayd schwören, das derselben keiner hinfür mer bis zum austrag der sachen seiner obrigkhait einigen gehorsamb leisten welle; nachgehend muessen sye stehend noch einen besundern ayd schwören, das sye hernach auch mit ihm als ihren obristen auf sein künfftig aufbieten wider den

---

[1]) Haselbach, a. a. O. Urkunde Nr. 12.
[2]) Bericht der städtischen Commissäre an Wolf Unverzagt ddo. Melk, 12. Februar 1597, bei Haselbach, a. a. O. Urkunde Nr. 7.

Türckhen ziehen und also ihme hinfüro allen gehorsamb leisten wellen; endlich vertröstet er sye, so sye durch das anjez im landt versamblete khriegsvolckh den geringsten schaden leyden sollten, das er ihnen mit seiner gantzen macht zu hülff ziehen will.«[1])
Die ehrgeizigen Träume Markgrabers, die Revolution in Niederösterreich siegreich durchzuführen und dann an der Spitze der Bauern als ihr Obrister gegen die Türken zu ziehen, zerstoben jedoch sehr bald. Von den so prahlerisch angekündigten 60.000 Holzknechten und Bergknappen liess sich weder ein Mann noch eine Maus sehen, und das Aufgebot hatte ungeachtet der schärfsten Bedrohungen aller jener, welche demselben nicht gehorchen würden, nur sehr wenige in sein Lager geführt. Dazu gesellte sich der gegen Markgrabers Pläne schwerwiegende Umstand, dass unter den Bauern selbst über sein trotziges selbstsüchtiges Treiben und ebenso seines Anhanges eine unzufriedene Stimmung sich geltend machte. Die erste Spur dieses allmählich immer mehr zutage tretenden Wandels der Gesinnung tritt uns in der Äusserung entgegen, welche ein bäuerlicher Abgeordneter nach Schluss der Melker Verhandlungen zu den städtischen Commissären machte, als er auf den Wunsch derselben, es möchten diese Tractationen die Ruhe herbeiführen, die Antwort gab, er hoffe es gleichfalls; denn »es mueße wol nit alles nach ieres obristen khopf hinaußgehen«. Stärker noch trat diese Unzufriedenheit, zu der sich auch das so leicht erregbare Misstrauen des Bauers gesellte, in den Versammlungen hervor, welche die Bürger und Bauern des Landstriches zwischen der Enns und Ips am 17. und 18. Februar zu Amstetten abhielten. Die Bürger in den Städten und Märkten hatten sich zwar in ihrer Gesammtheit dem Aufstande ferne gehalten und den aufmerksamen Beobachter gespielt, wenngleich immerhin sich nicht wenige teils durch starke Drohungen und hohe Geldstrafen genötigt, teils um begangene Verbrechen zu verhüllen und der Strafe sich zu entziehen, daran beteiligten. Der Schrecken, welcher dem anrückenden kaiserlichen Kriegsvolke vorhergieng und durch vielfache falsche Gerüchte noch gesteigert wurde, hatte auch auf die ehrsamen und wohlweisen Bürger seine Wirkung zu thun nicht unterlassen. Über Einladung und unter Führung von Richter und Rath von Amstetten versammelten sich in den Mauern dieses Marktes die Abgeordneten der Märkte: Haag, St. Peter in der

---

[1]) Anhang Nr. 71.

Au. Seitenstetten, Aschbach, Strengberg, Walsee, Öd, Ardagger, Ulmerfeld, Neuhofen, Blindenmarkt und Neumarkt, um mit den Bauern behufs eines gemeinsamen Vorgehens in Verbindung zu treten. Auf ihre Einladung erschienen an den genannten Tagen die Ausschüsse der Bauerngemeinden von den Pfarreien Amstetten, Viehdorf, Winklarn, Ardagger, Kollmitzberg, St. Georg am Ipsfelde, Sindelburg, Strengberg, Zeillern, Neuhofen, Aschbach, Krenstetten, Wolfsbach, Seitenstetten, Biberbach, St. Georgen in der Klaus, Allhartsberg, Windhag und Waidhofen an der Ips und beschlossen, sich den Melker Vereinbarungen anzuschliessen, Ausschüsse zu wählen, ihre Beschwerden zu sammeln und dieselben den kaiserlichen Commissären zu übermitteln. Auch erklärten sie sich bereit, sobald die Geleitsbriefe eingelangt sein werden, den vom Erzherzog anbefohlenen Revers zu unterzeichnen. Es wurde auch eine Deputation gewählt, welche der städtischen Commission zu Melk die von ihnen gemeinsam unterschriebene Erklärung zu überreichen hätte. In derselben gaben sie ihre Bereitwilligkeit bekannt, sich den zu Melk festgesetzten Bedingungen »zu verhidtung des eisseristen verderbens und undtergangs« in Gehorsam zu unterwerfen, baten aber, dass die vom Kaiser oder Erzherzog eingesetzte unparteiische Commission mit ihren Ausschüssen entweder zu Amstetten, Ulmerfeld oder Aschbach verhandeln sollte, weil eine Reise nach dem weiten und fernen Prag für sie mit zu grossen Kosten verbunden wäre. Von der Versammlung waren auch Richter und Rath der Stadt Ips zum Erscheinen und zur Teilname an der Berathung eingeladen worden, waren aber, obschon sie ihre Zustimmung zu den Beschlüssen gaben, nicht erschienen, vorgebend, dass Richter und Rath »der zeit und eyll halber nit khumen khönen«. Wahrscheinlich befürchteten sie, dass die Stadt, die, wie sie jüngst in einem Entschuldigungsschreiben dem Erzherzog berichteten, in sehr traurigem Zustande sich befand und nur 70 Mann zur Verteidigung aufbringen konnte, neuerdings von Markgraber, der in dem nahen Pechlarn lagerte, überfallen werden könnte, wenn er ihr Erscheinen und ihre Zustimmung zu den in Amstetten gefassten Beschlüssen in Erfahrung brachte.[1]) Die Vorgänge des Amstettnertages blieben ihm aber nicht unbekannt. Einer seiner Anhänger, Michael Winkler, Besitzer der Kälbermühle zu Amstetten, der selbst die Beschlüsse der Versamm-

---

[1]) Anhang Nr. 63.

lung unterzeichnete, berichtete ihm darüber und entschuldigte die Bauern mit ihrer »Verzagtheit« wegen des Kriegsvolkes,[1]) und Christoph Weidinger. Maier zu Bogenhofen in der Pfarre Aschbach, übermittelte ihm die Beschlüsse und teilte ihm den Misserfolg des Aufgebotes mit. »Ob ich woll auf des herrn zwey überschickhte auffpottschreiben den Märkht-, Pfarrn- Haubt- und Rottleithen sambt allen undterthanen in aller unnd schneller eyll mit iren pösten wöhren und waffen auff zue sein aller ernnst in crafft des herrn schreiben vorttzueziehen auffgepotten unnd mich bey tag unnd nacht am wenigsten unnd gar nit gespart, so hab ich doch bey ainem unnd dem andern, weillen sie sich nunmehr zu friedt unnd ainigkhait begebn wolln unnd schon allberaith beschlossen, khainen verern gehorsamb des persönlichen zuezugs auch sonderlich unnd darumben iertz weigern unnd gehoben mögen, das, wie man beylaiffig hört unnd die sag gehet, das etwo auß dem Oberlandt auch Khriegsvolckh herundter khombe.«[2]) Als die Gutgesinnten von diesen Berichten an Markgraber Kunde erhielten, waren sie besorgt, der Bauernführer könnte mit seinen radicalen Anhängern einzelne Gemeinden und Märkte überfallen und schlossen sich deshalb enger aneinander, da es doch nicht recht wäre, »einem aincigen menschen (zu) volgen unndt ein bluetbadt zue machen, das behiett Gott«.[3]) Sie waren sogar entschlossen, Gewalt durch Gewalt zu vertreiben und im Falle Markgraber sie mit einem weiteren Aufgebot belästigen würde. »ihme und sein hauffen mit gewerter hand widerstandt zu thuen«.[4])

Diese unzufriedene Stimmung und namentlich das Ausbleiben des Zuzuges trotz des zweimal unter den schärfsten Bedrohungen — Kopfabschlagen, Niederbrennen der Häuser u. a. — ergangenen Aufgebotes waren die Ursache, welche Markgraber, obwol er nicht unterliess, seine Grosssprechereien fortzusetzen und besonders dem Abte von Melk mit einem Sturme auf dessen Kloster zu drohen, bewogen, am Schlusse seines Schreibens an die städtischen Commissäre vom 16. Februar dieselben unter Zusicherung freien Geleites und Erzeugung »aller guter wiell« zu ersuchen, zu den Bauern nach Pechlarn zu kommen.

[1]) Anhang Nr. 56.
[2]) Anhang Nr. 65.
[3]) Aus einem Schreiben des Richters Heyberger von Amstetten an den Marktrichter Spiller in Aschbach ddo. 19. Februar. Archiv von Seitenstetten.
[4]) Schreiben des Abtes von Melk ddo. 19. Februar. Anhang Nr. 69.

Die Commissäre folgten dieser Bitte und begaben sich am 16. Februar noch zu den Bauern nach Pechlarn. Aber ihr Vertrauen auf das zugesicherte freie Geleite und den guten Willen, mit ihnen zu verhandeln, wurde schwer enttäuscht, als Markgraber, der ihnen in einem zweiten Schreiben über die Grausamkeiten des Kriegsvolkes, sowie darüber, dass der Prälat von Melk die Bürgerwache an den Toren dieses seines Marktes durch räuberische Soldaten ersetzt habe, schwere Klagen vorgebracht hatte, sie gefangen setzen und scharf bewachen liess. Sie wandten sich deshalb an die kaiserlichen Commissäre nach St. Pölten und baten durch ihren Einfluss Morakhsy zu bewegen, nicht nur strenge Mannszucht unter seinen Truppen, welche ärger als der Türke hausten, zu halten, sondern auch den Rückzug anzutreten. Der kaiserliche General-Obrist wies jedoch diese Bitte ab. Die Bauern hätten keine Ursache, schrieb er den Commissären nach Pechlarn, über Mangel an Disciplin der Truppen Klage zu führen. Er halte strenge Mannszucht und habe über drei seiner Soldaten Standrecht halten lassen. Es sei eine den Commissären gesagte Unwahrheit, dass das Kriegsvolk den Bauern Hände und Füsse zusammenschnüre und sie ärger mit Schlägen tractiere als der Erbfeind. Wol aber habe er selbst alle Ursache, sich über die Bauern zu beklagen. Obwol sie Frieden zu halten gelobt hätten, hätten sie doch die Strassen unsicher gemacht, indem sie jüngst erst einen reisenden Kaufmann bei St. Leonhard am Forst »niedergeworfen« und so stark geschlagen hätten, dass es ungewiss sei, ob er noch lebe; einen Untertan des Herrn von Losenstein hätten sie, weil er dem Aufgebote nicht gehorchen wollte, mit Schlägen und Hieben so übel zugerichtet, dass er jetzt auf dem Todtenbette liege. Er wolle anderes mit Stillschweigen übergehen, da die Bauern für »irren teill khain wasser getruebt haben wellen«; aber dagegen müsse er ernstlich protestieren, die Soldaten als Räuber zu bezeichnen, »die sein nit rauber sonndern erliche und redliche Ir. Kay. Maytt. Dienst- und Khriegsleut«. Auch könne er die Truppen nicht zurückziehen, so lange die Bauern gerüstet bleiben, »das hiess uns die hend gebunden innen aber frei gelassen«. Was er in seinem Patente versprochen habe, werde er auch halten.[1])

Während dieser Verhandlungen wegen Abzuges des Kriegsvolkes traf der so sehnsüchtig erwartete Commissär Silvester Pacher.

---
[1]) Kaltenegger, Manuscript, a. a. O. II, 590, und Haselbach, a. a. O. Urkunden Nr. 20, 22, 25, 26.

welchen seine Collegen zu dem Erzherzoge nach Wien gesandt hatten, um dem Vertrage von Melk die landesfürstliche Gutheissung zu erwirken, in Pechlarn ein. Sein Geschäft hatte in Wien eine Verzögerung erlitten, weil sich Hofrath Unverzagt, an welchen sich Pacher zuerst wandte, zwar mit allen zu Melk getroffenen Vereinbarungen einverstanden erklärte, doch aber an dem Versprechen, dass einige bürgerliche Commissionsmitglieder mit den Ausschüssen der Bauern an den kaiserlichen Hof nach Prag reisen würden, Anstoss genommen hatte. Die städtischen Abgeordneten, meinte er, würden sich dadurch bei den Ständen in den Verdacht bringen, dass sie es mehr mit den Bauern als mit ihnen hielten. Auf die Erklärung Pachers, dass die Bauern ohne dieses Versprechen sich gar nicht zu Verhandlungen herbeigelassen hätten, habe er diesem Artikel auch seine Zustimmung gegeben, doch ihm erklärt, dass er einige Tage warten müsse, weil der Erzherzog wegen der Geleitscheine und des von den Bauern zu unterzeichnenden Reverses erst mit dem Landtage berathen müsste. Pacher erwirkte sich aber am 15. Februar eine Audienz beim Erzherzoge und stattete ihm eingehenden Bericht über die Lage des Aufstandes ab, worauf derselbe der Verschleppung ein Ende machte und die sofortige Ausfertigung der Geleitscheine und des Reverses anordnete.[1]) Noch am nämlichen Tage erliess der Erzherzog den »Glaittbrieff«, worin er allen Ständegliedern der beiden oberen Viertel des Erzherzogtums Österreich unter der Enns und ihren Pflegern und Verwaltern strenge verbot, ihre aufgestandenen Unterthanen, wenn dieselben den Revers unterzeichnet und die Waffen niedergelegt hätten und in ihre Heimat zurückgekehrt wären, wegen Teilname an der Erhebung bis zur Entscheidung durch eine kaiserliche Commission zu bestrafen, gewöhnliche Gerichtsfälle ausgenommen. Sollten die Bauern aber neuerdings eine Erhebung ins Werk setzen wollen, so würden die früher angedrohten Strafen ohne jede Nachsicht zur Ausführung gelangen.[2]) Da er den Bauern kein grosses Vertrauen schenkte, richtete er am folgenden Tage an die kaiserlichen Commissäre ein Schreiben, in welchem er ihnen bekannt gab, dass er sich wegen des »Glaidt« mit dem Landtage verglichen habe. Dasselbe bezöge sich aber nur auf die Hausgesessenen und erstrecke sich nur bis zur Verhandlung der kaiserlichen Com-

---

[1]) Haselbach, a. a. O. Urkunden Nr. 13, 17, und Kaltenegger, Manuscript, a. a. O. II. 553.
[2]) Anhang Nr. 54.

mission mit denselben, über deren zu ernennende Mitglieder sowie über den Ort, an welchem, und die Zeit, in der sie abgehalten werden soll, das Nähere noch bestimmt werden soll. Die »ledigen Leute wie auch die Anführer seien in dem Geleite nicht inbegriffen, und sollten die Bauern sich wieder erheben, so sollten das Kriegsvolk und die Stände sie angreifen. Das Kriegsvolk werde deshalb nicht zurückbeordert werden, so lange die Commission ihre Aufgabe nicht gelöst hätte, wol aber könnte es zur Bewachung der Pässe verwendet werden.[1])

Als Pacher in Pechlarn eingetroffen war, verständigten die Commissäre sofort die Bauern von seiner Ankunft, verschoben aber die Verhandlungen mit ihnen, »weilen albereit der abendt vorhanden, und anheut am Faschangtage die Paurn mehrers als sunsten beweint sein mechten, dahero dann wenig fruchtbars mit inen zu handln bis zum kommenden tag«. Am nächsten Morgen machten die Bauern einen Ring, innerhalb welches die Commission den Geleitsbrief wie den Revers mit lauter Stimme vorlas. Nach längerem »Paurngeschrei« erklärten die Rebellen ihre Bereitwilligkeit zur Unterfertigung des Reverses, verlangten aber, bevor sie auseinander gehen würden, den Abzug der Truppen. »So seindt und bleiben sy doch grobe Paurn und besorgen sich immerdar eines ueberfalls«, berichten die Commissäre an Morakhsy. Dieses Misstrauen der Bauern findet seine Erklärung in den vielen Gerüchten über die Grausamkeit des Kriegsvolkes, welche besonders durch die flüchtenden Bauern aus der Umgebung von St. Pölten in das Lager bei Pechlarn gebracht und, wie dies zumeist der Fall zu sein pflegt, in übertriebenster Weise dargestellt wurden. Deshalb ersuchten die Commissäre nochmals Morakhsy um den Rückzug seiner Truppen und schlugen vor, dass die Bauern und die Truppen »pari passu« abrücken sollten. Zugleich gaben sie diese Bitte auch dem Hofrathe Unverzagt bekannt. Der erstere erklärte in seinem Antwortschreiben vom 19. Februar, er werde, sobald der unterzeichnete Revers in seine Hand gelangt wäre, sofort den Rückmarsch antreten. Um die Bauern zur Eile bezüglich der Unterfertigung des Reverses anzuspornen, gab er den kaiserlichen Commissären bekannt, dass von Böhmen und Mähren her Kriegsvolk wider die Rebellen heranrücke.[2])

[1] Anhang Nr. 58.
[2] Archiv von Seitenstetten, auch bei Haselbach, a. a. O. Urkunde Nr. 30.

Die Verhandlungen begannen am 19. Februar und hatten einen so glücklichen Fortgang, dass die Commissäre, welche durch acht Tage gefangen gehalten wurden, nicht nur ihre Freilassung den kaiserlichen Commissären nach St. Pölten, sondern auch die freudige Thatsache berichten konnten, dass bei sechzig Pfarreien des Viertels ober dem Wienerwalde und zwei im Kreise ob dem Manhartsberge den Revers unterzeichnet und Geleitbriefe erhalten hätten. Die Commissäre hofften, dass sobald die gedruckten Geleitscheine, um die sie schon öfters gebeten aber nur teilweise erhalten hätten, einlangen würden, noch viele andere Gemeinden den Revers unterfertigen werden.[1] In diesem Reverse gelobten die Bauern an Eidesstatt, dass sie durch Vermittlung der Abgeordneten des vierten Standes Oswald Hüttendorfer, Georg Herbst, Christoph Winkler, Stefan Mayr, Silvester Pacher und Heinrich Millner »der höchsten obrigkhaitt gehorsamb zuegesagt auf nachstehendte conditionen«:

1. Dass sie von dem Auflaufe abstehen, nach Hause ziehen, die Wehren niederlegen und ihren Grundobrigkeiten Gehorsam leisten, auch die Steuern, Dienste und andere Landesanlagen wie früher leisten werden, bis dass ihre Beschwerden durch einen gewählten Ausschuss gesammelt und durch eine unparteiische kaiserliche Commission auf billige Weise verhandelt oder durch eine kaiserliche Resolution entschieden wären;

2. dass sie in Zukunft keine solche Erhebung mehr machen wollten;

3. dass sie ihre Gefangenen, darunter sich Ludwig von Starhemberg und Wilhelm Seemann befänden, alsbald ohne jede Entschädigung freigeben werden;

4. dass sie den Revers der Stadt Ips sowie die gewonnenen Schlösser Persenbeug, Peggstall, St. Peter in der Au, Karlsbach und andere zu Handen der kaiserlichen Majestät abtreten wollen;

5. dass sie, wenn sie ihren Zusagen nachkommen, den Geleitsbrief erhalten sollten, der sie bis zur Entscheidung der Com-

---

[1] Kaltenegger. Manuscript II, 495; Haselbach, a. a. O. Urkunde Nr. 43. Nach einer im Archive zu Seitenstetten befindlichen Aufzeichnung unterfertigten zu Pechlarn ausser den oben angeführten Märkten und Pfarrgemeinden noch folgende: Gresten, Gaming, Lunz, Oberndorf, Plankenstein, Frankenfels, Purgstall, Scheibbs, Randegg, Reinsberg, St. Martin auf dem Ipsfelde, Neustadl, Ferschnitz, Pezenkirchen, Wieselburg, Stainakirchen, Euratsfeld, Göstling, Hollenstein, Opponitz, Ipsitz, St. Leonhard am Forst, St. Leonhard am Wald, Ruprechtshofen, Erla, Haidershofen und St. Pantaleon.

mission von jeder Strafe wegen des Aufstandes schütze, und dass
die gegen sie erlassenen Generale aufgehoben werden;

6. dass alle anderen vor das Forum ihrer Grundobrigkeit oder
des Landgerichtes gehörenden Händel und Verbrechen von diesen
wie bisher entschieden werden sollten;

7. dass ihre Verbindungen untereinander aufgehoben und die
ihren Anführern, welche ihre Stellen niederzulegen hätten, geleisteten
Eide gänzlich wirkungslos sein sollten;

8. dass, wenn sie gegen diese Bedingungen sich verfehlen, sie
von der kaiserlichen Majestät, der fürstlichen Durchlaucht und der
hohen Obrigkeit bestraft werden sollten.[1]

Nachdem der Revers unterfertigt worden war, zogen die
Bauern von Pechlarn in ihre Heimat ab. Auch Markgraber verliess
»zu ross mit dem übrigen geschwarmb, deren aber über zwayhundert
nit mer gewesen«, das Lager, so dass am 23. Februar um die
Mittagsstunde sich kein Aufständiger mehr zu Pechlarn befand.[2]
Markgraber gab die Absicht kund, nach Ulmerfeld zu ziehen, daselbst
mit einem Ausschusse von mehreren Pfarreien die Geleitscheine
zu erwarten, dann alle seine Begleiter zu entlassen und sich
selbst in seine Heimat zu begeben.

Nach den mit so glücklichem Erfolge zu Pechlarn durchgeführten
Verhandlungen der städtischen Abgeordneten begaben sich
Oswald Hüttendorfer, Georg Herbst und Silvester Pacher nach
St. Peter in der Au, um den von seinen Untertanen noch immer
gefangen gehaltenen Schlossherrn Wilhelm Seemann von Mangern
sammt seiner Tochter zu befreien. Doch hier hatten diese Abgeordneten
einen schweren Stand, denn die Erbitterung gegen Seemann
war eine sehr starke und wurde durch den Anführer Michael Beer
stets genährt. Dieser liess Seemann auf das strengste im Schlosse
bewachen und hielt auch mit seinem »Haufen« den Markt und
die Umgegend besetzt, um jeder Hilfeleistung entgegentreten zu
können. Seemann hatte zur Erlangung seiner Freiheit gegen Bürgschaft
um die Intercession des Rathes der Stadt Steyr schriftlich
ersucht, welche zwar erfolgte, aber vergeblich war.[3]

[1] Anhang Nr. 70.
[2] Haselbach, a. a. O. Urkunde Nr. 46.
[3] Prevenhueber, Annales Styrenses, 317. Unrichtig ist es, wenn Prevenhueber
berichtet, Seemann wäre durch die Bürgschaft des Rathes von Steyr aus
seiner Haft befreit worden; die zweimalige Intercession desselben hatte keinen Erfolg.

Die zur Befreiung des Schlossherrn von St. Peter in der Au abgeordneten Commissäre kamen am 25. Februar nach Seitenstetten und begaben sich, nachdem sie im Stifte übernachtet hatten, am nächsten Tage nach dem nahe gelegenen Markte St. Peter. Die Aufname jedoch, welche sie von den Bauern daselbst fanden, war eine sehr kühle, ja abweisende. Der Anführer der Rebellen, Beer, und seine Genossen wollten anfänglich von einer Unterhandlung nichts wissen und waren bemüht, dieselbe auf alle Weise hintanzuhalten. Sie könnten ohne die Untertanen der vier unter die Herrschaft Steyr gehörigen Ämter sich in keine Verhandlungen einlassen, da gerade diese es gewesen wären, welche auf die Verhaftung und Gefangenhaltung Seemanns mit allem Ungestüme bestanden wären; überhaupt aber würden sie sich früher in keine weiteren Unterhandlungen einlassen, bevor sie nicht die früheren Rechte und Freiheiten, welche ihnen ihr Grundherr im Jahre 1592 ohne alles Recht entzogen hätte, wieder erlangt haben würden. Durch vier Tage währten die Verhandlungen mit den täglich zahlreicher gewordenen Bauern, als deren Sprecher neben Beer auch noch Schachermaier von Seitenstetten auftrat. Erst die eidliche Zusage der Commissäre, dass ihnen ihre alten Rechte und Freiheiten zurückgegeben werden sollten, und nachdem der Abt Christoph Held von Seitenstetten für diese Zusage im Namen Seemanns als Bürge eingetreten war, öffnete man Seemanns Gefängnis, der so strenge bewacht worden war, dass nicht einmal den Commissären der Zutritt zu dem Gefangenen gestattet worden war. Die Bauern unterzeichneten dann auch den Revers, erhielten die Geleitbriefe und räumten das Schloss, in welchem sie Seemann durch länger als drei Wochen im engsten Gewahrsame gehalten hatten. Die Commissäre brachten ihn mit seiner Tochter, die gleichfalls in der Haft sich befand, nach Ips, wohin sie sich selbst auch begaben, um ihren in das Waldviertel abgereisten Collegen zu folgen.[1])

Während im westlichen Teile des Viertels ober dem Wienerwalde dank der aufopfernden Thätigkeit der Abgeordneten des vierten Standes die Pacification stetig Fortschritte machte, trat im östlichsten Teile dieses Kreises, der bis dahin ganz ruhig geblieben war, eine nicht unbedeutende Erhebung ein. Die Ursache dieses

---

[1]) Nach Acten des Schlossarchivs von St. Peter und des Stiftsarchivs von Seitenstetten (Anhang Nr. 75), wozu die bei Haselbach a. a. O. angeführten Urkunden Nr. 32 und 52 die teilweise Ergänzung bilden.

neuen Aufstandes war das zuchtlose Auftreten des Kriegsvolkes. Der kaiserliche Rittmeister Wolf Achaz Freiherr von Althan hatte den Befehl erhalten, zur Verstärkung des General-Obristen Morakhsy 600 Haiducken, welche die Stände unter Zustimmung des Erzherzogs in Ungarn angeworben hatten, in die Umgebung von St. Pölten zu führen. Als diese wilde Soldateska, welche nicht allein aus den angeworbenen Haiducken, deren Zahl nur 200 betrug, bestand, sondern der sich auch viele andere meist »gartende« Knechte angeschlossen hatten, durch das Tullnerfeld ihren Marsch nam, raubte und quälte sie die Bewohner desselben in solcher Weise, dass diese sich zusammenrotteten, um Gewalt durch Gewalt zu vertreiben. In wenigen Tagen waren mehrere Tausende von Bauern beisammen, welche diese Horden angriffen und teilweise auch zerstreuten. Auch nachdem dieses Kriegsvolk die Ebene von Tulln verlassen hatte und nach St. Pölten gerückt war, kam die ausgebrochene Bewegung nicht zum Stillstande. Die unmittelbare Nachbarschaft der Truppen führte in Verbindung mit der grossen Aufregung der Bauern manche gewaltthätige Scene herbei. So versammelten sich am 26. Februar in Judenau mehr als 6000 Bauern, überfielen das Haus des Viertelhauptmannes Hans Gerhab, forderten mit dem Ungestüme einer aufgeregten Menge Wein und bedrohten Gerhab mit dem Tode. Die in St. Pölten anwesenden kaiserlichen Commissäre wollten durch den Rath dieser Stadt den Aufstand beilegen, doch dieser lehnte jede Vermittlung ab. Erst durch den Propst des Chorherrenstiftes St. Pölten und den Edlen Johann Siegmund von Greiss zu Wald, welche mit den erregten Bauern des Tullnerfeldes unterhandelten, kehrte die Ruhe langsam dorthin wieder zurück; doch blieben die Bauern noch längere Zeit unter Waffen.[1])

Neues Aufflammen und gänzliche Unterdrückung der aufständigen Bewegung im Viertel ober dem Manhartsberg.

Die Agitationen der Führer der Bauern im Waldviertel, des Schneiders von Emmersdorf, Prunner, und seiner Genossen Schrembser und Angerer, welche durch einen Aufstand ihre Absicht, die kaiserlichen Commissäre zu zwingen, nicht in Melk, sondern in Zwettl und Emmersdorf mit den Bauern zu verhandeln, zu erreichen suchten,

---

[1]) Kalteneggers Manuscript. II. Nr. 495, 442; Fugger'sche Relationen, a. a. O.; Gymnasial-Programm von St. Pölten 1888.

hatten zwar keinen vollständigen Erfolg, allein sie trugen doch viel bei, die Erbitterung der Bauern zu steigern, so dass sie mit aller Hartnäckigkeit an beiden Ortschaften als Commissionsorten festhielten. Da die Bauern aber kein Aufgebot in der ersten Hälfte des Februars erlassen hatten, so schien im Waldviertel damals Ruhe zu herrschen, die freilich der unheimlichen Stille vor dem Sturme glich. Die ersten Anzeichen des herannahenden Sturmes dürfen wir in dem Schreiben erblicken, welches Richter und Rath des Marktes Peggstall an die städtischen Commissäre in Melk am 13. Februar 1597 richteten. Nach einer langathmigen Entschuldigung, dass sie zum Aufstande nur durch grosse und schwere Bedrohungen gezwungen worden seien, den kaiserlichen Befehlen aber, die Waffen niederzulegen und die Entscheidung der Commission abzuwarten, sofort gehorcht hätten, baten sie die Commissäre, weil »allerley hernlose und friedthessige leut« sich in die Gemeinde eingeschlichen hätten, welche »die frumbe, geringverstendige Paurschafft mit listigen wortten und falschem fuergeben vom gueten weeg zum neuen aufruhr« zu bringen versuchten, ihnen den Ort und die Zeit, wo und wann die Verhandlungen in Sachen der Bauern stattbätten, bekannt zu geben, um rechtzeitig ihre Ausschüsse mit ihren gesammelten Beschwerden dahin absenden zu können. Zum Schlusse ersuchten sie die Commissäre um ehebaldige Antwort, weil ihnen von einigen Anführern gedroht worden sei, über sie und ihre Mitbürger, wenn sie sich nicht ihrem Beginnen betreffs des Ortes der Commission anschliessen würden, mit einer grossen Schar aus der Waldmark[1]) herzufallen und sie mit Gewalt zum Anschlusse zu zwingen. Diese Drohungen giengen von Prunner aus, welcher für sein Beginnen durch die Geneigtheit der Bewohner Peggstalls, das von ihnen eingenommene und besetzt gehaltene gleichnamige Schloss zwar nicht seinem Eigentümer, dem Freiherrn von Roggendorf, wol aber dem über directen kaiserlichen Befehl von der niederösterreichischen Regierung abgesandten Hofbeamten, dem »Ainspeniger« Pfefferl, zu übergeben, schweren Schaden befürchtete.

Erzherzog Mathias, welcher durch die Berichte der kaiserlichen Commissäre und des erwähnten Pfefferl von der unter der Bauernschaft des Waldviertels durch die Agitationen Prunners und seiner Genossen hervorgerufenen Aufregung Kenntnis erhalten hatte,

---

[1]) Unter Waldmark wurde damals jener Teil des Waldviertels verstanden, welcher heute beiläufig das Gebiet der Bezirkshauptmannschaft Zwettl bildet.

suchte der Bewegung auf ähnliche Weise wie am rechten Donauufer Einhalt zu thun. Er beauftragte deshalb den Rath von Krems und Stein, zwei Bürger aus seiner Mitte in die Waldmark, dem Centrum der Opposition, abzuordnen. Auch die städtischen Commissäre berichteten in ihrem Antwortschreiben an die Bewohner von Peggstall über den glücklichen Fortgang der Verhandlungen mit den Bauern, ermahnten sie zur Ruhe und gaben ihnen bekannt, dass die Bauern des Kreises ober dem Wienerwalde selbst ihren Standesgenossen »enthalb der Donau, weylen sy zue beeden seiten ainander zugethan und in ainer verbindtnuß verwant«, ein Exemplar des zu Pechlarn geschlossenen Vergleiches, nach welchem auch sie vorgehen sollten, zusenden würden. Dem erzherzoglichen Auftrage entsprechend ordnete der Rath von Krems zwei Bürger aus seiner Mitte nach der Waldmark ab, welche ihrer Instruction gemäss den Bauern die Zustimmung des Erzherzogs zur Abhaltung der Commission in Zwettl und Emmersdorf bekannt geben sollten. Der Erzherzog hoffte durch diese Zugeständnisse nicht nur die Agitation Prunners und seines Anhanges lahmzulegen, sondern auch eine Trennung zwischen diesen und den Bauern herbeizuführen, weil ihm nicht unbekannt war, dass der Einfluss dieses Führers auch bei seinen eigenen Leuten im Abnemen begriffen war und selbst die Bürger von Emmersdorf, dem Hauptschauplatze seiner Thaten, dem Vorgange ihrer Standesgenossen von Peggstall zustimmten. Deshalb sollten die Abgesandten von Krems es als ihre Hauptaufgabe betrachten, Prunner von dem Haufen zu trennen (»abzuspenen«) und die beiden Schlösser Peggstall und Persenbeug aus den Händen der Bauern zu bringen.[1])

Die beiden Abgesandten von Krems und Stein, Peter Karl zu Mühlbach und Hans Hirsch, trafen jedoch schon bei Beginn ihrer Mission die allgemeine Lage gänzlich verändert. Der unheimlichen Ruhe war der Sturm in voller Heftigkeit gefolgt und steigerte sich noch fortwährend. Die Veranlassung zum Ausbruche desselben gab die Nachricht, welche noch durch mancherlei Gerüchte in übertriebenster Weise vergrössert wurde und ungemein schnell sich verbreitete, dass das Kriegsvolk und namentlich die so gefürchteten schwarzen Reiter im Anzuge gegen die Bauern der Waldmark begriffen und schon in Krems angekommen wären. Diese Nachricht schien ihre Be-

---

[1]) Haselbach, a. a. O. Urkunden Nr. 11 und Nr. 19; Kalteneggers Manuscript, II, 519, Nr. 458; Kinzl, Chronik von Krems und Stein, a. a. O.

stättigung zu finden in der Haftname des Hauptmannes der Bauern von Allentsteig durch den Freiherrn Georg Ehrenreich von Puchheim auf Raabs. Dieser wegen seiner Gewaltthätigkeit und Härte gegen seine Holden bestgehasste Edelmann hatte den Hauptmann in Allentsteig festnemen und denselben, weil er das Gefängnis dieses Städtchens nicht für sicher genug hielt, mit Ketten belastet in den Kerker seines festen Schlosses Raabs abführen lassen. Die Kunde von dieser unklugen That, vor deren Folgen dem Puchheimer selbst bald bange wurde, weshalb er sich an den General-Obristen Morakhsy um Hilfe wandte.[1]) hatte das allgemeine Aufgebot der Bauern zufolge, das von den Führern derselben, Schrembser und Angerer, erlassen wurde. Unter den schwersten Bedrohungen, bei Kopfabschlagen und Brand, wurden nicht nur die Bauern der Waldmark aufgeboten, sondern an alle Bauern von dem linken Ufer der Donau bis zur böhmisch-mährischen Grenze und über diese hinaus ergieng das allgemeine Aufgebot. Alle Aufgebotenen hatten sofort mit ihren besten Waffen ausgerüstet an den bezeichneten Sammelplätzen: Ottenschlag, Zwettl, Vitis, Dobersberg, Karlstein und anderen zu erscheinen, um dann von ihren Hauptleuten auf den Hauptsammelplatz Grafenschlag geführt zu werden, wo sie bis 20. Februar einzutreffen hatten.[2]) Die beiden Commissäre, Karl und Hirsch, trafen am 18. Februar in Loywein ein, wo sie von den Bürgern dieses Marktes, welche sich durch Verabreichung von Speise und Trank von dem Mitzuge mit den Bauern losgemacht hatten und ungeachtet alles Drängens der Rebellen ihrer Herrschaft Trautmannsdorff unerschüttert treu geblieben waren, von der gänzlich veränderten Lage die erste Nachricht erhielten. In der Hoffnung, den »hellen Haufen« in Allentgschwendt zu treffen, begaben sich die Commissäre dahin, fanden die Bauern aber schon wieder abgezogen. Klagend berichteten ihnen die Bewohner dieses Dorfes, dass sie von den Bauern unvermutet überfallen und durch die Übermacht gezwungen worden wären, mehrere aus ihrer Mitte nach Grafenschlag mitziehen zu lassen. Karl und Hirsch reisten sofort nach Grafenschlag und fanden hier unter Schrembsers und Angerers Führung den ganzen »hellen Haufen«, dessen Stärke ihrem Berichte nach

---

[1]) Anhang Nr. 62.
[2]) Diese Orte ergeben sich aus mehreren Schreiben bei Haselbach sowie aus dem Briefe des Edlen Dietrich Welzer, Anhang Nr. 61, welcher auch zuerst den Puchheimer von der ihm durch die Bauern drohenden Gefahr Nachricht gab.

»über die 30.000 Mann gewest«. Mit diesen beiden Anführern begannen die zwei Commissäre die ersten Verhandlungen. Man führte sie in die Mitte des ausserhalb des Marktes auf freiem Felde geschlossenen Ringes, wo sie den aufgestandenen Bauern die kaiserlichen und erzherzoglichen Generale vorlasen und sie mit gütigen Worten zu deren Befolgung aufforderten. Die Bauern, unter welchen sich auch solche von Mähren befanden, die über Schrembsers Befehl der Schneider Weiss aufgeboten hatte,[1]) hörten sie ruhig an und beriethen, als die Commissäre den Ring verlassen hatten, über das Gehörte. Als Ergebnis der Berathung wurde ihnen durch Schrembser und Angerer am 21. Februar mitgeteilt, dass der »helle Haufe« nicht geneigt wäre, den gehörten Befehlen zu gehorchen oder sich in Commissionsverhandlungen einzulassen. Sie könnten kein Vertrauen mehr haben zu diesen Worten. Der Reichsherold habe ihnen zu Gmünd und an anderen Orten ein kaiserliches Generale vorgelesen und ihnen die Tagung einer kaiserlichen Commission zu Emmersdorf zugesagt; sie wären dahin gereist, hätten mehrere Tage dort ihr Geld verzehrt, eine Commission sei aber nicht abgehalten worden. Es wäre ihnen durch das Generale versprochen worden, dass ihre Herrschaften wegen ihrer Erhebung und der Sammlung von Beschwerden nichts gegen sie unternemen dürften, als sie aber nach Hause zurückgekehrt wären, seien dieselben mit harten Strafen gegen sie eingeschritten, hätten sie ins Gefängnis geworfen und ihre Familien schwer geschädigt, wie dies auch in jüngster Zeit wieder geschehen wäre. Auch hätten sie vernommen, dass ihre Herren Reiter gegen sie aufgenommen hätten, wie denn thatsächlich schon viele derselben in Krems angekommen wären; deshalb könnten sie kein Vertrauen mehr fassen und darum hätten sie sich hier versammelt. Sollte eine friedliche Vereinbarung noch statthaben, so müssten zuerst das Kriegsvolk und besonders die Reiter aus dem Viertel weggeführt werden.

Ungeachtet dieser abweisenden Antwort, welche nur durch den Einfluss Schrembsers und Angerers, die sich früher von den Bauern den Treueid leisten und den Schwurkreuzer hatten zahlen lassen, gaben die Commissäre ihre Bemühungen, um die Bauern zur Niederlegung der Waffen und Rückkehr in ihre heimatlichen Dörfer

---

[1]) Aus dem Verhörsprotokoll des am 4. April zu Emmersdorf mit dem Strange hingerichteten Schneiders Heinrich Weiss von Marbach. Landesarchiv von Niederösterreich.

zu bewegen, nicht nach. Diese waren endlich vom Erfolg gekrönt. Der »helle Haufe« erklärte sich zur Rückkehr in seine Heimat bereit, wenn die Commissäre, die einem Grossteile der Versammelten persönlich bekannt waren, ihnen mit Hand und Mund das Versprechen geben würden, vor allem dafür zu sorgen, dass den Herrschaften durch ein kaiserliches Generale verboten würde, gegen ihre Untertanen mit irgend einer Strafe oder Belästigung einzuschreiten, bevor nicht von einer kaiserlichen Commission, welche zu Zwettl tagen sollte, eine Entscheidung über die bäuerlichen Beschwerden gefällt worden wäre. Auch sollten in die zu Zwettl abzuhaltende Commission ausser den beiden Abgeordneten auch noch andere von den Bauern selbst erwählte Mitglieder genommen werden. Als solche benannten sie Paul Auer und Sillip, Rathsfreunde von Langenlois; Hutstock und Greber, Bürger zu Krems; Fuchs und Landsteiner aus Waidhofen an der Thaja; Elias Felber und Daniel Zipf aus Weissenkirchen. Als Karl und Hirsch dieses Versprechen geleistet hatten, befahlen Schrembser und Angerer am 22. Februar den Abzug; erklärten aber, bevor derselbe angetreten wurde, dass im Falle ihre Herrschaften entgegen dieser Vereinbarung auch nur gegen einen Bauer aus ihrer Versammlung mit einer Strafe vorgehen würden, sie sofort wieder in das Feld rücken und sich selbst schützen würden. Auch übergaben die beiden Führer den zwei Commissären eine Schrift, in welcher die Bauern ausser dem Begehren um vorgenannte Bürger als Mitglieder der Commission noch baten, der Erzherzog sollte

   a) den Schneider Prunner von Emmersdorf, welcher den ersten Aufstand angezettelt hätte, verhalten, ihnen ihre ihm früher übergebenen Beschwerdeschriften herauszugeben. Aus denselben würde der Erzherzog ersehen, wie sehr sie durch neue Auflagen seit 40 oder 50 Jahren gedrückt worden seien.

   b) Der Erzherzog möchte allen Obrigkeiten im Lande unter der Enns befehlen, keinen einzigen ihrer Holden mit einer Strafe zu belegen.[1])

Der Erzherzog hatte aber, bevor ihm diese Forderungen der Bauern bekannt wurden, schon begütigende Verfügungen getroffen.

---

[1]) Nach Acten des Bauernkrieges im Archiv von Zwettl, und Kinzl, a. a. O. 182; siehe auch Haselbach, a. a. O. Urkunden Nr. 59 und Nr. 56. Haselbach trennt unbegreiflicherweise diese beiden ein Stück bildenden Urkunden in zwei Teile

Am 24. Februar erschien ein kaiserliches Generale, das die Herrschaften und ihre Pfleger sehr strenge tadelte, dass sie ungeachtet der vom Erzherzoge gegebenen Geleits- und Sicherheitsbriefe über ihre zu einem Vergleiche bereiten Untertanen Strafen verhängt und das Kriegsvolk herbeigerufen hätten, obwol dasselbe nur gegen Widerspenstige einzuschreiten habe. Wäre dieses tadelnswerte Vorgehen vielleicht auch aus Unkenntnis der erflossenen Geleits- und Sicherheitsbriefe von den Obrigkeiten veranlasst worden, so befehle er ihnen von jetzt ab, von jedem strengen Vorgehen gegen ihre Holden abzulassen und die Verhafteten sofort freizugeben. Aber auch die Bauern kamen nicht ohne Tadel durch. Der Kaiser verwies ihnen im ernsten Tone ihr revolutionäres Gebaren und ermahnte sie, die ihnen in kürzester Zeit zukommenden Geleitsbriefe anzunehmen und Reverse dafür auszustellen, wie dies ihre Standesgenossen am rechten Ufer der Donau jetzt vollzogen. Würden sie aber von ihren Obrigkeiten darin beschwert werden, so sollten sie keinen Aufstand erheben, sondern sich an die kaiserlichen Commissäre, oder, wenn sie von dem Kriegsvolke zu leiden hätten, an den General-Obristen Morakhsy, dem der strengste Befehl wegen genauer Beobachtung der Disciplin zugegangen wäre, wenden.[1]

Am 25. Februar schrieb Wolf Karl, der Bruder des in die Waldmark abgesandten Bürgers von Stein Peter Karl, an das Mitglied der Commission der Städte und Märkte, Heinrich Millner: »Heute gewarten wir des herrn Collonischt mit seinen reitern widrumben mit dem abzug in die gegend alher, morgen soll herr Morakhsy auch alhie ankhumben. Da besorgen wir unß, das es bey der Paurschaftt an der Waldmarch erschallen mechte und sye vermeindeten, es were diss Khriegsvolckh auf sy zu ziechen (beordert), dahero es dann wider einen aufstandt geben kundt.«[2] Diese ängstliche Besorgnis des Wolf Karl sollte nur zu bald zur furchtbaren Gewissheit werden. Infolge der zu Grafenschlag getroffenen Übereinkunft waren zwar viele Bauern zu ihren Gehöften und Familien zurückgekehrt, ein Teil, mit Schrombaer und dem Schmiede zu Kamp, Angerer, an der Spitze, war aber noch wohl bewaffnet zusammen verblieben. Als nun die Nachricht sich verbreitete, Morakhsy sei mit seinem Kriegsvolke im Anzuge gegen die Waldmark begriffen, und die geschwätzige Fama die schaurigsten Berichte über dessen

---

[1] Archiv Seitenstetten und Haselbach, a. a. O. Urkunde Nr. 44.
[2] Haselbach, a. a. O. Urkunde Nr. 49.

Grausamkeit, namentlich über die der Reiter, in die entlegensten Dörfer und Gehöfte trug, ergriffen grosse Furcht und zornige Erbitterung die Bauern des Waldviertels. Während aber die einen sich mit Weib und Kind und ihrer besten Habe vor der Raubgierde der wilden Soldateska in die dunklen Wälder flüchteten, griffen die anderen wieder zu den kaum niedergelegten Waffen und folgten dem eiligen Aufgebote, das Angerer und Schrembser nach Neupölla als Sammelplatz erlassen hatten. Schrembsers Befehl: »es sol man für man auff sein mit seinen pössten wöhr«[1]) fand willigen Gehorsam. Von Neupölla gieng der Zug nach Gars, wohin das zweite Aufgebot die Bauern berufen hatte. Auf dem Marsche dahin überfielen dieselben das Stift Altenburg und brachten die meisten Untertanen desselben zum Anschlusse.[2]) In Gars nahmen Schrembser und Angerer den im Ringe aufgestellten Bauern, deren Zahl einige tausend Mann betrug, nach einer sehr aufreizenden Rede, in welcher sie ihren Zuhörern Zehnt und Robot als die grösste Ungerechtigkeit hinstellten und sie aufforderten, diese Abgaben fernerhin nicht mehr zu leisten, den Eid der Treue ab. Hier wurde auch der Plan gefasst, die in Langenlois stationierten Reiter zu überfallen und dann gegen Krems zu rücken, um diese und ihre Schwesterstadt Stein zum Anschlusse zu zwingen. In Ausführung dieses Planes teilten sich die Bauern in zwei Abteilungen, die eine sollte unter des Schmiedes von Kamp Führung gegen Langenlois rücken, die andere unter Schrembsers Befehl einstweilen in Gars als Reserve — »hinterstellig« — bleiben.[3]) Als aber Angerer auf dem Zuge in Erfahrung brachte, dass die Reiter in Hadersdorf und dessen Umgebung verteilt wären, zog er eiligst Schrembser mit der Reserve an sich, und beide beschlossen die im Markte Strass liegende Abteilung der Reiter, beiläufig hundert Mann stark, zu überfallen und aufzureiben. Nachdem die Bauern sich durch einen Hohlweg, »Pleckhtenweg« genannt, bis an das Dorf herangeschlichen hatten, überfielen sie am 27. Februar morgens die nichts ahnenden Reiter, welche mit der Fütterung ihrer Pferde beschäftigt waren und keine Wachen ausgestellt hatten, erschlugen fünfzehn derselben und erbeuteten bei

---

[1]) Aus den Aussagen des zu Amstetten am 27. April hingerichteten Rebellen Simon Freitag.

[2]) Burger, Geschichte von Altenburg, 70.

[3]) Aus den mit den Rebellen zu Emmersdorf und Seitenstetten gepflogenen Verhören.

vierzig Pferde, viele Waffen und Rüstungen. Doch die Siegesfreude währte nur sehr kurz. Durch den Tumult auf die grosse Gefahr aufmerksam gemacht, sammelten sich die Reiter und unterstützt von ihren eiligst herbeigekommenen Kameraden überfielen sie ihrerseits die Bauern, hieben mehr als zweihundert derselben nieder und jagten den immer noch zahlreichen Rest der Bauern in die nahen Weinberge. Ihre ganze Wut liessen die Kriegsknechte dann den Bürgern von Strass, damals noch ein Dorf, fühlen, weil sie dieselben im Einverständnisse mit den Bauern hielten. Viele Einwohner wurden getödtet, die Häuser gestürmt und ausgeplündert und dann Feuer in dieselben geworfen, infolge dessen der grösste Teil des Dorfes in Asche sank.[1]) Auf die Nachricht, dass die geschlagenen Bauern sich bei Kirchberg am Wagram neuerdings gesammelt und durch Zuzug bis auf 8000 Mann verstärkt hätten, zogen die Reiter am 1. März dahin, trafen aber die Aufständigen dort nicht an; diese hatten auf das blosse Gerücht hin, die schwarzen Reiter rückten heran, die Flucht ergriffen. Die Truppen verübten auf ihrem Zuge ungeheure Greuel, mehrere Dörfer wurden, nachdem sie ausgeplündert worden waren, in Brand gesteckt, die Bauern, welche ihnen in die Hände fielen, teils erstochen, teils erschossen oder mit Prügeln erschlagen, viele liessen die Reiter, nachdem sie ihnen Nasen und Ohren abgeschnitten hatten, wieder laufen. Von Kirchberg rückten die Reiter, weil ihnen die Nachricht zugekommen war, die Bauern hätten ihren Weg nach Riedenthal und Ottenthal genommen, dahin und liessen, als sie wieder die Gesuchten nicht fanden, diese beiden Dörfer nebst einigen Gehöften in Flammen aufgehen. Der Schaden, den diese wilde Schar daselbst anrichtete, wird von einem Teilnemer selbst auf 40.000 Gulden geschätzt. Wieder wurden die ihnen in die Hände gefallenen Bauern entweder erschlagen, oder an den nächsten Bäumen aufgehangen, manche, welche Vermögen besassen, mussten um hohe Summen ihr Leben erkaufen. Durch diese Plünderungen und Räubereien gelangten die Reiter und ihr Tross zu einer ansehnlichen Beute, die zumeist nach Wien gebracht wurde.

[1]) Anhang Nr. 76 und 84. Über das Treffen zu Strass haben sich verschiedene Berichte erhalten, die in der Hauptsache übereinstimmen, bezüglich der Zeit aber, wann der Überfall der Bauern geschah, sowie über die Zahl der Todten auseinandergehen. Der obigen Darstellung liegen die im Anhange angeführten Berichte eines Teilnemers an dem Kampfe, sowie die des öfter erwähnten Wolf Karl zugrunde. Die Fugger'schen Relationen bieten gleichfalls manche Nachrichten, doch basieren sie zumeist auf Gerüchten.

Unterdessen war auch das Fussvolk unter Morakhsys persönlicher Führung nachgerückt. Derselbe richtete, weil die an das Waldviertel grenzenden Bauern im Kreise unter dem Manhartsberg ob der Ausschreitungen der Soldaten auch unruhig zu werden begannen, seinen Marsch dahin, rückte aber, nachdem er die Gegend von Kirchberg und Pulkau durchzogen hatte, gegen Horn, wo sich eine neue zahlreiche Schar von Bauern gesammelt hatte, deren Zahl auf 20.000 Mann angegeben wird. Dürfte auch diese wie die meisten anderen Angaben der Bauern bezüglich ihrer Stärke übertrieben gewesen sein, so war immerhin eine nicht unbeträchtliche Menge daselbst zusammengekommen, da die Führer Angerer und Schrembser am 2. März ein neues sehr strenges Aufgebot erlassen hatten. Die grossen Greuel und Grausamkeiten des Kriegsvolkes, durch die ungeheuerlichsten Gerüchte noch vergrössert, steigerten die Angst, aber auch die Aufregung der Bauern unendlich.[1]) Wie unglaubwürdig dieselben waren, ersehen wir aus einem Schreiben der städtischen Commissäre an die kaiserlichen. Dieselben berichten, dass es zu Langenlois zugienge, dass es Gott erbarmen möchte. Mehrere hundert Bauern wären jämmerlich niedergemetzelt worden, auch der Fahnenjunker und ein Lieutenant von Morakhsy seien auf dem Platze geblieben. Die Weiber der Bauern hätten ganze Scheffel voll von Thalern und anderem Gelde den Reitern vorgeschüttet, um das Leben ihrer Männer zu retten; die Reiter hätten das Geld genommen, die armen Leute aber doch niedergehauen und niedergestochen. Und der Fugger'sche Berichterstatter weiss am 4. März in seiner »Zeittung« aus Wien zu erzählen, dass der Markt Langenlois und noch fünf andere Ortschaften in Brand gesteckt worden wären, und Herr von Kollonitsch einen ganzen »Zeckher« (Korb) voll von abgeschnittenen Ohren und Nasen der Bauern nach Wien gesandt hätte.[2]) Die Unwahrheit dieser Gerüchte, die, je unglaubwürdiger sie waren, desto gläubigere Ohren fanden, erfuhren die städtischen Gesandten bald darauf selbst aus dem Munde eines Bürgers von Peggstall, der von einer Reise von Retz in seine Heimat zurückkehrend erzählte, es wäre zu Strass zwar eine starke Feuersbrunst gewesen, Langenlois aber wäre ganz unversehrt, auch hätte

---

[1]) Aus dem Schreiben der städtischen Commissäre an die kaiserlichen ddo. Peggstall 3. März bei Haselbach, a. a. O. Urkunde Nr. 75.
[2]) Fugger'sche Relation ddo. 4. März. 759.

er weder Reiter dort gefunden, noch hätten die Bauern daselbst eine Niederlage erlitten.¹)

Wenn aber auch das Gerücht bezüglich des Brandes von Langenlois für die ersten Tage des März unrichtig war und auf einer Verwechslung mit dem Kampfe zu Strass beruhte, so sollte es doch einige Tage später wenigstens seine teilweise Bestätigung finden. In der Nähe dieses Marktes zeigte sich am 6. März ein Haufe von Bauern, ungefähr 1000 Mann stark, von welchem verlautbarte, dass er nur das Anrücken des jüngsten Aufgebotes seiner Standesgenossen aus der Waldmark abwarte, um nach vollzogener Vereinigung vor Krems zu erscheinen und die Bürger dieser Stadt zu bestrafen, weil sie dem kaiserlichen Befehle gehorcht und Munition sowie Lebensmittel an die Truppen verabreicht hätten. In der That zog eine neu aufgebotene Schar Bauern aus der Waldmark heran und vereinigte sich mit dem in der Nähe von Langenlois erschienenen Haufen der Bauern dem Befehle Schrembsers gemäss zu Gföhl. Dieser hatte Gföhl deshalb den Aufgeboten als den Ort der Vereinigung anbefohlen, weil er wähnte, die schwarzen Reiter weilten noch zu Langenlois, und er sie zu überraschen hoffte. Die Rebellen hausten sehr übel in Gföhl, erschlugen einzelne Reiter und nötigten die Bürger dieses Marktes sowie die von Senftenberg mit Gewalt zum Anschlusse. Auf dieselbe gewaltsame Weise brachten sie die Bauern von Schiltern, Lengenfeld, Dross und des ganzen Imbachthales gleichfalls zum Aufstande und zum Anschlusse an sie. Da die Bauern zu Langenlois am 7. März die gesuchten Reiter nicht fanden, wollten sie den Rath und die Bürgerschaft dieses Marktes auf ihre Seite bringen, und als diese jeden Anschluss standhaft verweigerten, wurde der Rath gefangen gesetzt und strenge bewacht. Erzürnt über diese Weigerung zündeten einige rachgierige Bauern den Markt an, doch wurde der grösste Teil desselben gerettet, nur fünfzehn, nach anderen Berichten siebzehn, Häuser fielen den Flammen zum Opfer.²) Die Bauern richteten dann ihren Zug gegen

¹) Anhang Nr. 83.
²) Kinzl. a. a. O. 183 und Anhang Nr. 80. Der zu Seitenstetten am 23. April 1597 auf einem Scheiterhaufen verbrannte Rebell Schmucker, ein Baderssohn von Langschlag, bekannte in seinem Verhöre, dass er »durch ein sonderlich khunst daß feur und die prunst« zu Langenlois gestillt und dafür von mehreren Anführern durch Geld belohnt worden sei. Verhörsprotokoll a. a. O.

Krems, dessen Bürger aber, einem kaiserlichen Befehle gehorchend,[1]) ihre Stadt in Verteidigungszustand gesetzt hatten.[2]) Auf die Nachricht, dass die Aufständigen in der Nähe von Krems wären, rückten am 8. März die Reiter, die zu Neustift unweit Sebarn waren,[3]) dahin, um sie anzugreifen, trafen sie aber nicht: die Kunde von dem Anrücken der schwarzen Reiter hatte eine so grosse Panik bei den Bauern hervorgerufen, dass sie in eiliger Flucht dem weit sich hinziehenden Gföhlerwalde zuströmten, um in dessen dunklen Schluchten Schutz und Sicherheit zu finden.[4]) Die Reiter folgten dann den Fussknechten, die unter Morakhsy auf dem Marsche gegen Horn am 8. März zu Ravelsbach waren,[5]) und zogen gleichfalls dahin ab, um die aufgestandenen Bauern dieses an das Waldviertel grenzenden Landstriches zur Ruhe zu bringen. Auf ihrem Marsche verübten sie wieder mannigfache Grausamkeiten und machten viele Gefangene, die sie nach »der alten Paurnrögl ein dorden den andern tha« aufknüpften, viele auch mit abgeschnittenen Nasen und Ohren wieder laufen liessen.[6]) Unter den Gefangenen befanden sich auch der erste Hauptanführer der Bauern, Schrembser, und ein Feldschreiber der Aufständigen.[7]) Die Nähe der kaiserlichen Truppen und die Flucht der Bauern, die vergebens die Bürger von Pulkau aufgeboten hatten,[8]) namentlich aber die Gefangennemung Schrembsers bewirkten, dass die Ortschaften um Krems und Langenlois sowie die angrenzenden Dörfer des Viertels unter dem Manhartsberg sich unterwarfen, die Waffen niederlegten und den Revers ausstellten, wofür sie die Geleitscheine erhielten. Am 10. März hatten sich, wie der Schlossherr von St. Peter in der Au dem Abte Christoph

---

[1]) Kinzl, a. a. O. 182, ddo. Wien, 27. Februar.

[2]) Aus dem Schreiben Christoph Winklers an die städtischen Commissäre, bei Haselbach, a. a. O. Urkunde Nr. 81.

[3]) Kinzl, a. a. O. 183.

[4]) Anhang Nr. 82.

[5]) Nach dem Schreiben Morakhsys an den Rath von Krems, wodurch er demselben im Falle die Stadt angegriffen würde, was ihm jedoch unwahrscheinlich erschien, die begehrte Hilfe zusagte, war er am 8. März in Ravelsbach. Anhang Nr. 82.

[6]) Anhang Nr. 86.

[7]) Aus dem Schreiben des Erzherzogs an Morakhsy ddo. Pressburg, 23. März 1597. Anhang Nr. 92. Schrembser scheint von den umherstreifenden Reitern in der Gegend von Gföhl um die Mitte März gefangen worden zu sein, da er am 13. März noch in Allentgschwendt ist. Haselbach, a. a. O. Urkunde Nr. 87.

[8]) Fugger'sche Relationen, a. a. O. 744a.

von Seitenstetten schrieb, die Bauern von mehr als vierzig Dörfern in der Umgebung von Langenlois unterworfen.¹) Den Bauern, welche erst so stolz sich vermessen hatten, Krems mit Feuer und Schwert zu verheeren, weil es den Reitern und Fussknechten Munition verkauft hatte, dann aber auf die blosse Kunde, dass das Kriegsvolk im Anrücken gegen sie begriffen wäre, eiligst in das schützende Dunkel des Waldes von Gföhl geflohen waren, fehlte zum Schaden auch der Spott nicht von Seite der Soldaten. Der um die deutsche Literatur des Mittelalters hochverdiente ehemalige Bibliothekar der k. k. Hofbibliothek in Wien, Ritter von Karajan, hat aus einer im Museum Francisco-Carolinum zu Linz befindlichen Handschrift ein historisches Volkslied veröffentlicht, welches »auf der kaiserlichen Feldtrommel mag entstanden sein« und keine starke poetische Ader des dichtenden Kriegsknechtes verräth, doch aber den Hass und die Verachtung, die der Soldat gegen den aufständigen Bauer von damals hegte, zum vollen Ausdrucke bringt und dessen Wortlaut nachstehender ist.²)

»Weill Rusticus der Paur
will sein ein Edlman.
Es wiert im werden sauer,
do leith nit vill doran.
weill sye thain widerstreben
der frumben obrigkhait,
die in Gott hat geben,
ists nit ein teuflisch leben?
Sie sprechen fein,
sie dörffen khein
herren allain
in hochmuet sich erheben,
wellen selber herren sein.

¹) Brief Seemanns an den Abt Christoph von Seitenstetten ddo. Wien, 10. März 1597. Archiv von Seitenstetten.
²) Dieses von v. Karajan in dem Büchlein: Frühlingsgaben für Freunde älterer Literatur, Wien, Braumüller, 1839, edierte Gedicht führt die Aufschrift: »Ein neues Liedt von den Rebellischen Paurnkrieg, wasz sich neulicher zeit mit innen zu Lanngenleisz begeben hat, in than wie man singt von einer faullen Diern da wil ichs heben an 1597.« Da diese »Frühlingsgabe« ziemlich selten ist und auch in grösseren Büchereien sich nicht findet, so dürfte die Wiedergabe gerechtfertigt sein.

Haben inen fürgenommen,
sie wöllen nemen ein
stet. schlösser zu bekhomen,
miessen ir eigen sein;
mit in schaffen und gebietten,
wie man so vor Augen sieht,
welcher nit wil in gueten,
der mueß sich vor in hieten.
ain redlicher man
offt laufft dorvan,
der nichts hat than;
von der khnolfinckchen wehren,
dorf sich nit sehen lohn.

Bey dreymall hundert thausend
hoben zusamen geschworn.
das einem darob grauset,
das thuet dem Adl zorn.
wolten sie mit in rauffen,
darczue dreyb sie die noth,
weill sie zusamen lauffen
gleichwie ein Ameszhauffen:
man mueß in wehren
und in zustern;
thuets woll nit gern.
es steht gleich auf ein schrauffen,
wos glickh sich wil hinkhern.

Ainß het ich schier vergessen,
das khan und mag nit sein:
hoben sich offt vermessen,
Raab woltens nemen ein,
stadt Ofen auch gewinnen
und das gancz Vnngerlandt.
eh sie zugen von hinnen,
wuerdenß woll halb entrinnen!
das Gott sey khlagt,
sie sein verzagt,
ich habs erfragt.

mit weisen khlugen sinnen
man sic halt schreckht und jagt.

Nun well ir hören weiter.
wer die haubtleith seint?
es sein Schuester und Schneider
und annders lumpengsint.
Peckhen, Schmit und Fleischhackher
nuer alß maneidige leith.
si stellen sich gancz wakher
in iren peitel zwakhen,
als ich euch melt
nemens schmur gelt
im weiden felt
offt auf ain grienen ackher.
brauchen gar khainen zelt.

Den peitl thain sie spuekhen.
machen ir taschen voll,
das gelt sie haim hin schickchen.
es thuets den Paurn woll.
wann sie das gelt erhaschen.
so lauffen sie darvon
lassen die Paurn poschen
mit iren lehren taschen.
hunger und frost
das ist ir chost.
ein khleczenmost.
die haubtleith auß der floschen
sauffen wein gannez getrosst.

Noch ainß thuet mich vertriessen:
das Kriegsleith wellen sein!
mit gapl und alten spiessen
da lauffen sie herein.
sie lassens in nit sagen,
der puckhl juckht sie sehr.
wirt man in den zerschlagen.
sie dörffens niemandt klagen.

stolcz und hochmuet
thuet selten guet.
ir aigne rueth
über sie selbs zu tragen.
zu vergiessen gar vil bluet.

Leuß[1]) wolten sie beczwingen
mit grosser höres crafft.
und tet bolt umbringen
die gancze Burgerschafft.
sie solten ein aidt schwören
zu irer Campanier.
sie woltens ordinieren.
alle ding renovieren
wieß vor
gewesen wor
vor langer ior.
es will in nit gebieren.
dos sag ich lauter und klor.

Leuß wolt sich nit ergeben
ohn diesen Pauren khneht,
drauf stundt in leib und leben,
Gott ober schickh es rcht.
ein hauß fieng an zu brinen
dos die Pauren erschröckht.
sie loffen all von hinen,
allß weren si nit bey sinen.
Gott gib in drieß.
buchsen und spieß
schuech an die fueß.
Comis seckh und Rorok dorinnen
alles dahinder ließ.

Funfzig thausend bey hauffen
man da der Pauren sach.
ain hundt der kham gelauffen,

---

[1]) Leuß alte Bezeichnung für Langenlois.

ein altes Peirl sprach:
ein hundt laufft her von weiden.
der gehört den Raisigen zue.
werden bolt hernoch reiten
wir wöllen nit lang beiden.
laufft all darvon.
wer lauffen khan.
der gibt ein man.
werfft eur wehr bey seiten.
das man recht lauffen khan.

Sie sein wie die Heischreckhen
und nemen uberhandt,
vil unglickh sie erweckhen
fressen auf in dem landt.
stöllen sich wie die Enngl,
glaub der Teufel regiert
die groben Paurn pengl.
rechte felt glockhen schwengl!
durch sie da wert
alles verhört
und ganz verzert.
dornach so leit man mengel.
wie man schon sieht und spiert.

Das liedt dos will ich schenkhen
der fromben obrigkeit.
dos sie dorbey gedenckhen.
wie man vor langer zeyt
gueten frydt hot erholten
in unsern teitschen lanndt.
bei unsern voreltern
den finden nit zerspalten.
Gott geb die zeit.
dos ainigkeit
wert zueberait!
der fromb Gott mueß es wolten.
der sey gewenedeit! Amen«

Die durch das Erscheinen des kaiserlichen Kriegsvolkes auf dem linken Donauufer entstandene Bewegung war auch auf die Verhandlungen, welche die städtischen Commissäre nach Wiederherstellung der Ruhe im Viertel ober dem Wienerwalde mit den Bauern des Waldviertels begonnen hatten, nicht ohne nachhaltigen Einfluss geblieben. Während nämlich dem Befehle des Erzherzogs Mathias gemäss[1]) die drei Commissäre: Hüttendorfer, Herbst und Pacher gegen Ende Februar von Pechlarn nach St. Peter sich begeben hatten, um die Befreiung Seemanns und die Herausgabe des Schlosses St. Peter in der Au zu bewirken, unternamen es die anderen drei Mitglieder der städtischen Commission: Winkler, Müllner und Mair, die Bauern des westlichen Waldviertels durch Übergabe der Geleitscheine zur Unterfertigung des Reverses und zur Auslieferung der beiden Schlösser Peggstall und Persenbeug zu bewegen. Als sie am 26. Februar zu Persenbeug anlangten, fanden sie Prunner und etliche Bauern, mit welchen sie sofort zu verhandeln beginnen wollten. Diese aber ersuchten um Aufschub, damit die Hauptleute der anderen umliegenden Ortschaften zur gemeinsamen Berathung herbeigezogen werden könnten. Nach deren Ankunft begannen die Commissäre mit den Verhandlungen, die anfänglich einen stürmischen Verlauf namen. Die Bauern stiessen sich in dem vorgelegten Revers besonders an den Worten, sie hätten kaiserliches Kammergut angegriffen. Dies hätten die des Viertels ober dem Wienerwalde nie, aber sie gethan, war ihre trotzige Antwort, und behaupteten auch, sie wären nie mit den Aufständigen am rechten Donauufer in Verbindung gestanden. Auch der Punkt des Reverses, dass sie ihren Obrigkeiten den früheren Gehorsam zu erweisen hätten, erregte ihr Missfallen; die Herrschaften würden sie infolge dessen wieder zur Robot-, Zehnt- und Dienstleistung verhalten. Deshalb wären sie nicht geneigt, den Revers zu unterschreiben und die beiden Schlösser aus ihren Händen zu geben. Mit grossem Ungestüme traten die Bauern des Isperthales auf, durch deren Einfluss viele Bauern bewogen wurden, die Versammlung zu verlassen. Sie selbst erklärten durch ihren Sprecher, den Zitterschlager,[2]) den Revers nicht zu unterfertigen und bedrohten alle Untertanen der Herrschaft

---

[1]) Gegeben zu Pressburg, ddo. 26. Februar 1597; Anhang Nr. 72.

[2]) Ob dieser neuerwählte Führer den Namen Zitterschlager als Familiennamen geführt hat, oder ob er ihm vermöge seiner Kenntnis, dieses Instrument zu spielen, beigelegt wurde, kann ich nicht feststellen.

Persenbeug, welche sich zur Unterzeichnung bereit erklären würden, mit der Rache der Bauern des ganzen Isperthales. Auch am folgenden Tage, den 27. Februar, haben die Commissäre, wie sie sich in ihrem Berichte ausdrücken, »läres stro getroschen«, obwol die Verhandlungen von frühmorgens bis spät abends währten. Endlich am 28. gelang es ihnen, die Untertanen der Herrschaft Persenbeug zu Marbach, Münichreut, Persenbeug, Windberg, Neu-Pechlarn (Klein-Pechlarn) und selbst die des Isperthales zur Unterfertigung des Reverses zu bringen, doch mussten sie die Forderung, Persenbeug herauszugeben, fallen lassen. Am folgenden Tage jedoch liessen sich die Bauern auch zur Überlieferung des Schlosses an einen kaiserlichen Verwalter herbei, nie und nimmer aber würden sie es ihrem früheren Herrn, dem Freiherrn von Hoyos, ausliefern, eher wären sie bereit, Haus und Hof zu verlassen.[1]) Das Schloss Persenbeug wurde am 2. März einer aus drei Männern zusammengesetzten Verwaltung, welche die kaiserlichen Commissäre dazu bestimmt hatten, übergeben.[2])

Nachdem sie die Bauern des Geländes am linken Donauufer zur Ruhe gebracht hatten, reisten einige der städtischen Commissäre nach Peggstall, um auch dieses noch von den Bauern festgehaltene Schloss aus ihren Händen zu bringen; doch zu Weiten erfuhren sie, dass die Peggstaller wie die Bauern der ganzen Waldmark sich neuerdings erhoben hätten, nachdem sie in Erfahrung gebracht, die kaiserlichen Truppen wären über die Donau gerückt und im Anmarsche gegen sie. Obwol die Commissäre selbst durch die erbitterten Bauern in grosse Gefahr geriethen, gelang es doch durch ihre begütigende Zusprache, dieselben zu bewegen, ihnen ihre Reise fortsetzen zu lassen.[3]) In Peggstall selbst jedoch waren ihre Bemühungen vergebens; durch unwahre oder übertriebene Gerüchte waren die Bauern so aufgeregt worden, dass die städtischen Abgeordneten nicht verhandeln konnten, weshalb sie die Rückreise nach Pechlarn antraten.[4]) Diese Gerüchte wurden von Bauern, welche aus den von den Truppen besetzten

---

[1]) Haselbach, a. a. O. Urkunden Nr. 70, 71, 73, 75.

[2]) Anhang Nr. 78. Die Verwaltung bestand aus Michael Auftinger als Pfleger, Thomas Schellhamer, Mautner zu Emmersdorf, und dem Richter von Persenbeug, Peter Prandtstetter.

[3]) Haselbach, a. a. O. Urkunde Nr. 74.

[4]) Anhang Nr. 83. Das Datum dieses Schreibens fällt zwischen den 4. bis 8. März 1597.

Orten in der Umgebung von Krems geflohen waren, oder nach der Flucht des »hellen Haufens« in den Wald von Gföhl in ihre Heimat Grafenschlag, Rapotenstein, Ottenschlag, Dobersberg, Zwettl u. a. zurückgekehrt waren, verbreitet: nicht selten waren es aber auch »gartende« Kriegsknechte, die den durch die grellsten und übertriebensten Schilderungen hervorgerufenen Schrecken benützten, um einzeln liegende Gehöfte auszurauben.[1])

Erst nachdem durch die Truppen die Ruhe in dem östlichen Teile des Viertels ober dem Manhartsberg wieder hergestellt war und die meisten Gemeinden desselben den Revers unterzeichnet hatten, konnten die Abgeordneten des vierten Standes ihre segensreiche Thätigkeit in der Waldmark wieder aufnemen und erschienen dazu am 18. März in Ottenschlag.[2]) Allein ihr Bemühen war auch jetzt fruchtlos, weil die Bauern und Bürger der ganzen Gegend im höchsten Grade über den Vormarsch des kaiserlichen Kriegsvolkes erregt waren, das schon am 10. März in der Gegend von Horn sich befand.[3]) Während der eine Teil der Aufständigen, wie die Bürger und Bauern von Marbach, Weiten sowie von Litschau, Untertanen des General-Obristen Morakhsy, durch Unterfertigung des Reverses sich zu schützen suchten,[4]) erliessen die anderen ein neues Aufgebot, welches am 22. März zu Ottenschlag sich versammeln sollte. Besonders waren es die Bewohner von Arbesbach, Gerungs, Martinsberg, Kirchschlag, Isper, Münichreut, Altenmarkt, Peggstall u. a., welche sich diesem Aufgebote anschlossen.[5])

Gegen die neue Erhebung erliess am 21. März Erzherzog Mathias durch die niederösterreichische Regierung ein Generale an die Bauern des Waldviertels. Nachdem er den blutigen Zusammenstoss bei Strass und die Niederbrennung so vieler Ortschaften beklagt hatte, richtete er an die unruhigen Bauern die Ermahnung, die Waffen ihren Herrschaften gegen einen Schein abzuliefern und zum Gehorsame zurückzukehren. Zur Haltung sollten jede Pfarrgemeinde und jedes Amt mehrere seiner Inwohner als Bürgen oder Geiseln zu »Ihrer Kay. Mayestet handen« stellen bis dass die Commission über die Beschwerden der betreffenden

[1]) Kalteneggers Manuscript. III, 81 ff.
[2]) Fugger'sche Relationen, a. a. O. Fol. 708 b.
[3]) Verhörsprotokoll im Landesarchiv von Niederösterreich.
[4]) ddo. Litschau, 15. März 1597; Anhang Nr. 87.
[5]) Aufgebotsschreiben. Anhang Nr. 88, 89, 90.

Pfarrgemeinde oder des betreffenden Amtes verhandelt hätte. Die Commission werde in Zwettl tagen und die Geiseln hätten nichts zu besorgen. Würden die Bauern dieser Ermahnung wieder nicht gehorchen, so hätten sie die traurigen Folgen dieses sträflichen Ungehorsams nur sich selbst zuzuschreiben.[1] Auch die beiden städtischen Abgeordneten, Mayer und Pacher, welche sich von Ottenschlag nach Gföhl begeben hatten, mahnten in einem Schreiben vom nämlichen Datum die Bauern von ihrem Vorgehen ab und forderten sie unter Zusicherung freien Geleites auf, ihre Deputierten mit den Beschwerden zu ihnen nach Gföhl zu senden, um sie der Commission so schnell als möglich vorzulegen.[2]

Als aber der Erzherzog, welcher durch die kaiserlichen Commissäre stets von allen Vorgängen unterrichtet wurde, von dem Aufgebot nach Ottenschlag und Allentgschwendt Kunde erhalten hatte, erliess er am 23. März von Pressburg aus an Morakhsy den kategorischen Befehl, weil bei den Bauern »einige glimpf und guetige handlung« vergeblich sei, mit grösster Strenge gegen dieselben vorzugehen. Der General-Oberst hätte ohne Aufschub ein Patent an die Rebellen und ihre Gemeinden zu senden und ihnen zu befehlen:

1. binnen sechs Tagen die Waffen ihren Obrigkeiten abzuliefern;
2. die Bauern zum Gehorsame bis zur Abhaltung der künftigen Commission in Eid und Pflicht zu nemen;
3. jede Ortschaft habe zwei angesessene Personen als Geiseln bis zu den Commissionsverhandlungen dem General-Obristen zu stellen, und habe
4. ihre Führer sofort zu entlassen.

Welche Ortschaften innerhalb sechs Tagen diesen vier Artikeln nicht Gehorsam leisten würden und sich durch eine Bestätigung darüber von ihrer Obrigkeit nicht ausweisen könnten, die soll Morakhsy sofort »ohn alle barmherzigkeit mit feur und schwerdt angreiffen« und ihre Weiber und Kinder gefangen setzen. Der General-Obrist könnte, um den anderen Angst und Schrecken einzujagen, mit drei oder vier Dörfern, in welchen sich die unruhigsten Elemente befänden, den Anfang machen. »Neben den ohren- und nasenabschneiden wellest du mit rath deiner Mitcommissarien bedacht seyn etlichen, die es wol verdienen, die finger oder gar die recht haudt abzu-

---
[1]) Generaliensammlung im Archiv von Seitenstetten.
[2]) Anhang Nr. 91.

schlagen. sunderlich welche wider das glaidt gehandelt; dann dasselb wird sye mehrer als die nasen schröckhen, weill sye hernach zu kheiner arbeith recht tauglich seyn.«¹)

Morakhsy befolgte auch mit seinen Truppen diesen Auftrag. Von Horn aus, wo er am 10. März das erste Todesurteil an einem Müller, der, um seine anderen schlechten Thaten zu verdunkeln, sich den Aufständigen angeschlossen und an dem Überfalle von Strass sich beteiligt hatte, durch den Strang vollziehen liess, begann er seinen furchtbaren Umzug durch die beiden Viertel des Erzherzogtums. Morakhsy rückte von Horn über Waidhofen an der Thaja in die Waldmark nach Zwettl, wo er in den letzten Tagen des März seinem blutigen Auftrage nachkam, und von dort wieder gegen die Donau. Dadurch gab er Veranlassung zu einer neuen Erhebung. Auf die Nachricht nämlich, dass der General-Obrist mit seinen schwarzen Reitern heranzöge, erliessen die Bürger und Bauern von Peggstall, die sich früher unterworfen hatten, an alle umliegenden Ortschaften ein neues Aufgebot, dessen Mannschaft sich zu Münichreut zu sammeln hätte. Mit dem Aufgebotschreiben ergieng aber auch an die Bürger und Bauern von Emmersdorf der Befehl, ihren Hauptführer, den Schneider Prunner, in Verwahrung zu nemen. Würden sie diesem Auftrage nicht sofort nachkommen, so hätten sie ihre Rache zu gewärtigen.²) Obwol nach ihrer Angabe bei 4000 Mann stark, fühlten sie sich dennoch zu schwach und beschlossen deshalb, die Geschütze des Schlosses auf die benachbarten Anhöhen zu bringen, um sie gegen die Reiter zu verwenden, die man überall mehr fürchtete als die Türken.³) Auch mit dem Führer der aufständigen Bauern des Viertels ober dem Wienerwalde, Markgraber, welcher gerade in dieser Zeit neuerdings die Fahne des Aufruhrs entfaltet hatte, traten sie in Verbindung, um von ihm Unterstützung zu erlangen. Die kaiserlichen Commissäre berichteten diese angeknüpfte Verbindung sofort dem Erzherzog und baten um Morakhsys Einschreiten dagegen.⁴)

Die neue Erhebung am linken Donauufer, dessen Centrum der Markt Peggstall war, fand aber bei vielen Bauern nur halbes Ohr mehr; die schwarzen Reiter hatten der Erwägung Eingang

---

¹) Anhang Nr. 92.
²) Anhang Nr. 93.
³) Anhang Nr. 99.
⁴) Aus Streins »Notata« in Kalteneggers Manuscript, II, 579.

geschafft, dass auf dem bisher betretenen Wege das Ziel nicht erreicht werden würde. Von nicht unbedeutendem Einflusse auf das Überhandnemen einer friedlichen Stimmung war das »offene Patent«, welches Morakhsy über Befehl des Erzherzogs Mathias an die Bauern des Waldviertels erlassen hatte. Infolge dessen mehrten sich auch in der Waldmark die Bitten um das »Glaidt« und die Unterzeichnung des von jedem Pfarrdorfe und jedem Amte geforderten Reverses. Von dieser Gesinnung waren auch die Bürger und Bauern von Emmersdorf, Marbach, Weiten, Neu-Pechlarn u. a. erfüllt, als sie das Aufgebot der Bauern und Bürger von Peggstall abwiesen und sich, um sich gegen die Reiter zu schützen, an den Verwalter der dem Hochstifte Regensburg gehörigen Herrschaft Pechlarn, Christoph von Lindegg, der in den genannten Ortschaften sowie zu Mollenburg, Münichreut und Nussendorf[1]) auch eigene Grundholden hatte, um Schutzbriefe wandten. Dieser erlangte sie auch von der kaiserlichen Commission und begab sich als er vernam, dass auch unter seinen Untertanen zu Nussendorf durch Emissäre von Peggstall und andere »friedlose« Bauern eine nicht unbedeutende Aufregung hervorgerufen worden wäre, am 26. März selbst dahin, um zu vermitteln. Sein edles Unternemen brachte ihm zwar keinen Lohn, wol aber Stösse, Schläge und Wunden ein. Lindegg wurde zu Münichreut vom Pferde gerissen, sein Reitknecht schwer verwundet und er selbst wäre getödtet worden, wenn ihn nicht einige Gutgesinnte unter seinen Untertanen mit ihrem eigenen Körper geschützt hätten. Die tobende Horde, die zumeist betrunken war und von einem Schmiede aus Schwarzenau geführt wurde, nötigte ihn nicht nur, an seine und des Bischofs von Regensburg und anderen Herren Untertanen zu Marbach, Pechlarn, Krummnussbaum, Emmersdorf, Weiten, Persenbeug, Mollenburg und anderen Orten ein Aufgebotschreiben zu erlassen, sondern führte ihn auch unter argen Misshandlungen nach Peggstall. Auf dem Wege dahin nötigten sie den Besitzer des Schlosses Arndorf (Aydtendorf), Hans Göppel,[2]) nachdem sie dessen Rüstkammer geplündert hatten, zum Mitzuge und behielten ihn dann als Gefangenen bei sich. Zu Peggstall, wohin sich auch der Pfleger Auftinger von Persenbeug mit vielen seiner Untertanen begeben hatte, kam es zu neuen gewalt-

---

[1]) Nussendorf, nicht Nussdorf, ist ein kleines Dorf in der Pfarre Artstetten im Viertel ober dem Manhartsberg.

[2]) Hans Göppel oder Jöppel besass nur einen Teil der Herrschaft und des Schlosses Aydtendorf, jetzt Arnsdorf: Reil, Donauländchen, 149.

samen Auftritten. Ein Teil der Bauern erwählte den schon oben erwähnten Zitterschlager zu ihrem Obristen, während andere für Lindegg eintraten. Zwischen beiden Parteien schien es zum Kampfe zu kommen, doch gelang es den Bürgern von Marbach, unter den Streitenden zu vermitteln. Diese wackeren Männer leisteten für Lindegg und Göppel Bürgschaft und erreichten auch endlich die Befreiung beider Gefangenen, nachdem Lindegg früher noch gelobt hatte, nichts gegen die Bauern zu unternemen und die Misshandlungen an ihnen nicht zu rächen.[1]

Die von Peggstalls Bürgern und Bauern aufgebotenen Standesgenossen, deren Zahl durch den Abzug der Untertanen des Herrn von Lindegg sich sehr vermindert hatte, sollten aber doch noch, bevor alle Aufgebotenen sich wieder »verloffen« hatten, mit den gefürchteten Reitern Bekanntschaft machen. Da der von Markgraber im Viertel ober dem Wienerwalde neuerdings erhobene Aufstand immer mehr zunam, so erbaten die kaiserlichen Commissäre vom Erzherzoge die Rückkehr Morakhsys und seiner Truppen auf das rechte Donauufer.[2] Erzherzog Mathias erliess deshalb am 27. März einen Befehl an den General-Obristen, in das Viertel ober dem Wienerwalde mit seinem Kriegsvolke zu rücken, nachdem die Pacification der Bauern und Bürger des Waldviertels so glückliche Fortschritte mache, dass eine neue Erhebung nicht mehr zu befürchten wäre. Morakhsy sollte aber nur mit der Hälfte seiner Truppen über die Donau rücken, um im Waldviertel durch die zurückgelassene andere Hälfte jedes neue Aufgebot zu verhindern. Auch sollte er Sorge tragen, dass die Herrschaften ihre Gültpferde in Bereitschaft halten und zu jedem Reiter auch drei Fussknechte in Bereitschaft stellen. Gegen die Rädelsführer und die »lauffenden Paurn«[3] soll er mit aller Strenge vorgehen, doch aber die Soldaten in strenger Mannszucht halten. Auch sollte er bewirken, dass die Untertanen von Persenbeug ihrem Herrn, dem Freiherrn von Hoyos, wieder Gehorsam schwören, und dass die noch von den Bauern besetzt gehaltenen Schlösser, wie Peggstall und andere, an ihre rechtmässigen Besitzer zurückgegeben würden. Den gewesenen

[1] Kalteneggers Manuscript III, 81—103; Reil, a. a. O. 123; Haselbach, a. a. O. Text 52.
[2] Streuns »Notata«, a. a. O. II, 759.
[3] »Lauffende Paurn« wurden diejenigen genannt, welche das Aufgebotsschreiben von Ort zu Ort beförderten.

Oberanführer Prunner soll er gefangen nemen und nach Wien senden.¹)

Morakhsy brach diesem Befehle gemäss, nachdem er am 27. März noch zu Zwettl ein Strafgericht gehalten hatte, am nächsten Tage auf, um, wie die kaiserlichen Commissäre gebeten hatten, an die Donau bei Emmersdorf zu gelangen.²) Sein Zug gieng über Gross-Göpfritz nach Grafenschlag und von da am 31. März nach Ottenschlag. Daselbst erfuhr er, dass sich die aufgebotenen Bauern zu Neukirchen unweit Peggstall gesammelt hätten. Er beorderte deshalb den Grafen Mathias von Thurn mit zwei Abteilungen Reiter und einem Fähnlein Fussvolk in der Nacht dahin, um das Dorf zu überfallen. Die Bauern stellten sich dem Vortrabe bewaffnet entgegen und gaben einige Schüsse auf denselben ab, ohne jedoch irgend einen Schaden anzurichten. Als sie die nachrückenden Reiter und die Fussknechte gewahrten, ergriffen sie sofort die Flucht in die benachbarten Wälder. Die Reiter setzten ihnen nach, tödteten sieben oder acht derselben und bemächtigten sich der aus dem Schlosse Peggstall weggenommenen 30 Doppelhacken und 3 Geschütze, welche in dasselbe zurückgebracht wurden.³) Am 2. April brach Morakhsy von Ottenschlag nach Peggstall auf, nachdem er dem Verwalter Auftinger beauftragt hatte, den gewesenen Hauptanführer der Bauern des Waldviertels, Prunner, welcher aber in der letzten Zeit sich ruhig verhalten hatte, gefangen zu setzen. Auftinger kam diesem Auftrage mit aller Obsorge nach, und es gelang ihm, nicht nur Prunner, sondern auch dessen Sohn, sowie den Fourier und Wachtmeister in seine Hände zu bekommen, während der gleichfalls gefangen genommene Fähnrich seinen Wächtern wieder entfloh.⁴)

In Emmersdorf, wohin der General-Obrist am 3. April mit seinen Truppen gelangte, verweilte er einige Tage, um ein strenges Strafgericht abzuhalten und die Reverse der Bauern in Empfang zu nemen. Diese letzteren wurden so eifrig ausgestellt, dass der Fugger'sche Berichterstatter schon am 1. April in seiner »Zeitung aus Wien« berichten konnte, dass die Bauern »durch die herren

¹) Anhang Nr. 103.
²) Aus Strouns »Notata«, a. a. O. 760.
³) Aus dem Schreiben Morakhsy an Erzherzog Mathias ddo. Emmersdorf, 3. April 1597, in Fugger'sche Relationen, a. a. O. **674 a**.
⁴) Fugger'sche Relationen, a. a. O. 674 b.

Commissarien und bemelten Obristen dero enden inn dem gantzen Vierttell ob Manhartsberg zue ainer soliden ruehe gebracht, welliches sich zue verwundern, dass sie inn allen aufgestanndnen dörffern und fleckhen ser scharffe Revers hergeben und einwilligen, darinnen sie bekhennen, das sie durch die unbefugte Rebellion leib und guett verwürckht, derowegen umb gotteswillen verzeihung bittend sich beineben auch verbinden zue ewigen zeitten dergleichen nit mer zue vben. Gott gebe, das es ein bestandt hab. Die maisten redlfiehrer haben die unsern theils für sich selbsten, theils durch die rebellischen Pauren bekhomen.«[1]) Auch Erzherzog Mathias gab in seinem Antwortschreiben vom 5. April seine Befriedigung über die Niederwerfung der Empörung und die fortschreitende Pacification des Waldviertels Morakhsy bekannt, allein er tadelte ihn auch wegen der geringen Mannszucht seiner Truppen und hielt ihm vor, »das hin und wider die Paurn von neuem auflauff machen, gar über die Thonau und ob der Enns umb hilff schickhen und die ursachen daher nehmen, das dein Kriegsvolckh ohne underschid gehorsambe und ungehorsambe auf das äusseriste beschwären, nit allein khein haller zörung zallen, sondern was sy wellen nehmen, die weiber umb ihr gelt befragen, däumeln und also der gehorsamb so vill als der rebell zu leiden habe«.[2])

Zu Beginn des April des Jahres 1597 war der Aufstand der Bauern des Viertels ober dem Manhartsberg niedergeworfen und unterdrückt. Das von den Bauern am längsten besetzt gehaltene Schloss Peggstall sowie die anderen Burgen und Schlösser wurden im Laufe dieses Monates ihren rechtmässigen Eigentümern wieder zurückgegeben.

Letzte Erhebung der Bauern und gänzliche Niederwerfung derselben im Viertel ober dem Wienerwalde.

»Weillen sich dann befindet, das die Paurschafft im Viertel ob Wienner-Waldt sich weisen lasset und die Revers gefertiget, das Kriegsvolckh über die Thonaw geruckht, haben wir guette hoffnung, sye werden dabey also verharren und der Commission erwarten«, so schrieb Erzherzog Mathias von Pressburg am 5. März 1597 an

---

[1]) Fugger'sche Relationen. a. a. O. 698 a.
[2]) Anhang Nr. 103.

die kaiserlichen Commissäre.¹) Diese »guette hoffnung« teilten auch die Abgeordneten des vierten Standes, als sie in den letzten Tagen des Februar an die erwähnten Commissäre berichteten, dass die Bauern nach Einlangen der Geleitscheine die Reverse unterzeichnen würden und dass dann »khain Paur mehr in armis befunden« werden würde;²) doch sollte sie sich nur zu schnell als eine trügerische erweisen. Einen richtigeren Blick verriet in dieser Hinsicht der umsichtige Abt Caspar Hoffmann von Melk, der in einem seiner vielen Schreiben aus dieser Zeit bemerkte, die städtischen Commissäre schenkten Markgraber und seinen Genossen zu viel Vertrauen.³) Die Abgeordneten der Städte kannten die Bauern zu wenig und zogen Markgrabers ehrgeizige hochfliegende Pläne nicht in Rechnung, was vom Abte Caspar von Melk und auch von dem erfahrenen Staatsmann Reichard Streun zu Schwarzenau nicht gesagt werden kann.

Markgraber hatte nach Abschluss der Verhandlungen von Pechlarn die Absicht kundgegeben, sich mit einem Bauernausschusse nach Ulmerfeld zurückzuziehen, dort nach dem Einlangen der Geleitscheine die Reverse unterfertigen zu lassen und die Beschwerden zu sammeln, um sie der versprochenen Commission zu überreichen. In der That zog er am 23. Februar hoch zu Ross und begleitet von einer kleinen, wenig über hundert Mann zählenden Schar Bauern von Pechlarn ab, um in dem nahen Neumarkt an der Ips ein Lager aufzuschlagen.⁴) Dort schon sammelte er wieder eine grössere Anzahl von Bauern um sich, die unzufrieden waren mit der sehr langsam vor sich gehenden Ausfertigung und Zusendung der Geleitscheine, über welche Verzögerung die städtischen Commissäre auch mehrmals Klage erhoben.⁵) Mit der täglich sich mehrenden Schar zog er Ende des Monats Februar mit entrollter Fahne und unter Trommelschlag und Pfeifenklang nach Ulmerfeld, um von hier sein unlauteres Spiel neuerdings zu beginnen. Der Schulmeister von Neuhofen, der Wirt von Puchenstuben und andere Rebellenführer schlossen sich ihrem Häuptling sofort an und unterstützten ihn thatkräftig.

¹) Kaltenegger, Manuscript, a. a. O. II. 567, Nr. 482.
²) Haselbach, a. a. O. Urkunde Nr. 46.
³) Streuns »Notata«, a. a. O. 745.
⁴) Haselbach, Urkunde Nr. 50.
⁵) Haselbach, Urkunden Nr. 51, 62, 65 u. a. Abt Christoph von Seitenstetten erhielt die Geleitscheine für seine Pfarreien erst zu Beginn des März Archiv Seitenstetten; selbst Markgraber beklagte sich heuchlerisch über diese Verzögerung Haselbach, a. a. O. Urkunde Nr. 65.

Es konnte aber auch keinen günstigeren Zeitpunkt für eine Erhebung geben, als die letzten Tage des Februar und die ersten des März des Jahres 1597. Am linken Donauufer war der Aufstand mit aller Heftigkeit ausgebrochen, am rechten hatten viele Pfarrgemeinden, darunter mehrere Pfarren auf dem Ipsfelde und im oberen Thale der Erlaf sowie in dem der Ips,[1]) noch keine Geleitscheine erhalten und deshalb die Reverse nicht unterfertigt, welche Umstände nur geeignet waren, das in dem Bauer stets vorhandene Misstrauen gegen seine Herrschaft zu stärken und den Worten Markgrabers, dass die »Herren es nit redlich mainen«, Gehör zu geben. Überdies waren die Bauern des Tullnerfeldes noch nicht zur Ruhe gebracht und alle Truppen, die geringe Abteilung der in Melk und Schallaburg als Besatzung weilenden Knechte ausgenommen, auf das linke Ufer der Donau gezogen worden. Markgraber gab auch bald Beweise, dass er seine Führerrolle wieder aufgenommen hatte Als die städtischen Commissäre in einem Schreiben an ihn ihre Verwunderung ausdrückten, dass er trotz des Vergleiches von Pechlarn wieder als Führer auftrete und Bauern um sich sammle, und ihn ermahnten, dies zu unterlassen und die Beschwerden einzusammeln, indem sie ihm zugleich über die endlich eingelangte Sendung der Geleitscheine Nachricht gaben,[2]) bemäntelte er zwar sein Umherziehen mit Trommeln und Pfeifen durch einige Phrasen, schrieb ihnen aber auch, dass er, weil die Herren, obwol die Bauern Ruhe hielten, mit Kriegsvolk anrückten, er weder die Trommel noch weniger die Bauern von sich lassen könnte.[3]) Den Herren wäre es auch zuzuschreiben, dass jetzt einige Pfaffen und Pfarrer so verächtich über die Bauern predigten, wie dies besonders der Pfarrer von Ferschnitz unter dem Patronate des Herrn von Streun durch drei Sonntage gethan habe.

Derselbe habe die aufständigen Bauern an ihrer Ehre dadurch angegriffen, dass er öffentlich von der Kanzel herab gepredigt hätte, die Aufständigen wären des heiligen Sacramentes unwürdig und überhaupt nicht wert, dass die Erde sie trüge. Um den erbitterten Bauern Genugtuung zu verschaffen, sandte Markgraber unter der Führung seines Feldschreibers Georg Steinhauer, Schulmeisters von

---

[1]) Archiv Seitenstetten.
[2]) Archiv St. Peter in der Au; auch bei Haselbach, a. a. O. Urkunde Nr. 69.
[3]) Streuns »Notata«. a. a O. 746.

Neuhofen an der Ips. am 1. März eine stark bewaffnete Schar, angeblich 1000 Mann. nach Ferschnitz. welche aber den Pfarrer nicht mehr in seinem Pfarrhause fand: derselbe hatte sich in das nahe Schloss Freidegg geflüchtet. Da die begehrte Auslieferung von dem Verwalter Streuns verweigert wurde. liessen die Bauern ihre Rache an dem Pfarrhause aus, das ausgeplündert und verwüstet wurde. Der Schulmeister erklärte beim Abzuge. dass die Bauern innerhalb drei Tagen mehr als 1400 Mann stark wieder kommen würden. um den Pfarrer. der sie des heiligen Sacramentes und des lieben Erdreiches unwert erklärt hätte. »also aufzuheben. das er das Erdreich nit erraichen sol«. Würde der Verwalter ihn dann nicht ausliefern. so würden viele Tausende anrücken. um das Schloss. bei dessen Erbauung sich die Bauern durch Robot und Dienste genug abgemüht hätten. selbst einzunemen.[1] Als die städtischen Commissäre deshalb ein neues Warnungsschreiben an Markgraber richteten und später zwei von ihnen. Herbst und Winkler. selbst sich nach Ulmerfeld zu Markgraber begaben, um die Streitigkeiten beizulegen und ihn aufzufordern. die Beschwerden und Klagen zu sammeln, erhielten sie zur Antwort. dass dies vor Ablauf von vier Wochen nicht möglich wäre.[2])

Obwol Markgraber den städtischen Commissären wiederholt erklärte. dass er nicht mehr der »Obriste« der Bauern wäre und darauf hinwies. dass kein Schreiben seine Unterschrift trüge. wie denn auch in der That von der Zeit. von der ab Markgraber in Ulmerfeld weilte. die meisten der uns erhaltenen Documente im Namen der zu Ulmerfeld versammelten »Paurschafft« ausgefertigt erscheinen. so war er doch das von allen anerkannte Haupt der Erhebung. Diese seine Stellung bewies er nebst anderen auch dadurch. dass er den früheren Hauptmann der Bauern von Aschbach. der treu an der zu Pechlarn geschlossenen Einigung festhielt. seiner Würde entkleidete und einen ihm ergebenen Mann. den Bauer Gschaidter. damit bekleidete.[3]) Am deutlichsten jedoch bezeugen seine Stellung als oberster Führer der Bauern des Viertels ober dem Wienerwalde die Erhebung der Bauern zu Gaming und die dieser nachfolgenden Ereignisse.

---
[1]) Aus dem Berichte des Verwalters an seinen Herrn Reichard von Streun, Anhang Nr. 74, wozu als Ergänzung Haselbach, a. a. O. Urkunde. Nr. 77, gehört.
[2]) Strenns »Notata«. a. a O. 744.
[3]) Archiv von Seitenstetten.

Das im Thale der oberen Erlaf gelegene, reich begüterte Kloster der Karthäuser wurde damals von dem Prior Bartholomäus Maringius geleitet. Dieser, ein tüchtiger, für das Wohl seines Hauses besorgter Vorsteher, war bemüht, die vielfach in Abname begriffenen Einkünfte desselben zu heben und der durch die Untreue der Beamten und Diener herbeigeführten Misswirtschaft ein Ende zu machen. Da er aber durch sein strenges Vorgehen die Interessen vieler verletzte, so entstand eine grosse Erbitterung bei den Beamten wie bei den Dienern des Klosters gegen ihn. Diese Stimmung benützte der Wirt von Puchenstuben, Christian Haller, um in Verbindung mit dem wegen Untreue von dem Prior entlassenen Verwalter (Meier) zu Lackenhof, Peter Preteregger, die zahlreichen Untertanen des Klosters gegen den Prior aufzuwiegeln. Nachdem eine von ihnen schriftlich gestellte Forderung, den Meier wieder in seine Dienste zu nemen und den Untertanen die zu hohen Strafgelder herauszuzahlen, vom Prior abgewiesen worden war, begaben sie sich nach den dem Kloster untertänigen Markte Scheibbs, wo sie einen kleinen Teil der Bürgerschaft mit dem Marktrichter Wolfsperger und dem Eisenkämmerer Preuss des Marktes[1]) an der Spitze auf ihre Seite brachten. Als der Prior am 4. März auf seiner Reise nach Pechlarn, wohin er sich wegen einer Rücksprache mit den städtischen Commissären begeben wollte, nach Scheibbs kam und in dem Schlosse, das Gemäuer genannt, abstieg, drängten sich Haller und die anderen Führer an ihn mit dem Begehren heran, ihre obenerwähnten Forderungen zu erfüllen. Schon schien es zwischen beiden Parteien zu einem Ausgleiche zu kommen, als sich durch die Ränke des Eisenkämmerers die Unterhandlungen zerschlugen. Die Bauern besetzten die Tore des Schlosses und erklärten den Prior als ihren Gefangenen. Die Lage desselben verschlimmerte sich, als infolge eines Streites ein Bauer von einem Diener des Priors verwundet wurde. Es erhob sich ein wilder Aufruhr, die Bauern traten auf dem Marktplatze zu einem Ringe zusammen, in welchen der Prior gestellt wurde, und beschlossen endlich nach vielem Geschrei und Beschimpfungen des Priors, dem Obersten der Bauern zu Ulmerfeld die Sache zur Entscheidung zu überlassen. Nicht wenig trug zur Erhöhung der gereizten Stimmung noch der Umstand bei, dass der Prior kurz vor

---

[1]) Eisenkämmerer hiess der Verwalter des von Leoben herausgeführten Eisens, von welcher Niederlage die Schmiede des Eisenbezirkes Scheibbs sich das Rohmaterial zu holen hatten.

seiner Abreise von Gaming den Kastner des Klosters, Hans Beitl, welcher im Begriffe war, sich zu verehelichen, seiner Stelle entsetzte und ihn in das Gefängnis hatte werfen lassen, weil er ohne Erlaubnis die Bauern, als sie nach Gaming gekommen waren, mit mehreren Eimern Wein auf Kosten des Klosters tractiert hatte. Infolge dieser Absetzung reizte der Sohn des Eisenkämmerers, Matthäus Preuss, welcher den Bauernführern als Schreiber diente, dieselben so auf, dass sie den Prior mit dem Tode bedrohten und ihm zuriefen, der Prediger des Schlosses Wasen würde ihm die Leichenrede halten.

Die erwähnte Verwundung eines Bauers, welcher den Prior geschmäht hatte, durch einen Diener desselben wurde von Haller und seinem Anhange in schlauer Weise benützt, um den Prior als Friedensstörer hinzustellen und ihn des Bruches des kaiserlichen Geleitbriefes zu beschuldigen. In diesem Sinne liess Haller am 6. März an Markgraber schreiben und ihn bitten, er möchte mit dem ganzen »hellen Haufen« nach Scheibbs ziehen, um zu entscheiden, was mit dem Prior, der in mutwilliger frevelhafter Weise das Geleite gebrochen habe, zu thun wäre.[1]) Der Bauernoberst, welcher schon am 2. März sich für den verhafteten Klosterkastner von Gaming bei dem Prior verwendet und um dessen Freilassung ersucht hatte,[2]) kam der an ihn gerichteten Bitte nach und brach mit einer Schar, die er durch ein Aufgebot, das er in den Ulmerfeld nahegelegenen Ortschaften ergehen liess, verstärkt hatte, am 7. März von Ulmerfeld auf und gelangte noch am nämlichen Tage nach Purgstall, wo er und seine Schar Nachtquartier nahmen. Am nächsten Morgen vereinigte er sich mit den Aufständigen, welche ihm von Scheibbs unter Hallers Führung entgegengezogen waren, und hielt dann hoch zu Rosse mit diesem und dem Schulmeister von Neuhofen, welche gleichfalls zu Pferde waren, seinen Einzug in Scheibbs. Dort waren aber am Tage vorher auch schon die städtischen Commissäre Hüttendorfer, Herbst, Maier und Müllner eingetroffen, um im Auftrage der kaiserlichen Commission wegen der Befreiung des Priors zu verhandeln. Aber alle ihre Bemühungen waren bisher vergebens gewesen, sie erhielten nicht nur keinen Zutritt zu dem Gefangenen, sondern wurden selbst von den Bauern bewacht. Nach der Ankunft Markgrabers erneuerten die städtischen Abgeordneten ihre Bemühungen, welche endlich zu

¹) Anhang Nr. 79.
²) Anhang Nr. 77.

einem Vergleiche führten. Die Bauern erklärten, der Prior soll am Leben geschont werden, da ihnen mit den ›par maß blut‹, die sie ihm ›abzapfen‹ könnten, nicht gedient wäre; er müsse aber die hohen Strafgelder zurückerstatten und die Kosten, welche der Aufenthalt in Scheibbs den Bauern verursacht hätte, bei Heller und Pfennig bezahlen und dies hätte noch an diesem Tage — 11. März — bei scheinender Sonne zu geschehen. Die Abgeordneten bewilligten nach genommener Rücksprache mit dem Prior die letzte Forderung, vertrösteten die Bauern bezüglich der ersten auf die Entscheidung der sehr bald zusammentretenden neuen kaiserlichen Commission. Nach längeren Verhandlungen erklärten die Bauern durch Markgraber ihre Zustimmung unter der Bedingung, dass die Bürger von Scheibbs Bürgschaft für die richtige Begleichung ihrer Auslagen leisten sollten. Die Abgeordneten brachten auch die Erfüllung dieser Bedingung zustande, nachdem sie die Bedenken der Bürgerschaft durch Ausstellung eines Reverses durch den Prior, in welchem er den Bürgern alle Vorräte an Wein und Getreide, sowie alle Fahrnisse des Klosters verpfändete, zerstreut hatten. Die Bauern gaben den Prior frei, sein Diener aber erhielt die Freiheit erst, nachdem er im Ringe den Bauern öffentliche Abbitte geleistet hatte für die Schimpf- und Scheltworte, mit denen er sie belegt hatte.[1]

Nachdem es den Abgeordneten der Städte und Märkte gelungen war, den Prior von Gaming zu befreien, hatten sie sich nach Melk begeben, um mit dem Abte Caspar Hoffmann daselbst zu conferieren und den kaiserlichen Commissären einen Bericht über ihre Thätigkeit in Scheibbs abzustatten. Von Melk aus richteten sie ein Schreiben an Markgraber, in welchem sie ihn ermahnten, die ›Accorda‹ zu befolgen und sich nicht in weitere Unternemungen einzulassen, weil sie selbst dadurch bei den kaiserlichen Commissären in ein schiefes Licht geraten würden, da sie ihn in ihrem Berichte wegen seiner Fügsamkeit belobt hätten. Er möge daher ehestens die Beschwerden sammeln und ihnen übergeben.[2] Doch Markgraber hatte die städtischen Commissäre nur getäuscht; denn noch zu Scheibbs hatte er Untertanen des Cistercienserstiftes Lilienfeld

---

[1] Nach Acten im Archive von Seitenstetten im Anhang Nr. 81, den Verhörsprotokollen und Kalteneggers Manuscript, II, 750 ff., wozu die bei Haselbach gedruckten Urkunden Nr. 82 bis 86 und 88 bis 101 gehören.

[2] Kaltenegger, Manuscript, a. a. O. II, 582, Nr. 490.

empfangen, welche ihn um Hilfe gegen den Abt und den Hofrichter dieses Klosters baten. Die Klagen, welche sie über ihre Herrschaft vorbrachten, waren die allgemeinen: Höhe der Strafgelder, ungerechte Forderung des Sterbhauptes, das »Anfailrecht«, Tafernenzwang, unerschwingbares Rüstgeld u. a. Besonders beklagten sie sich, dass sie in der Fastnacht den strengen Auftrag erhalten hätten, jedes Haus habe ohne Säumen zwei Gulden zu erlegen, ohne dass ihnen ein Grund angegeben worden wäre, zu welchem Zwecke diese Steuer dienen sollte.[1]) Markgraber, welcher auf die Durchführung seiner hochfliegenden Träumereien keineswegs verzichtet hatte, ersah in der erbetenen Hilfeleistung ein willkommenes Mittel zur weiteren Durchführung derselben, namentlich um mit den noch immer unruhigen Bauern des Tullnerfeldes in Verbindung zu treten und durch sie auch die Bauern unter dem Wienerwalde zu insurgieren.[2]) Als er deshalb mit seiner Schar von Scheibbs abgezogen war, teilte er dieselbe in zwei Haufen, und, während er selbst mit dem kleineren seinen Weg gegen Perwart nam, zog die grössere Abteilung unter der Führung des Wirtes von Puchenstuben und des Schulmeisters von Neuhofen in östlicher Richtung weiter.

Wie Markgraber mit den Bauern des Tullnerfeldes die Verbindung herzustellen bemüht war, so gestalteten sich gerade in dieser Zeit seine Beziehungen zu den im Lande ob der Enns noch immer im Aufstande befindlichen Bauern, namentlich zu denen des Traunviertels, lebhafter als früher. In diesem Kreise hatten sich, vermutlich vom Mühlviertel aus, falsche Gerüchte über die Not der Bauern des Viertels ober dem Wienerwalde, welche die kaiserlichen Truppen, namentlich die Reiter, verschuldet hätten, verbreitet. Der Führer der aufständigen Traunviertler, der Wirt von Pettenbach, Tasch, richtete deshalb am 9. März ein Schreiben an Markgraber, in welchem er demselben und seinen Standesgenossen das tiefste Beileid der Oberösterreicher über die erlittenen Unbilden ausdrückte und ihn bat, ihm alle Ereignisse in Niederösterreich

---

[1]) Aus dem Verhörsprotokolle des hingerichteten Rottmeisters Simon Feiertag, Untertan von Lilienfeld zu Eschenau, im Landesarchiv von Niederösterreich.

[2]) Diese Absicht Markgrabers erhellt aus den Worten der Bauern, die sie in ihrer Betrunkenheit zu Kilb und an anderen Orten ausstiessen. Dafür spricht auch der eifrige Briefwechsel mit den oberösterreichischen Rebellen sowie auch die Aussagen einiger justificierter Bauern darauf hinweisen.

bekannt zu geben. Auch ersuchte er um Mitteilungen, welche Pläne die Bauern im Lande unter der Enns hätten und wie ihnen dabei die von Oberösterreich Hilfe und Beistand leisten könnten, da sie gerne dazu bereit wären. Dieses Schreiben, das Markgraber durch zwei besondere Boten zugesandt wurde, erhielt er noch in Scheibbs, von wo aus er es auch beantwortete. Er dankte im Namen der ganzen Versammlung der aufständigen Bauern des Viertels ober dem Wienerwalde den ehrenfesten, ehrsamen, freundlichen, lieben Herren und Nachbarn ob der Enns, ihren geliebten Mitbrüdern, für das übersandte Schreiben vom 9. März und gab ihnen bekannt, dass ihnen durch Gottes gnädige Verhütung bisher nichts Böses widerfahren wäre. Das Kriegsvolk wäre allerdings von den Herren gegen sie gesandt worden, allein die Abgeordneten des vierten Standes, die städtischen Commissäre, hätten ihr weiteres Vorrücken verhindert. Sie hätten durch dieselben auch vom Erzherzog Geleitbriefe erhalten, doch wäre sehr zu besorgen, dass die Herren dieselben nicht beachten würden. Die Teilname, welche die Mitbrüder von Oberösterreich gegen sie bekunden, wäre sehr tröstlich, und hielten sie sich, wo immer es notwendig und möglich wäre, zu gleicher verpflichtet, weshalb sie ersuchten, ihnen jede drohende Gefahr in Eile zu berichten; besonders aber möchten die Oberösterreicher genau nachforschen, ob nicht gegen die Niederösterreicher Kriegsvolk im »Oberlandt« angeworben werde, da die Sage gehe, sie forderten Unchristliches, was unwahr wäre. Die Bauern des Landes unter der Enns wollten gleiches thun und ihnen von jedem Vorkommnisse sofort Nachricht geben, um grösseres Übel zu verhüten. Da Tasch diese Antwort, welche Markgraber am 15. März zu Scheibbs durch seinen Feldschreiber ausfertigen liess, entweder gar nicht oder spät erst erhielt, so sandte er am 20. März ein neues an die lieben Freunde, die Herren Haupt- und andere Befehlsleute unter der Enns des Erzherzogtums Österreich ab. Nachdem er ihnen im Namen der Ausschüsse in dem Land ob der Enns in dem damals gebräuchlichen salbungsvollen Tone Gnade, Segen und Beistand von Christo dem Herrn gewünscht und ihrer treuherzigen willigen Hilfe mit Leib und Leben sie versichert hatte, beklagte er sich, dass er auf sein Schreiben bis jetzt keine Antwort erhalten hätte. Die Oberösterreicher hätten erfahren, dass aus ihrem Lande Kriegsvolk, namentlich Reiter, gegen die Niederösterreicher gesandt worden wären, was sie nicht wenig schmerzte. Sie hätten davon nichts gewusst, auch wüssten sie es jetzt noch nicht sicher. Man möchte deshalb alle Gefangenen ohne jede Schonung peinlich befragen, um dies in Erfahrung zu bringen, auch möchten sie sich nicht abwendig machen lassen von ihrem Vorhaben in billigen Dingen. Es sollten viele tausend Mann aus dem Reiche herabkommen, die Fouriere seien schon zu Linz. Die Herren gäben vor, diese Truppen seien gegen die Türken bestimmt, rüsteten sich auch selbst mit Geschützen und Munition, als ob sie alle Stund den Erbfeind erwarteten; ermahnten sie auch inzwischen zur Geduld und zur Unterlassung jeder Erhebung. Nach nochmaliger Versicherung ihrer treuen Mithilfe mit Leib und Leben baten sie um eilige Bekanntgebung der Pläne der Niederösterreicher.[1]

Während der Zeit dieses Briefwechsels waren Haller und Steinhauer mit ihrer zumeist aus Gebirgsbauern bestehenden Schar auf ihrem Zuge am 16. März zu Kilb angekommen, wo sie Rasttag hielten und in roher Weise hausten. Alle Bürger, welche den Anschluss verweigerten, wurden um Geld gestraft (»geschatzt«), der Keller des Pfarrers wurde geplündert, der Richter mit dem Tode bedroht.[2] Auch »entlehnten« sie vom Pfarrer vier Pferde auf Nimmerwiedersehen. Von Kilb aus, wo sich ihnen auch einige Bürger des Marktes, darunter sogar ein Mitglied des Rathes, anschlossen, erliessen sie das Aufgebot nach Rabenstein, Kirchberg, Plankenstein, Frankenfels und andere umliegende Ortschaften, rückten dann nach Wilhelmsburg, wo sich ihnen die Bürger »verglübden« mussten, und von da nach Lilienfeld. Auf dem Zuge sowie zu Lilienfeld, wo sie am 18. anlangten, mehrte sich ihre Zahl bedeutend, da die meisten Untertanen des Klosters, wie die zu Traisen, Eschenau, St. Veit, Hainfeld, Kaumberg, Türnitz und andere sich den Bauern anschlossen. Die Erbitterung gegen den Abt Laurenz von Lilienfeld, welcher damals als Verordneter des Landtages in Wien weilte, wurde noch durch einen Brief desselben an seinen Hofrichter erhöht, welcher den Bauern in die Hände gefallen war. In demselben befahl der Abt dem Hofrichter, zuerst gegen die Aufständigen den Weg der Güte einzuschlagen und sie durch Überredung zu ge-

---

[1] Die Briefe befinden sich abschriftlich im Archiv des Stiftes Kremsmünster; Czerny giebt sie auszugsweise in seinem trefflichen Werke: »Der zweite Bauernaufstand in Oberösterreich«, 372 bis 375, Nr. 3, 4, 5.

[2] Aus dem Berichte der kaiserlichen Commissäre an Erzherzog Mathias ddo. Schallaburg, 19. März 1597, bei Kaltenegger, Manuscript, a. a. O. II, 597.

winnen; würde dies alles aber vergeblich sein, so sollte der Hofrichter nicht zögern, mit der grössten Strenge gegen sie vorzugehen. Weil die Bauern durch diesen Brief sich »hoch infamiret« erachteten, schreibt Jörger an Siegmund Greiss, so stürmten sie das Kloster und plünderten es sammt der Kirche aus, entnamen dem Keller 240 Eimer Wein, schossen das Wild in dem Thiergarten nieder und liessen die Fischteiche ab, deren Bewohner verzehrt wurden. Der Hofrichter wurde sammt seiner Frau gefangen gesetzt und die Conventualen des Stiftes wurden vom Schulmeister Steinhauer, der überhaupt als der Leiter der Bewegung genannt wird, gezwungen, mit ihm und anderen Rädelsführern zu Tische zu sitzen. Von Lilienfeld zogen die Bauern, nachdem sie einen früheren Reitknecht des Abtes als Hauptmann mit 60 Mann zur Bewachung des Klosters zurückgelassen hatten, nach Wilhelmsburg, wohin sie auch den Hofrichter nebst seiner Familie und mehreren anderen Gefangenen führten. Die städtischen Commissäre, welche sich von Melk nach Wilhelmsburg begeben hatten, waren nicht im Stande gewesen, die Einname und Plünderung des Klosters hintanzuhalten, sie wurden von Haller und Steinhauer gar nicht vorgelassen, geriethen vielmehr selbst in grosse Lebensgefahr, wurden gefangen genommen und strenge bewacht.[1]

Zu Wilhelmsburg hatten die Führer der Bauern eine Zusammenkunft mit dem Besitzer der Herrschaft Kreisbach, Bernhard von Jörger, der mit ihnen die Ursachen der Erhebung besprach und sie durch Versprechungen zu begütigen suchte. Den Schulmeister von Neuhofen, der alle gemachten Versprechungen der Bauern als eitle Lügen erklärte und sich in den gröbsten Schimpfworten gegen Jörger sowie gegen die über dessen Bitte gleichfalls der Unterredung beiwohnenden Herren Siegmund von Greiss und Hans von Traun ergieng,[2] wusste Jörger durch ein »Scärnezl voll Ducaten« für einen friedlichen Ausgleich zu gewinnen, zu welchem Haller und die

---

[1] Über die Vorgänge zu Lilienfeld gewähren ein gleichzeitiger Bericht, gedruckt in Hormayrs Archiv 1816, VII. Jahrgang, Nr. 144, wiederholt in »Kirchliche Topographie von Österreich«, VI. Bd., 288, und der Brief des Abtes Laurenz von Lilienfeld an den Abt Caspar von Melk, ddo. Wien, 30. März 1597 (Anhang Nr. 100), näheren Aufschluss.

[2] »Alle die herrn«, sagte der Schulmeister, »so vill ir seyn, keinen ausgenomen, liegen (lügen) alles das, was sie reden und halten nichts, was sie zuesagen und seyn alle in ein modell gossen, man saehs an Gaming und Lilienfeldt wie auch an Streun, dem von Melckh und Losenstain. Man hette ihnen zuegesagt, das Khriegsvolckh zu Melckh und Schallaburg wegzuthain, das gescheche nit, ja

anderen Führer sich ohne Bestechung bereit erklärt hatten.¹) Wie wenig aber Haller und die anderen Führer der Aufständigen geneigt waren, zu einer friedlichen Ausgleichung die Hand zu bieten, zeigen die nachfolgenden Ereignisse.

Von Wilhelmsburg richteten die Bauern ihren Marsch nach St. Leonhard am Forst, wo der Schulmeister mit dem grössten Teile derselben seinen Aufenthalt nam, während Haller und der ehemalige Meier zu Lackenhof, Peter Maier, mit einer kleinen Schar über Rabenstein, das eingenommen und geplündert wurde, zu Markgraber sich begaben und dabei dem Kloster Gaming einen Besuch abstatteten. Dasselbe war kurz nach dem Abzuge der Bauern von Scheibbs nach Lilienfeld von dem Marktrichter Wolfperger und einigen Mitgliedern des Rathes von Scheibbs in Verwahrung genommen worden. Wolfperger liess dabei seinem Hasse gegen den Prior vollen Lauf. Unter dem Vorgeben, dass der Prior, welcher nach seiner Freilassung nach Melk und von da nach Wien abgereist war, nicht mehr in die Karthause zurückkehren werde, bemächtigte er sich der Torschlüssel, durchstöberte sämmtliche Gemächer und beredete den Conventualen des Klosters, Erasmus, dass dieser die Verwaltung übernam und sich von den Dienern Treue geloben liess. Als die vorgenannten Anführer der Bauern auf ihrem Wege zu Markgraber in die Nähe des Klosters gelangten, bewog sie Hans Beitl, Kastner von Gaming, dasselbe zu überfallen und auszuplündern. Haller liess die Plünderung geschehen, um sich bei seiner Schar zu rehabilitieren. Auf seinem Zuge von Wilhelmsburg nämlich hatte er das dem Freiherrn Ferdinand von Concin gehörige Schloss Weissenburg an der Bielach bei Frankenfels eingenommen, aber die Plünderung desselben nicht gestattet und dadurch den Unmut seiner Leute in solchem Grade erweckt, dass sie ihn als ihren Führer absetzen wollten. Um sich in seiner Stellung zu erhalten, liess er Gaming plündern, wozu der Kastner Beitl das Signal gab.²)

man sterklte es noch an beiden orthen. So hat der schwarz verlogene schelmb der Strein auch bey 30 oder 40 knecht aufgenumben, die well er auff Freydegg schicklen und sey also alles erlogen, was man ihnen zuegesagt hat.«

¹) Nach Losensteins Bericht bei Kaltenegger, Manuscript. II, 622, Nr. 509. Dieser undatierte Bericht Losensteins an Streun dürfte um den 20. März geschrieben worden sein.

²) Aus Briefen des Priors von Gaming an den Abt von Seitenstetten und nach den Verhörsprotokollen, a. a. O. Hieher gehört auch die bei Haselbach, a. a. O. gedruckte Urkunde Nr. 101.

Während die Bauern unter Haller und Steinhauer auf Befehl Markgrabers von Scheibbs nach Lilienfeld gezogen waren, kehrte der letztere nach Scheibbs zurück und erklärte, nicht früher abzuziehen, bevor nicht die von den Bauern gemachten Schulden von dem Rathe zu Scheibbs, wie dieser reversiert hatte, gezahlt worden wären. Er blieb einige Tage noch daselbst und vergnügte sich mit der Jagd in dem dem Kloster Gaming gehörigen Reviere von Scheibbs, das ihm der Marktrichter Wolfperger zur Verfügung gestellt hatte.[1]) Nach dem 20. März brach er mit seiner Schar gegen Gresten auf, nachdem er noch aus Freundschaft gegen seinen Genossen Haller das dem Freiherrn von Concin eigentümliche Schloss Perwart eingenommen und geplündert hatte. Von Gresten zog er dann nach Ulmerfeld zurück, um hier durch längere Zeit zu verbleiben. Ob die Bürger von Gresten, die sich bis dahin von jedem Anschlusse an die Sache der Bauern ferne gehalten hatten, durch Markgraber und seine Schar dazu genötigt worden sind, entgeht mir; doch scheint dies nicht der Fall gewesen zu sein, da nirgends eine Spur davon sich findet.

Diese Vorgänge, welche die kaiserlichen Commissäre an den Erzherzog berichteten,[2]) hatten zur Folge, dass derselbe am 21. März durch die niederösterreichische Regierung ein strenges Patent an die Bauernschaft des Viertels ober dem Wienerwalde erliess, in welchem er diese scharf tadelte, dass sie entgegen dem Vergleiche von Pechlarn ihre Führer nicht entlassen, sondern vom neuen bestellt, dass sie ihre Waffen nicht abgeliefert und ein neues Aufgebot erlassen hätten, dass sie bewaffnet umherzögen und die Klöster Gaming und Lilienfeld vergewaltigt hätten. Er befahl ihnen deshalb, ihre Waffen den Herrschaften abzuliefern, ihre Bündnisse aufzulösen und von jeder Pfarre einige Geiseln zu »handen« des Kaisers zu stellen. Zugleich gab er ihnen bekannt, dass die Ernennung der Commissäre, welche über ihre Beschwerden entscheiden sollten, schon im Werke wäre.[3]) Da die kaiserlichen Commissäre in ihrem Schreiben die Besorgnis ausgedrückt hatten, dass, wenn nicht ehebald die versprochene Hauptcommission zustande käme, neue Aufstände im Ips- und Erlafthale zu befürchten wären, so gab er ihnen bekannt, dass er der niederösterreichischen Regierung befohlen habe, die städtischen Ab-

---

[1]) Aussagen Wolfpergers in den Verhörsprotokollen, a. a. O.
[2]) Kalteneggers Manuscript, a. a. O. 598, Nr. 497.
[3]) Kalteneggers Manuscript, a. a O. II, 593, Nr. 493.

geordneten Hüttendorfer und Winkler sowie Dr. Krenn sammt dem niederösterreichischen Kammerprocurator zur »einnehmung der untertanen beschwärung« abzuordnen. Zugleich gab er ihnen kund, dass er sich über ihre Bitte, persönlich sich »herauff« begeben zu wollen,[1]) wenn er in Wien angelangt sein wird, resolvieren werde. Er machte ihnen aber auf sein persönliches Erscheinen wenig Hoffnung, teils wegen der Unbeständigkeit der Bauern, teils weil »die landtleut so gar nichts zu den sachen thuen, sich nichts kosten lassen wöllen und allain auff ihre guetter sechen. Irer Khays. May. guetter darneben durch ire untertanen vergewältiget werden«.[2]) Obwol der Erzherzog mit vollem Rechte den Ständen ihre Selbstsucht vorwarf, so war doch auch die niederösterreichische Regierung nicht von jeder Schuld bezüglich der Verzögerung des Zusammentretens der neuen kaiserlichen Commission frei zu sprechen, da sie es war, welche längere Zeit über die Wahl eines Mitgliedes aus ihrer Mitte nicht schlüssig werden konnte. Diese Verzögerung beuteten Markgraber und die anderen Führer der Bauern, welchen eine friedliche Beilegung des Aufstandes ihre Pläne störte, in ihrem Sinne aus. Aufgestachelt von ihnen, erklärten die Bauern, dass sie wieder sich erheben würden, wenn bis zum 29. März, an welchem Tage der von den städtischen Commissären ihnen zugesagte Termin der vier Wochen, innerhalb dessen die neue kaiserliche Commission zusammentreten werde, abliefe, diese ihre Arbeit nicht begonnen hätte.

Die kaiserlichen Commissäre sandten deshalb Hüttendorfer nach Wien zum Erzherzoge, um ihm mündlichen Bericht zu erstatten und die Absendung der neuen Commission zu beschleunigen. Auch bewogen sie die zu Melk anwesenden Abgeordneten der Städte und Märkte, dass einige aus ihnen sich am 25. März nach Ulmerfeld begeben sollten, um persönlich mit Markgraber und den Bauern zu unterhandeln.[3]) Gemäss der erteilten Instruction sollten die Commissäre die Bauern noch für wenige Tage zur Geduld ermahnen, die neue kaiserliche Commission sei schon ernannt und befände sich darunter der Kammerprocurator Wolfgang Swanger, kaiserlicher Rath, aber kein Mitglied des Landtages. Dieselbe würde sich

---

[1]) Die Bitte, der Erzherzog möchte sich persönlich »herauff« begeben, um an die Spitze der Commission zu treten, richteten die kaiserlichen Commissäre am 21. März an ihn. Streuns »Notata«, a. a. O. 754.
[2]) Streuns »Notata«, a. a. O. 752.
[3]) Streuns »Notata«, a. a. O. 757.

ehestens nach Ulmerfeld begeben, die Klagen der Bauern aufnemen und dieselben nach Thunlichkeit sofort entscheiden. Wegen des Kriegsvolkes sollten die Abgeordneten erklären, dass dasselbe auf dem linken Donauufer sich befände und nicht auf das rechte gezogen würde, wenn die Befehle des Erzherzogs Gehorsam fänden. Auch dürfte es angezeigt sein, die Bauern an das schädliche Verhalten des Wirtes von Puchenstuben gegen die städtischen Abgesandten zu Wilhelmsburg zu erinnern, wie man sie spöttlich behandelt, gefangen genommen und an Leib und Leben bedroht hätte. Markgraber aber sollten sie mitteilen, dass der Erzherzog nichts dagegen hätte, dass nebst ihm noch ein zweiter von den Bauern erwählter Deputierter den neuen Commissären bei ihren Verhandlungen mit Rath und That zur Seite stünde.[1]) Erzherzog Mathias gab zu diesem Vorgehen der kaiserlichen Commissäre seine volle Zustimmung und machte ihnen auch kund, dass er von Pressburg aus ein strenges Schreiben an Markgraber erlassen hätte, in welchem er ihm sein höchst strafwürdiges Verhalten mit allem Ernste verwiesen und ihn aufgefordert habe, bei Verlust von Gut, Leben und Ehre von seinem Beginnen abzulassen.[2])

Ausgerüstet mit dieser Instruction begaben sich die Commissäre Herbst, Pacher und Maier am 25. März auf die Reise und gelangten am ersten Tage nach Neumarkt, wo sie den »Fendrich« der Bauern, Paul Vogtstöter, Schuster zu Neumarkt, vollständig bewaffnet und mit aufgestecktem Feldzeichen antrafen. Von ihm erfuhren sie, dass die Ursache der Aufregung, die ihnen überall entgegentrat, keine andere wäre als das Kriegsvolk. Zahlreiche Flüchtlinge aus dem Waldviertel wären bei Markgraber zu Ulmerfeld und bei den zu St. Leonhard am Forste unter der Anführung des Schulmeisters von Neuhofen lagernden Bauern angekommen und hätten über das grausame Wüten der Truppen, besonders der Reiter, ihre Hilfe angerufen. Die Bauern zu St. Leonhard hätten deshalb das Aufgebot in den Thälern der oberen Erlaf und Ips erlassen und würden, wenn die versprochene Commission nicht innerhalb acht Tagen ihre Arbeiten beginnen würde, sich nicht mehr in weitere Verhandlungen einlassen, sondern losschlagen. Als die Abgeordneten nach Blinden-

---

[1]) Aus der Instruction für die städtischen Commissäre, erlassen zu Melk ddo. 25. März 1597, bei Kaltenegger, a. a. O. II, 612, Nr. 502.

[2]) Schreiben des Erzherzogs ddo. Pressburg, 23. März 1597, im Archiv von Seitenstetten, teilweise auch in Streuns »Notata«, a. a. O. 757.

markt und dann nach Amstetten gelangten, mussten sie überall die gleichen Klagen über das Kriegsvolk vernemen. Obwol sie an allen Orten beruhigend einzuwirken versuchten, erkannten sie doch, dass sie bei Markgraber zu Ulmerfeld persönlich nichts ausrichten, ja vielleicht sogar ihr Leben in Gefahr bringen könnten. Sie beschlossen deshalb in Amstetten zu bleiben und dort mit den Bauern zu verhandeln. In Ausführung dieses Entschlusses entboten sie die einflussreichsten Männer dieser Ortschaft, wie den Marktrichter Allinger, den früheren Bauernhauptmann Pechacker von Amstetten und andere zu sich und ersuchten sie, die Ausschüsse der Bauern aus den benachbarten Märkten und Pfarreien nach Amstetten zu laden, um die Stimmung der Bauern kennen zu lernen und dann mit Markgraber und seinem Anhange unterhandeln zu können. Das Ergebnis der Verhandlungen mit Markgraber war, dass eine Deputation, bestehend aus Abgeordneten der Märkte Amstetten, Aschbach, Strengberg, Haag, Blindenmarkt und Neumarkt sowie einiger Pfarreien, in Begleitung der städtischen Commissäre Herbst und Pacher am 31. März nach Schallaburg zu den kaiserlichen Commissären sich begab, um mit diesen im Namen Markgrabers und der aufgestandenen Bauernschaft zu verhandeln. Der erstere liess die Forderung stellen, dass zur »aufrichtung aines beständigen fridstands« alles Kriegsvolk, das zu Melk, Schallaburg, Freidegg und an anderen Orten des Viertels ober dem Wienerwalde sich befände, aus dem Lande geführt werde, dann würden die Bauern Ruhe halten und sich mit der neuen Commission in Verhandlungen einlassen. Die kaiserlichen Commissäre sollten sich durch einen schriftlichen Revers zur Einhaltung dieser Bedingung verpflichten. Diese Forderung Markgrabers, welche der Richter von Aschbach im Namen desselben vorbrachte und mit den Drohungen begleitete, dass, komme er einmal ins Feld, ihn kein Teufel mehr daraus bringen könnte, bis dass er das Oberste zu unterst gestürzt hätte, bewilligte die Commission.[1]) Der Revers wurde am 1. April zu Melk, nachdem durch Vermittlung der städtischen Commissäre: Winkler, Herbst, Pacher und Müller wegen Abzug des Kriegsvolkes mit den Abgesandten der Bauern eine Vereinbarung getroffen worden war, ausgestellt und von dem Abte von Melk, den Herren von Streun, Losenstein und Starhemberg unterzeichnet. Im Geheimen hatten aber die kaiserlichen Commissäre auch mit einigen Mitgliedern

---

[1]) Archiv von Seitenstetten und Kalteneggers Manuscript, a. a. O. II, 620, Nr. 508.

der Deputation, besonders mit den Abgeordneten der Städte und Märkte zu unterhandeln begonnen, um diese auf ihre Seite zu bringen und eine Spaltung zwischen den Bürgern und Bauern hervorzurufen. Dies scheint ihnen auch gelungen zu sein; denn wie die kaiserlichen Commissäre noch am selben Tage an den Erzherzog berichteten, hätten einige bürgerliche Deputierte erklärt, dass sie, nachdem sie nirgends die gefürchteten Reiter auf ihrer Reise bemerkt hätten, diesen Vertrag überall zur Geltung bringen wollten, möge Markgraber wollen oder nicht.[1]

Erzherzog Mathias aber, welcher richtiger als die kaiserlichen und städtischen Commissäre die Lage erkannte und die wahren Absichten Markgrabers durchschaute, hatte inzwischen dem General-Obrist Morakhsy den Befehl erteilt, mit seinen Truppen »in der still« auf das rechte Donauufer zu rücken und alle Herren geistlichen wie weltlichen Standes aufgefordert, mit ihren Leuten zu dem General-Obristen zu stossen. Zugleich gab er der Commission bekannt, dass er es nicht für »rathsambt« hielte, sich in eigener Person hinaufzubegeben, um persönlich die Klagen und Beschwerden der Bauern zu hören und zu entscheiden. Die neu ernannte Commission wäre schon auf dem Wege nach Ulmerfeld, die Herrschaften sollten mit aller Strenge ein neues Aufgebot zu verhindern suchen und die Boten, welche das Aufgebotsschreiben trügen oder dasselbe mündlich verkünden würden, sowie die »zulaufenden Paurn« abfangen, niederwürgen oder aufhängen.[2]

Doch alle Massregeln und Verordnungen, die der Erzherzog wie die kaiserlichen Commissäre[3] zur Verhütung fernerer Aufstände trafen, kamen zu spät, der Stein war ins Rollen gekommen. Markgraber wollte den Hauptschlag ausführen und nur mehr das Schwert konnte dem so schönen Gebiete ober dem Wienerwalde Ruhe und Frieden wieder zurückgeben. Am 26. März, an dem nämlichen Tage,

---

[1] Kalteneggers Manuscript, a. a. O. III, 103, Nr. 63.

[2] Anhang Nr. 97.

[3] Die kaiserlichen Commissäre liessen sich auch der bei ihnen erschienenen Deputation des Ausschusses von Amstetten gegenüber eine nicht schöne List zu schulden kommen, indem sie, wie sie sich in ihrem Berichte an den Erzherzog rühmten, den Deputierten in dem von ihnen verlangten Reverse bezüglich des Kriegsvolkes gelobten, dass zu ihnen keine Truppen kommen würden, wobei sie die Worte zu ihnen (»zue euch« heisst es in dem Reverse) nur auf das von den Deputierten vertretene Gebiet »restringierten, damit anderweg die hand ungespert verblieb«. Strenns »Notata«, a. a. O. 761.

an welchem der von den städtischen Commissären nach Amstetten berufene Ausschuss von sechs Märkten und den meisten Pfarreien von der Ips bis zur Enns zusammentrat, um im Vereine mit den ersteren die Verhandlungen mit Markgraber zu Ulmerfeld zu beginnen, hatte dieser unter dem lügenhaften Vorgeben, Reiter wären schon an der Erlaf und Ips erschienen, ein sehr strenges Aufgebot erlassen, das allen Bauern von der Erlaf bis an die Grenze des Landes ob der Enns bei Kopfabschlagen, Niederbrennen der Gehöfte u. a. gebot, sich gut bewaffnet am Palmtage zu St. Leonhard am Forste, Scheibbs und Ulmerfeld einzufinden. Der Wirt von Puchenstuben, Christian Haller, und sein Feldschreiber Matthäus Preiss, Sohn des Eisenkämmerers von Scheibbs, boten die Bewohner von Gaming und des oberen Erlafthales auf, fanden aber anfänglich wenig Gehorsam. Die Bauern von Gaming schrieben an Haller nach Scheibbs, dass sie nicht mehr ausziehen, sondern dem erzherzoglichen Befehle entsprechend das Geleite annemen und den Revers unterfertigen wollten. Auch das persönliche Erscheinen Hallers in Gaming vermochte keine Änderung ihres Entschlusses herbeizuführen, obwol er gedroht hatte, mit dem ganzen Volke zu erscheinen, sie zu erschlagen, ihre Gehöfte niederzubrennen und ihre Weiber und Kinder in das Elend zu jagen. Auch zu Lunz, Göstling, Lassing, St. Georgen am Reit, Hollenstein, Opponitz und anderen Orten des Ipsthales fanden seine Boten bei den Bauern geringe Geneigtheit, zu gehorchen; erst als Markgraber ein neues, sehr strenges Aufgebot erliess, schlossen sich wieder viele Bauern, Handwerker und Knechte dem Wirte von Puchenstuben an, der mit ihnen nach Ulmerfeld zog.[1]

Während Haller, unterstützt von dem jungen Rebellen Preuss von Scheibbs, das obere Thal der Ips insurgierte, besorgte der Schulmeister Steinhauer von St. Leonhard am Forste aus dieses traurige Geschäft im unteren Thale der Erlaf sowie zu Kilb, Mank und der Umgebung. Markgraber selbst liess durch seinen Vetter und Feldschreiber, einen noch jungen Mann, Stephan Bogner, den Bauern von St. Leonhard am Walde, Windhag, Sonntagberg, Neuhofen und anderen Ortschaften des unteren Ipsthales das Aufgebot verkünden. Mit einen Haufen von 2000 Mann, der mit Heugabeln, Hacken, Büchsen und Lanzen ausgerüstet war, erschien

[1] Aus den Verhörsprotokollen, a. a. O.

Bogner am 28. März in der Nähe von Waidhofen an der Ips und liess den Rath dieser Stadt von seinem Anrücken benachrichtigen. Dieser sandte ihm einige seiner Mitglieder, denen sich als Vertreter des freisingischen Schlosshauptmannes Murhaimer der Verwalter Seitz anschloss, entgegen, um sich über sein Begehren zu informieren. Der junge Anführer sandte die Abgesandten mit einer hochmütigen Antwort zurück und liess dem Rathe sagen, die Waidhofener würden sehr bald erfahren, weshalb die Bauern kämen. Der Rath liess sofort die Tore schliessen, rief die Bürgerschaft zusammen und warnte die Bewohner der Vorstädte, die im Jahre 1590 wegen der Wiedereinführung der katholischen Religion einen bedeutenden Tumult erregt hatten und jetzt Neigung zeigten, sich den Aufständigen anzuschliessen, vor diesem Beginnen. Da der Anführer die Tore verschlossen und gut bewacht sah, begehrte er ungestüm Einlass, und als ihm derselbe verweigert wurde, zog er nach dem in nächster Nähe befindlichen Markte Zell, nachdem er die Vorstädte hatte plündern lassen. Am anderen Tage begannen die Unterhandlungen. Die Bauern begehrten Einlass und Durchzug durch die Stadt sowie Proviant. Nachdem durch länger als sechs Stunden mit einem in den Ring gestellten Rathsmitgliede verhandelt worden war, einigte man sich dahin, dass die Bauern freien Durchzug durch die Stadt haben sollten und Proviant kaufen dürften, doch sollten sie weder das Zeughaus noch die Kirche berauben, nicht thätlich werden, keinen Bürger zum Mitzuge veranlassen und gegen das bischöfliche Schloss und dessen Pfleger nichts unternehmen. Der Rath gestattete aber anfänglich nur dem Führer und einigen Hauptleuten, um die Übereinkunft zu unterzeichnen, den Eintritt in die Stadt, allein andere Bauern drangen, vermutlich durch einige unzufriedene Wachen an den Toren eingelassen, auch in dieselbe, wodurch dem Anführer der Kamm so schwoll, dass er von der Übereinkunft nichts mehr wissen wollte und ein sehr rohes Benemen zeigte. Infolge dessen liess der Rath die bewaffnete Bürgerschaft aufbieten und den Stadtplatz besetzen, worauf der junge Führer nicht säumte, den Vertrag zu unterzeichnen. Der »helle Haufe« zog dann in Ordnung durch die Stadt, erhielt einen »Trunk« und rückte nach Ipsitz, wo der Feldschreiber den Pfarrer Adam Neisser arg misshandelte und die Bürgerschaft dieses Marktes durch sein rohes, gewaltthätiges Auftreten zum Eidschwure und zur Erlegung des Schwurgroschens sowie zum Mitzuge eines Teiles der Bürger zwingen wollte. Da aber ungeachtet aller Gewaltthätigkeiten die Bürger seine Forderungen abschlugen, so trat er am Morgen des 1. April mit seiner Schar, nachdem er den Pfarrhof und mehrere Bürgerhäuser hatte ausrauben lassen, den Rückzug an. Nicht so fest erwiesen sich die Bauern dieser Pfarre, von welchen viele unter der Anführung eines gewissen Rottenschlagers dem Feldschreiber sich anschlossen.[1]) Wieder vor Waidhofen angekommen, begehrte er den Durchzug durch die Stadt, welcher ihm jedoch verweigert wurde, doch zog er, als er die bewaffneten Bürger sowie einige Geschütze auf den Türmen und Mauern sah, ohne irgend einen Schaden anzurichten oder einen Angriff zu wagen, um die Stadt und schlug den Weg nach Ulmerfeld ein, wo er sich mit Markgrabers Schar vereinigte.[2])

Dieser, zu welchem auch Haller mit einer grossen Anzahl Bauern gestossen war, brach am 2. April mit dem »hellen Haufen« von Ulmerfeld auf, um seine Leute mit den unter des Schulmeisters von Neuhofen Führung zu St. Leonhard am Forste zusammengekommenen Bauern zu vereinigen. Über ihre Absicht liefen verschiedene Gerüchte umher; während die einen sagten, der Zug würde Melk gelten, behaupteten die anderen, er wäre gegen St. Pölten gerichtet, um sich mit den unruhigen Bauern des Tullnerfeldes zu vereinigen und dann nach geschehener Vereinigung die Donaubrücke bei Mautern zu besetzen, um den Übergang des Kriegsvolkes zu wehren. Auch hätten die Bauern die meisten Pässe des Gebirges bereits in ihren Händen. Die vereinigten Scharen zogen aber zunächst nach Wilhelmsburg, welcher Markt als Sammelplatz für das am 1. April in Lilienfeld, St. Veit, Traisen, Eschenau und anderen in der Umgebung liegenden Ortschaften erlassene Aufgebot bestimmt war. Daselbst kam thatsächlich eine zahlreiche Schar zusammen, welche das Schloss Klafterbrunn einnam und ausplünderte, von Bernhard von Jörger die Geschütze seines Schlosses Kreussbach begehrte und die

---

[1]) Acten im Archive von Seitenstetten, Fasc. Bauernunruhen, besonders die gerichtlichen Aussagen Rottenschlagers.

[2]) Über die Vorgänge zu Waidhofen an der Ips liegen die Berichte von zwei Augenzeugen vor: der des damaligen Stadtschreibers von Waidhofen, Wolf Hueber, und des Lehrers an der Lateinschule daselbst, Wolfgang Lindner. Beide Berichte ergänzen sich. Lindner bemerkt, dass das Verhalten des Rathes bei dem ersten Anrücken der Bauern diesem sowie dem Pfleger von Murhaimer einen Tadel des Erzherzogs eingebracht hätte. Archiv Seitenstetten.

Bürger von Wilhelmsburg zur Verbindung mit ihnen zwang.¹) Markgrabers Absicht jedoch richtete sich nicht gegen Melk, sondern gegen St. Pölten und die Donaubrücke, um den Anmarsch der Reiter und Truppen zu hindern. Zu diesem Zwecke hatte er auch vor seinem Aufbruche aus Ulmerfeld wieder ein sehr strenges Aufgebot an die Bewohner am linken Donauufer zu Spitz und Umgebung erlassen, in welchem er ihnen in seiner gewohnten grossprecherischen Weise kundgab, dass er mit »etlich tausent Holtzkhnecht im anzug« wäre, und sie aufforderte, zu ihm zu stossen, sonst würde der »helle Haufen« gegen sie ziehen und »khain erbarmnuß über euch, eur weib, khint sowoll auch hob und guetter ver haben«.²) Auch an die Bauern im Tullnerfelde ergieng das Aufgebot. Markgraber hatte dieselben schon Ende März in eine nähere Verbindung mit sich zu ziehen gesucht und sich dazu nebst anderen Emissären auch des Kastners von Gaming, Hans Beitl, bedient.³)

Während Haller und Steinhauer von St. Leonhard am Forste mit ihren Scharen nach Wieselburg rückten, um sich mit den aufgebotenen Untertanen des Traisenthales zu vereinigen, kehrte Markgraber mit einer kleineren Schar von dort nach Ulmerfeld zurück und überliess die Leitung des gegen St. Pölten gerichteten Unternemens den beiden Führern. Wir schliessen dies daraus, dass weder in den Berichten über die Belagerung von St. Pölten noch in den zu St. Pölten am 9. April mit den gefangenen Bauern angestellten Verhören Markgraber als Obrister erwähnt wird, welchen Titel der Schulmeister Steinhauer und Haller von St. Pölten führten. Auch erschien er am 5. April, an welchem Tage die Belagerung schon begonnen hatte, vor den Toren von Scheibbs, was unmöglich gewesen wäre, hätte er vor St. Pölten die Oberleitung geführt.⁴) Dass er aber, wie oben erwähnt wurde, die bei ihm zusammengekommenen Bauern persönlich dem Schulmeister nach St. Leonhard am Forst zugeführt hat, erhellt aus einem Schreiben des Propstes

) Aus dem Schreiben des Propstes und des Stadtrichters von St. Pölten sowie der Edlen Hans Greiss zum Wald, Bernhard Jörger, Hans von Traun u. a. an den Erzherzog ddo. St. Pölten, 3. April 1597. Archiv der Stadt St. Pölten, gedruckt im Jahresbericht des dortigen Gymnasiums, 1888, 66, Nr XV.

²) Anhang Nr. 102.

³) Aus dem mit Beitl am 28. April zu Ulmerfeld vorgenommenen Verhöre. Gerichtsprotokoll, a. a. O.

⁴) Aus dem Berichte des Rathes von Scheibbs an die kaiserlichen Commissäre, ddo. 9. April.

und des Stadtrichters von St. Pölten sowie einiger dahin geflohener Edelleute an den Erzherzog Mathias.[1]

Von Wilhelmsburg aus erliessen die Führer im Namen der versammelten Bauern und Bürger am 3. April eine Aufforderung an Richter und Rath von St. Pölten, sich ihnen, die gesonnen wären »sich ferner zuverruckhen«, im »gehorsamb« anzuschliessen. Würden sie diesen Anschluss, den schon mehrere Städte und Flecken, die ebensogut »kayserisch« wären wie St. Pölten, verweigern, so wären die Bauern entschlossen, diesen »Paß« mit Gewalt zu nemen. Auf die ausweichende Antwort von St. Pölten, der Rath könnte erst in drei bis vier Tagen eine entscheidende Antwort erteilen, erfolgte am 4. April noch von Wilhelmsburg aus das Begehren um eine klare schriftliche Bekanntgabe dessen, was die Bürgerschaft der Stadt beabsichtigte.[2] Am nämlichen Tage noch brach der Schulmeister mit Haller und dem »hellen Haufen« gegen St. Pölten auf und lagerte am Abende vor der Stadt. Die Zahl des Rebellenheeres wird verschieden angegeben. Während die Bauern dieselbe mit 15—20.000 bezifferten, geben andere Berichte nur 10.000 Mann an; Morakhsy spricht in seinem Berichte an den Erzherzog von einigen Tausenden und dürfte aller Wahrscheinlichkeit nach die richtige Stärke getroffen haben. Auch bestand der »helle Haufe« durchaus nicht aus Bauern allein, sondern es befanden sich auch viele Dienstknechte und Handwerksgesellen unter ihm, welche sich teils aus Abenteuerlust angeschlossen hatten, teils als bezahlte Stellvertreter älterer Bauern und Bürger mitgezogen waren. Wie die Bürger, so fehlten auch die »gartenden« Soldaten und Kriegsknechte dabei nicht, welche zumeist der Plünderung wegen dem Haufen zugelaufen waren. Obwol die Bauern einige Geschütze mit sich führten, die sie aus Lilienfeld und Wilhelmsburg mitgenommen hatten, so waren sie doch der Mehrzahl nach nur mit den gewöhnlichen, immerhin furchtbaren Bauernwaffen: dem Spiesse, der Sense und dem Dreschflegel, bewaffnet, wenn auch die Büchse, das Schwert und die Hellebarte nicht fehlten. Der grösste Teil der Bauern lagerte sich im Westen der Stadt und hielt die nach Melk führenden Strassen und Wege besetzt, vermutlich, um einen von den Besatzungen dieses Klosters und des Schlosses Schallaburg beabsichtigten Überfall ab-

[1] und [2] Jahresbericht des Gymnasiums zu St. Pölten 1888 Urkunden Nr. 15 u. f.

schlagen zu können: kleinere Abteilungen wurden so um die Stadt verteilt, dass diese ganz eingeschlossen erschien. Auch warfen sie Verschanzungen auf, deren unbedeutende Reste heute noch die »Bauernschanze« heissen.[1])

Der Bürgerschaft von St. Pölten kam dieser Besuch der Rebellen zwar nicht erwünscht, durchaus aber nicht unerwartet. Getreu den kaiserlichen und erzherzoglichen Befehlen, hielten sie schon seit Ende März die Tore stets gesperrt und bewacht, hatten den in diese Zeit fallenden jährlichen Markt nicht abgehalten und die Stadt mit Munition und Proviant versehen. Als in dieser Zeit der Aufstand neuerdings und stärker als zuvor sich erhob, wurden nicht nur die Torsperre mit aller Strenge aufrecht gehalten und die Wachen bei denselben verstärkt, sondern Richter und Rath hatten auch die Bürgerschaft gemustert und bewaffnet, Geschütze auf die Mauern gebracht, Soldaten aufgenommen und diese sowie die ganze Bürgerschaft unter den Befehl des zum provisorischen Stadthauptmann ernannten Georg Neeber von Metzenhofen, »sonst ein inwoner alhie, so von vierczig und mer jaren hero sich in Frankreich, Niederlandt, Hungern unnd sonsten in kriegswesen zu roß unnd fuess gebrauchen hatt lassen unnd noch gebrauchen last«, gestellt.[2]) Am 5. April sandten die Bauern eine nochmalige und diesmal im kategorischen Tone gehaltene Aufforderung an Richter und Rath, ihnen ehebald in Gehorsam sich zu ergeben; wenn sie dieser Aufforderung aber nicht gehorchen wollten, sollten sie Weiber und Kinder aus der Stadt entfernen (»abflehenn«), damit kein unschuldiges Blut vergossen werde; denn sie, die Bauern, wären entschlossen, nicht von der Stadt zu weichen, sondern mit ihnen zu kämpfen und sollte es auch »ain ganntz iar wehren«.[3])

Die Drohungen der Bauern entmutigten die Verteidiger von St. Pölten nicht nur nicht, sondern forderten sogar ihren Spott heraus, indem sie in ihrem Antwortschreiben vom 6. April denselben vorab ihre Teilname ausdrückten ob der Ermüdung, die sich ihrer bemächtigt haben dürfte durch die vielen mündlich und schriftlich

---

[1]) »Bauernschanze« heisst die Ried oder das Grundstück von der Reichsstrasse und dem Kalvarienberge (von St. Pölten) nördlich bis zum Grasweg nach Gerersdorf und westlich bis zum Wege, der von Wutzendorf zur Reichsstrasse führt. Aus Prof. Fahrngrubers sehr interessantem Buche: Aus St. Pölten 1885. Bilder und Erinnerungen, 320 ff.

[2]) und [3]) Jahresbericht, a. a. O. Urkunden Nr. 2, 7, 11, 12 und 20

abgegebenen Versicherungen, dass sie nichts gegen des Kaisers Majestät zu unternemen beabsichtigten. Von der Satire zum Ernste übergehend, forderten sie die Bauern auf, den kaiserlichen und landesfürstlichen Patenten Gehorsam zu leisten, die Waffen niederzulegen und nach Hause zu ihrer Beschäftigung zurückzukehren. In ihr Begehren könnten und würden sie als kaiserliche »Cammerguts« Untertanen nie und nimmer willigen.

Dieses Schreiben gelangte jedoch nicht mehr in die Hände der Bauern; denn am Morgen des 6. April fand sich keiner mehr in der Nähe der Stadt. Als nämlich Morakhsy, welcher gerade an diesen Tagen, an welchen die Bauern St. Pölten belagerten, zu Emmersdorf das Kriegsgericht über gefangene Rebellen abhielt, Kunde von dem neuen Aufstande im Viertel ober dem Wienerwalde erhielt und benachrichtigt wurde, dass die Bauern vor St. Pölten sich befänden, ordnete er den Grafen Mathias Thurn mit zwei »Cornetten« Reiter ab, um die Eingeschlossenen zu entsetzen. Die Reiter stiessen in der Osternacht (5. auf den 6. April) um zwei Uhr morgens auf eine Abteilung Bauern in der Nähe der Stadt und verwickelten sich dann mit den durch einen Schuss alarmierten Aufständigen in einen heftigen drei Stunden andauernden Kampf, in welchem sie bis an das Lager vordrangen, viele Bauern verwundeten und über dreissig niederhieben. Da ihnen jedoch die Örtlichkeiten unbekannt waren, zogen sie sich, als sie die grosse Zahl der Rebellen erkannt hatten, zurück, um sich mit dem von Morakhsy nachgesandten »Fendlein« Fussvolkes zu vereinigen. Die Bauern hatten jedoch diese neuen Truppen nicht erwartet; von grossem Schrecken durch den Überfall der so gefürchteten Reiter erfasst, traten sie eiligst den Rückzug an, der bald in wilde Flucht ausartete. Dies erhellt daraus, dass die Bürger von St. Pölten, nachdem sie durch eine ausgesandte Abteilung Berittener aus ihrer Mitte von dem Abzuge der Bauern benachrichtigt worden waren, nebst mehreren Gefangenen drei Wägen mit zurückgelassenen oder auf der Flucht weggeworfenen Waffen, als Büchsen, Spiessen, Hellebarten u. a., nach der Stadt brachten. Dieser Kampf heisst in der vaterländischen Geschichte die Bauernschlacht auf dem Steinfelde, welcher Name nicht von einem zweiten grösseren Kampfe, welcher angeblich auf der zwischen St. Pölten und Wilhelmsburg sich hinziehenden Ebene, dem Steinfelde, stattgefunden haben soll, herstammt, sondern deshalb so genannt wird, weil das Lager der Bauern auf diesem Felde war.

Ein Teil des Bauernheeres, bei dem sich auch die beiden »Obristen«, der Wirt Haller von Puchenstuben und der Schulmeister Steinhauer von Neuhofen, befanden, war nach Wilhelmsburg geflohen, wo sie zwar aufgenommen, gespeist und bequartiert wurden, aber auch das Ende ihres unruhigen Treibens finden sollten. Während nämlich die Bauern vor St. Pölten lagerten, gewannen die Gutgesinnten in Wilhelmsburg und Hainfeld die Oberhand, es bildete sich eine Verbindung, um die Anführer gefangen zu nemen und den Behörden auszuliefern. Haller, welcher sich seiner Gefangennemung widersetzen wollte, wurde niedergeschossen und jämmerlich zerhaut; Steinhauer gab sich auf die Nachricht davon selbst den Tod. Hans von Greiss eilte mit dreissig in Eile zusammengebrachten Reitern herbei und liess durch den Richter von Wilhelmsburg eine Abordnung von Bauern auf ein in der Nähe des Marktes gelegenes offenes Feld bescheiden. Durch diese, welche er durch gütige Worte für sich gewonnen hatte, liess er den Bauern vollkommene Verzeihung des Geschehenen anbieten, wenn sie die Rädelsführer ausliefern, die Waffen niederlegen, ruhig nach Hause zurückkehren und ihren Obrigkeiten Gehorsam leisten würden. Der bestürzte und erschreckte Haufe, obwol noch bei 3000 Mann zählend, gieng auf diese Bedingungen ein und erwartete, im Ringe aufgestellt, mit zur Erde gekehrten Spiessen und abgelassenen Büchsen Hans von Greiss. Nachdem er ihnen sein Versprechen wiederholt hatte, dankten sie Gott, dass es endlich zum Frieden gekommen wäre, und schwuren mit aufgehobenen Händen unter Thränen, sich nicht mehr zu einem Aufstande bringen zu lassen. Auch überlieferten sie ihm sofort 29 Rädelsführer, welche er einstweilen zu Wilhelmsburg in den Kerker werfen liess. Den Profoss der Bauern, welcher von den Bürgern niedergeschossen worden war, liess er, als er sich wieder aufrichtete, von seinem Knechte über »Geschrei der Gemeinde« auf dem nächsten Baume aufknüpfen. Der besseren Verwahrung und Bewachung halber wurden die Gefangenen dann nach St. Pölten gebracht, um teils in dieser Stadt, teils in Wien ihr Urteil zu empfangen.

Mit der Niederlage bei St. Pölten, der Unterwerfung der Bauern und der Auslieferung der lebendig gefangen genommenen Führer kehrte im westlichen Teile des Viertels ober dem Wienerwald die Ruhe wieder zurück. Auch im östlichen Teile hielt bald der Friede wieder seinen Einzug. Daselbst war es noch Markgraber, der von Ulmerfeld aus die Ruhe und den Frieden des Landes beeinträchtigte.

Derselbe erschien am 6. April mit einer nicht unbeträchtlichen Schar, die er durch ein neues Aufgebot, das letzte, zusammengebracht hatte, vor Scheibbs und begehrte Einlass, nachdem seinem Abgesandten, den er tagsvorher dahin gesandt hatte, dasselbe Begehren abgeschlagen worden war. Ihm wurde derselbe Bescheid von den Bürgern zuteil, worauf er über Gresten wieder nach Ulmerfeld abzog, nachdem er noch die Schlösser Reinsberg und Hausegg hatte ausplündern lassen. Es war dies jedoch sein letztes Unternemen; denn auch im Thale der Ips sowie in dem an das Land ob der Enns grenzenden Gebiete hatte die Sehnsucht nach dem Frieden immer grössere Kreise gezogen. Als Centrum dieser Gegenströmung gegen Markgrabers Vorgehen erscheint der Markt Amstetten, wo die städtischen Commissäre einen Ausschuss eingesetzt hatten. Am 8. April tagte derselbe wieder und dabei erschienen die Abgeordneten von 17 Städten und Märkten sowie von mehr als 30 Pfarrgemeinden, welche einhellig ihre Unterwerfung unter das kaiserliche Generale vom 6. Februar erklärten und an Morakhsy einen Abgesandten mit dieser Erklärung abordneten. An die kaiserlichen Commissäre stellten Richter und Rath von Amstetten im Namen der vereinigten Bürger und Bauern die Bitte: ihrer Vereinigung den Besitzer von Leitzmannstorf, Christoph von Lassberg, als Führer und Haupt zu geben, der ihnen mit Rath und That beistehen soll gegen das »böse gesindl, das an under schidlichen orten gegen den Walt hinein sich finden last,« und von dem zu befürchten wäre, dass es auch ihnen auf der »Eben« einen Besuch abstatten dürfte, den sie mit den Waffen abzuwehren beschlossen hätten.[1]

Dieser Entschluss, das »böse gesindl« mit bewaffneter Hand von dem unteren Ipsthale ferne zu halten, kam ebensowenig zur Ausführung, wie das von der niederösterreichischen Regierung im Namen des Kaisers erlassene Aufgebot an die Stände des Landes.

---

[1] Aus dem Schreiben des Rathes von Amstetten an die kaiserlichen Commissäre ddo. Amstetten, 9. April 1597. Bei Kaltenegger. a. a. O. II. 645, Nr. 520. Unter »Walt« ist hier der heute noch nicht unbedeutende, damals noch viel bedeutendere Forst gemeint, die »Heide«, der sich zwischen Amstetten und Waidhofen erstreckt und damals bis Gleiss, Aschbach und Ulmerfeld reichte. »Ebene« bedeutet das fruchtbare Tiefland am Unterlaufe der Ips.

denen Wien und Korneuburg als Sammelplätze angewiesen wurden, um von denselben aus die Rebellen an Leib und Leben mit Feuer und Schwert ohne alle Schonung zu strafen.[1]) Der General-Oberst Morakhsy hatte, nachdem er am 6. April nochmals durch einen Aufruf die Bauern zur Niederlegung der Waffen sowie zur Rückkehr in ihre Heimat und zum Gehorsam gegen ihre Obrigkeit aufgefordert hatte,[2]) bei 200 Reiter in den oberen Teil des Viertels ober dem Wienerwalde abgesandt und war dann selbst mit seinen Fusstruppen auf das rechte Donauufer gezogen. Das Anrücken der Truppen, namentlich der so gefürchteten Reiter, welche am 12. April schon »etlich meil ober St. Pölden« sich befanden, brachte die Bauern überall schnell zur Ruhe. Sie lieferten nicht nur die Waffen ab, sondern namen selbst ihre früheren Führer und Hauptleute gefangen, um sie Morakhsy zu überantworten, der am erwähnten Tage mehr als 70 Gefangene in seiner Hand hatte, von welchen die Hauptrüdelsführer mit schweren Ketten gefesselt nach Wien gebracht wurden.[3])

Das Vorrücken des Kriegsvolkes gegen die Ips und Enns entschied auch das Schicksal Markgrabers. Schon bei seinem Rückzuge von Scheibbs nach Ulmerfeld — 7. April — verliessen ihn offen und heimlich viele seiner Anhänger,[4]) so dass er mit nur wenigen seiner Getreuen nach Ulmerfeld zurückkehrte. Aber auch hier war er nicht mehr sicher; denn schon war von einigen seiner Anhänger der Plan gefasst worden, ihn lebendig oder todt in ihre Gewalt zu bringen, um ihn an Morakhsy auszuliefern.[5]) Er verliess deshalb seinen Aufenthaltsort, um sich nach Oberösterreich zu be-

---

[1]) Das Aufgebotschreiben ist vom 15. April 1597 datiert. Stiftsarchiv von Seitenstetten, gedruckt in Kaltenbachs Kalender Austria, 1849, 81. An den Besitzer Seemann zu St. Peter erging ein eigenes Schreiben Rudolfs in dieser Angelegenheit, Anhang Nr. 104.

[2]) Kinzl, Chronik von Krems, 183.

[3]) Fugger'sche Relation, a. a. O. 651 b.

[4]) Als von Markgraber am 10. April die aufständigen Bauern von Ipsitz, welche unter der Führung des Bauers Rottenschlager sich zu ihm infolge des letzten Aufgebotes begeben hatten, an der Brücke zu Kematen an der Ips Abschied namen, um in ihre Berge zurückzukehren, brach er in die Worte aus: »Ihr als die besten schützen, in die ich mein bestes vertrauen gesetzt hab, verlasset mich jetzt? Zihet halt haim!« Aus dem Verhöre Rottenschlagers ddo. 17. April. Archiv Seitenstetten.

[5]) Kaltenegger, a. a. O. II, 644, Nr. 517.

geben: doch in der Nähe von Seitenstetten wurde er am 12. April von einem seiner früheren Anhänger, Wolf Lechner, nicht ohne dass er sich zur Wehre gesetzt hätte, gefangen genommen.[1]) Das gleiche Geschick ereilte auch die anderen Führer und Hauptleute der Bauern im Ips- und Urlthale. Da dieses ganze Gebiet dem Landesgericht der Burg zu Enns unterstand, wurden Markgraber und seine Mitgefangenen anfänglich dahin abgeliefert, später aber, am 24. April, in das kaiserliche Amtshaus nach Wien überführt.

Mit der Gefangennahme Markgrabers, Prunners, Schrembsers und der anderen Führer endete der zweite Aufstand der Bauern in Niederösterreich. Man hat versucht, mit dieser grossen Bewegung, welche die oberen Kreise des Erzherzogtums bis in seine tiefste Tiefe aufgewühlt hat, die Erhebung der Hauer in der Umgegend von Wien in Zusammenhang zu bringen und diese als den letzten Ausläufer derselben bezeichnet. Zur nämlichen Zeit, in welcher der Bauernaufstand im Viertel ober dem Wienerwalde zusammenbrach, rotteten sich die ledigen und unbehausten Hauer von Baden, Mödling, Perchtoldsdorf, Gumpoldskirchen, Inzersdorf, Nussdorf, Pfaffstetten und anderen Orten zusammen und erklärten, um den »ferdigen« Lohn[2]) nicht mehr weiter arbeiten zu wollen. Obwol in kurzer Zeit eine nicht unbeträchtliche Menge dieser Arbeiter sich gesammelt hatte, blieb ihre Erhebung doch ohne weitere Bedeutung. Erzherzog Mathias bot in aller Eile die benachbarten Landherren sowie die Bürger von Wien auf und sandte 300 Reiter und ein Fähnlein Fussvolk gegen dieselben. Die Truppen überfielen am 11. April die zu Mödling, Baden und Pfaffstetten lagernden Hauer und überwältigten dieselben mit leichter Mühe. Ein Trommelschläger und sechs Rädelsführer wurden an den nächsten Bäumen aufgehängt, worauf die erschreckten Aufständigen sich ergaben und die anderen Anführer, mehr als fünfzig, auslieferten, welche zur Arbeit in den Stadtgräben von Wien verurteilt wurden.[3]) Damit endete dieser Putsch, der aber durchaus in keinem Zusammenhang mit dem

---

[1]) Wolf Lechner erhielt dafür über Auftrag des Landeshauptmannes von Oberösterreich, Freiherrn von Löbl, durch den Abt Christoph von Seitenstetten das Pferd Markgrabers. Archiv von Seitenstetten.

[2]) »Ferdigen« bedeutet den Lohn des Vorjahres. Noch heute ist im Munde des Volkes der Ausdruck »ferd« soviel als vorjährig nicht selten.

[3]) Nach Fugger'sche Relation, a. a. O. Fol. 676; Haselbach, a. a. O. 65; Latschka, Geschichte von Perchtoldsdorf, 167.

Bauernaufstande gebracht werden kann. Derselbe glich einem Strike der heutigen Zeit, während bei den Bauern es sich um eine Besserung ihrer ganzen rechtlichen wie wirtschaftlichen Stellung handelte.[1])

Das Strafgericht.

Die meisten Aufstände, welche die Bauern jemals zur Verbesserung ihrer socialen Lage unternommen haben, endeten damit, dass der Freimann viele Beschäftigung erhielt. Auch der zweite, grosse Aufstand, welcher am Ende des XVI. Jahrhunderts in den beiden westlichen Kreisen des Erzherzogtums Österreich unter der Enns ausgebrochen war, machte hierin keine Ausname; denn auch nach seiner Niederwerfung entfaltete der Henker seine düstere, traurige Thätigkeit. Wilhelm von Volkenstorf, Mitglied der Stände von Oberösterreich, die ihn im April des Jahres 1597 nach dem Lande unter der Enns gesandt hatten, um mit Morakhsy wegen eines Zuges, den er mit seinem Kriegsvolke in das Land ob der Enns unternemen sollte, zu verhandeln,[2]) schreibt an dieselben: »Der General hat eine so schöne Execution verrichtet, dass die Bauern noch einesteils Gott danken, dass es also beigelegt und das Böse ausgerottet werde. Sie bücken sich schier auf die Knie und ziehen die Hüte, soweit sie einen schier sehen können; aber man sieht ihrer gleichwol viele, die Birnen an den Bäumen hüten,[3]) wie er denn 140 Gefangene mit sich führt, von denen er täglich einige richten lässt. Darunter findet man viel anders Übel, was den Aufruhr nicht anbelangt, besonders Zaubereien,[4]) Blutschande und andere Unzucht mit Vieh und Leuten,[5]) also dass solche Execution nicht allein zur Ausrottung des schändlich Aufruhrs dienlich, sondern auch viel Übles gleichsam wie durch Gottes Fügung andern wie zum Exempel dadurch gestraft wird. Gott gebe,« so schliesst der edle

---

[1]) Diesen Unterschied zwischen beiden Erhebungen betont auch Schalk in seiner trefflichen Abhandlung über Medling und Umgebung in den Blättern des Vereines für Landeskunde von Niederösterreich, XX. Jahrg. 1886, S. 67.

[2]) Czerny, Der zweite Bauernaufstand in Oberösterreich. 343.

[3]) »Birnen an den Bäumen hüten« war eine in damaliger Zeit häufig gebrauchte Phrase für Hängen.

[4]) Wundsegen, Schusszettel und andere Zaubermittel fanden sich bei dem Schulmeister von Neuhofen, sowie bei anderen Justificierten.

[5]) In den Verhörsprotokollen ist nur ein Fall dieser Art aufgezeichnet.

Herr. »dass wir in unserm Landl auch eine solche glückliche Reformation haben können.« Dass dieses traurige Schauspiel so »schön verrichtet« wurde, dazu trugen die niederösterreichischen Bauern selbst das meiste bei. Waren sie während des Aufstandes stets grosssprecherisch und übermütig aufgetreten, so zeigten sie sich, nachdem derselbe niedergeworfen worden war, feige und verzagt. Ergriffen von panischem Schrecken, den ihnen die schwarzen Reiter einjagten, lieferten sie nicht nur ihre hervorragenden Anführer an Morakhsy aus, sondern verriethen auch alle anderen Standesgenossen, welche im Aufstande die Hauptleute ihrer Pfarreien gewesen waren oder sonst eine, wenn auch unbedeutende Rolle darin gespielt hatten, und halfen zu ihrer Gefangennahme wacker mit. So wurden zu Ipsitz nicht nur der Pfarrhauptmann Rottenschlager, sondern auch einige andere Bauern die er zu Rathe gezogen hatte, von den Bauern dieser Pfarre selbst festgenommen und an das Landgericht ausgeliefert. Ähnliches war zu Seitenstetten der Fall, wo nicht nur der Hauptanführer Schachermaier, sondern nebst anderen auch der Müller zu Harau bei Seitenstetten, in dessen Hause sich die Unruhigen einmal zu einer Berathung versammelt hatten, Morakhsys Reitern gefangen übergeben wurde. Auch zu St. Peter, Haag, Strengberg und anderen Orten fand der gleiche Auftritt statt. Zu Eschenau waren es die Bauern, die ihren Führer dem General-Obristen gebunden überlieferten, ebenso zu Gaming, Scheibbs und an anderen Orten.[1])

Während Markgraber, Prunner und die meisten anderen Führer des Aufstandes im Amtshause der Stadt Wien ihrer Aburteilung entgegensahen, durchzog der General-Oberst Morakhsy mit seinem Kriegsvolke die beiden oberen Viertel des Erzherzogtums, um in allen jenen Orten, deren Bewohner in hervorragender Weise am Aufstande sich beteiligt hatten, das Strafgericht als ernste Warnung für künftige Zeiten abzuhalten. Die Procedur war kurz. Als Vorsitzender des Gerichtshofes fungierte der General-Oberst oder dessen Stellvertreter, der Oberst Lieutenant Adam Stockharner. Von Seite der Stände waren dem Vorsitzenden als Commissäre Wolf Achaz von Altheim, Ferdinand von Concin und Lukas Lauser aus Wien beigegeben. Zum Schultheiss wurde der Rechtsgelehrte Josias Huebener aus Berlin bestimmt, dem eine Anzahl erwählter Beisitzer oder Gerichts-

---

[1]) Aus verschiedenen Aufzeichnungen im Archive von Seitenstetten.

geschworne zur Seite standen. Als öffentlicher Ankläger erscheint der Regiments-Profoss Christoph Diem von Schweinfurt.[1]) Das Strafgericht begann am 10. März zu Horn mit dem entwichenen und zu den Bauern übergegangenen Kriegsknechte Hans Wurschenhofer aus Weyr, der nach gütiger und peinlicher Befragung am folgenden Tage auf freiem Felde, eine halbe Meile von Horn entfernt, mit dem Strange hingerichtet wurde. Die Justificierung geschah in der Regel am Morgen des nächsten Tages nach der Ankündigung der Strafe, nachdem der Verurteilte noch die Tröstungen der Religion empfangen hatte. Von Horn zog Morakhsy in den nordwestlichen Teil des Waldviertels, stellte dort die Ruhe her, machte viele Gefangene, mit welchen am 18. März zu Waidhofen an der Thaja das Verhör begonnen wurde. Die Todesstrafe wurde über den entwichenen Soldaten Sebastian Schönfelt aus Koburg, gewesenen Lieutenant Prunners, des Schneiders von Emmerstorf, in dessen Schar er militärische Ordnung brachte, ausgesprochen und dieselbe am 19. März zu Waidhofen »für der statt pforten, genanndt das Schotthor, an ainem kherschpaumb mit dem strannge« vollzogen.

Zu dem in der Stadt Zwettl am 27. März von Morakhsy und seinen Begleitern abgehaltenen Gerichte erschienen auch die Edelherrn Hans und Georg Ernreich von Puchheim, Paris von Sonnendorf, Sebastian Greiss zum Wald und Hans Leisser als »Ausschuss der Landtherrn« des Viertels ober dem Manhartsberge. Von den fünf vorgeführten Gefangenen, welche Untertanen der Herren von Puchheim und des Stiftes Zwettl waren, wurden vier zum Tode

---

[1]) Das Landesarchiv von Niederösterreich verwahrt die Verhörprotokolle, welche der Schultheiss Huebener mit den Gefangenen aufgenommen hat, in einem in Leder gebundenen Manuscripte, das die Aufschrift trägt: »Gerichts-Prothocoll über des wollgebornen herrn herrn Wetzclaw Morackhsy von Noschkhaw, Freyherrn zu und auf Litschaw, Röm. Khay. Mayt. Hofkhriegsrath und einer ersamen hochlöblichen Lanndtschafft in Österreich unndter der Ennß bestelten General Obristen über den persönlichen Zuezueg zu Roß vnnd Fueß, Regiment theutsch Fueßvolckh, so in wolgemelter hochlöblichen Landtschafft Dienst durch gemellten herrn General Obristen dises yetz laufunden siben unnd neunzigisten jars gerichtet worden, unnd diß prothocoll sowoll in Paurn alß khriegsregimentssachen durch mich Josiasen Huebener von Berlin alß den verordneten Regiments uund Gerichts Schulteisen sambt meinen Beisitzern vnnd gerichtsbeschwornen exequiert, abgehandelt unnd der ordnung nach beschriben worden, anno salutis nostri (sic) 1597«; eine sehr wichtige Quelle zur Geschichte des zweiten Bauernaufstandes in Niederösterreich.

mit dem Strange verurteilt und dieselben am 28. März an dem nämlichen Baume aufgehängt, an welchem in dem ersten Aufstande sechs Bauern ihr Leben verloren hatten; der fünfte wurde von dem General-Obrist begnadigt und kam mit Verlust des rechten Ohres, das ihm der Henker vor der Stadt abschnitt, davon. Von Zwettl rückte Morakhsy zur Stillung des zu Peggstall und Ottenschlag neu ausgebrochenen Aufstandes mit seinen Truppen dahin und gelangte von dort am 3. April nach Emmersdorf. In diesem Markte, welcher durch längere Zeit Prunners Hauptquartier gewesen war, von welchem aus er seine frechen Verhandlungen mit den kaiserlichen Commissären geführt und von wo aus er auch die Agitation in das Waldviertel getragen hatte, wurden am 4. April der Gerichtscommission viele gefangene Bauern vorgeführt und über sieben derselben die Todesstrafe verhängt. Unter den Hingerichteten befanden sich auch Hans Prunner, Schneider, Sohn des Oberhauptmanns Prunner, und dessen treuer Helfershelfer Georg Güth, ein Maurer. Der erstere gestand im gütigen und peinlichen Verhöre, dass er Trommelschläger bei den Bauern gewesen sei, die Wacht auf- und abgeführt habe, zu Melk den Prälaten bei dem Kloster hätte hinaushängen wollen, in die böhmischen Dörfer gereist wäre, um deren Bewohner aufzubieten, u. a. m.; letzterer bekannte, dass er Hauptmann zu Arbesbach gewesen sei, dass er die Verwaltung von Persenbeug nach dessen Besetzung durch die Bauern längere Zeit geführt, sowie dass er mit Prunner die Absicht gehabt habe, das ganze Viertel ober dem Manhartsberge zum Aufstande zu bringen. Bei ihm wurden auch ein Zauberbüchlein sowie ein Glied von der Kette eines Gehängten und andere Zaubermittel gefunden. Auch verkehrte er zu Persenbeug mit einem »Goltmacher«.

Während seines Aufenthaltes zu Emmersdorf kam dem General-Obersten vom Erzherzoge der Befehl zu, sich mit seinem Kriegsvolke auf das rechte Donauufer zu begeben und dort die Ruhe herzustellen und zum warnenden Beispiele das Strafgericht über einige der mitgeführten und auf dem Zuge übergebenen Gefangenen abzuhalten. Dasselbe nam zu Kilb am 10. April seinen Anfang und dauerte, weil viele Gefangene zu verhören waren, auch den nächstfolgenden Tag, worauf am 12. März die Executionen erfolgten. Unter den mit dem Strange vom Leben zum Tode gebrachten neun Verurteilten befanden sich mehrere, deren Verhör nicht ohne Interesse ist. Der »Obrist-Wachtmeister der Paurn«, Michael Kibhofer, ein Untertan des Herrn Adam von Puchheim, bekannte auf die Frage, warum er Briefe, die an Herrn von Landau gerichtet waren, unterschlagen hätte, nachdem er in der peinlichsten Frage »ain spross lennger gezogen«, er hätte dies aus Rache gethan, weil die jungen Herrn von Landau mit Soldaten und Dienern in sein Haus gestürmt wären, um den Schmied zu Kamp, den er verborgen hätte, gefangen zu nemen, und, nachdem sie den Schmied nicht gefunden, hätten sie das Haus ausgeplündert.

Ein anderer Holde desselben Puchheim, Wolf Kierbeck von Arbesbach, bekannte auf die Frage: weshalb er im Ringe zu Rapotenstein öffentlich über seine grossen Beschwerungen geklagt und dabei gesagt habe, man wolle ihm die Haut über die Ohren abziehen, er hätte diese Worte wegen des hohen Abfahrtgeldes gesprochen. Er habe sich zu Streit[1]) unter der Grundobrigkeit des Herrn von Landau verheiratet und in der herrschaftlichen Taferne daselbst seine Hochzeit gefeiert. Während des Mahles seien die herrschaftlichen Diener zu ihm und seiner Braut gedrungen, hätten sie gequält und dabei sich voll betrunken. Der Wirt habe ihm, obwol er nur einen Tisch Gäste gehabt habe, 14 Gulden für die Mahlzeit gerechnet. Hierauf hätte er an Abfahrt- und Schreibgeld über 10 Gulden in der Kanzlei erlegen müssen, so dass ihm von der Mitgift seiner Braut, welche 25 Gulden betrug, nur 12 Schilling übrig geblieben wären. Christoph Hannszwickl, Hauptmann der Bauern zu Rabenstein, bekannte, dass er den edlen Herrn Niklas Ginger, der ihn väterlich vor dem Mitzuge gewarnt habe, erschiessen wollte, dass er dasselbe Schicksal dem Herrn von Mäming angedroht und den Bauern befohlen habe, den Herrn Ferdinand von Concin zu ermorden. Weil er selbst zugesteht, »daß yeder haubtman in yder pharr woll verdient, daß man ime ein hanndt abhauen und die an ein pranger nageln«, verurteilte ihn das Kriegsgericht, dass ihm die rechte Faust abgehauen, dieselbe an einem Baum genagelt und er an demselben Baume aufgehängt werden sollte, welches Urteil am 12. April zu Kilb vor dem Markte vollzogen wurde. Der concinische Untertan Pruckner von Oberndorf bekannte, dass er niemals von seiner Herrschaft beschwert worden sei, dass er aber doch zu den Bauern gelofen und durch den Hauptmann Richel von Oberndorf zu einem Rottmeister über 13 Mann erwählt worden wäre. Seine Strafe lautete

---

[1]) Dorf in der Nähe von Rapotenstein im Waldviertel.

auf Tod durch den Strang. Das letzte zu Kilb gefällte Urteil wurde
an dem Rathsbürger dieses Marktes, Andreas Ziegler, dessen Sohn
Hans am nämlichen Tage zu Kilb durch den Strang hingerichtet
wurde, vollzogen. Derselbe bekannte, dass er zu Pechlarn im Rathe
Markgrabers gesessen wäre und von ihm 1000 Mann begehrt hätte,
um seine Mitbürger zu Kilb zum Beitritte mit Gewalt zu zwingen.
Sein Urteil lautete: »die weil er seinen rathstull und erbherren verlassen,[1]) so solle man im die zwen fordern finger auß der rechten
hanndt hauen, die an einen paumb nageln und in darnach daran
hangen.«

Von Kilb begab sich der Gerichtshof, nachdem er am 14. April
zu Wieselburg bei Weinzierl über einen früheren »Forier schützen
unnder herrn von Eytzingerß fendlein« die Todesstrafe durch den
Strang hatte vollziehen lassen — ein zweiter Schütze unter des
Hauptmannes Caspar Ernnst »fenndl« wurde wegen Desertion von
seiner Fahne zur gleichen Strafe verurteilt, von Morakhsy aber gegen
Revers, dass er ein Jahr lang zu Ungarisch-Altenburg gegen den
Erbfeind dienen sollte, begnadigt — nach Perwart, wo am 17. April,
nachdem am Vortage über 13 der mitgeführten Gefangenen das
Urteil gesprochen worden war, sieben durch den Strang hingerichtet
wurden. Unter diesen waren Ba'thasar Pieringer. Hauptmann der
Bauern zu Loich: Stephan Proyl. Hauptmann zu Frankenfels. Thomas
Hierner. Rottmeister über 15 Mann und Philipp Neureuter. Schmied
zu Perwart, welcher letztere, weil er einmal Äpfel gestohlen hatte,
an den Zweigen eines Apfelbaumes gehängt wurde. Die übrigen
Verurteilten wurden begnadigt, doch wurde den meisten das rechte
Ohr abgeschnitten, einer auch mit ewiger Dienstbarkeit (Leibeigenschaft) bestraft.

Zu Ulmerfeld, wohin sich Morakhsy und seine Begleiter dann
begaben, wurde am 19. April zuerst über den gewesenen »Fendrich
der Paurn«. Paul Vogtstätter, Schuster zu Neumarkt unter der
Herrschaft Karlsbach, das Gericht gehalten. Derselbe, ein treuer Begleiter Markgrabers und der anderen Führer, war bei allen grösseren
Unternemungen der Aufständigen dabei gewesen. Nachdem er zu
Ips die Fahne erhalten hatte, zog er nach Pechlarn, Melk, Ulmerfeld. Gaming, Lilienfeld und Wilhelmsburg. In diesem Markte wurde
er mit dem Schulmeister von Neuhofen und dem Wirte von Puchen-

---

[1]) Kilb war ein kaiserlicher Markt, daher der Erbherr der Kaiser war.

stuben von Bernhard von Jörger zum Nachtmahle nach Kreusbach geladen.

Zurückgekehrt nach Neumarkt, wo er mit den städtischen Commissären zusammen gekommen war, eilte er zu Markgraber nach Ulmerfeld, der ihn nach St. Pölten sandte. Als die Reiter unter Thurn die Bauern bei dieser Stadt überfielen, war er davongelaufen und nach Neumarkt zurückgekehrt, wo er von den Bauern gefangen genommen und an Morakhsy abgeliefert wurde. Das über ihn verhängte Urteil lautete: »Dieser Paul Vogtstätter Paurn-Fendrich ist auf heunt dato den 19. Aprillis auf diß sein bekhantnuß gerichtlich mit nachvolgender straff zum todt condemniert, nemblich, daß im der Profoß soll einen peichtvatter stellen, der ime mit dem wortt Gottes und heiligen Sacrament trösten soll, darnach soll er in dem Freymann antwordten, der in an ein gelegen richt statt füeren, ime die rechte handt, darein er allß ein Mainaidiger und deß heilligen Römischen reichs vornemister Rebell das Fendl getragen, abhauen und dieweil er auch der Römisch, Khayserlichen Mayestet nicht allain ins aug sondern auch ins hertz greifen wollen, soll der Freyman seinen leib in vier stueckh lebendtig schlagen und an vier wegstrassen henngkhen, ime zu einer wollverdienten straff und anndern zum exempll.« Diese furchtbare Strafe wurde jedoch nicht zu Ulmerfeld, sondern am 5. Mai auf der Bauernschanze von St. Pölten »exequiert und die viertl an ire beschaidne ort gesezt«. Ausser diesem Urteile wurde von der Commission noch über fünf Gefangene die Strafe des Hängens, verschärft durch Abhauen der rechten Hand vor der Strangulierung, ausgesprochen, unter welchen sich auch Albrecht Windterschmiedt, Messerschmied zu Neumarkt, befand, welcher den gefangenen Burghauptmann von Steyr, Starhemberg, auf dem Transporte zu Markgraber in Neumarkt mit den Schimpfworten Schelm, Bauernschinder u. a. tractierte. Andere Gefangene wurden zu harter Arbeit bei Wasser und Brot, in Eisen begnadigt.

Nach Ulmerfeld kam Seitenstetten an die Reihe, Gerichtsort zu sein. Daselbst wurden am 24. April drei Bauern durch den Strang hingerichtet; einer ausser der Anteilname an dem Aufstande auch noch wegen schwerer unnatürlicher Laster auf einem Scheiterhaufen verbrannt und das Weib eines Stiftsuntertans wegen ihrer Beteiligung an dem Aufstande zu Ottenschlag sowie wegen Zauberei auf Morakhsys ausdrücklichen Befehl in einen Sack gebunden und in der Url ertränkt. Unter den drei Gehängten befand sich auch der Führer der Bauern von Seitenstetten, Sebastian Schachermayr, welcher das Kloster überfallen und den Abt Christoph Held zu einem Reverse gezwungen hatte. Er wurde im Angesicht seines Gehöftes, nachdem ihm früher die rechte Hand abgehauen und dieselbe an einen Baum genagelt worden war, an demselben aufgehängt.[1] Von Seitenstetten nam der Gerichtshof, nachdem er noch mehrere Bauern der Stiftsherrschaft wie der Herrschaft St. Peter in der Au zu hartem Gefängnis und zu schwerer Arbeit in den Stadtgräben von Wien verurteilt hatte,[2]) seinen Weg nach Waidhofen an der Ips. Dort wurde nur ein Todesurteil gefällt und vollzogen am 27. April, mehrere Bauern aber mit dem Verluste der rechten Hand und mit Gefängnis bestraft. In dem Schlosse zu Waidhofen mussten auch die Untertanen des Herrn von Seemann zu St. Peter demselben Gehorsam und Treue geloben.[3])

Von Waidhofen kehrte die Gerichtscommission wieder nach Ulmerfeld zurück, wo am 28. April dem gewesenen Richter des Marktes Scheibbs, Stephan Wolfsperger, nach gütiger und peinlicher Befragung das Urteil gesprochen wurde. Dasselbe lautete auf Abhauen der rechten Hand, womit er dem Kaiser und seinem Grundherrn, dem Prior von Gaming, den Eid der Treue geleistet habe. Annageln derselben an den Marktpranger und dann Aufhängen des Delinquenten »an seinen besten hallß« an einem dürren Baum »daß der windt über und undter im zusamen wahet (wehet)«. Zur Vollziehung dieser Strafe wurde Wolfsperger nach Scheibbs geführt und dieselbe am 30. April vor dem Markte an ihm vollzogen. Gleichzeitig mit ihm wurde auch der Hauptmann der Bauern von Scheibbs, Andreas Schmidlechner, welcher den Prior von Gaming gefangen setzte, durch den Strang vor dem Tore des Marktes hingerichtet. Nachdem noch am 29. April zu Amstetten an zwei Holden der Herrschaft Heidenreichstein das zu Ulmerfeld am 28. April über sie gefällte Todesurteil exequiert worden war, wurde dem gewesenen Kämmerer des Klosters Gaming, Hans Beitl, der Process gemacht und er zum Vollzuge der über ihn verhängten Strafe, welche auf Tod durch das Schwert und Aufpflanzen seines Kopfes

---

[1]) Nach den Gerichtsacten im Archiv zu Seitenstetten.
[2]) Nach Gerichtsacten von Seitenstetten und St. Peter in der Au.
[3]) Moraklsys Anwesenheit mit dem Gerichtshofe zu Waidhofen an der Ips erhellt aus Anhang Nr. 101.

und Rumpfes an einer belebten Strasse lautete, nach Gaming gebracht, wo er vor dem Kloster am 30. April hingerichtet wurde. Als letzter Teilnemer an dem Aufstande zu Scheibbs wurde Matthäus Preuss dem Gerichtshofe zu Ulmerfeld vorgeführt. Derselbe wurde, obwol er einen hervorragenden Anteil an dem Aufstande genommen und die Schreibgeschäfte der Bauern zu Gaming und Scheibbs besorgt hatte, doch seiner Jugend wegen nicht zum Tode verurteilt, sondern dem Erzherzoge Mathias zugesandt, um nach dessen Willen mit etlichen Jahren Dienstbarkeit und harter Arbeit in Eisen und Banden bestraft zu werden.

Nachdem zu Ulmerfeld am 30. April noch mehrere andere Gefangene zur harten Arbeit in Ungarn verurteilt worden waren, zog Morakhsy mit seiner Begleitung von dem westlichen Teile des Viertels ober dem Wienerwalde ab, um im östlichen seine blutige Thätigkeit aufzunemen. Am 2. Mai in St. Pölten angelangt, begann der Gerichtshof am nächsten Tage sein trauriges Amt mit dem Verhöre des Georg Landsknecht, Markgrabers Obrist-Wachtmeisters, Untertan von Lilienfeld, welcher alle Züge und Unternemungen der Rebellen mitgemacht und zu Lilienfeld in der Plünderung des Stiftskellers sich hervorgethan hatte. Sein Urteil lautete auf Tod durch das Schwert, Kopf und Rumpf dann auf einen Spiess ziehen und auf der Bauernschanze vor der Stadt aufzupflanzen. Ihm folgte zum Verhöre und auch im Tode Georg Fuchs aus Purgstall. Derselbe wurde ausser seiner Beteiligung am Aufstande noch eines gemeinen Mordes überführt. Als die Bauern unter Markgraber gegen Melk rückten, fiel ihnen zu Matzleinsdorf der Profoss des schwäbischen Kreises in die Hände. Obwol ihn Markgraber für frei erklärte, wurde er doch von Fuchs mit dem Spiesse schwer verwundet und dann mit einem Prügel erschlagen, hierauf in der Freiningau bei Melk, obwol noch nicht todt, in eine Grube geworfen und dieselbe mit Erde zugeschüttet. Für dieses grässliche Verbrechen wurde er zu einer gleich grausamen Strafe verurteilt. »Man sol in lebendig an einen spieß steckhen und auf der Paurnschantz alhier vor St. Pölten eingraben und aufsetzen.« Eine ebenso furchtbare Strafe verhängte der Gerichtshof über den Müller von Eschenau, Simon Feiertag, welcher an der Einname und Plünderung des Stiftes Lilienfeld, unter dessen Herrschaft er stand, einen hervorragenden Anteil genommen hatte. Da Feiertag in seinem Verhöre zugestand, nur in der Absicht, mit den von ihm aufgebotenen Untertanen von Lilienfeld nach St. Pölten gezogen zu sein, um sich durch Raub und Plünderung zu bereichern, so wurde er verurteilt, dass der Henker ihm »sein ungethreues hertz auß seynem leyb reißen und es im auf sein falsches maul schlagen, und hernach seinen leyb in vier stuckh und (diese) an vier underschiedenen wegstrassen aufhangen soll«. Diese furchtbaren Strafen wurden an den beiden Verurteilten am 5. Mai zu St. Pölten vollzogen. An dem nämlichen Tage wurde zu St. Pölten auch die oben erwähnte Strafe an dem »Fähndrich« der Bauern, Paul Vogtstätter, vollstreckt. Nachdem noch mehrere andere Todesurteile gefällt und vollzogen worden waren, zog Morakhsy nach Tulbing, wo am 12. Mai ein anderer Untertan von Lilienfeld, Christoph Tautermann, seine Beteiligung an dem Aufstande mit dem Strange büssen musste.[1]) und von da nach Königstetten. In diesem uralten Markte wurde am nämlichen Tage noch ein Kriegsgericht über jene Soldaten abgehalten, welche während des Zuges ihre Fahne treulos verlassen hatten. Ihre Zahl betrug mehr als zwanzig. Das Kriegsgericht liess ihre Namen, da man ihrer Person nicht habhaft geworden war, durch drei Tage »bei öffentlichen Trombelschlag« durch den Profossen ausrufen, am vierten Tage wurden sie als »ervergessene Schelm(b)en, die bey khainem erlichen Regiment ir lebenlang sich sollen findten lassen«, erklärt, die Todesstrafe über sie ausgesprochen und ihre Namen durch Henkershand an den öffentlichen Galgen genagelt.

In Königstetten erreichte die »schöne Execution« des GeneralObristen Morakhsy ihr Ende, nachdem sie zwei Monate gedauert und mehr als ein halbhundert Todesurteile gefällt hatte, von denen sechsundvierzig auch vollstreckt wurden. Noch aber harrten die Hauptanführer der furchtbaren Revolution: Markgraber, Prunner, Schrembser und ihre Genossen, der Bestrafung. Während die letzteren mit ihren vielen anderen Opfern[2]) in den Gefängnissen von Wien[3])

---

[1]) Nach Hormayers Wien IV, III, 40, soll Tautermann in Wien am Hofe hingerichtet worden sein, welcher Annahme jedoch das ofterwähnte Verhörsprotokoll widerspricht, das ausdrücklich bemerkt, derselbe sei am 12. Mai zu Tulbing justiliciert worden.

[2]) Noch am 3. Mai wurden 123 schwer gefesselte Bauern nach Wien eingeliefert. Fugger'sche Relation, a. a. O. Fol. 599.

[3]) Das Gefängnis befand sich, wie der Fugger'sche Berichterstatter (Fol. 531 und 579) bemerkt, auf der »Lemengrueben« (Laimgrube).

ihrer Aburteilung entgegensahen, befanden sich Markgraber, Weidinger, Spatz, Rauchenberger, Beer und andere in dem Gefängnisse von Enns. Markgraber war in der Haft, an Händen und Füssen hart gefesselt, sehr kleinmütig geworden und suchte durch das Vorgeben, die Bauern hätten ihn mit Gewalt genötigt, ihr Anführer zu werden, der ihm drohenden furchtbaren Strafe zu entkommen. Nach längerer Haft, in der er und seine Mitgefangenen mehrmals auch der Folter unterzogen worden waren, wurden sie alle auch nach Wien abgeführt und ihnen daselbst mit Prunner und den anderen die über sie verhängte Strafe bekannt gemacht. Das Urteil Markgrabers lautete dahin, dass er lebendig geviertelt, sein Haus niedergerissen und zu ewigem Gedächtnis ein Galgen darauf gebaut werden soll. Sein Weib und seine Kinder sollten leibeigen sein bis zur Begnadigung durch des Kaisers Majestät, all sein Hab und Gut soll confisciert werden. Dieselbe Strafe wurde auch über Prunner und über den Profoss der Bauern, Rieder, verhängt. Da diese vor ihrer Hinrichtung, welche auf dem Hofe zu Wien stattfand, zur katholischen Religion zurückkehrten, so wurde ihre Strafe etwas gemildert: Prunner wurde zuerst geköpft und dann geviertelt, bei Rieder unterblieb das »Vierteilen« nach seiner Hinrichtung.

Da der Erzherzog ein abschreckendes Beispiel statuieren wollte, so befahl er, dass auch in anderen Städten und Märkten Executionen vollzogen werden sollten, und zwar sollten die Verurteilten gerade in jenen Orten ihre Strafe erleiden, von denen sie stammten oder die der Schauplatz ihres unheilvollen Thuns gewesen waren. Diesem Befehle gemäss wurde Schrembser, der das Aufgebot des oberen Waldviertels gegen die Reiter geführt hatte, zu Waidhofen an der Thaja vor dem Tore der Stadt lebendig geviertelt; Martin Oswald Gerla, der die Belagerung von Ips geleitet und die Stadt eingenommen hatte, zu Ips, nachdem ihm früher die rechte Hand abgehauen worden war, mit dem Schwerte hingerichtet und sein Körper auf das Rad geflochten; die gleiche Strafe musste der gewesene Feldschreiber der Bauern, Georg Köbel Khöbell, zu Langenlois erleiden; Hans Gasner, Untertan des Klosters Gaming, wurde zu Scheibbs stranguliert; Hans Aupergen, Anführer der rebellischen Bauern zu Zwettl, wurde mit drei anderen auf der Jungfrauenwiese bei Zwettl vom Leben zum Tode gebracht; Spatz von St. Valentin, Rauchenberger von Haag, Weidinger von Aschbach und Beer von St. Peter erlitten in den genannten Orten die Todesstrafe; zu Krems wurden zwei Hauptleute aus dem Waldviertel durch das Schwert gerichtet u. a. m.[1]) Die Häuser der Verurteilten wurden dem Erdboden gleichgemacht und ihre Güter eingezogen. Auch gestattete der Erzherzog durch einen Erlass vom 29. April 1597,[2]) dass jeder Gerichtsherr seine gefangenen Untertanen selbst processieren dürfte, doch müssten die gefällten Urteile, um Rechtskraft zu erlangen, der kaiserlichen Regierung zur Bestätigung vorgelegt werden; doch hätten die Herren nicht das Recht, die Confiscation über die Güter ihrer verurteilten Holden auszusprechen und dieselben für sich einzuziehen, dieses Recht stünde nur des Kaisers Majestät zu. Sie hätten deshalb ein Verzeichnis jener Güter an die kaiserliche Regierung einzusenden, über welche sie als Gerichts- und Grundherren die Beschlagname verfügt hätten. Von dem Ertrage der eingezogenen Güter sollten die kaiserliche Majestät, das Land, die Grundherren und alle, welche durch den Aufstand einen Schaden genommen hätten, denselben ersetzt erhalten. Auch warnte der Erzherzog die Gerichtsherren mit grossem Ernste, sich bei der Processierung ihrer rebellischen Grundholden von Rache, Feindschaft oder Eigennutz leiten zu lassen, namentlich sollten sie auf die Denunciationen ihrer Verwalter und Pfleger ein wachsames Auge richten, die oft nur aus Rache oder Habsucht geschähen. Zu diesem für die Rebellen wolwollenden Erlasse sah sich der Erzherzog durch das strenge Vorgehen mancher Herrschaften gegen ihre Holden genötigt, das in manchen Fällen von Rachsucht und Eigennutz nicht ganz freizusprechen war; musste doch der Erzherzog selbst Morakhsy in dieser Hinsicht tadeln und seine und anderer Herren Bitte, die mit Beschlag belegten Güter ihrer Bauern für sich behalten zu dürfen, abweisen.[3])

Dieser Erlass verfehlte auch seine wohlthätige Wirkung nicht: die von den Landgerichten und den herrschaftlichen Patrimonialgerichten ihren an der Erhebung beteiligten Untertanen gemachten Processe endeten von da ab meist mit mässigen Geld- und kurzen Gefängnisstrafen, Leistung des Eides der Treue und Ausstellung eines Reverses. Diese letzteren enthielten ausser der fussfälligen Bitte

---

[1]) Nach Berichten im Archive zu Kremsmünster, der Fugger'schen Relation Fol. 146, Archivalien der Stifte Zwettl und Seitenstetten, Kinzl, Chronik von Krems, 184, u. a.
[2]) Anhang Nr. 105.
[3]) Kalteneggers Manuscript, II, 549.

um Verzeihung und Wiederaufnahme zur Gnade auch das Gelöbnis, dem Grundherrn stets treu und gehorsam zu sein und zu bleiben, die Abgaben, Zehnte, Robot und Dienste gewissenhaft zu reichen und zu leisten, die Waffen abzuliefern und nicht nur selbst keinen Aufstand mehr zu beginnen, sondern auch jeden, der dazu aneifern würde, sofort gefangen zu setzen und der Grundobrigkeit auszuliefern.[1]

Unter den vielen Reversen, die sich noch erhalten haben, verdient der, welchen die Untertanen von St. Peter in der Au ihrem Grundherrn, Wilhelm von Seemann, ausstellten, eine besondere Erwähnung. Nach der fussfällig geleisteten Abbitte verpflichteten sich dieselben zur Zahlung von tausend Gulden in zehn Jahresraten, um den Schaden zu vergüten, den Seemann durch die Plünderung seines Schlosses zu St. Peter erlitten hatte; da sie aber nicht nur die Rüstkammer gänzlich ausgeraubt, sondern Seemann auch seine Seitenwehre entrissen und ihn dadurch in seiner Ritterehre schwer beleidigt hätten, so sollten die männlichen Untertanen alljährlich am Tage des Beginnes der Belagerung des Schlosses, 2. Februar 1597, mit allen ihren über fünfzehn Jahre alten Söhnen und Knechten, unbewaffnet, weisse Stäbe in den Händen tragend, vor der Schlossbrücke erscheinen und dem Schlossherrn eine »vergoldete« Ritterwehre (Schwert und Dolch), die aber den Preis von 15 fl. nicht übersteigen dürfte, überreichen. Diese »jährliche Abbitte der Bauern«, wie dieser Vorgang genannt wurde, endete erst mit der Aufhebung aller bäuerlichen Lasten im Jahre 1848.[2]

Der Aufstand der Bauern war niedergeworfen, die Führer und viele ihrer Anhänger hatten ihre Teilname durch die Hand des Henkers gebüsst, die traurigen socialen Verhältnisse der Bauernschaft hatten aber keine Besserung erfahren und konnten sie auch auf dem von ihren Führern eingeschlagenen Wege nie erlangen. Erzherzog Mathias und manche Grundherren waren zwar bemüht, die traurige Lage und die agrarischen Missverhältnisse besser zu gestalten, ihre hochherzigen Bemühungen jedoch scheiterten an dem Widerstreben der Stände gegen zeitgemässe Reformen,[3] sowie an

---

[1] Aus den vielen mir vorliegenden Reversen gebe ich nur den der Gemeinden Persenbeug, Isper und Emmersdorf, Anhang Nr. 107.

[2] Anhang Nr. 109 und 110.

[3] Dies bezeugen die Landtagsverhandlungen des Jahres 1597 und der folgenden Jahre.

den politischen und kriegerischen Verhältnissen der nachfolgenden Zeiten. Die nachfolgenden Herrscher in Österreich waren zwar von demselben Wohlwollen wie ihre Vorgänger gegen den Bauernstand beseelt.[1] aber die traurigen Zeiten des dreissigjährigen Krieges, die steten Kämpfe mit den Osmanen u. a. gestatteten den Landesfürsten nicht, mit ganzer Kraft einzugreifen und eine Besserung der so traurigen socialen Lage des Bauernstandes im Erzherzogtum Österreich herbeizuführen. Den »armen gemeinen Mann« durch Aufheben und Ablösen der ihn so schwer drückenden agrarischen Lasten zum selbständigen freien Bürger zu erheben, hätte im XVII. und XVIII. Jahrhundert niemand zu unternemen gewagt. Erst die Reformen der grossen Kaiserin Maria Theresia und ihres Sohnes Kaiser Josef II. lockerten die drückenden Fesseln der Bauern, die endlich in unserer Zeit ganz gefallen sind.

—

[1] Dafür sprechen die verschiedenen Zehntgenerale u. a. bei Guarients Codex Austriac. I, II.

Urkunden.

I.

Ursachen der Erhebung der Bauern.

Edle. ehrnveste. ehrsamb. weise. sonders günstige herrn, freundt und nachpern. Welichermassen meniglich zue aufruer gezwungen und zusamen khomen unnd pindtnuss mit darsetzung leib, guet unnd bluet miteinander machen, beschiecht auss volgenden ursachen.

Erstlichen weil eine guette zeit her zu hilff wider den erbfeindt christlichen nambenß, dem Türckhen, mit fortschickhung dess dreissigisten unnd zehenden mans auch begerdem ristgelt vil hergeben unnd bezolt worden. also dass der arm paursman unnd hantwerckher unnd andere nit mehr vermügen unnd durch ire obrigkhaitten von hauss und hoff vertrungen. seyn sy samentlich nunmalen dahin getacht. verner den fünfften man. da es begert wierdt. nit vort ze schickhen noch ainiges ristgelt auszugöben, sunder der Röm. khays. Maytt. unnsers allergenedigisten herrn unnd lantsfürsten zu ehrn unnd beschitzung des vatterlandts jeder persöhnlich fordtzueziechen, doch dass in albeg ire herren unnd obrigkhaitten auch derbey sein.

Zum andern. Nachdem die obrigkhaitten mit hoch beschwärder robath wieder das alt herkhomen hart betrungen. also dass schier khain aufherren unnd milterung wellen sunder von tag zue tag nuer mehr werden.

Zum dritten. So ist in das vierte iar her durch das herabreisent khriegsvolckh beim Thanastromb große unüberwintliche schäden nit allain mit verzörung allein demjenigen, waß essen unnd trinckhen fuergetragen worden. damit sy sich doch nit ersedigen lassen. sunder haben noch dartzue waß in parschafft. geld unnd andern gefunden. wie sy den khisten unnd khästen mit gewolt auffgebrochen unnd waß darinen zue sich genomben; an dem sy nit ersedigt. die leut noch dartzue von hauß unnd hoff verjagt unnd jämerlich geschlagen. Darmit aber dergleichen hochmueth unnd geibter fräffl durch soliche khriegsleut eingestölt werde. ist diese verpindtnuß zusamengemacht, da sich dergleichen fäl fernerß begäben unnd zuetrügen, sollen sy nit selbst allain durch ein gmanist auftpott sonder auch irre herrn unnd obrigkhaitten. da sy betrungen werden sollen. mit gewerter hant zue schitzen unnd zue schirmen.

Zum fuerden. So werden wier von der obrigkhaitt trungen unnd zwungen zu dieser unnser zusamenverpindung. wann Gott der Herr waisen macht unnd sy von iren eltern etwas erblich zue gewardten haben. so sein edtliche herren unnd obrigkhaiten, die nemen der waissen gelt guetl in ire cloester unnd schloesser hinein mitsambt der waissen; wan sy nun zimblich zu iren vogtbaren jaren erwaxen, so prauchen sy es in ire mairhöff und holden (halten) es uber die maßen uebel. dass dieselbig waissen von irrem dienst muessen entlauffen. alßdan so nemen die herren ir waissen guetl zu sich; unnd waß sy zuvor nit hobhofft worden sein. das mueß man in incaudnient bey straff erlegen. Das khan man nymer getulten oder erleyden. dieweil es wider Gott unnd alle billigkhait ist.

Zum fünfften. So werden wir von der obrigkhait verursacht. wan ein frumer vatter unnd muetter khinder ertziechen unnd nehren die mit hunger und khumer. wan sy nu zue iren jarn khomen. das sy iren eltern das täglich bradt khunden helffen gewinnen. so mueß mans der obrigkhait gehn hoff stölln. unnd hillft bey etlich herren ghar khain entschultigung, wan schon etliche alde eltern ire khinder auß alter unnd schwachheit halber gar wol daheimb betuerfften unnd derowegen frembte chalten haben mueßen; da werden sy in der herren dienst dermassen so uebl gehalten, das zue erbarmen. unnd sy darvon entlauffen muessen, alßthan so wierdt vatter unnd muetter bey großer straff unnd pan aufferlegt ire khinder widerumen zu stöllen, Gott geb. wo sy es bechumen. unnd wen sy es nit finden unnd stöllen. werden sy offt von iren tieranischen obrigkaiten an leib unnd guet sehr hart gestrafft, so das dan nit lenger zu getullten unnd zu erleiden ist.

Zum sechsten. So werden wir verursacht, daß offt manche obrigkhait so unbarmhertzig strafft, das uber die maßen ist. Vor jarn ward brauch. daß man ain straffmessige perschon fuer richter unnd raht stöllt. da klagt in sein widersacher an und nach der clag ließ man in zue der verantwordung khumen. unnd alßthan war es richter unnd raht bevolchen, die straff zue erkhenen, das war ein löblicher gebrauch; aber ietzt ist es laider darzue khomen, daß etlich obrigkhait nach irem khopf tieranischerweiß strafft; da offt maniche straffmessige perschon khaumb 1 gulden oder zwen zue straff gebiert, so fordern sy 30 oder 40 gulden oder noch mehr. unnd lassen khainen zu khainer verantwordung khomen, wil geschwaigen, daß sy es liessen einen richter unnd rath erkhenen: das kan man nit lenger leisten oder getulten.

Zum sibenden werden wier verursacht, dass der arme gmaine man so gar zu khainem recht mehr khumen khan, da sich schon gehrn ain marckht oder ain dorff mit recht vor solicher beschwärung sich gehrn mit reht wörn wolt bey der hochen obrigkhait, so ist es im doch unbefuerderlich und unvüertreglich.

Zum achten werden wir verursacht, dass die pfleger unnd verwalter der herschafften ieczt so greilichen mit den armen unnderthanen handeln unnd schinden, welliches augenscheinlich ist, dass offt maniger pfleger der auf ain pfleg khumbt, so balt reich wiert, wen er khaumb 10 fl. werdt hinzubringt, über ain zwey jar hat er schon ain 2000 fl. im außleichen, und khauffen nuer die scheinsten heusser, mülen, herrschafften unnd geschlösser, ist hiemit wol abzunemen, das solliches nuer von dem armen man herkhombt.

Zum 9. ist unnß beschwerlich von wegen dess Rueckhgelts vom hauss 1 fl., so zuvohr nit gewöst ist.

Zum 10. ist unnss beschwerlich, daß wier alle hochzeiten in khlostern und schlössern muessen haben, so sunsten einer offt ain andere gelegenheit haben thuet, unnd dardurch in schwören unkhosten khumbt.

Zum 11. ist unnß beschwärlich, dass wir unser füech (Vich) muessten gehn hoff anfaillen und schier halbß muessen gelt geben, so wir sonsten wol umb pargelt khunden verkhauffen.

Zum 12. ist unns beschwärlich, wan unnß bost (Auftrag) khümet, so muessen wier bey eitler nacht zu der obrigkhait und ire khlöster unnd schlösser verwachen, es geschech gleich unnsern heusern, wie Gott well.

Zum 13. ist unns beschwärlich, das wier arme unnderthanen muessen grosse unnd khauffte (gehäufte) maß hineingäben, unns aber gibt man khlainne unnd gestrichene mass herauß.

Zum 14. ist unnß beschwärlich von wögen des schnits unnd math (Mähens), daß man unns hat gelant essen und trinckhen gegeben, ierzt aber man unnß khainen tanch, geschweigen dass lauß (gering) essen unnd trincklien.

Zum 15. ist unnss beschwärlich, dass unnser obrigkhait von den verstorbenen unnderthanen so greilich gelt nimbt unnd mit gewalt zue sich pauschen, dass wann einer stirbt. sich imer 30 oder 40 fl. zu sich nemen; ist es in gelt nit vorhanden. so schauen sy, ob ein guets par oxen verbanden ist.

Zum 16. ist unss beschwärlich, dass wenn ainer ain hauss khauft. so muess derselbige mit dem gelt füer den herren unnd von ainem jedem gulden 1 kr. zu zällen göben, das wier doch selber khünden, wan wier nur vil zu zällen hetten.

Zum 17. ist unnß beschwerlich. daß wan ainer ein hauss khaufft. muess er albey 10 ß schreibgelt göben. so ehemalß auch nit gewessen ist.

Zum 18. ist unnß beschwärlich, dass wier vor iarn fuer ain stamb holz nuer 4 kr. geben, iezt aber muessen wir 18 kr. geben. sint derhalben nit getacht solches mehr zu raichen.

Zum 19. ist unnß beschwärlich, daß wier iezt die hofflunt funern (füttern) muessen, so zuvohr auch nit gewüssen.

Zum 20. ist unnß beschwärlich, dass wier muessen den khindlbött unnd hochzeit wein verdäezen (versteuern), so wier hernach auch nicht getacht sint soliches mehr zu thuen; unnd hiemit ist maniglichen aufferlegt, solichen wein nimmer zu vertäezen biß zu ausstragung der sachen.

Zum 21. waß abber die stoir unnd andere sachen, so der Röm. Kh. May. unnseres allergnedigisten herrn unnd lantsfürsten sowol ein ersame lantschafft anbelangt. da wiert meniglichen alle gebuerliche schultige gehorsamb. waß von recht und billigkhait wögen nur gebüert, iederzeit laisten unnd hierinen nicht verbotten, sein die noyen auflag aber so höechst getachter ir Röm. kays. Maytt. nit zue guettem geraicht, sein allerdings eingestelt unnd niemants etwaß zu göben schultig.

Zum beschluß. da die obrigkhait ire vnderthanen mit gefenkhnuss, stoeckhen unnd ploeckhen dissen unnd andern ursach halber betrungen soll und wuert. sollen dieselben mit derseczung leib, guet und bluet soviel wier müglich derselbigen gefanckhnuß bemüssigt und sambt den seinigen genuegsambchen beschizt werden.

Orig.-Papier im Archiv des Stiftes Zwettl.

II.

1596. 7. December, Melk.

Die kaiserlichen Commissäre Caspar Abt von Melk, Reichart Strein, Freiherr zu Schwarzenau, Hans Wilhelm von Losenstein und Paul Jakob von Starhemberg warnen in einem Schreiben die rebellischen Untertanen des Herrn von Auersperg zu Purgstall und Wolfpassing, den erhobenen Aufruhr fortzusetzen und fordern sie auf, am 15. December in der Stadt Ips vor ihnen ihre Beschwerden vorzubringen, wo sie nach Recht und Billigkeit entschieden würden.

Orig. unbekannt; Concept im Archiv des Stiftes Melk.

III.

1596, 9. December, Wien.

Der Hochmeister des deutschen Ordens Erzherzog Maximilian von Österreich giebt den verordneten kaiserlichen Commissären Andeutungen zur Bewältigung des Bauernaufstandes.

Maximillian von Gottes genaden Ertzhertzog zue Österreich, Hertzog zue Burgundt, Administrator des Hochmaysterthumbs in Preußen, obrister Mayster deß Teutsch-Ordens, Grave zue Tyroll etc.

Edl ersamer, geistlicher, andechtiger und liebe getreue! Wier zweifl nit, ir werdt mit der anbevohlnen comißion in vollem werch sein! Demnach wier aber vernemen, das seidthero viel mehr fleckhen unnd underthanen aufrüerig, maistenthailß aber mit betrohung dartzue genöthigt worden, sollten unsers erachtens die mitl nit mangln, die pershonen, so also ansagen von ainn dorff zum anndern die podtschaft tragen, abzuefahen unnd den nechsten peinlich zue fragen, wodurch solche sachen herkhumen, wer die aufruerer, was entlich ir intent ist, zuemahl do sy von allen iren herrn vernemen, das man innen der billichen beschwerung, die wider alt herkhumen unnd die gebuer sein, abhelffen wölle, nur das sy es gebüerlich ein jeder bey seiner obrigkheit oder durch außschuß bey euch den commißarien suechen.

Weill wier dan verlangen haben zue wissen, worauf es steet und ob gar khain mittl zur günstigen stillung zue finden unnd zue hoffen, so wöllet uns ehist der sachen berichten, hiezwischen an eurem erkhennderen vleis unnd eifer nichts ermieden lassen, sonderlich aber mit den benachpertten lanndtleuthen unnd noch gehorsamben underthanen durch ein gleiche gegenverpündtnus einverstanden zue machen, wo je nit denen rebellen die zenndt zue zaigen zuemahl an ortten, da man den rebellen in eill starkh genueg sein khan, jedoch zum wenigisten, das die gehorsamb bey irem gehorsamb sicher erhaltten und geschutzt wurden.

Mit khriegsvolckh ist man schon im werch, aber darauf mit der guette unnd allen mueglichen mitln nit zue wartten. Das die stött und märkht des Strein andeutten nach gehn Ibbs versamblet werden, das würdt von der Niederösterreichischen regierung und camer auß also verordnett. Hinzwischen mueß man den underthanen die wöhren, pulfer, pley, zindtstrickh unnd dergleichen nach müglichkhait abstrickhen; an den urfarn über die Thonau unnd wasser hette man sonderliche bestöllung zu thuen; deß wier euch pro interim biß euch die ferner notturfft von der regierung unnd camer zuekhumbt, genedigist zueschreiben wöllen. Sein euch daneben mit gnaden gewogen. Geben in der statt Wien den neundten tag December anno etc. im sechsundt neunzigisten.

Maximilian.

W. Unverzagt.

Ad mandatum Serenissimi Dmni. Archiducis proprium

J. Wirich.

Orig.-Pap. im Archiv des Stiftes Melk.

IV.

Beschwerdeartikel der Untertanen der Herrschaft Roregg im Isperthale.

Beschwährspuncte:

1. Müessen wir ein zimbliches robbatgelt geben vnd danebenst fast alle tag 2—3 oder mehr Personnen in die robbot schickhen.

2. Werden vnsere leuth von denen pflegern so ybel mit scharpf spöttlich wortt, vnd schlög tractirt, dass wir bald niemandt zur robbath bringen mögen.

3. Werden auf zehen Personen mit mehr den 5 ℔ robbath brott geben, vnd solches zu zeiten also verschimplet vnd verdorben ist, dass ess ein mensch nit geniessen kann.

4. Mueß der armiste von haus 1 fl. 30 krz., die ybrig aber von 2. 3 biss in die 4 fl. anschlag bezahlen, so wir nit erschwingen können.

5. Müeßen wir jährlich von ieden haus 1 fl. schnidergelt geben.

6. Item nach proportion eines jed hauß von 15 bis 20 krz. kölber gelt, von 6 biss in die 12 krz. schmaalzgelt, von 8 biss 24 krz. hiener gelt, von 2 biss 4 krz. käss gelt, von 6 biss in die 30 ayr, oder das gelt darfür vmb 1 ay 1 ₰ bezahlen.

7. Soll jeder vnterthan den wachter, so die stundt rueffet, 6 krz. geben.

8. Wan der regent, oder pfleger ab vnd zue reisen, muess iedes hauss 6 krz. geben.

9. So müessen etliche von 15 biss 20 mezen korn vnd haber geben, so manicher nit so vill fexnet; so empfinden wir auch merkhlich, dass der neu gemacht mezen gröser als der alte gemacht worden, yber dieses soll wir von 2 biss 8 khestl poding haber bezahlen.

10. Sollen wir das zehente pfundt von schuldten vnd vermögen fahren lassen.

11. Spörr gelt von 1 fl. 30 krz. biss in die 3 fl. erlegen.

12. Die waisen vahr muessen vnsere kinder 2 jahr ausdienen.

13. Heyraths brief vmb 1 fl. 54 krz auslösen.

14. Zu denen hoch- vnd malzciten müessen wir von 2 biss in die 10 ehmer vmb doppelts gelt annehmben, vnd darvon täz, vnd vngelt abstatten.

15. Ist ein schöffl hoff aufgericht, wodurch vnss wegen der villen schoff die waydt entzogen würdet.

16. Zugleich ist ain sagmühl aufgerichtet worden worzue wir mit vngewöhnlicher robbat strapezzirt werden, yber 300 bloch holtz zu führen, folgents nachdeme solches geschnitten, widerumb noch zu der Thonau bringen müessen, vnd können etwo zu erhebung vnserer heuser nit ein stamb von der herrschafft yberkommen.

17. Werden wir mit der haar arbeith vnd gespunst vnerträglich beladen.

18. Werden wir müllner mit hoff traydt solcher gestalt betrengt, dass wir das schlechte vmb doppelts gelt annehmen, wie dan auch zu der unlengst aufgericht hoffmühl fast alles malter gezogen wirdt.

19. Neben raichung der monath gelter vnd serviz müessen wir die soldaten vnterhalten mit essen vnd drankh.

Salvo iure quocunque.

Orig.-Pap. im Schlossarchiv Persenbeug.

N. gesambte unterthan der herschafft Roregg in Isperthall.

V.

1596. 10. December. Prag. Kaiser Rudolf II. Mandat an die rebellischen Bauern von Niederösterreich.

Wir Rudolff der annder von Gottes gnaden erwälter Römischer Kayser, zu allen zeitten Merer des Reichs, inn Germanien, zu Hungern, Behaimb, Dalmatien, Croatien und Shlavonien etc. König, Ertzhertzog zu Österreich, Hertzog zu Burgundi, Steyr, Körnndten, Chrain und Wierttemberg etc., Grave zu Tyroll etz. entbieten N. allen und yeden underthanen und paurschafft in unnserm ertzhertzogthumb Österreich under der Ens gesessen und wonhafft zu wissen, das wir glaublich berichtet werden, welicher massen ir die paurschafft inn yeczt gedachten unnserm Ertzhertzogthumb, und sonnderlich umb Pechlern, Marbach, Pesenbeug, Burckhstall, Mölckh unnd derselben ennden, ein ganntz verbottenen hochsträfflichen aufstanndt angefanngen, also das unerworttet unnsrer Nyder-Österreichischen regierung und cainer angeordneten comission die sachen so weit khomen, das die underthanen von einem fleckhen zu dem annden ziehen, die anndern mit throhungen, todtschlegen und abbrennen dahin nöttigen, das menigelich inn iren gemachten pundt schweren und mit inen ziehen muesse.

Die weil dann solch fürnemen und thatliche hanndlung nit allain in geistlichen und weltlichen rechten, sonndern auch in heilliger götlicher schrifft zum hechsten verbotten und uns als der weltlichen hechsten obrigkhait und regierenden landtsfürsten befor ab bey dieser gefärlichen zeit, da den unnderthanen wider gemainer Christenheit erbfeindt, den Türggen, für das vatterlanndt zu streitten unnd zu helffen gebüret, billich frembd fürkhombt und zu sonndern mißfallen geraichet, wie ir dann solches weder bey Gott noch der ganntzen welt veranntworten konnet, so haben wir nit unnderlassen wellen zu eurer und menigelichs wissenschafft und verwarnung unser kayserlichen Ehrrenholden mit disen offnen mandaten und patenten zu euch der paurschafft abzuferttigen, und gebieten euch hiemit sambt und sonnderlich von Römischer khayserlicher und lanndtsfürstlicher macht bei vermeydung unnser höchsten ungnadt auch leibß und lebensstraff inn sunderheit aber bei verlust aller unnd yeder euerer haab und güetter auch freyhaitten und gerechtigkhaiten. das ir. alßpaldt euch dises unnser khay. mandat zuckhombt, unnd verkhündet wierdet. von obberierter euerer rebellion und ungehorsamb. auch dem gelaisten straffmessigen aydt unnd glübd, verbündtnus ohne ainiche waigerung unnd verzug absteet. in (diesen) sachen ein gentzlichen stillstanndt haltet und weitter kaineswegs ruckhet noch yemanndt beschwert oder aufhaltet. sonndern eueren obrigkhaiten allen schuldigen gebürlichen gehorsamb laistet. inmassen wir dann den aydt. als an ime selbst ungültdig unnd unerefftig. den khainer zu halten oder zu volziehen schuldig ist. auß khayserlicher macht hiemit allerdings aufgehöbt. cassieret unnd euch alle unnd yede davon ganntzlich ledig und frey. alß wann ir den nie gethan hettet. gesprochen haben. Diejhenigen aber. welche angeregten undüchtigen aydt halten und wider Gottes gebott. alle geistliche und weltliche recht auch ihre gethane erbpflicht auf iren ungehorsamb verharren wurden. sambt iren weib und khindern an ehr. leib und guet strafen wellen, zu deme sy inn und ausserlandts aller welt wie die vögel in der lufft preiß sein. ihre khinder leibaigne knecht werden und ihr die paurschafft alle eure alte freyhaiten und gerechtigkhaiten allerdings verwürckht. die gehorsamben aber. die sich zu ruhe geben und dessen schein und kundtschafft bringen. werden gnadt und verzeihung haben. solches nicht entgelten und inen ire beschwerungen. so weit sy deren von billigkhaiten wegen befuegt sein. ernstlich und unvertzogentlich abgestellet und gewendet. ir auch vor allem unrechtmässigen gewalt so woll euer obrigkhaiten als der aufffrüerer geschützt und geschirmet werden sollet. darnach ir euch sament und sonderlich entlich zue richten und von obberwenter unnachlesslicher leibs und lebensstraff zue huetten. Ir erstattet auch hieran zur gebur und schuldigkheit unnsern ernstlichen entlichen willen und mainung. wie wir unns dann dessen und durchaus khaines anndern ainmall für alles unzweifenlich versehen. Geben auf unnsern königlichen schloß zu Prag den zechenden tag des monats Decembris anno etc. im sechs und neundzigissesten, unserer reiche des Römischen im zway und zwainzigisten, des Hungerischen im fünff und zwainzigisten und des Behaimbischen auch im zwaiundzwainzigisten jar.

Rudolff.   Ad mandatum sacrae Caesareae Maiestatis
proprium
Johann Wolf Freymand.   Johann Engelhofer.

Orig. unbekannt. Copie im Stijtsarchiv von Seitenstetten.

VI.

1596. 14. December. Wien. Kaiser Rudolf II., Schreiben an die ernannten Commissäre zur Stillung des Bauernaufruhrs im Kreise ober dem Wiener Walde.

Rudolff der Ander von Gottes genaden erwelter Röm. Khaiser, auch zu Hungern und Behaimb Khünig, Ertzhertzog zu Österreich etc.

Ersamb geistlich, andächtige auch edle gelerte unnd liebe getreue. Wir haben auß dein Streins relation, so du zu handen deß hochwierdigen durchleuchtigen hochgebornen Maximilian Ertzhertzogen zu Österreich etc. unsers freundtlichen geliebten bruedern unnd fürsten, liebden, überschickht, genedigst verstanden, was du ad partem in der paurn aufruer für dich selbst ausser der andern commissarien gehandlet, wie wir unß nun daßelb genedig gefallen laßen unnd im übrigen deines verren berichtß, was seithero weitter fuergeloffen, erwarten wellen: also laßen wir es sonst bey voriger unserer außgangnen commißion unnd euch sammtlich darzue fuergenumben Commissarien allerdingß verbleiben. Unnd hetten gleich woll genedigist gern gesechen, daß ier solliches haubtwesen ins werckh gerichtet unnd aufs wenigist ain anfang gemacht hettet, so verstehn wir doch, daß es bißhero nit beschechen unnd ier euch noch der zusambenkhunft nit entschloßen. Nachdem euch aber bewißt, was an diser höchst schädlichen aufruer gelegen unnd wie weit dieselb zu verderbung deß gantzen lanndtß einreißen will, dahero ier zu sollicher lanndeß notturft allß getreue mitglieder desto lieber unnd williger greiffen, khain stundt oder zeit versäumben unnd zu verhiettung merers übelß dem landt zum bösten, eure andere verrichtungen bey seits stöllen werdet, allß haben wir euch darzue abermalß genedig vermonen unnd annebens bevelchen wellen, soliches lenger nit ainzustöllen. unnd do aber je ainer auß euch demselben nit beiwonen khundt, daß doch die andern nichts weniger fortschreitten unnd ier correspondentz mit denen enhalb der Thonau verordneten commissarien in albeg dahin hallten, daß ier alle zugleich auf beeden landen solliche commission neben unnd mitainander verrichtet. Wie wir euch dann zu merer anzall zugeordnet die edlen unnd unsere lieben getreuen Hannß Wilhailmen herrn von Losenstain unnd Maximilian von Mäming, an die wir unsere sonder bevelch außgehn lassen, daß sie auf erforderung erscheinen und sich neben euch hierinnen gebrauchen lassen sollen, und also auf ainß oder deß andern abwesenheit daß wesen nit steckhen bleib. Wie wir gleichermaßen unsere commißarien enhalb der Thonau deß erindert unnd auferlegt, es an inen nit erwinden zelassen, darnach ier euch zu richten unnd geschiecht hieran unser genediger willen unnd mainung.

Geben in unserer stadt Wienn den viertzehenden tag Decembris anno etc. im sechßundneuntzigisten, unserer reiche deß Römischen im zwayundzwainzigisten, des Hungarischen im fünfundzwaintzigisten und des Behaimischen auch im zwayundzwaintzigisten.

J. Frh. von Notzing.
Stathalter.
E. Corvin.
Cantzleramtsverwalter.

Hannß Wilhelmb. Herr von Schennkhirchen der älter.

Paul Kraus.

Adresse: Denen ersamben geistlichen andächtigen auch edlen gelerten unnd unsern lieben getreuen Casparn Abbt zu Mölkh, unnserm Rath und Closter Presidenten. Paulln Brobsten zu Herzogburg. Reicharter Strein Herrn zu Schwarzenau. Herttenstain unnd Türnstain des Talls Wachau, auch unserm Rath, Paul Jacoben Herrn von Starhemberg unnd Johann Linsmair der Rechten Doctor, Beisitzer unnserer Lanndrechten in Österreich unter der Enns.

Orig.-Pap. Schlussiegel, im Archiv des Stiftes Melk.

VII.

1596. 15. December. Wien.

Erzherzog Maximilian giebt den verordneten kaiserlichen Commissären die Absenduug des »Reichsernhold« bekannt und fordert sie auf, den Aufstand für immer zu unterdrücken.

Maximillian von Gottes genaden Ertzherzog zue Österreich etc. etc. Edl. ersamb, geistlich, andechtig, und liebe, getreue. Demnach die Röm. Khay. Maytt. unßer genedigister herr und brueder iren Reichs-Ehrnholdten mit nottwendigen pattentten zue abmahnung der paurn unnder der Ennß fuergenomenen, straffmeßigen aufstanndts abgeferttigt, der sich bey euch anmelden unnd nach eurem weitteren beschaidt richten würdet, so zweiflt unns nit, ir werdtet auf der N. Ö. regierung und camer an euch außgangne comißion die notturfft zue handlen nit underlassen unnd in abweg gedacht sein, diße unrue nit allein auf jetzo zue stillen, sonndern auf ein solche beständnigkhait zue richten, damit man zuekhünfftig dergleichen sicher sein müg, unnd nit etwo khünfftigen sumer, da man mit dem erbfeindt zue thuen haben würdt, dergleichen einfalle, wie ir kh. Maytt. und unser genedigistes vertrauen zu euch stect, daran ir derselben genedige unnd gefällige mainung thuet.

Geben in der statt Wien den fünfzehenden tag December anno im sechsunndtneuntzigisten.

Maximilian.
W. Unverzagt.

P. S. Wir haben verstanden, was ihr dem Unverzagt wegen des uncostens zugeschrieben: wöllen nit zweiflen, sovil eure persohn anlangt, ir werdet Ir Maytt. in gehorsamb, dem vatterlandt und euch selbst zum pessten dise mhie gehorsamb und guetwillig tragen.

Was aber auff pottenlone, raisen und hinwiderschickhen der schreiben und diener vonnetten sein mechte, dieselb darlehende uncosten solle euch hernach auff eur ordenlich particular erstatt werden. Anno ut in literis.

Orig.-Pap. Schlußsiegel; im Archiv von Melk.

VIII.

1596. 20. December, Wien.

Erzherzog Maxmilian gibt den verordneten kaiserlichen Commissären bekannt, dass er den kaiserlichen »Reichs-Ernhold zu ihnen sende, und befiehlt ihnen, denselben mit den nötigen Instructionen auszurüsten.« Wöllet auch denen stötten Khrembs, Stain und ander ortten schreiben, das man ime neben der hörpauckhen auch ain vier oder fünff' trometter oder turner zuegeben, wie ir zue thuen wisst«. Von den Ständen und dem General-Obristen werde nichts unterlassen werden.

Orig.-Pap. Schlußsiegel, Archiv von Melk.

IX.

1596, 24. December, Wien. Erzherzog Mathias' von Österreich Mandat an die Landleute und Unterthanen in Österreich unter der Enns.

Wir Matthias von Gottes genaden Ertzherzog zu Österreich, Herczog zu Burgund, Steyr, Cärntn, Crain und Wuertemberg, Grave zu Habspurg und Tyrol etz. embieten N. allen und jeden der Röm. Khay. Maytt. etz. unsers genedigisten, freuntlichen geliebten herrn und brueders, geistlichen und weltlichen landleutt, undterthanen und getreuen, so in disem unserm Ertzherzogthumb Österreich under der Ennß gesessen sein und diß unser offen mandat sehen oder hören, unser genad. Uns khombt zu unserer widerhieherkhunft fremd und mißfällig für, das ir tails der undterthanen euch hin und herwider auflainet undter dem schein, als wann ir von euren obrigkhaiten etwo beschwärt wäret, so euch doch ohne das durch gezimmende mittel geholffen hett khünden werden, so wir dann befinden, das durch unsers freundtlich geliebten herrn und brueder Ertzhertzog Maximilian lieb also auch die khayserlich Niderösterreichisch regierung und jeezo lestlich durch höchstgedachter Röm. Khay. Maytt. Reichsernholden ir gnuegsam zur gebür schuldigen göttlichen und christlichen gehorsam und ruche ausfuer und wolwarnlich vermant worden, ir vil darauf in den anderen viertlen und sonderlich ob der Ennß zum gehorsam und zu haus begeben, die dann gar recht und wolgethan haben, tails aber aus euch, wie fürkhombt, in der gefassten ungebür verharret und mit tröung die gehorsamen nöttigt, das sy wie ir an Gott und der welt mainaydig und treulos werden und euch ain falsches glüb thuen muessen, das doch khain glüb ist auch khainer zu halten verbunden sein soll. So haben wier euch als jeczigen khayserlichen Gubernator in namen irer Röm. Khay. Maytt. hiemit von solcher eur understandnen ungebür selbst auch abmanen wellen ernstlich und zum leztenmal bevelchen, das ir der Röm. Khay. Maytt. mandat und euren obrigkhaiten gehorsam seyt, euch alspald zu euren heusern einstellet, darin fridlich lebet und hinfüro denen rädlfuereren, die als unverstendige leutt ir verderben suechen, khain glauben mer seezen, sy vil mer als ursacher eures unhails vervolget, von euch stösset oder gar der obrigkhait und denen commissarien zur bestraffung übergebt, damit ir khünfftig mit ruehe, frid, sicherheit, gueten ehren, christlichem gwissen, lieb, treu und gehorsam bey euren obrigkhaiten und mit nachbarn hausen, leben, sterben und des seligen fridens genuessen mueget. Dagegen ist euch hiemit angebotten und zuegesaget, das man eure beschwärung anhören, darüber was recht ist handlen und erkhenen wüerdt, wie ir dann ain merers nit begern khündt; sollte aber solches von euch nit beschehen und ir alle vätterliche warnung und verwarnung in wind schlagen, so wisset, daß aus dieser rebellion c..r straff und verderben gewißlich ervolgen wuerdt nach dem exempl. so bey unsern voreltern im sibenundzwainczigisten iar beschechen, da viel hundert tausend paurn umb ir unchristliche rebellionen von Gott und der obrigkhait gestrafft worden: dann Gott steet der ordenlichen obrigkhait als seiner gerechten hand bey, daran solt ir nit zweiflen; wellen auch auf solchen fall von Ir. Khay. Maytt. wegen hiemit zu allem überfluß vor Gott und aller welt protestiert haben auf den fall ir von eurem unbefüegten fürnemen nit lassen, sondern darauff haisstärrig verharren werdet, da wir an eurm verderben nit sondern ir selbst schuldig seit. Ir habt aber zu bedenkhen, wie die pauren ob der Ennß bishero euch zu bösem unrechtem exempl wider Gott und die obrigkhait, wider geistlich und weltliche rechten, wider christliche gebür und schuldigkhait, wider iren geschwornen tauff und bruederliche lieb, wider ir und irer eltern ainmal geschwornen und angebornen aydt und pflicht gehandlt und verfüert, welches ayds sy nit ledig auch nit ledig werden khünden und daher eur und ir neugeschworner unredlicher ayd und aydkreuzer ain lauter mainayd per se ungültig und ir denselben zu halten nit schuldig seit; wie dann Ir. Khay. Maytt, euch von demselben neuen ayd frey und ledig zelen, denselben aus khayserlicher macht aufheben, das also ir, so lang ir ungehorsamb bleibt, für mainaidige, glübbrüchige und treulose leutt werdet gehaltten, in aller welt vervolgt werden, neben dem ir und ain jeder aufrüerer und ungehorsamer in zorn Gottes felt, khain gluckh haben, ir und eur weib und khinder an leib, chr. sel und güetern zu grund geen müeße. Es khan auch cur khainer weder christlicher leicht, absolution noch des hochheyligen sacraments theilhaftig werden, auch mit christlich sterben noch selig werden, der in solchem ungehorsam verbleibt. Darumben vermanen wir euch nochmaln guetherzig, unß genediglich versehend, ir werdet euch über so vilfeltig gesuechte weg zu ruehe begeben, die anbotten khayserlich und landtsfürslich gnad gehorsamblich anemen und darthun, was getreuen, gehorsamen und frommen underthanen, redlichen leutten und getaufften christen gebüert. darnach ir euch zu richten. Das mainen wir ernstlich. Geben in der statt Wien den vier und zwainzigisten Decembris anno etc. sechs und neunzigist.

Matthias. Ad mandatum serenissimi domini
 Archiducis proprium
W. Unverzagt. Jo. Wirich.

Orig.-Pap., erzherzogl. Siegel aufgedrückt; im Archiv von Zwettl.

X.

1596, 30. December, Gmünd.

Peter Fleischmann von Putzlwiz, Erbsass auf Semelwiz und zu Jacobsdorf, kaiserlicher Majestät Reichs-Ernholt beurkundet, dass er auf kaiserlichen Befehl am 30. December 1696 in seinem »Reichserholt khleit« in der dem Herrn Sebastian von Greiß gehörigen Stadt Gmündt den aufgestandenen Bauern und ihren obersten Hauptmann Georg Prunner sowie Leonhard Güssel, Georg Goeth und anderen Befehlshabern auf offenem Platze das kaiserliche Mandat nicht allein verlesen, sondern sie auch in Gegenwart der edlen und gestrengen Herrn: Hans Christoph von Prag. Hartman von Landau, beide Freiherrn. Sebastian von Greiß zu Gmündt. Wolf Dietrich von Greiß zu Wald auf Schrembs und Rosenau und Christoph Müllwagner zu Kranzegg auf Wielandts ermahnt habe, dass sie gehorsamen, die Waffen niederlegen, nach Hause ziehen und ihre Beschwerden vor den Commissären innerhalb drei Wochen zu Melk durch ihre Ausschüsse einbringen sollten. Da die Bauern aber, obwohl ihnen, im Falle sie dem Mandate gehorchen würden, der kaiserliche Schirm gelobt worden war, von ihren Herrschaften bei ihrer Rückkehr gefangen genommen zu werden befürchteten.

so erklärten sie nur dann zum Gehorsam sich bereit, wenn Fleischmann ihnen den kaiserlichen Schutz durch »brieff, schrifftliche khundschafft und schein« unter seinem Siegel geben würde. Auf dieses Begehren ist Fleischmann, weil in dem kaiserlichen Mandate allen Mitgliedern des Bauernbundes, wenn sie die Bedingungen einhalten, Gnade und Verzeihung zugesagt sei, mit Handschlag eingegangen, fordert alle Herrschaften auf, dem kaiserlichen Befehle genau nachzukommen und besiegelt die den Bauern mit eigener Hand ausgestellte »Khundschaft« durch seine Namensfertigung und Petschaft.

Orig. unbekannt, gleichzeitige Abschrift im niederösterreichischen Landesarchiv.

XI.

1596, 30. December, Gmünd.

Wir N. und N. alß obriste haubt- und befelchsleuth deß paurenpundts in Osterreich under der Ennß bekhenen hie mit disen schein offendtlich, nachdem unß heundt dato dem 30. December diß ablauffendt 96ten iars durch den edlen gestrengen herrn Peter Fleischman alß khays. Reichs Ernholdt alhier in der stat Gmündt auf offenem platz under freyem himel ein Khayserlich offens mandat verlessen worden, darinnen hochsternente Khay. Maytt. unser allergnedigister her, allen und jeden obrist, haubt und befelchsleutten und andern gemainen man kheinen außgenomen so in disen pundt begriffen, ir khay. gnadt und huldt, wofer sy disem khayserlichen mandat wurden folg geben, anbieten, daß wir hierauf mit den gemeinen man in beysein mehr gedachten khayserlich Reichsherolt sowol auch der wolgebornen auch edlen und gestrengen herrn, herr Hanß Cristoff von Prag, Freyherr auf Windegg und herr Hartman von Landau Freiherr zum Hauß und Ropoltenstein, herr Sebastian und herr Wolf Dietrich von Greiß gebrueder zu Walt auf Gmindt und her Georg Cristoff Millwagner von Khranzegg auf Wielandts dahin gehandelt, daß sy Ir Khays. Maytt. zu gehorsamen ehren und auf sein offgedachts khais. Reichsheroldt gethanes zuesagen und unß deßwegen gefertigten erthailten schein, daß nämblich wir unsere beschwährungen denen khays. deputierten herrn commissarien von dem neuen neuen jahr an uber drey wochen zu Mölkh durch unseren ausschus fuerbringen sollen, darauf dan alle pilligkhait solle erthailt werden, die wöhren wollen niderlegen, ain jeder zu seinem hauß und hoff, weib und khindt anhaimbs sich zuverfuegen und das laisten. waß gehorsamen untherthanen in allen pillichen dingen irer obrigkhait zu thuen schuldig. Damit nun solches stet und vest gehalten werdte, haben wir die hernach bezaichneten obriste und bevelchshaber unser handtschrifft und petschafft mit vorwissen und bewilligung deß gantzen khrais, so damalß verhanden gewest oder noch obwesendt sein, daß diß alles, wie oben stehet, ir wil und mainung sey, hierunder getruckht und ferfertigt. Beschechen in der statt Gmündt. Actum ut supra.

  Georg Pruner. Leonhart Gastl. Georg Goedt.

Orig. unbekannt, gleichzeitig Abschrift im niederösterreichischen Landesarchiv.

XII.

1597. 5. Jänner s. l. (Emmersdorf).

Georg Pruner, »obrister haubtman zu Emerßdorff«, giebt Richter und Rath von Langenloiß bekannt: er sei willens gewesen, »das Viertl (O. M. B.) mit Gotts hülf gar zusamenzubringen«: der kaiserliche Herold habe ihnen, als sie zu Gmündt versammelt waren, ein kaiserliches Generalmandat vorgelesen, das sie auffordere, die Waffen niederzulegen und nach Hause sich zu begeben. eine kaiserliche Commission werde binnen drei Wochen nach Emmersdorf zur Abnahme ihrer Beschwerden kommen. Da der Herold Pruner und seine Genossen beauftragt habe, das Generale auch den Bewohnern von Langenloiß mitzutheilen, so werde er nächsterscheinenden Mittwoch (7. Jänner) zu ihnen kommen: er erwarte sicheres Geleite von ihnen, weshalb sie ihm mit etlichen Personen bis Krems entgegen kommen sollen, er werde dort, »alß der obristhaubtman mit hundert schützen ankhomen«.

Orig.-Pap. im Archiv von Melk.

XIII.

1597. 6. Jänner. (Langen-) Loiß.

Richter und Rath von Loiß geben Pruner bekannt, dass am Weihnachtstage der kaiserliche Herold einer ganzen Gemeinde von

Loiß das kaiserliche Generalmandat öffentlich verlesen habe, und habe sich niemand aus der Gemeinde dagegen beschwert. Sie seien gesonnen, demselben getreu nachzukommen, sein Erscheinen in Langenloiß wäre deshalb auch unnötig, »dann diser markht Ir. Khays. Maytt. in proprio zuegehörig« ist.

Orig.-Pap. im Archiv von Melk.

XIV.
1597. 7. Jänner. Pöggstall.

»Lienhardt Gaßner haubtman der vestung und schloß Peckhstall« fordert den Richter Erasmus von Pöggstall auf, für die Bauern, welche, da die Commission nach Emmersdorf verlegt worden sei, dort zahlreich zusammenströmen werden, bezüglich ihrer Verproviantierung Sorge zu tragen. Er soll deshalb den Fleischhauern von Ottenschlag und der Umgebung auftragen, dass jeder vier oder fünf Paar Ochsen sich einstelle und sie dem Fleischhauer zu Emmersdorf gegen Entschädigung abliefere, ferner bedürfe man auch noch hundert Schafe, die er gleichfalls zustande bringen soll. Dem »Pinder, der haubtman zue Ottenschlag ist«, möge er zu wissen thun, dass er Schmalz nach Pöggstall liefern soll.

Orig.-Pap. im Archiv von Melk.

XV.
1597. 8. Jänner, Wien. Kaiser Rudolfs Schreiben an die kaiserlichen Commissäre.

Rudolff der ander von Gottes gnaden erwölter Röm. Kaiser, auch zu Hungern und Behaimb etc. Khünig, Ertzhertzog zu Österreich etc.

Ersambe, geistliche, andächtige, auch edle unnd liebe getreue. Wir erindern euch gnedigist, das sich der durchleuchtige hochgeborn Matthias Ertzhertzog zu Österreich, unnser freundlicher geliebter brueder unnd fuerst, auf eur unnd unnsers Reichsernholden bißhero nach unnd nach underschidlich einkhumbne relation unnd andere überschickhte beyschluß alles der paurschafft ungebuerlichen aufstandt betreffend auch darüber gehaltene beratschlagung nachvolgend gestalt resolviert.

Bevelchen euch demnach darauf gnediglich unnd wollen, das ir den angestelten tag auf den zehenden diß, doch nit zu Ybbß sondern zu Peesenbeuch, wirklich nachseezet und dahin zeitlich erscheinet, weill die unnderthanen enthalb der Thonau sich lautter erklären, weder gehn Ybbß noch Mölckh zu khomben, sondern in iren vierttl und zu Emerstorff zu bleiben, und vermeinen nit, das es eben bey irem benennten orth, sondern wie vermelt zu Peesenbeuch verricht werden solle. Dann obwol der Gmündt- uund Zwettlerisch accordo auf drey wochen, vom neuren jarstag an zu raitten, benent und angestelt, so seindt doch die Peesenpeugischen und andere underthanen mit iren articln schon gefasst, da khan man auf beruerten zehenden diß und darauf nachvolgende zeit ein anfang machen, damit die underthanen zu sehen, das es ernst und man ihnen helffen und das was zuegesagt laisten wölle. Daneben wöllet auch gedacht sein, ob ihr in solcher zeit der paurn vorgeher und rädlfuerer zu euch bringen, mit ihnen reden und sie bewegen möget, das sie sich diß angefangnen rebellischen werckhs entschlagen und die underthanen dahin weisen, entweder sich mit iren obrigkhaitten selbst auf billiche weg oder aber auf eur erbietten, ir notturfft vor euch glimpflich vorzubringen unnd sich aller gebürlichen vermittlung versehen, doch das man von des Ernholden accordo nit vil rede oder disputiere. Wirdet sich nun die sachen nit vergleichen lassen, so khan man alsdann nach endt der drey wochen mit dem verglichnen tag zu Mölckh auch fort geen, als welchen sy die underthanen selbst begert haben. Die obrigkheiten jedes ortts mögt ihr alßbalt erindern, das ein tag unnd ortt der zuesambenkhunfft gehn Peesenbeuch angestellt sey (doch unvermeldt des Ernholdt accordo) mit der andeuttung, welche obrigkeiten und underthanen sich selbst mit einander vergleichen khündten, das es ihnen bevor stehe.

Unnserm Ernholdten solle von hoff auß angedeuttet unnd derselbe auf euch unnsere geordnete commissari mit eurm ratth zu handlen gewisen werden, dabey ir guette achtung geben sollet, das er sich nit zu weit einlasse, sondern ratts pflege, wie ime solches anbevolhen wirdt. Was sonst von ime beschechen unnd zuegesagt worden, hat seinen weg und mag der zeit verbleiben, doch wirdet ihme derentwegen die notturfft auch angedeutt.

Wir überschickhen euch auch hiemit ein anzall der neu getruckhten und gefertigten general, so unsers ernholden von unnserm khay. hoff auß mitgebrachten general gemäß sein. damit ihr euch derselben gebrauchen mögt. Unnd nachdem von dir Reichart Strein und denen anndern commissarien sowol von denen von Khrembs neue relationen einkhumben, so wirdet der richter von Haug erfordert und unser Ainspaniger von unnser N. Ö. reg. zu demselben geschickht, der mit ime herabreiten und auf dessen erscheinung für gemelde unnser regierung unnd camer erscheinen soll, ine alda zu erforschung der ganczen practiggen zu examiniern; dahero alle nötten und unnser gnediger bevelch ist, das ihr auf denselben richter nottwendige fragstuckh und articl, so hier zue dienstlich sein und ihr am bessten wissen werdet, verfasset unnd zu handen unnser N. Ö. reg. unnd camer überschickhet, damit solche examination geschechen khüne und aus mengl der articl nit hinderstellig verbleibe.

Dabey erindern wir euch zur nachrichtung gnedigist, das wir unnser undermarschalch gehn Pockhstall abfertigen und bevelch an die burger und paurschafft daselbst sonderlich die so im schloß sein, mitgeben. daß sy das schloß alßbaldt zuhanden sein des undermarschalchs in unnserm namen ohne schaden unnd verwendung alles deß, so darin ist. räumen sollen. unnd daß unnser undermarschalch von den benachbarten ein 15 oder 20 person in das schloß ordtne mit erbiethen, das sein Ertzherzogs Lieb iren herrn den Wilhalmen von Roggendorff alhie in der statt Wien allein darumben aufhalten. das er sich über ir der underthanen beschwär verantworten solle. Also hetten sy sich zu versehen. da er inen in etwo unrecht gethan, daß er widerumb zurecht und gebür gehalten werden solle. wann sy allein ihr beschwär in specie werden fürbringen; das aber sie schlösser und heusser einemben sollen. das sey zu weit, unverantwortlich unnd straffmessig. das ihnen nit ungestrafft verbleiben wurde. da sy sich nit anders erzeigten. darumben sy sich vor solchen sachen huetten sollten. In massen es zwar an ime selbst also und fürkhumbt. das ermelter Wilhalm von Rogendorff in dem nit wenig ursach gegeben, das er sein guett Pockhstall seinem brueder zu verkhauffen vorgehabt. doch zuvor ein contribution auf die underthanen zu sechs. acht. zehen und gar zwanzig gulden geschlagen. auß welcher ungeduldt sy alßdann die anndern benachbarten underthanen auch an sich gezogen haben. Derowegen er für unnser Regierung und camer erfordert. vernumben und verarrestiert werden solle. sonderlich so lang. biß das schloß in des undermarschalchs handen und von denen pauren geraumbt ist.

Was sonst auf den fall. da nemlich die guettige commission ohne frucht abgeben und andere unsere bißhero gethane vätterliche verordnungen. warnungen und betronngen. so deren unruehigen und übel verfürten pöfl auf allerley weg und mittl zum bessten und verhiettung ihres weittern verderbens und unrath angesehen je nichts fruchten sondern villeicht ein mehrer ungebür. gewallt unnd rebellion von der paurschafft entstehen wolte. hierinnen zu einer fürsorg und gegenwöhr vonötten. das solle in ietzt angehendem Landtag bedacht und beschlossen werden.

Sonst hat man auß dein. abbt zu Mölckhs und Reicharten Streins underschiedlichen relationen auch allerley bericht verstanden und habt auß der abschrifft eines schreibens hiebey zu vernemben. was der Schneider denen von Langenleuß zuegeschrieben. darin er sich anmasst unser khaiserlich mandat inen zu publicieren und gleichsamb unnder unnserm namen und authoritet sein angemassten bovelch zu exerciern oder unsers Ernholden person und ambt zu verdretten. Da wirdet ain notturfft sein. das ir solches gegen ime Schneider anndet und untersaget. damit er nit andere fleckhen mehr betrüge und verfüre. alß wann er von uns bestelt were.

Das werdet ihr also in einem und andern resolvirtermassen unnserm gnedigisten vertrauen nach fürderlich ins werkh zu richten, und was etwa sonst bey der sachen vonnötten. auf fürfallende gelegenheit mit eurem besten verstandt und discretion (dahin wir es auch zuvor in unnsere commissionen und schreiben gestelt) zu dirigieren und euch das wesen zum besten bevolchen sein zu lassen. uns auch jederzeit den verlauff solcher gemeinen landtsgefahr der notturfft nach zu berichten wissen. und geschicht hieran unnser gnediger willen und mainung.

Geben in unnser statt Wien den achten tag Januarii anno etc. im siebenundneunzigigisten. unnserer reiche des Römischen im zwayundzwantzigisten, des Hungerschen im fünfundzwantzigisten und des Behaimbischen auch im zweyundzwantzigisten.

Wolf von Hofkirchen.
Statth. ambts Verwalter.

El. Corvin.
des Cantzlerambts Verwalter.

Commissio Dni. electi
Imperatoris in consilio.

W. B. v. Friedeshaim.
Paul Kraus.

Adresse: Denen ersamben, geistlichen, andächtigen auch edlen, unnsern lieben getreuen N. unnd N., unnsern zu der paurschafft in baiden obern Viertln des lanndts verordneten commissarien sament und sonders.

Zu hannden des abbten von Mölckh oder Reicharten Strein Freiherrn etc.

Orig. Pap., Schlußsiegel, im Archiv von Melk.

XVI.

1597, 12. Jänner. Ybbs.

Die verordneten kaiserlichen Commissäre geben dem Richter und der Gemeinde von Persenbeug bekannt, dass sie heute in Ybbs angekommen wären, und fordern diejenigen, welche zum Gehorsame zurückkehren wollen, auf, ihnen ihre auf Grund des ihnen von dem kaiserlichen »Reichs-Ernholdt« verkündeten Generalmandates Rudolfs II. verfassten Beschwerdeartikel am 17. Jänner durch einen bevollmächtigten Ausschuss im Schlosse zu Persenbeug vorlegen zu lassen. Auch sollen sie die Untertanen von Roggendorf und Emmersdorf von dieser Zuschrift verständigen und sie zum Erscheinen an dem erwähnten Tage auffordern. Sowohl ihnen wie denen von Roggendorf und Emmersdorf sei freies Geleite gegeben.

Gleichzeitige Copie im Archiv von Melk.

Dieses Schreiben wurde am 10. Jänner concipiert, doch erst am 12. abgesandt.

XVII.

1597, 13. Jänner. Ybbs.

Dieselben geben dem Herrn von Hoyos, Ferdinand Albrecht, bekannt, dass sie zu Ybbs angekommen seien und am 17. Jänner zwischen ihm und seinen Unterthanen verhandeln würden. Er möge zu diesem Zwecke im Schlosse Persenbeug ein Zimmer herrichten lassen.

Copie im Archiv von Melk.

XVIII.

1597, 15. Jänner. Ybbs. Patent der verordneten kaiserlichen Commissäre an die aufgestandenen Bauern des Viertels ober dem Manhardsberg.

Wir N. und N. der Röm. Khays. Maytt. unnsers allergnedigisten Herrn räth unnd zu denen im Viertl ob Manharttsperg beschwerter unnd auffgestandener paurschafft und so sich bis daher zu ihnen gethan abgeordnete commissarien entbieten N. allen und jeden in diesen Vierttl wohnenden landleuthen, derselben pflegern, verwalttern, hauptleuthen und ihren angehörigen underthanen, so sich wider gemelte ihre herrn und obrigkheiten beschwert zu sein befinden, unsern dienst und grues in guetten willen. Ihr die gemelten underthanen werdet euch zu erindern wissen, welcher massen die Röm. Khays. Maytt. unser allergnedigister herr auf eueren erzaigten auffstandt durch dero gnedigist mandat, so euch unlangst durch des heyligen Reichs-Ernholden offentlich publiciert und verlesen worden, under andern die gnedigiste vätterliche anerbiettung gethan, euch eurer habenden beschwerden, so weyt ihr deren von billichkhaitt wegen befuegt seyt, ernstlich und unverzogenlich abzuhelffen und zu wenden. Wann dann hierauff höchst gedachte Ir Khays. Maytt. uns in dieser sachen zu commissarien gnedigist fürgenomen mit dem gnedigisten aufferlegen, das wir vermüg habenden bevelchs uns ehist hicher verfüegen, volgend die abhandlung diser sachen gehn Pesenbeug legen, euch solches zu wissen machen, auch euch die underthanen sowol euere obrigkheiten mit euern beschwerden und gegenverantworttungen anhören, vernemen, vergleichen oder sonst eueren billichen beschwerungen nach müglichkheit abhelffen sollen. also und zu gehorsambister vollziehung dieser Ihr Khay. Maytt. gnedigsten verordnung haben wir uns der sachen gehorsambist underwunden, an heint dato alhie zu Ybbs samentlichen ankhomen empfangenen gemessenen bevelch noch anfangs die underthanen der herrschafft Pesenbeug dorthin für uns in das schloß daselbst zu erscheinen beschriben. Hierauff ist in namen mehrhöchstgedachter Khays. Maytt. unser bevelch, das auch ihr die andern underthanen und welche gleichfals ain zeit hero wider ihre obrigkheiten beschwert zu sein vermaint, und jede herrschafft insonderheit, solche euere beschwerungen mitler weil ordentlich, speciliciert verfasset, volgends auff unsere erforderung, die euch hernach ankhündt werden soll, al dorthin durch euere volmechtige außschühß absonderlich und bescheidenlich fuerbringet, wellen wir alßdan euer obrigkheiten, die wir gleichfals jedesmal erfordern werden, hierüber mit seiner verantworttung vernemen, und verner alles das handlen und thun, was uns von Ir. Khays. Maytt. aufferlegt ist, und dadurch ihr und euere obrigkheiten zue rhue, fridt und ainighkeit khomben muegen, in dem wir dann an uns und unserm wolmainenden, treuen, möglichen vleis gewißlicher nichts erwinden lassen wellen. Welche underthanen aber sich mit ihren herrschafften selbs vergleichen könen, denen soll es bevorstehen. Ihr sollet euch auch ainiger gefahr oder unsicherheit nit besorgen, noch den wenigisten gedankhen machen dessen ihr uns gentzlich glauben und trauen wellet, welches wir euch hiemit zu gueten durch dies unser offen patent zum wissen anfuegen wellen. Beschehen in der statt Ybbs den fünfzehenden tag Januarii anno etc. sibenundneuntzigisten.

 Caspar Abbt zu Melkh. Cornelius Brobst zu Eißgarn.
R. Strein Freih., Adam Freih. von Puchheim. Seyfriedt Freih. Breiner.
 Bern. Leo Gall. Ch. v. Greiß zu Waldt. Hans Ruswein.
   Jocob Huestockher.

Orig. Pap., die Siegel oberhalb jedes Namens abgedrückt, im Archiv von Melk.

In einem zweiten, schön geschriebenen Exemplar dieses Patentes fehlt der Satz: »Welche underthanen — bevor stehen«, der im ersten Exemplar am Rande hinzugefügt geschrieben steht.

XIX.

1597, 19. Jänner. Melk.

Caspar Abt von Melk berichtet im Namen der anderen kaiserlichen Commissäre, dass zu der am am 17. Jänner zu Persenbeug anberaumten Commission trotz der ergangenen Aufforderung keine Bauern erschienen wären. Diese gäben vor, der kaiserliche »Reichs-Ernholdt« habe ihnen gesagt und mit Mund und Handschlag versprochen, die Commission werde am 22. Jänner zu Emmersdorf abgehalten werden. Der Abt beklagt sich über den »Reichs-Ernholdt«, dass er sich mit den Bauern zu weit eingelassen habe, und schlägt dem Erzherzoge vor, einen Tag für die abzuhaltende Commission in Melk zu bestimmen. Der Oberste der Bauern sei sehr ruhmredig und großsprecherisch, er habe sich bei den Versammlungen in Zwettl und zu Gmünd vernehmen lassen, er hätte einen Sack voll Briefe von den Unterthanen der verschiedensten Herren, alle begehrten ihn zu ihrem Obristen und versprächen, ihm zuziehen zu wollen.

Orig. Pap. im Archiv von Melk.

XX.
1597, 19. Jänner. Emmersdorf.

Georg Pruner, »oberhaubtman über die auffgestandtnen burger und paurn des Waldviertls ob Männhartsperg«, richtet an den Abt von Melk als kaiserlichen Commissär die Anfrage, ob die Commission am 22. Jänner zu Emmersdorf stattfinden werde, um die Zimmer und »andern gehörigen notturfften« in Bereitschaft setzen zu können; zugleich verspricht er den kaiserlichen Commissären freies Geleite.

Orig. Pap. im Archiv von Melk.

XXI.
1597, 20. Jänner (Mittag). Melk.

Siegmund Pürchinger, Marktrichter, Daniel Hofinger, Michael Praun und Michael Lampellechner, Rathsbürger von Melk, statten den kaiserlichen Commissären zu Melk, welche sie an Georg Prunner, obersten Hauptmann der zu Emmersdorf versammelten aufständischen Bauern, sowie an diese selbst abgesandt hatten, um sie für den 22. Jänner nach Melk zu einer Versammlung einzuladen, auf welcher ihre Beschwerden angehört und nach Recht und Billigkeit verhandelt werden sollen, folgenden Bericht ab:

Die Abgesandten hätten Prunner zu Emmersdorf im Beisein seines Fähnrichs, »so man sonst den wälischen Hans nendt«, sowie Oberhausers, Prunners Schreiber, angetroffen und ihm die Vorladung eingehändigt. Prunner habe geantwortet, er halte an dem fest, was ihnen der »Reichs-Ernholdt« zu Pöggstall zugesagt hätte, nämlich dass die Commission zu Emmersdorf abgehalten würde. Der Ernholdt habe diese Zusage, wie Prunner selbst gesehen hätte, nach Prag berichtet. Ihm persönlich wäre es gleichgiltig, an welchem Orte die Commission tagen würde; er wäre auch bereit gewesen, in Melk zu erscheinen, aber der »helle Hauffe« habe ihn durch einen Schwur genötigt, in Emmersdorf zu bleiben, er könne deshalb weiter nichts thun. Die bei Emmersdorf versammelten Bauern seien bei 80.000 Mann stark. Prunner habe auch gestern (19. Januar) zwei Bürger von Emmersdorf an den Abt von Melk mit einem Schreiben abgesandt, aber keine schriftliche Antwort erhalten; obwol er »ain geringhe persohn und reverendto nuer ain hosenflickher sey«, habe er doch eine Antwort erwartet; er bleibe deshalb auch bei seinem Vorhaben. Er lade die Commissäre ein, nach Emmersdorf zu kommen, er wolle sie »also einfueren mit sambt den irigen in essen, trinckhen trackhtieren, als wann sy in ainer Reichsstatt sein sollen«; er gelobe ihnen freies Geleite, so oft sie nach Emmersdorf hin und nach Melk zurück wollten. »Den herrn Gallen nemen sie (die Bauern) durchaus nit als ain Commissär an, sie rathen ihm, er welle sich in Emmerstorff nit finden lassen.« Auch möge die Begleitung der Commissäre, wenn diese nach Emmersdorf kommen, die Bauern nicht reizen.

Orig. Pap. im Archiv von Melk.

XXII.

1597, 20. Jänner (Abends), Melk.

Die nach dem Mittag des 20. Januar von den kaiserlichen Commissären wieder nach Emmersdorf abgesandten Bürger von Melk berichten, dass sie nach ihrer Ankunft in Emmersdorf Richter und Rath daselbst zu dem Mautner Schölhamber berufen und ihnen die Aufforderung der Commission nach Melk zu kommen berichtet hätten. Diese erklärten, sie wären durch die anderen aufgestandenen Bauern eidlich genötigt worden, zu ihnen zu stehen, ohne Prunner könnten sie nichts unternehmen. Die Melker Bürger begaben sich, von Richter und Rath von Emmersdorf begleitet, zu Prunner, der ihnen jedoch nicht gestattete, nach Melk zu fahren; doch gestand er zu, dass er am 22. Januar, an welchem Tage der »helle Hauffe« in Emmersdorf zusammenkommen werde, demselben die Aufforderung der Commissäre bekannt geben wollte; erkläre sich dieser bereit, nach Melk zu kommen, so würde auch er nicht dagegen sein.

Orig. Pap. im Archiv von Melk.

XXIII.

1597, 21. Jänner. Emmersdorf.

Schreiben des Hauptmannes der Bauern, Georg Prunner, an den Abt Caspar von Melk.

Hoch erwürdiger. geistlicher auch edler genediger her. E. G. schreiben habe ich priefsweißer empfangen unnd daraus sovil vernomben, wie das die verordnetten khaiserlichen herrn Commissare (ausser vorher erwartung Ir. Fürstl. Durchl. und hertzog dieses landts verrer resolution) nach Emerstorff zu khomben unnd die sachen daselbs abzuhandlen, nit gedacht seindt. Derwegen khan ich E. G. unberieht nit lassen, weil der herr Ehrnholdt im namben Ir. Khays. Maytt., unsers allergenedigisten herrn, mir selbst zuegesagt, daß der commissiontag auf morgen hieher gen Emerstorff gelegt unnd angesteldt werden soll, also ließ ich es noch bei denselben verbleiben, in massen mich angestern dann E. G. abgesande mundlicher auch verstanden; nichts dester weniger, weil heunt unnd morgen der gantze helle hauffen dieser commission und irer beschwerungen halber alhie zu Emerstorff ankhomben werden, bin ich gadacht mit meren mit inen darauß zu reden, ob sie hinüber gen Mölckh erscheinen wellen oder nit, außer derselben beschaidt khan ich mich selbst mit nichte einlaßen. dann ich außer derselben verwilligung leib unnd leben bey inen selbst nit gesichert sein wurde. Daneben alle Gott anbevolchen.

Emerstorff den 21ten Januari an. 97.

E. G.

gehorsamber
Georg Prunner.
haubtman.

Orig. Pap. im Archiv von Melk.

XXIV.

1597, 22. Jänner (Vormittag). Melk.

Über Befehl der kaiserlichen Commissäre begeben sich Siegmund Pürchinger, Marktrichter, und die Rathsbürger Michael Praun, Paul Frauendienst und Daniel Hofinger von Melk wieder nach Emmersdorf, um die Bauern aufzufordern, es mögen, wenn nicht alle, doch ein Ausschuss von ihnen mit Prunner vor den Commissären in Melk erscheinen, um ihre Beschwerden vorzubringen, allen wäre freies Geleite gesichert. Nach ihrer Rückkunft berichten die Abgesandten, sie hätten sich, in Emmersdorf angekommen, sofort zu Prunner begeben, der ihnen ein Schreiben an die kaiserlichen Commissäre eingehändigt hätte. Weil sie aber damit sich nicht zufrieden gegeben, hätte Prunner den »hellen Haufen«, der am 21. und 22. Jänner in Emmersdorf angekommen sei, in Ringe aufstellen und die Bauern über ihre Ansicht vor ihnen befragt. Dieselben hätten sich auf das ihnen vor drei Wochen vom »Reichs-Erholdt« zu Pöggstall gegebene Wort, das er noch durch Handschlag bekräftigt hätte: die Commissäre würden selbst nach Emmersdorf kommen, um die Beschwerden anzuhören, berufen. »sie liessen sich aus irem Viertel khaineswegs an andere orth hinweisen, und sollen sie ir leib und leben lassen, so wellen sie beyainander bleiben unnd die Commissarien zu Emmerstorf erwarten«. Mit diesem Bescheide seien sie entlassen worden.

Orig.-Pap. im Archive von Melk.

XXV.
1597, 22. Jänner (Abends). Melk.

Die erwähnten Bürger von Melk begeben sich über Befehl der kaiserlichen Commissäre am Nachmittage dieses 22. Jänner wieder nach Emmersdorf, um Prunner bekannt zu geben, die Commissäre könnten Prunners Schreiben erst nach eingeholter Erkundigung vom Reichs-Ernholdt beantworten. Die Bauern hätten zur Antwort gegeben, es kümmere sie wenig, was die Commissäre thun wollten, sie würden beisammen bleiben und die Waffen nicht eher aus den Händen legen, als bis das Wort des »Reichs-Ernholdts« eingelöst wäre.

Orig.-Pap. im Archive von Melk.

XXVI.
1597, 22. Jänner. Melk.

Über Aufforderung der kaiserlichen Commissäre wegen des den Bauern angeblich mit Mund und Hand versprochenen Commissionstages zu Emmerdorf berichtet der kaiserliche »Reichs-Ernholdt Peter Fleischmann: Er habe auf Befehl der kaiserlichen Commissäre, nachdem er zu Ips das kaiserliche Generalmandat publiciert hatte, sich mit dem Pfleger des Herrn von Hoyos von dort nach Persenbeug übersetzen lassen, sei beim Richter eingekehrt und habe ihm befohlen, die Gemeinde binnen einer Stunde auf dem Marktplatze von Persenbeug zu versammeln. Inzwischen habe er dem Richter und mehreren anderen den von ihm zu Aschbach und Haag mit den Bauern geschlossenen und besiegelten Vertrag, demzufolge 15.000 Unterthanen zum Gehorsame zurückgekehrt seien, bekannt gemacht. Nachdem sich unterdessen bei 100 Personen auf dem Marktplatze versammelt hätten, habe er seinen Herold-Mantel angelegt und sei zu Pferde dahin geritten. Dort habe er das Generalmandat und die zu Haag getroffene Übereinkunft publiciert, die Anwesenden zum Gehorsame ermahnt, mit ihren Beschwerden an die kaiserliche Commission verwiesen und dem Richter »lautter vermelt«, die Unterthanen von Persenbeug und die anderen, welche am 22. Jänner zu Emmersdorf sich versammeln wollten, sollen durch einen bevollmächtigten Ausschuss ihre Beschwerden den kaiserlichen Commissären nach Melk übersenden, sie mögen dann in ihrem Lager bei Emmersdorf, doch ohne Wehr und Waffen, die Antwort der Commissäre abwarten. Er habe also den Commissionstag zu Persenbeug weder abgesagt noch nach Emmersdorf verlegt. Prunner handle falsch und meineidig, da er ihm doch zu Gmünd gelobt habe, die Waffen niederzulegen und die Beschwerden« bey den herrn deputierten Commissarien mit allem glimpf (zu) übergeben und umb beschaidt an (zu) halten«. Der Abt von Melk möge diesen seinen Bericht den Bauern nach Emmersdorf übersenden.

Orig.-Pap. im Archive von Melk.

XXVII.

1597. 24. Jänner. Melk. Schreiben der kaiserlichen Commissäre an die zu Emmersdorf versammelten Bauern.

Ersamb weiß auch erbare liebe freundt. Euer schreiben aben wir empfangen und fuegen euch hierauff zue widerantwort: was euch anfangs des Ernholdt halber verwundert, das unsere abgesandten, wofer sy es euch also anzaigt. es nit recht aufgericht haben: dann unser zuerbietten ist alain dieß gewesen, wir wellen den Ernholdt darüber vernomben (haben), als welcher von hie nit verruckht gewest und noch hie ist. In dem übrigen lassen wir es bey unserm schreiben verbleiben. Weil wier aber under andern auch diß angemelt, do ihr nit herüber zu bewegen, das ihr doch euch so lang gedulden wellet, biß von Ir fürstl. Durchl. hh. Matthiasen Ertzhertzog zu Österreich etc., unsern gnedigisten herrn, uns derselben resolution des orths halber zuckhumbt, deren wir heut erwarten. Darzue wellen wir euch nochmalen vermant haben auch in Ir. Kkay. Maytt. namben. uns diß und khains andern zu euch versehen.

Es solle uns aber auch diß nit zuwider sein, das ihr uns diejenigen persohnen nambhafft machet, so ihr gegen den zweyen unsers mittl. so ihr hinüber begert. hieher ordnen wellet. wellen wir auch unser mainung. do indessen Ir. furstl. Durchl. resolution nit ankhamb. darüber verrer zuckhomben lassen. Was ihr des aufgnommenen khriegsvolckhs halber vermelt, hat die mainung nit. wie ihrs ungleich bericht seit. haben wir euch zu eurem fürderlichen wissen nit sollen verhalten.

Melckh. den 24. Januarii an. 97.

Caspar,
abbt zu Melckh.
Cornelius,
brobst zu Eysgarn.

R. v. Strein.

Adam von Puch(heim).
Ber. Leo Gall.

Orig.-Pap. 5 Schlußsiegel; im Archive von Zwettl.

XXVIII.

1597, 26. Jänner. Wien. Schreiben H. v. Zinzendorf auf Hausegg an die landesfürstlichen Commissäre.

Zinzendorf berichtet, dass »in der accordo des khayserlichen Reichs-Ehrnhodldts zue Haag und Aspash die pfarr Grössten auch einkhomen ist,« und, obwohl er alle gütigen Mittel angewendet habe, dass ihm als ihrer Obrigkeit seine Unterthanen oder Richard von Strein als »Mittlman« ihre Beschwerden vorbringen sollten, habe er diese von ihnen nicht erlangen können. Nachdem er aber als Verordneter nach Wien zum Landtage reisen müsse, die Kläger aber.

wie er vernehme, viele private Beschwerden, die vorhin schon beigelegt worden sind, vorbringen wollten, so bitte er, die Commissäre wollten bezüglich des jährlichen Georgi- und Michaeli-Dienstes, bezüglich dessen er sich auf die Bitten der Holden schon früher mit ihnen verglichen hätte durch Ablösung und Tausch, die Hausegger verhalten, den mit ihnen geschlossenen Accord vorzulegen; ferner ersuche er bezüglich der Überlande, sie möchten die Unterthanen verhalten, die Original-Kauf- oder Erbbriefe vorzulegen; er habe auch »auß befuegten ursachen 2 zänhamer auferbawet«, weshalb diejenigen Schmiede, die sich beschwert fühlten, persönlich ihre Klagen vorbringen sollen; endlich bitte er, da sie ihm »ainichen gehorsamb nit laisten, mit gewalt meinen bestandt zehet, bestandt waidtgellt und uralten khuechldienst furhalten«, die vier Ambtleute auch zum Erscheinen verhalten zu wollen.

Orig.-Pap. im Archive von Melk.

XXIX.

1597, 27. Jänner s. l. (Persenbeug?). Bericht eines Dieners der Herrschaft Persenbeug an den Abt Caspar von Melk.

Ehrwierdiger in Gott geistlicher gnediger herr! E. Gn. sein mein gehorsambe willig dienst bevor. Und weillen E. Gn. den zustandt des schlosses Persenbeug von mir begert, habe ich E. Gn. hienebens so vill bewußt khurzlichen erinndern unnd anfuegen wöllen, unnd berichtt E. Gn. erstlichen: Alß herr Pauckher dem pfleger aldort den 25. dieß schriben unnd ime zu wissen gemacht, waß die pauren in sin haben, daß er derowegen die pesten sachen hin weg flichen solle, hatt er solches ins werckh gericht; alß er nun solliche sachen herunder auf die zillen bringen lassen unnd etlichen personen dabey zu verharren bevolchen, biß daß er wider khome unnd von landt tauchen lassen, sein solches alspaldt die paurn erindert worden unnd zuegefahren, dem pfleger alles, waß er eingemacht, erstlichen verwachten, hernach aber des andern tags hinweg nemben unnd verwahren, nach dißem aber alßbalden das schloß, damit niemandt hinauß noch hinein mügen, umb ringen unnd verwachten lassen. Da ich aber geschen, gewußt unnd von andern, welich unnder nen sein, erindert worden, daß sy mir doch ohne alle ursachen hartt gedrott auch sich untereinander entschlossen, waß sy mir andern zue einem exempell vor ainem tott anlegen wöllen. hab ich mir diß remedium fürgenomen, den wachtern beym thor wein genueg zuetragen unnd sich unndereinander vol drinckhen lassen, sie hernachen gebetten, daß sie mich in mairhoff, alda ich etwaß nöthigs zu verrichten, gehn lassen wöllen, dessen sy sich im ersten gewidrigt mit vermelden, sie betten in bevelch, durchauß khainen, wer er sey, hinauß zulassen, auf, welches ich innen die handt geben mich wider zu gestellen. Allß ich nun ein wenig von innen khomen, sein sy mir aufn fuß hernach gangen unnd gesechen, ob ich mich in mairhoff begeben thue. Do ich aber gemelten mairhoff erlangt und gesechen, daß mir alles dinckh von innen mich zu faßen nachgevolgtt, hab ich mich alßbalt in waldt uber alle perg hin weg gemacht unnd inen also entruckh khumen. auf welches sy also daß schloß eingenomen und besetzt. Waß sy aber mit meins gned. herrn andern dienern fuergenomen, ist mir unbewußt, wirts die zeit geben. Das hab E. Gn. ich khurzlich in gehorsamb berichten. nebens mich E. Gn. dieselben aber in schutz Gottes bevelchen wöllen.

Molkh den 27 Januari anno 97.

Orig.-Pap. im Archive von Melk.

XXX.

1597, 27. Jänner. Wien. Erzherzog Mathias gibt dem Richter und Rath der Stadt Ips Verhaltungsmassregeln in dem Bauernaufstande.

Matthiaß von Gottes genaden Ertzhertzog zu Össterreich etc. Getreue, liebe. Nachdem wir vernemben, das die paurschafft über alle versuchte guetige mitl in irem ungehorsamb verhart unnd der thatlichkait (sich) vernemben lasst, so werden Ir. Röm. Khay. Maytt. unnd wir zu gezimenden einsehen wider unserm willen getrungen, darmit wir unns zu befürdern im werkh sein. Hiezwischen bevelchen wir euch hiemit in Ir. Khay. Maytt. namen bey denen pflichten, damit ir Ir Khay. Maytt. verpunden seit, genedig unnd enndtlich, das ir die stat unnd euch vertraute burgerschafft in gueter acht unnd gewarsamb haltet, bey zeiten profiantieret, die thör zue notturfft bei tag unnd nacht verwachet, niemandten verdächtigen einlasset. auf der paurn unndter unnd ob der Ennss practien. corespontents. potten unnd brieff acht gebet. dieselben niderwerffet. die grossen und clainen schiffungen verwart. auff der rebellen anschlag khundtschafft aufmerckhet und was ir erfardt den Abbt von Mölckh unnd unnserm obristen hoffmaister Reichardt von Strein eillendist zu yeder zeit erinnderet unnd alles das thuet. was zue verhindterung des der paurn straffmässigen vorhabens nutz unnd diennstlich. In sonnderhaidt wellet mit euren benachberten guete vertreuliche correspontents halten. khainem menschen khaine wehrn. pixen. spieß. pulfer. pley oder dergleichen mit oder ohne gelt ervolgen lassen. er bringe dann von denen ortten gewisse schein. da man aller gefar sicher ist. wie Ir. Röm. Khay. Maytt. unnd wir euch genedigist darumben vertrauen unnd euchs in allen gnaden zu khunftig erkhennen.

Geben in der statt Wienn den sibenunndzwaintzigisten tag Januarij anno etc. sibenunndneuntzigistes.

Matthias.
W. Unverzagt.

Ad mandatum Serenissimi Dom. Archiducis proprium
G. Schrötl.

Orig.-Pap. Erzh. Schlussiegel, im Archiv von Melk.

XXXI.

1597, 27. Jänner. Wien. Schreiben des Erzherzog Matthias an den Abt von Melk wegen der Bauern.

Mathias von Gottes genaden. Ertzhertzog zu Österreich etc. Ersamer. geistlicher. lieber, andechtiger. Wir haben dein schrifftlich und des brobsten vonn Eyssgarn müntliche relation verstanden: weill dann mit den undterthonen güttig nichts zue richten, wiewol man noch weitter das so müglichst versuechen mueß. so sein wir entschloßen zu baiden landen ebn und her dischalb der Thonau reutter und knecht hinauf zu schickhen. Melekh. Ibs und andere ort zu verwahren. Damit aber der haubtman, so mit dreyhundert pauern herüber seczen will. nit diß viertl auch aufwigle. so schickhen wier disen reittenden camerpotten mit zwayen generallen zu dier. dem Strein und Wilhelmen von Losenstain und ersuechen euch. ir wellet ime camerpotten ain anlaittung und ain verzeichnus. darauf sy daß general laudet. geben. auch selbst die benachperten landt-

leuth und stett schriftlich und durch reittende potten ersuechen,
daß man alle urfahr bestellt und dise pauers nit herüber lass: da
sie ie herüber khämen, daß man mit zusambgesezter hülff dieselben
schlag, trent, die rädlfierer wo müglich lebendig oder zum wenigisten
tott bekhum: und da die pauern ob Wiener-Waldt wider ir vorige
ereläruug zusamblauffen und ansag lassen wolten, man die potten
und aufwigler obfahe, tottschlag oder aufhenckht und inen ain ernst
zaige. Daneben aber die landtleuth alle guettige mittl und weg
suechen. iere underthonen zu stillen und zue gehorsamb zu bringen,
die gehorsamben zu sterekhen, zu trösten und zu schuczen mit dem
zuesag, daß es an landtsfuerstlicher hilff nit manglen werdt. Also
wellet auch fleiß haben, die potten von und zu den Ober-Enserischen
pauern und niderzuwerffen und zuverhindern, die schiff an der
Thonau zu verwahren, die statt Ibs in acht zu haben: dan unser
hilf von disem landt nit lang ausbleiben wierdt. wie wir dan dem
Landtshaubtman und Viztomb ob der Ennß euerem guetachten nach
auch avisiern, und sein dier mit genaden gewogen. Geben in
der statt Wien den sibenundtzwainzigisten Januarii an. sibenundt-
neunzigisten.

Mathias.   Ad. mandatum Ser. Dom.
                                                                      Archiducis proprium
W. Unverzagt.   G. Schrötl.

Orig.-Pap. Erzh. Schlussiegel, im Archiv von Melk.

XXXII.

*1597, 29. Jänner. Wien. Schreiben des Erzherzog Mathias an den
Abt Caspar von Melk der Bauern halber.*

Matthias von Gottes genaden Ertzhertzog zu Osterreich etc.
Ersamer, geistlicher, lieber, andechtiger. Unns ist dein schreiben
vom sibenundtzwainzigisten gegenwärtigen monats, so du an der
Röm. Khay. Maytt. Reichshofrath Wolfen Unverzagt gethan, ab-
gelesen worden, daraus wir gar ungernn verstanden, das die sachen
mit den paurn in solche weitleufigkhait gerathen. Weillen es aber
nunmer zum ernst khumen mues, sein wir im werch, dir alspalt
reuter unnd knecht zu ordnen, haben auch alberait auß Ir. Khay.
Maytt. zeughauß zehen thonen pulver in dem Melkherhof alhie zubringen verordnet, die sollen durch deine leuth ehist hinauf gefiert

werden; doch wellest du furschung thuen, das es sicher nach Melckh kume, wie wir den hofmaister bevolchen. Daneben wellest dein guete khundtschafft auf der paurn vorhaben halten und uns vonn einer zeit zur andern berichten; gleichfals müglichen vleiß neben den andern benachbarten anwenden, damit die underthonen im Viertl ob Wiener-Waldt in officio erhalten werden. Unnd es beschiecht hier an der Khai. Maytt. unnd unser genedigiste mainung. Geben in der stat Wienn den neunundzwainzigisten tag monats Januarii anno etc. sibenundneuntzig.

	Ad mandatum Ser. Dom.
Matthias.	Archiducis proprium
	G. Schrötl.

Orig.-Pap. im Archiv von Melk.

XXXIII.

1597, 29. Jänner. Weißenkirchen in der Wachau. Die Unterthanen Richards von Strein im Thale Wachau erklären ihre volle Zufriedenheit mit ihrer Herrschaft und weisen die Aufforderung der Bauern zum Anschlusse zurück.

Wir N. angesetzter richter, rath, gnandte und gantze gemeine burgerschafft im Thaal Wachau bekhennen hiemit, das anheut hierunden vermelden dato die ehrvesten, beschaidenen und wolgeachten N. herr Obrister, Fendrich, Haubtleuth und andere bevelchshaber der in Österreich undter der Ennß in dem Vierttl ob Manhartsberg aufgestandnen paur- und burgerschafft zu unnß hieher gehn Weissenkirchen, Johing, Wesendorff und St. Michael in ermeltem Thaal Wachau khumen und gaben unnß zu vernehmen, welchermassen sy allerlei beschwärungen wider ihre herrn hetten und solche beschwärungen abzustellen vorhabens, wie sy dann eben allain destwegen wider sy ihre herrn aufgestanden und ain verbündtnus miteinander dahin gemacht und beschlossen alle und jede paur- und burgerschafft in obermeltem Vierttl in ain corpus alßdann beruertte beschwärung und onera ab und endlich dahin zubringen, damit es alle und jede herrn in mergedachtem Vierttl bey dem alten herkhomen in ainem und andern verbleiben lassen müessen und ainicher paur oder burgerßmann im wenigisten darwider nit beschwert werden solle. Weilen dann dises allen betrangten und beschwerden paurn und burgern zum besten gemaint und die commission, so dises aufstandts halber angeordnet gewesen, sich allerdings zerstossen, so thaten sie unnß hiemit auch ersuechen mit dem nachberlichen ansynen, es werde unnß auch nit zuwider sein, unnß mit ihnen in solche ihr verbündtnus einzulassen. Damit wir auch wissen khünnen, was für beschwerungen sie hetten, legten sie unnß derselben in ainem libel verfast sechzehen fuer, haben unnß dieselben auch fuerlesen lassen und abzuschreiben vergunstigt. Nach abhörung derselben haben wir unser antwortt darauf khürtzlich nachvolgundt gethan: Wie das wir erstlich der Röm. Khays. Maytt. unsers allergenedigisten herrn und landtsfüersten einverleibte Urbarsholden und derselben neben unserm gnedigen herrn, herrn Reicharden Strein, herrn zu Schwartzenau etc. verlübt, verpflicht und dahin verbunden sein, das wier ainichem menschen verrer nit anglüben noch ainiche pflicht laisten, vil weniger unnß in ainiche verbündtnus, so wider Ihr Khay. Maytt. beschechen möchte, einlassen khünnen, allermassen wir dann höchsternenter Ir. Khay. Maytt. die Urbarsteur. Rist- und Aufbottgelt in Ir. Maytt. Vitzthombambt in Österreich undter der Ennß järlichen richtig machen muessen. Füers ander, das wir deren verlesnen beschwerungen wider wol ermelten unsern gnedigen herrn, herrn Reicharden Strein etc. khaine nit, sondern villmehr dises von ihme unserm gnd. herrn zu rüchmen haben, das er unnß nit allain yederzeit und so lang er des Thaals Wochau und unser erbherr ist, bey unsern alten herkhomen und freyhaitten ruebig verbleiben lassen, sondern auch sich gnedigelich dahin erbotten, darob und daran zu sein, damit unnß beruertte unsere freyhaitten von höchsternenter Ir. Khay. Maytt. in allen dem, was zu aufnehmung unser und gemainer burgerschafft nutz gedeihen möcht, anziert, gemert und gebessert werden sollen. Was aber fuers dritte den Hauß- oder Rauchfanckhgulden anbelangt, da sein wir nit zuwider, da bey Ir. Khay. Maytt. ein gantze paur- und burgerschafft umb milderung und nachlassung desselben anhalten werden, mit und neben ihnen zu stehen und darumben undterthenigist anzuhalten. Das wir aber wider ofttwolermelten unsern gnd. herrn, herrn Reicharten Strein aufstehen und unnß wider ihn auflehnen solten, das khünnen wir weder mit guettem gewissen noch ainich fueg oder recht nit thuen; aber dises wellen wir unnß gegen ihnen auß christlichem gemueth und eifer obligiert und verbunden haben, das wir ihnen jeder- und allezeit gegen und wider den erbfeindt christliches namens mit leib, haab und guett beistehen; dann auch obbemelten punct wegen milderung und nachlassung des Hauß- und Rauchfanckhguldens bey Ir. Khays. Maytt. auf ihr begern neben ihnen allergehorsambist anbringen und derentwegen anhalten wöllen, doch das sy unnß mit dem aidt, deren andere, so Ihr. Khays. Maytt. Urbarholden nit vilweniger dahin wie wir privilegiert und befreyt sein, nit beschweren, sondern desselben gentzlich und allerdings erlassen sollen. Über welche yetzerzelte antwortt er herr Obrister, Fendrich, Haubtleuth und bevelchshaber vermelt: Weil es mit unnß ain solche mainung wie oberzelt hab und sy ohne das nit bedacht im wenigsten wider Ir. Khays. Maytt. etwas zu handtlen oder fuerzunehmen, vil weniger ainicht marckht oder dorff an ihren freyhaiten etwas zu entziehen oder zu mindern, sondern vilmehr alle und jede märkht und dörffer bey ihren gegebnen und habenden freyhaitten zu schützen und darbey handtzuhaben, so wöllen sy es bey obvermelter unsrer gethanen verantworttung, anerbietten und begern in ainem und andern allerdings verbleiben lassen und unnß darwider nit beschwern. Haben unnß auch schliesslich dises verhaissen und zugesagt, da auf den eingehenden frueling frembte nationes oder khriegsvolckh zu unnß eingelegt und wir durch dieselben betrangt oder molestiert werden solten, unnß auf solchen fahl und unser anrueffen alle christliche billiche hilff und beystandt zu laisten und zu ertzaigen. Damit nun auch solche tractation desto mehrere crafft und würckhung haben möge, so seyn derselben zwo gleichlauttendte aufgericht und jedem thail aine zuegestellt worden.

Actum Weissenkirchen im Thaal Wochau den neunundzwaintzigisten tag January im fünfzehenhundert und sibenneuntzigisten jar

Orig.-Pap. im Archiv von Zwettl.

XXXIV.

1597. Ende Jänner. Weitra.

Die Untertanen der Herrschaft Weitra beurkunden, dass sie vermöge der durch den kaiserlichen Reichs-Ernholdt in Gmündt in Gegenwart mehrerer Landherren und vieler Bauern mit ihrem Hauptmanne und anderen Hauptleuten getroffenen Uebereinkunft: ihre Beschwerden zu sammeln und an einem bestimmten Tage den kaiserlichen Commissären in Melk vorzulegen, dieselben schriftlich dem Verwalter der Herrschaft Weitra übergeben und dann dem Besitzer der Herrschaft selbst vorgetragen hätten. Auf dessen Erklärung, dass er niemals von diesen Beschwerden eine Kenntnis gehabt hätte und dieselben abzustellen bereit wäre, sowie dass er ihnen eine väterliche Obrigkeit sein wolle, bekennen sie sich vollkommen zufriedengestellt und geloben, sich als treue Untertanen zu verhalten.

Orig.-Pap. im Archiv von Zwettl.

XXXV.
1597, 31. Jänner. Wien.

Kaiser Rudolf II. fordert Richter und Rath von St. Pölten, nachdem der underthonen und paurn ungeburlichen aufstandt und rebellion uber alle gesuechte guettige müttl und geordnete commissionen sich von tag zu tag je lenger je geferlicher erzaigt, dahero dann guette zeittige fürsehung vonnetten«, ihre Stadt mit Proviant und mit allen zur Verteidigung notwendigen Mitteln versehen und über die getroffenen Anstalten an die niederösterreichische Regierung und Kammer Bericht erstatten sollten; »sonderlich aber sollet ir der rebellischen underthonen bevelch vom besen und guetten vertrestungen khain stadt noch irem schwarmb underschlaiff geben, auch andere eure benachbartten davor warnen«.

Orig.-Pap. im Stadtarchiv von St. Pölten, gedruckt im Gymnasial-Programme von St. Pölten 1888.

XXXVI.
1597, 2. Februar. Ips. Schreiben des Rathes von Ips an den Abt von Melk wegen des Anzuges der Bauern.

Hochwierdiger in Gott geistlicher auch edler gnediger herr. E. Gn. senndt unssere gehorsamb willige dienst zuvor und erinndern E. Gn. in eill. das wier gewisse khundtschafft haben, das die paurn fünfzechentausend sterckh, welche in Neumarckht ligen, unnd, wie wir bericht, schier alles verhörn unnd verzeren, wo nit noch heundt doch morgen hieher khomen unnd das stattl belegern sollen. Es sollen auch noch diße tag 20.000 paurn zu inen stossen, wie E. Gn.

dan von zaiger diß in allenn unnd wie es laider sunsten zueghett merern bericht einnemben werden. Wann wir unnß dann wider ainen solchen gewaldt in die leng nit zu schutzen wissen, die fürstl. Durchl. zuvordrist unnd E. Gn. neben dem herrn von Loßenstain aber unnß im notfall gewisse endtseczung zuegesagt, so haben E. Gn. wier dessen allen hiemit erinndern unnd ehisten eillen disen beschaidts erwarten wöllen, sunsten wöllen wir unß aufholten, so lang unnß von Gott menschlich möglich ist. Thun E. Gn. unnß gehorsamblich bevelchen.

Ibbß den 2. tag Februarius an. 97.

Orig.-Pap. im Archiv von Melk.

XXXVII.

1597. 3. Februar. Persenbeug. Schreiben der aufgestandenen Bauern von Persenbeug an ihren obersten Hauptmann Georg Prunner wegen der nach der Besetzung von Persenbeug im Schlosse vorgefundenen Sachen.

Ernvester wolfürnember insonders günstiger vertrauter lieber herr, freindt, nachtbar unnd obrister herr haubtman. Wir winschen euch auch dem gannz hellen Hauffen denen christlichen bidersmännern, deren sambent mit einander sein, von Gott dem Allmechtigen ain glieckhafftige zeit und verhüettung vor allem übel Amen.

Wir alß die ganntz herrschafft gen Persenpeug zum haubtschloß gehörigen underthanen sambent unnd sonderlich an euch alß unnser herr Oberhaubtman in diser sachen, wie hernach volget, euch zuschreiben mit freundtlichem gebet unnd nachparlichs gesünnen, wolt von unnß freuntlich diß schreiben bey zaiger disen ehrlichen männern als abgesanndte von unnß anhören und vernemen.

Berichten euch ganntz freundtlich, daß man hat auß bevelch eurer alß den furgenumenen Georgen von Arbeßbach für ainen auf daß schloß Persenpeug haubtman im namen Ir. Khay. Maytt. alß nemblichen heundt 8. tag mit etlich doch auß andern vier herrschafften sambt unnser dahin belaydlet, ist das schloß geöffnet worden. Villeicht ist es beschehen, das nichts vorhanden ist gewesen alß mittermeßige wein unndt traydt; wie aber dem andern thaill ist beschehen oder verkhaufft ist khein wissenschafft nit vorhanden, sondern was auf Wien ist gefuert worden zu hauß notturfften.

Item es ist strackhs durch unbardeyische herrn benachparten alß andern herrschafften von Pöggstall ir drey, Wiernstorff ir drey, Altenmarkht ir zween, von Marbach auch zween neben deß pflegers alle zimer gemacch besichtiget unnd außganngen, nichts darinen gefunden, in des herrn zimer alß des herrn beth, grünen toppel taffet fuerhang unnd ainen großen herrlichen roth toppel taffeten haubt polster unnd sonnsten durchauß nichts mer; darüber alle zimer verspörth unnd verpedtschafft worden, so woll auch wein unnd traidt an im selbsten schlecht unnd gering, nit woll zu diser zeit zu verkhauffen ist, es mueßt mit schaden geschehen. Überdieß khombt unnß schwärlich für den haubtman Georg von Arbespach mit sambt den fünffzigen soltaten so lange zeit außzuhalten, des wier selbst nicht wissen, wen die sachen zu ainem enndt wurde gerathen. Ist zu crachten, das diß auch si nit lange werden mit besoltung unnd anders innen zuraichen, was der sach, die weill er im namen Ir khays. Maytt. soll eingesetzt sein, es wurde die besoltung auch daher geraicht, sonnsten würdt es auf unnß arme underthanen gerathen, des wier nicht solches vermogen schwere auflagen außzustehn, den wir vorher hart außgesagt sein unnd in grose armueth khomen, wie augenscheinlich zu sehen ist; weren auch unbekhande alß frembte khnecht gesundt unnd cranckh aufgenommen, daß wir auch nit wissen, sein sie unsere freindt oder feindt, daß jetz schier diser zeit kheinem ist zugetrauen, unnß unnd dem haubtman ein schalckheit geschechen moecht.

Item es ist auch unser willen unnd mainung unnd zu besorgen darbey, daß der herr von Hoyoß wegen der Goltmacher, da wiers weeg thetten, unnß schwärlich wurdt fürbracht werden, mecht ales beschehen durch die frembten soltaten durch haimblich pradickhen außzukhumen, er thät unnd praecht für, wir heten in umb etlich tausendt gulten bracht, muesten wir underthanen daruber antwortt geben, möchts unser recht dadurch gespärt unnd zu grossem schaden geraicht werden.

Item khombt unnß auch beschwärlich in bedenckhung für mit eingeanttworttung des weins, traydt unnd schloß, was den da ist, ime haubtman frembte soltadten solches zu übergebn in ire hendt außer ursachen es beschehe gennegsambe caution unnd bürgshafften, das sie es heindt oder morgen in der ganntzen herrschafften unnß arme underthanen unpreiudicierlich ohne nachteil unnd schaden an entgeltung unnser hab und guet, daß wir khünfftig vom herrn von Hoyoß unangesprochen werden, wissen zu verantwortten wie oben verstanden. Wann solches beschechen, so soll es sein, aber sonsten sein wir die ganntz herrschafft underthanen dahin gedacht, wir selbsten wollten zu verhuettung unnd schonung alß unrats, die weill wir verstehn günntzlich, daß wir dennach sollen wachen neben den soldaten, solches unnß armen leutten schwärlich fürkhomen unnd solche grose besoltungen sollen darauf gehen werden, wir wolten das schloß, wein, traydt, was des da ist, in unsere hendt selbsten empfahen unnd mit sambt allen auch Goltmachern zur zeit verantwortten wissen. wie recht sein soll auch darneben versehen mit wachen tag unnd nacht unnd ainem haußgesessen zu ainem Wachtmaister ins schloß setzen unnd die schließl ir ainem irer haußgesessnen überantwortten, die solches versehen sollen.

Item wir khünen nicht umbgehen merrers zu berichten, daß unnß unbilliche mitl fuerfallen mit einbrechung auch abreissung verspärth verpedtschafft alß des herrn von Hoyoß zimer, das vorgemelt pedt, ain grienen toppel tafteten fürhanck unnd doppel haubtpolstern durch den krumpen Halterbueben alß Drumetter. wer im den gehofften, wirdt auch noch an tag khomen, dahineinkhomen unnd brechen den fürhang von bedt, den bolster aufgeschnitten, die federn außgeschidt dahin gedacht sein frumben damit zu machen, khombt solches schwerlich unnß für. ist zu besorgen, es durchs frembte leut, die man wolt unnd hat schon aufgenomen, merers beschechen möcht.

Schließlichen sein wir also günntzlich gesünet doch mit vorwissen euerer als unsern Oberhaubtman derselben guetachten unnß darbey handtzuhaben, damit wir nit in unrath mit dem herrn von Hoyoß unnd seinen erben in khain unbillich rechts handlungen auch zu verschonen unser weib unnd khindt auch habendten guetl zu verschonen, auch zu behueten. Gott bevohlen.

Datum Persenpeug den 3. February an. 97.

E. W. F.

Nachtbarn

N. deren ganntzen herrschafften gehörigen underthanen haubtschloß Persenbeug.

Dem ernvesten und wolfürnemben Georgen Prunner unsers Viertls der ganntzen underthanen, unsern insonders günstigen lieben freundt unnd nachparn zu selbst aignen hannden.

Orig.-Pap. 4 Schlussiegel, im Archiv von Zwettl.

XXXVIII.

1597, 3. Februar, Melk. Bericht des Abtes Caspar von Melk und Hans Wilhelm Freiherrn von Losenstein die Stadt Ips betreffend.

Durchleichtigster Erzherzog, genedigister herr, E. F. D. sein unnser unnderthenigist gehorsambiste dienst zuvor.

Was an unns N. richter und rath der stadt Ibbs wegen des abermallen gefärlichen aufstandts der paurschafft gelangen lassen, haben E. F. D. sub A. genedigst zu ersehen. Weils auch nit weniger der grossen bevorsteunde gefahr umbständt wir von zwayen abgeorndnen poersonen Danielen Camerer unnd Wolfen Spiegler in specie mündlich verstendiget, haben incrafft E. F. D. unns genedigisten anbevolchnen commission wir gedachten N. richter und rath zue Ibbs beantwortet (B), nit weniger die paurschafft von irrem unfueg abgemant (C); vornebens für hochnotwendig geachtet E. F. D. diß underthenigst fürderlich zue berichten wi auch obgemelte beede personen nach Wien abzuordnen, von welchen E. F. D. den gefärlichen zuestandt anhören zu lassen unnd darüber mit zeitlich fürkhomung besorgliche nachteil und schadens auf verrer fuegsame mittl sich genedigist zue resolviren haben. Insonderhait werden E. F. D. genedigst erwegen, weile die statt Ibbs in grosser gefahr auch weder mit genuegsahmen leuten noch profiant versehen unnd, wie vermuetet wierdet, das in communi populo der merer tail der paurschafft gewogen, und wen die paurschafft die statt überweltigen sollten, wie bey solicher augenscheinlichen confusion leichtlich geschechen möchte, die munition unnd das geschücz, so in zimblicher anzal vorhanden, fuer die paurschafft zue gueten dem lannde aber zu grossen abbruch geraichen würde, so wol auch, so uns glaubwierdig fuerkhombt, sey herr Reichart Streun nit wenig betrangt, ebenfalls das closter Melckh an volckh gar bloß, wie disem allem mit ainer genedigisten hülf succurrirt, dadurch hoffentlich dises Viertel des landes guetes tails erhalten werden möchte; unnd thuen E. F. D. unns gehorsambist bevelchen.

Datum Melckh den 3. Februaris an. 97.

Orig.-Concept.-Pap. im Archiv von Melk.

XXXIX.

1597, 3. Februar. Melk.

Abt Caspar von Melk und Hans Wilhelm, Herr von Losenstein, bestätigen Richter und Rath von Ibbs den richtigen Empfang ihres Schreibens vom 2. Februar. Es wundere sie, dass die Bauern jetzt auch die kaiserlichen Städte und das Kammergut in ihre Gewalt zu bringen versuchen. Sie erinnern Richter und Rath an den Befehl des Erzherzogs Matthias sowie an ihre dem Reichs-Ernholdt und ihnen als kaiserlichen Commissären gethane Zusage, sich »mit zueseczung leibs und guets gehorsamblich zu erzaigen«, und fordern sie auf, die Stadt nicht den Bauern zu übergeben, sondern sich »wie erliche khaißerlich glübde und verpflichte burgers- und pidersleuth gebuert, salvieren« und bis zum Äussersten sich zu halten, um den anderen Orten, die noch kein Bündnis mit den Bauern eingegangen sind, ein gutes Beispiel zu geben. An die Bauern hätten sie, die Commissäre, nochmals eine Verwarnung ergehen lassen. Würden diese aber doch vor die Stadt kommen und von ihnen Angelobung begehren, so sollten sie dieselben fragen, ob ihre Rebellion auch wieder die kaiserliche Majestät und deren Untertanen und Güter sich richte, oder nur, wie sie vorgeben, gegen die Landstände. Wenn sie das erstere verneinen, wie sie es gewöhnlich zu thun pflegen, so werden sie die Stadt in Ruhe lassen. Sie erinnern die Bürger endlich, dass sie die kaiserliche Drohung: »Diejenigen aber, welche angeregten undichtigen aydt halten und wider Gottes gebott alles geistliche unnd weltliche recht auch ire gethane erbpflicht auf irem ungehorsamb verharren wüerden, sambt iren weib und khindern an ehr, leib und guet straffen wöllen, zu deme sy inn und ausser landts aller weldt wie die vögl in der lüfft preiß sein, ire khinder leibaigne khnecht worden und ir die paurschafftalle eure alte freyheiten unnd gerechtigkheiten allerdings verwürkhet«, nicht nur die Bauern sondern auch Bürergschaft angehen. Zum Schluße erwarten sie ihren weiteren Bericht und geben ihnen bekannt, dass sie dem Erzherzog (zur besten Defension der Stadt) alles berichten und dessen Resolution ihnen sofort zusenden werden.

Orig.-Pap. im Archiv von Melk.

XL.

1597, 7. Februar. Seitenstetten. Revers des Abtes Christoph von Seitenstetten für die Stiftsholden wegen Abstellung ihrer Beschwerden.

Wir Christoff von Gottes gnaden Abbte deß wirdigen gottshauß Seittenstetten bekhennen hiemit, daß heut hernach benanten dato erschienen seyn unsers gottshauß underthanen im Ibbsitztall-, Hoff-, Urler-, Piberpekhen- und Suntagpergerambt und unß fürgebracht, wellichermassen sie allerlay beschwerten und unerschwinkhliche auflagen hetten, deroweegen gebetten solliche gantzlich zue mildern und abzuethun. Weillen dann wir ir begern für billich geacht, alßo geloben zuesagen und versprechen wir bey unser ehren, wirden, glauben und an aydts statt, daß wir alle und jede angedeutte auflagen hiemitt vermüg deß khayserlichen ergangnen generals 91igisten jars, wie diese beschwerten oder neuerungen namen haben möchten ausser des zechents, so von alters gewesen, gäntzlich aufheben und abthun, auch bey gedachten unsern underthanen mitt leib und guett verbleiben und zue denselben in allen nötten setzen und ob inen halten wöllen.

Zur urkhundt geben wir inen gegenwärtigen schein mitt unsern grössern Praelatur insigl verfertigt und aigner handt underschriben.

Actum Seitenstetten, den 7. Februaris an. 97.

Orig. unbekannt, Concept im Archiv von Seitenstetten.

XLI.

1597, 8. Februar. Melk. Die kaiserlichen Commissäre berufen die Stände des Kreises ober dem Wiener-Wald zu einer Versammlung nach St. Pölten.

Denen ehrwürdigen in Gott geistlichen unnd wohlgebohrnen herrnen auch edlen, gestrengen unnd vesten N., den herrnen prelaten herrn unnd ritterstands unnd stätten in disen Viertl ob Wiener-Walt gesessen, so dieses unser ausschreiben zuekombt, entbietten wir die verordnete khayserlichen Commissarien unser freundtliche unnd willige dienst. Den herrnen unnd euch ist unverborgen, was sich die aufgestandene paurschafft mitt Ir. Khays. Maytt. lanndts-

19

fürstlichen statt Ibbs bishero gewaltigerweis undterstanten unnd noch weiter undterstehen möchte. Wann dann Ir. Khays. Maytt. unnsers allergnedigisten herrn wie auch des lanndts höchste noturfft erfordet, daß mann zusamben khomen unnd sich dieses geferlichen auf- unnd zuestande halber mit einander nottürftiglich undterrede, also haben wir die herrn unnd auch in namben Ir. Khays. Maytt. und fürstleicher Durchleucht herrn Mattieasen, Ertzhertzogen zu Österreich, als Ir. Khays. Maytt. Gubernatoren hiermit ersuchen für uns selbst freundtlichen bitten wellen, ier wellet auf den 12ten dieß zu fruer tagszeit oder auff abend zuevor euch in die statt Sant Pöldten unbeschwert verfuegen, allda wir mit den herrnen und euch in den sachen weitter tractiren wellen; unnd wie wir unns derbey aus gehörten ursachen khein zweiffel machen, also werden sich auch diejenigen unbeschwert in das pottenregister verzeichnen, so erscheinen wellen.

Melckh den 8ten Februari ann. 1597.

Caspar Abbt zu Melckh.   Reichardt Strein,
Hans Wilhelm Herr zu Losenstein.

Orig. unbekannt, abschriftlich in Kalteneggers Manuscript II. 480, Nr. 435.

XLII.

1599, 9. Februar. Ips.   Schreiben der Bauern an den Präloten von Seisenstein.

Erwirdiger in Gott gaistlicher, genediger, gepietunder herr: unnsern grueß samentlich zuvor. Ist unser pit, wöllet unnser versamblung, die nun ganntz aufgezert ist, proviant in wein unnd prott zuckhumen lassen; da das nit wurde beschechen, khann ich daß volckh nit abhaltten, daß sy das chloster nit überfielenn, unnd weil wir in erfarung, daß pulver unnd pley pey dem chloster, wollen E. Gn. unnß auch waß widerfaren lassen; steht unns zu verdienen.

Actum in Ybß denn 9. Februarii an. 97.

E. Gn. willige
ganntze versambung der Pauren.

Orig.-Pap. im Archiv von Melk.

XLIII.

1597. 9. Februar. Schallaburg.

Die kaiserlichen Commissäre, Reichard Strein zu Schwarzenau und Hans Wilhelm von Losenstein, geben in Abwesenheit des Abtes von Melk dem Stadtrichter von St Pölten bekannt, dass Erzherzog Matthias Kriegsvolk zum Schutze von Klöstern, Städten und Schlössern gegen die aufständigen Bauern, doch »auf pillichen schutz der gehorsamben«, heraufschicke. Da dasselbe schon im Anrücken begriffen sei, so ersuchen sie den Stadtrichter, ihnen mitzuteilen, wo die Truppen jetzt stehen, ob sie schon vor St. Pölten vorübergezogen seien oder nicht, er möge dann ihre Ankunft sofort nach Schallaburg oder Melk bekannt geben.

Orig.-Pap. 2 Schlussiegel im Stadtarchive von St. Pölten, gedr. im Gymnasial Programm a. a. O.

XLIV.

1597. 11. Februar. Winen. Dankschreiben des Obristen der Bauern an den Prälaten von Seisenstein.

Erwirdiger in Gott geistlicher gebietunder herr, den herrn sein mein willige dienst zuvor. Des herrn mir sambt einen hellen hauffen zuegeschickhte proviant und wein hab ich zue danckhsagung empfangen; dorfur sich auch ein ganntzer heller hauff und bevorest ich gegen E. Gn. zum aller höchsten bedanckhen unnd wo möglich widerumb zu verdienen. Hiemit Gott bevolchen.

Datum Feldlager zu Winen, den 11. tag Februarii an. 97.

E. Gn.

dienstbeflissner
Feldopriester yber gemainer
Paurschafft zuzugs.

Orig.-Pap. im Archiv von Melk.

XLV.

1597, 11. Februar. Neustift.

Freiherr von Morakhsy, kaiserlicher General-Obrist, schreibt an den Abt Caspar von Melk: Er habe im Namen des Kaisers vom Erzherzoge Mathias den Befehl erhalten, dass er, weil die Bauern, wie der Erzherzog berichtet worden sei, nach der Besetzung von Ips gegen Melk zu ziehen vorhaben sollen, einige hundert Knechte dahin absenden solle. Er habe deshalb seinem Hauptmanne Bartlmee Oeder befohlen, mit einem »ganntzen Fändl« dahinzuziehen. Der Abt wolle eine oder zwei treue, verschwiegene Personen dem Hauptmanne entgegensenden, um ihm und seiner Schar den Weg zu zeigen.

Orig.-Pap. im Archiv von Melk.

XLVI.

1597. 12. Februar. Wien. Erzherzog Mathias' Schreiben an den Prior von Gaming.

Matthias von Gottes genaden Ertzhertzog zu Österreich etc.

Wir haben auss dein schreiben an unns unnd die N. Ö. regierung unnd cammer verstanden, was sich wider verhoffen fur ain aufstanndt ans alle noth unnd ursach bey dir und bei derselben nachperschafft erhebt; unnd ist woll zu beclagen dass die armen unverstendigen leuth so gar von allen vernunfft khomen, Gottesordtnung unnd straff auch ires aidts gegen die obrigkhait so ubel vergessen, sich unnd alles das irig in gefahr geben, unnd darmit bey der ganczen Christenheit zu feindten unnd ursachern des gemainen verderbens machen, davon sy hie zeitlich unnd dort ewig schwäre straff zue gewartten haben. Wir suechen alle genedige güettige mitl unnd wollen noch hoffen, sy werden in sich selbs gehen, den aussgang bedenckhen, sonderlich weill Ir. Khais. Maytt. unnd wir unns aller gnadt, verzeichung, guettige anhorung unnd abstellung irer beschwerung erbietten unnd nit mehr begern, als dass sie zue rhue sein, inen sovil weill nemben, dass sie ir notturfft khunnen furbringen, unnd man darin wendtung thun, so sollen sie woll gedenckhen, dass in auflauff niemandt nuez dan hauss unnd hoff, ackher unnd wisen, weib unnd khindt lassen sie in gefahr, die werden sie lestlich mit feur unnd schwert verderbt finden; wo sie hin lauffen, werden sie nichts finden noch bekhomben, aber woll selbst einander todt schlagen, ir seel, gewissen unnd empfangne tauf geben sie zur ewigen verdambnuss, ir aigen ehr, aidt unnd leben wagen sie in die schancz, das sie alles hernach unnd zu spatt reuen wirdt. Die, denen sie zu lauffen, sein selbst mainaidtige, Gott vergessne unnd aufruhrige leuth, von denen sie khainer erstattung zu hofen: das lanndt wirdt an volckh dem Türckhen zum besten ödt werden, ackher, weingärtten und die perckhwerch ungepaut bleiben, zu khunfftigen hunger; sie und ire nachkhomen werden zu ewigen gedechtnus alle ire freyheitten, genaden unnd guete ordnungen verwurckhen, das gannz Teutschlanndt wirdt sie alss verrätter des vatterlanndts verfolgen; khainer dieser aufruhrer unnd mitlauffer khan neben der lebensgefähr khein gnaden Gottes oder seeligkheit hoffen, sondern muess die heilligen Sacrament unnd Absolution verzigen sein unnd in sein sünden ewig alss wan er ein unglaubiger waer, sterben unnd verderben. und khain hierinnen nit allein irer herrschafften sondern foderist der Röm. Khay. Maytt., der gannezen Christenheit obristen haubt, irem schuez unnd schiermherrn, von dem sie und ire voreltern alle gnadt unnd wolthatt empfanngen unnd khunfftig zu gewartten haben, an dero hocheit unnd aigen camerguet also auch sovil taussent armen unschuldigen nachpern unnd undterthanen unrecht, die gern bey hauss und rhue bliben, diss ir unschuldige verderben bewainen unnd bis im himel zu Gott umb rach schreien. Darumben wollest nit allein bey allen deinen fleckhen, pfaren unnd ambtern durch geistliche und weltliche die armen ainfeltigen verführten leut dessen teglich erinndern unnd zue rhue und gehorsamb vermonen lassen, sondern auch deine nachpern dessen erinndern unnd zu gleichmessigen vleiss und stillung dieser unnöttigen unrhue vermonnen und ersuechen, den gehorsamben allen schuez und schirmb zuesagen und in werch laisten, den ungehorsamben ir verderben für augen stellen, unnd ob sie etwa aus forcht des feurs unnd irer armuett genöttigt wurden, wollest sie vermohnen, dass sie ire personen, weib, khinder unnd guetter in die clösster und schlösser fliehen; wofir inen je von den rebellen, der nit zu sorgen ist, ire häusser abbrent wuerden, seindt sie doch mit hilf der obrigkheit dieselben vil eher wider zu bauen unnd zu stillten, alss wan man zugleich neben den heusern leib, leben, seel, weib, khindt, haab und guetter, sondlich die ehr, verliehren soll, des nimehr her wider zu bringen ist; zudem wan sie vonn häussern der pauren nachlauffen, so werden da dieselben heusser nit erreth, sondern Ir. Khay. Maytt. und wir und unser khriegsvolckh wird es denselben flüchtigen, mainaydigen und entloffenen abbrennen unnd sie also doppelten schaden haben;

wie du darauf wurdest zu gedenkchen unnd dich nach unsern General-Obristen zu richten haben, wan ye khein gttette helffen will. Kannst du aber deine underthanen, wie gemelt, wider zuruckhbringen, so thuest du ein guet werckh, darumb sie und ire weib unnd khinder dir und andern herren danckhen werden und wurdest Ir. Khay. Maytt. unnd unns ein sonder gefallen thuen. Du wollest auch vleiß ankheren die Holzkhnecht und andere zu profiantieren unnd sie bey irer arbait zu erhalten unnd zuruckh zu behanndlen, unnd magst diß unnser schreiben an deine nachpern khomen laßen.

Geben in unnser statt Wien den 12. Februarij an. im sibenunndneuntzigisten.

Orig. unbek., gleichzeitige Copie im Archiv von Melk.

XLVII.

1597. 13. Februar. Wien. Erzherzog Mathias ermahnt die Bürger von Melk zur Treue.

Mathias von Gottes genaden Ertzhertzog zu Österreich etc.

Getreue, liebe. Wir wissen, das die rebellisch paurschafft wider Gott, Ir. Khay. Maytt. und alle erbarkhait euch zuesetzen, an Ir. Khay. Maytt. und euren obrigkhait mainaidig zu werden. Wie nun die ehr und gutter glauben das pesst auf der weldt ist, dabey sich eure eltern in allen fürfallenhaiten und vill grosseren und gefährlicherern feindtsnötten, als in den Ungerischen, Behaimbischen und Bayrischen khriegen standthafft finden laßen, daher auch genaden und freyhaiten verdient, also zweiflen wir nit, ir werdet es noch und in diesem fall dessto billicher und lieber thuen, weil ir selbst seeht, das dise muethwilligen leuth wider Gottes ordnung und irer cristlichen tauff streitten und als sy nit davon ablassen, von Gott ungestrafft nit bleiben werden, nebens genediglich beuelhendt, ir wellet das closter neben und bey eurer obrigkhait helffen schuetzen vor gewaldt und schaden erhalten; dagegen solt ir nit zweifeln, das euch hülff und entsatzung khomben wierdt, darmit Ir. Khay. Maytt. und wir im werckh sein, und lasst euch der pauren mainung, muetwillen und troung nit irren; verprennen sie euch die heuser, man khan euch die wider helffen pauen, bleibt euch dennocht eure aekher, wisen und anders vermügen neben euren ehr. weib und khündern. do auf den andern fall, wann ir euch den paurn ergeben solt. ir euren aydt. ehr. leib. leben. weib. khindt. haus und hoff alles verliehren muesset. dan den ungehorsamben und allen derjenigen. so sich diesen straffmessigen sachen thailhafft machen. das feur auch nit außbleiben wierdt. und werden Ir. Khay. Maytt. und wir eur wolhalten in gnaden wider erkhennen. Geben in der statt Wien den dreyzechenden Februarii anno. 97.

 Mathias.   Ad mandatum Sereniss.
             dmn. Archiducis proprium.
 Wolf Unverzagt.   C. Schrötl.

Unsern getreuen lieben N richter und
 rath des marekhts Mölckh.

Orig.-Pap. im Archiv von Melk.

XLVIII.

1597, 13. Februar, Wien. Erzherzog Mathias theilt den kaiserlichen Commissären seine getroffenen Massregeln wegen des Bauernaufstandes mit.

Matthias. von Gottes genaden Ertzhertzog zu Österreich etc.

Wolgeborne. edle. liebe. getreue etc. Wir schiekhen hiermit der regierung Ainspanigern mit einem verschlossnen schreiben an die paurschafft. zu allen überflus noch das äusserste zu versuchen. Was wir dem Prior von Gäming unnd den marekht Scheibs geschriben. habt ir hiebey zu sehen und anndern auch mitzuthaillen. Dem General und seine zuegeordneten wöllet mit rath unnd that beyständig seyn. Dem Abth von Melckh und absonderlich seiner burgerschafft schreiben wir trostbrief unnd vermahnen sie zur beständigkeit.

Bernhardt Jörger haben wir auch avisieret wegen des geschütz zu Wallperstorf unnd was er sonst für fuerschung mit seinen underthanen thuen soll. *Mit den anwesenden landtstenden handlen wier. ob Gotthardt herr von Stharenberg und Ulrich von Künigsperg in den zwai obern Viertlen die gültpferd unnd der landtleut

Die mit * bezeichneten Sätze und Worte waren in Chiffern geschrieben.

rüstungen fiereten gegen eine ergetzlichkhait. *So lassen wier auch
Nassadistenschiff mit Ungerischen Heiduckhen zue richten. Dem
Pfleger von Waydhofen schreiben wier umb bericht, wie er das
geschütz unnd munition verwarn woll, damit man sicher sey, das
es den paurn nit zu handen khumb).

Weyll wir versehen, das die paurn der stätt unnd märekht
abgesandten nit trauren noch ghör geben wollen, umb das sy khein
gefertigten gewalt von Ir. Khay. Maytt. oder unns haben, so schickhen
wir ihnen jetzo ein schreiben, so sy anstatt eines gewalts zu gebrauchen, damit es nur an dem auch nit mangel.

Der Pfefferl Ainspaniger ist diesen abend alher khomben,
bericht, das sich die paurn umb Peckhstall unnd Emerstorff gestellt,
der Schneyder sey seines befelchs erlassen. Sye wellen die commission auff Emerstorff haben unnd bitten dieselb zu befürdern, die
andern paurn aber gegen den Walt begern ein sundern commission
gen Zwetl unnd alles allain durch ausschuß, da wellen wir unß
fürderlich entschlüßen. Hiezwischen haben wir den von Khrembs
und Stain geschriben, durch ihre zwen vorige abgesandte die
underthanen derselbigen orten zu ermahnen, das sy also gedult
unsrer antwortt des tags unnd orts erwarten sollen unnd ob
man ihnen den Schneider unnd ander vorgeer abspennen, desgleichen Persenbeug unnd Pöckhstal aus ihren händen mit lieb
bringen könnt.

*Den Abt von St. Florian schreiben wier, ob er den Pinter
durch mitl seines vattern von den paurn durch allerley persuasiones
weckh bringen khint. *So sten wier auch in beratschlagung, die
haubtradlfuerer zu proscribieren unnd hie unnd aller ortten verrueffen zu lassen: wer ein aus den obristen leendig bekhumt, das
er 2000 gulden, todt aber 1000, von gemainen haubt- und befelchs-
leuten 500, von wissentlichen rebellen, ansagern, rottmaistern unnd
dergleichen 200 gulden haben soll. Auf Thürnstain thuen wier auch
fuersechung. *Dem Morasi und Kollonitsch haben wier heunt ernstlich befolchen fuerderlich doch mit eurem rath gewarsamb vort zu
ziehen. Wie unnd was gestalt die paurn Ybbs verlassen, wie sy
es mit dem *Seemann machen, waß sy *sunsten fuer gefangen
haben unnd wie sy die halten, gewartten wier antwortt.
*Auff den Montag verraisen wier, liebts Gott, gen Preßburg. *Was

Die mit * bezeichneten Sätze und Worte waren in Chiffern geschrieben.

ihr unß schreibt, das alles schickht der niederösterreichischen Regierung unnd Camer, doch das sie uns daselb jederzeit communicieren. Was wier unß mit den ständen etlicher proponierten punckhten halber verglichen, schreiben wier hienach.

Geben in der statt Wienn den 13. Februarii an. 97.

Matthias.   Ad mandatum Ser. dom. archiducis proprium.
W. Unverzagt.   G. Schrötl.

Orig. unbekannt, abschriftlich in Katteneggers Sammlung II. 519, Nr. 455.

XLIX.
1597, 13. Februar. Wien.

Erzherzog Mathias giebt Richter und Rath der beiden Städte Krems und Stein bekannt, dass er das Begehren der Bauern des Waldviertels, die Commissionsverhandlungen mit ihnen in Zwettl und Emmersdorf abzuhalten, bewillige. Die beiden Städte sollten dies durch Abgeordnete den Bauern bekannt geben und sie von weiterem Aufruhr abmahnen. Auch sollten sich dieselben alle Mühe geben, die Bauern zur Niederlegung der Waffen, Rückkehr in ihre Häuser und zur Herausgabe der von ihnen besetzten Schlösser Persenbeug und Pöggstall zu bewegen.

Orig.-Pap. im Stadtarchiv von Krems; Kinzl Chronik der Städte Krems und Stein, 176.

L.
1597, 13. Februar. Melk. Abt Caspar von Melk giebt den bei Melk versammelten Bauern bekannt, dass er das kaiserliche Kriegsvolk aufgefordert habe, nicht weiter vorzurücken, und ermahnt sie zur Einhaltung des mit den städtischen Commissären geschlossenen Vertrages.

Meinen gueten willen zuvor. Ersame und erbare, sonders guette freund.

Mir ist unverborgen, welcher massen die allhier anwesende Commissarien mit euch in guetiger handlung steen und euch treuherzig vermanent, das ihr eure wöhren niderlegen und euch zur

ruhe geben sollet bis zur abhelffung eurer billigen beschwärungen
fürderliche mittl fürgenohmen werden möchten. Ob nun wohl ich
neben ihnen, ermeldten Commissarien, der hoffnung gewesen und
noch bin, ihr werdet zu eurer und der eurigen wolfart ihren begehren und getreuen rath stat thuen, so wird ich doch verständigt,
wie ihr oder eins thails unter euch ein misstrauen in mehrgedachte
herrn Commissarien stellen, syc verdenckhen, als ob durch das in
Oesterreich geworben kriegsvolkh euch etwas gefährliches zue-
gemuthet oder zuegefüegt werden soll. Damit ihr aber verrer gewisse
und eigentliche nachrichtung haben mügt, so erinndere ich euch
hiemit, das ja nit weniger aine anzahl kriegsvolckh zu ros und
fues in anzug und nahent herbei gewesen. Weillen aber ich die
guetige angestellte handlung und das ihr vorderist der Khay. Maytt.
und fürstl. Durchl. unser allergnedigsten herrn herrn zu unter-
thänigsten gehorsamb euch neben ablegung der wöhren zur ruhe
geben und bis zur verer abhandlung obgedachter eurer beschwärungen
ain stillstandt zu halten erbotten, so hab ich heut frue durch offene
abgefertigte erinnderungsschein nit allein den herrn Obristen sondern
auch dem ganzen kriegsvolckh eur erbietten angefuegt und das sie,
wo nit gar zuruckh anheut sich zu begeben, doch allerdings under
wegen zu bleiben und vere diser orten her nit zu kummen vermant: und gesetzt, das offtgemeltes kriegsvolckh etwo so nahet herzu
geruckht wäre, auch der hauff so starkh als er immer welle, so
sollet ihr mir bei meinen wahren ehren und glauben so vill zue-
trauen und dessen hiemit vergwist seyn, wofer ihr euren erbietten
nachkombt, eure wöhren niderlegt und euch zur ruhe begebt, das
euch noch den eurigen die kleinste gefar nit zuestehen, sondern
ihr ganz und gar am leib, haab und guet gesichert bleiben und seyn
sollt. Wie dann nit weniger ihr die endliche und guete zuversicht
zue mir haben solt, das zur abhelffung eur füeglichen beschwärungen
ich meine treue und vätterliche hülf an euch sonst alles lieb und
guets erzeigen will. Bin hierüber eur antwortt wartund.

Melckh den 13. Februarii an. 97.

Caspar Abbt zu Melckh.

Orig. unbekannt, in Kalteneggers Sammlung. II. 536, Nr. 460.

LI.

1597. 14. Februar. Melk.

Abt Caspar von Melk berichtet Morakhsy nach St. Pölten, dass die Bauern vor drei Tagen nach Melk gekommen wären, um die Bürger daselbst in ihre Verbindung zu ziehen und das Kloster »zue besuechen«. Die von Morakhsy zum Schutze des Klosters abgesandten 150 Knechte seien gestern abends im Kloster angekommen. Erzherzog Mathias habe über Gutachten der Stände befohlen, dass einige Mitglieder des vierten Standes zu den Bauern als Commissäre gesandt werden. Diese seien vorgestern (12 Februar) zu den in großer Zahl versammelten Bauern gekommen und hätten diese bewogen, einen »fridtstandt« einzugehen, welchen der Erzherzog genehmigen soll, weshalb sie einen Abgesandten nach Wien beordnet hätten. Der Abt räth deshalb, Morakhsy möge das Kriegsvolk, welches er bei St. Pölten habe, nicht weiter aufwärts der Donau vorrücken lassen, bis der Erzherzog eine Entscheidung gegeben hätte, welche binnen vier oder fünf Tagen erfolgen werde. Sollte inzwischen von Seite der Rebellen etwas unternommen werden, wolle er ihn sofort verständigen.

Orig.-Pap im Archiv von Melk.

LII.

1597. 14. Februar. Melk. *Schreiben des Abtes Caspar von Melk an Reichard von Strein.*

Wolgeborner Herr, insonders freundlicher vertrauter, lieber herr etc.

Des herrn schreiben hab ich gestern spat abends empfangen und dessen inhalt vernomben; also auch haben die 150 soldaten Muscatierer und gemaine schützen anhero gelangt, mit welchen nunmero und auf dismal mein haus zue wöhr besetzt und auf dem notfall für ein anlauff zu defendiren ich verhoffe. Was aber intzwischen und nachdem ich dem herrn geschriben, sich verloffen, berichte ich den herrn. Ungeacht das die aus dem vierten standt verordente Commissarien mit der paurschafft sich soweit eingelassen, wie aus innligender abschrifft erscheint, so haben sy die paurschaft

doch sich zum drittenmal widersezig erzeigt, meinen marckht auch
mit überfallung und brand starckh gedrohet, endlich aber damit
allerseits unfall sonderlich ein bluetbad verhüttet bleibe, mich durch
ein schreiben müglicher ab- und zurugkstellung des kriegsvolckhs
an zug erbotten, wie sie dann auf keinen andern weeg jeziges mal
zu stillen gewesen seyn. Damit sy auch umb so vill desto mehr mir
glauben geben und dadurch viller unschuldiger verschont werden
mögen, ihnen den zuelass gethan, das sy doch ausser fliegenden fahn
auch ohne all meiner burgerschafft laistunden glüb durch mein
marckht auf frischen fues vort und abgezogen. Nit weniger ligen
sy noch in zimlicher anzahl beysammen und warten auf das von
der fürstl. Durchl. ausgehund und der Commissarien ihnen vertrösten geiaidt: stehet demnach an dem, ob jez höchsternente fürstl.
Durchl. der Commissarien pacifications puncten ratificieren werden
oder nit. Mein guetachten wär benebens, weillen doch der herr
Obrist Moraxy, wie ich von den allhie ankommenden soldaten
Leutnant verständigt, mit den geworbenen kriegsvolckh zu ros und
fues bei St. Pölten zusambstossen und allbereit ankommen sein soll,
das mann in denselbigen gezirckh beysamen verharret und stillstand
hielte, bis von der fürstl. Durchl. die resolution, wessen die allhie
anwesenden Commissarien sich in ain und anderen zu verhalten, an
sie die Commissarien gelangt und dis allein darumben, damit nit
unschuldig blut vergossen wurde. Wie nun soliches zum fueglichsten
und rathsambisten gehandlet werden kann, wirdet mein geliebter
herr, darumb ich dienstlich bitte, mit den löblichen ständen nit
weniger dem herrn Obristen, dem ichs mit kürz andeute, notdürfftig
deliberiren. Im fall auch die paurschaft über den anheut be-
schlossenen fridtstand sich verne mit gewalt aufzuleinen vermerken
lassen möchte und zur stillung ihrer widersetzung ich einer mehrern
defension bedürfftig wär, wollt ichs dem herrn bey tag und nacht
unverzagentlich verständigen. Inmittel erachtet ich, da doch der
paurn eingelassner fridstand beständig, forderist aber ihr fürstl.
Durchl. denselben sowohl den Commissarien gefertigten schein ratifi-
ciret, den ersten angriff und verguessung vill unschuldiges bluet also
vill müglichen zu verhuetten an grosse nottdurft zu sein, welches
alles dem herrn zu dessen gueten erwegung in eyl anfuegen sollen.

Mölckh den 14. Februarii an. 97.

Caspar Abbt daselbst.

Orig. unbekannt, in Kalteneggers Sammlung II. 531, Nr. 458.

LIII.

1597. 14. Februar. Pechlarn. Die Bauern künden den mit den städtischen Commissären eingegangenen Vertrag.

Edl gestreng ernvest, ersamb und weis N. und N. jeziger fürstl. Durchl. Erzhertzogen Matthiasen zu Öster. abgesante herrn Commissarien, unser gehorsamb in geneugten willen bevor. Es haben sich die sament- und sonderlich zu erinndern, das wir arme paurschaft uns in gnedige vergleichung und zu ableinung der billichen beschwärnus lang gegen den armen unterthan geübt eingelassen: da dan über das solche gewisse urkhundt uns zuekommen, das allbereit reutter und fuesvolckh, die den armen underthan zue grosser überlast und das ihrige mit gewalt nehmen, zu uns alle tag zuerueckhen werden, auf dis nit allein die herrn ihre zuesag, sondern auch wir unsers gehorsamb enthebt. Was ferner daraus erfolgt, künnen wir als unverständige dismal nit wissen, jez wissen wir ferner als irrige schäfflein nit zu helffen.

Actum Pechlarn den 14. Februarii an. 97.

Feldobrister, Haubtleuth und ganzer
  heller Hauffen daselbs.

Orig. unbekannt, in Kalteneggers Sammlung II. 545, Nr. 465.

LIV.

*1597. 15. Februar. Wien. (27. Februar. St. Peter in der Au.)
Der Glaittbrief.*

Wir Matthias von Gottes genaden ertzhertzog zue Österreich, Hertzoge zu Burgundt, Steyr, Khärndten, Crain unnd Wirttenberg, Grave zue Tyroll etc. alls derzeit der Röm. Khays. Maytt. auch zue Hungern unnd Behaimb Künig etc., Ertzhertzog zue Österreich unnsers genedigisten Fürsten, geliebten herrn unnd bruoders Gubernator in Österreich entbietten denen erwirdigen, wollgebornen, edlen, ersamben, geistlichen unnd unnsern lieben getreuen N. denen ständten einer ersamen landtschafft in Österreich undter der Ennß. von Bischoven-, Praelaten-, Graven-, Herrn- und Ritterschafft desßgleichen derselben pfleger unnd ambtsleitten sambent unnd jedem

in sonderhaitt, so in den zwayen Viertln ob Wienner-Walts unnd
oberhalb Münharts-Perg gesessen unnd deren haußgesessnen undterthonen, die in jetzigem paurnaufistandt verwonth geweßen unnd
mitgeloffen sein, unnßer genadt unnd alles guets, unnd geben euch
zuvernemben: Nachdem ermelte auffgestanndtne burger- unnd paurschafft auf beschechen zuesprechen unnd hanndlung zuegesagt
unnd durch ain geferttigten reverß sich verpundten haben, alßbaldt von irem aufflauf abzuestehen, zue hauß zuetziehen, die wöhren
niderzulegen, alle sachen in dem alten ruehigen standt zue richten,
iren herrschafften unnd obrigkhaitten den schuldigen unnd gebüer-
lichen gehorsamb unnd ererbiettung zue laissten, diennst, steuer unnd
andere landtsanlagen, wie die von allters herkhomben unnd wider
den erbfeindt zue schutz des vatteriandts im Landtag bewilligt sein,
zue laissten, alles so lang, biß ire beschwärangen durch unparteyische
unnd unverdächtige Commissarien angehört unnd auf billiche weg
abgehandlet unnd verglichen werden, oder da in der commission nit
alle articl verglichen wuerden, das Ir. Khays. Maytt. daryber was
sy für recht halten, genedigist selbst sprechen unnd erkhennen
mügen, dabey es alßdann beleiben solle, das sy auch hinfüro khainen
auffstandt mehr machen, unnd was sy fur gefanngne haben, darundter
herrn Ludwigen herrn von Starhenberg, herrn Willhalbm Seeman
unnd alle andere alßbaldt ohne entgelt lödig lassen, der statt Ybbs
reverß heraußgeben unnd die schlösser Peßenpeug, Peckhstall,
St. Petter in der Aw, Carllspach unnd anderß zue Irer Khay. Maytt.
handten abtrötten sollen unnd wöllen, so haben wir solch erbietten
alls ohn ime selbst billich mit genaden angenomben unnd dagegen
von höchst gedachter Röm. Khay. Maytt. wegen unnd auff dero
allergenedigisten ratification ermelter haußgesessner burger- unnd
paurerschafft in gemain unnd sonders zuegesagt unnd bewilligt,
auch darauff dises offen glaitt mit genaden geben unnd auch denen
sttänndten verkhindten unnd dabey ganntz genedig unnd ernstlich
aufferlegt haben wöllen: Wann die burger- unnd paurschafft dißen
puncten gehorsamblich nachkhomben werden, wie unnß nit zweifelt,
das ir sy ungeacht der jungist außganngnen generalen unnd der
darin betrotten straff biß zue angetzogner unparteyischer commission
abhandlung oder Ir. Khay. Maytt. resolution diß auffstandts halben
gewißlieb unnd entlich zu hauß, feldt unnd strassen unbeschwärtt
unnd ungestrafft lasset, mit nichte rechet, andtet oder äffert, sonder
villmehr sy alls getreue obrigkhaitten bey iren heußern unnd guettern

in allen billichen dingen schutzet unnd hiewider nit thuett. Doch wo hiezwischen die commission ain oder mehr burger unnd underthonen sich gegen der obrigkhaitten von neuern sträflich verhielt, mit tottschlag, rumohr, scheldthändl, erbschafft- oder schuldtsachen unnd dergleichen, wie es sich dann zwischen herrn unnd undterthonen oder denen undterthonen selbst zuetragen khöndt, darin von alters der grundt- oder landtgerichtsobrigkhaitt zue verhören, abzuehandlen, zue straffen oder recht zue sprechen gebirt hatt, da soll es bey derselben ordnung noch verbleiben, damit nit ein jeder sein selbst richter, sonder sich der obrigkhaitt unnd gerechtigkhaitt betrag unnd beniege, der fromb unnd gerecht schutz, der ungerecht sein straff habe und guette rhue unnd fridt im lanndt erhalten, wittib unnd waisen geschutzt werden. Hierauff sollen alle fiergeloffnen aydtpindtnuss unnd der vorgeher unnd haubtleith diennst, bevelch unnd ämbter gänntzlich auffgehebt, ein jeder undterthon davon jetzo unnd khunfftig ledig unnd frey sein. Das maynen wir genedig, ernstlich und endtlich.

Geben in der statt Wienn den 15. Februarij anno c. im sibenundtneuntzigisten.

Matthias. Ad mandatum Serinissimi Domini Archiducis proprium
W. Unverzagt.   J. Schröttl.

Diser Glaitt ist gegen den Originall collationiertt unnd demselben allerdings gemäß. In urkhundt unserer hantschrifft unnd pettschafft. Beschechen durch unnß geordente Commissarien zu Sant Petter in der Awe den 27. Februarij anno 97.

Oßwaldt Hüttendorffer m. p.   Georg Herbst m. p.
Silvester Pacher, Stattrichter zu Closterneuburg m. p.

Vidimierte Abschrift mit den aufgedrückten Siegeln der drei städtischen Commissäre, im Archiv zu Seitenstetten.

LV.
1597, 16. Februar, Greinburg.

Hans Jakob Löbel, Hauptmann des Landes ob der Enns, bestätigt dem Abte Caspar von Melk den richtigen Empfang des Schreibens vom 14. Februar, worin ihm der Abt berichtet, dass mit den Bauern »accorda« abgeschlossen seien. Löbel freue sich darüber, aber er müsse das Gerücht, dass er in der vergangenen Nacht die Rebellen im Heßgange mit einer Anzahl seiner Leute überfallen wollte, als unwahr zurückweisen: ebenso unrichtig sei es, dass er Soldaten von Linz nach Greinburg habe bringen lassen, um mit ihnen in Niederösterreich über die Untertanen herzufallen. Die Soldaten habe er nur zu seinem Schutze nach Greinburg beordnet, weil ihn der »Obrist der undern Paurschafft« in seinem Hause durch seine Vorposten haben suchen lassen, um ihn zum Herrn von Starhemberg zu bringen; die Bauern hätten ja ein Exempel an Herrn von Seemann statuiert; er werde nie etwas gegen Niederösterreich unternehmen.

Orig.-Pap. im Archiv von Melk.

LVI.

1597. 16. Februar. s. l. (Amstetten.) Ein Bauernanführer berichtet den Feldobersten derselben über die Verhältnisse unter den zwischen der Ips und Ens sesshaften Bauern.

Gott mit unnß!

Edler gestrenger herr Feldtobrister! Euch seyn mein willig dienust bevor, unnd erinnder euch, nachdem ir etlich tausent geriste reitter unnd fueßvolckh nit von den Landtständten sonder von Ir. Fürstl. Durchl. Ertzhertzog Mathiaßen zu Österreich in namben der Röm. Khay. Maytt. selbst im anzug sein unnd alberaitt verhandten, die khayserlichen Commissarii aber dasselbe hindter sich holten auf den fall, da sich die paurschafft mit iren beschwärdten zur guette laitten lassen, solches khriegsvolckh ohne mitel widerumb abtziechen ze lassen von der Röm. Khay. Maytt. im ernnsten bevelch hoben. Wann wir dann auch sechen, das die ganntze paurschafft bei unnß alle vertzagt unnd an allen ortten khain ordtnung nit ist, ja auch einer alls der ander zuesamb nit setzen, sonndern alberaitt nach der herrn Commissarii bevelch aus ainer jeden pfarr irer 5 oder 6 aufschiss, alsboldt innen das glaitt zuekhombt, abzuecordnen, sowoll auch, das die stett und märckht zur verhüttung grosses pluettvergissen unnd stüfftung fridt unnd ainigkhaitt ire abgesandte auch also strackhs in mittl unnd undtherandlung der sachen schickhen, weillen dann die ganntze paurschafft nichts anders suecht als ablegung der grossen beschwärdten sowoll auch fürsechung wider den erbfeindt unnd bösse leitt. unnd das alles auf ratification unnd guethaissen der Röm. Khays. Maytt. unnsers allergenedigisten herrn unnd landtsfirsten gestöllt und gebedlet ist. die Khays. Maytt. auch iere commissarii der ganntzen paurschafft zuem bössten alda hin gehn Melckh angeorndt. so ist unnß nit müglich. dem Römischen Khayser als nechst an Gott höchste obrigkhaitt zue widerstreben. sonder solcher vätterlicher fürsechung gehorsamblich nach zu geleben. Welliches ich euch hiemitt in eyll zue wissen machen sollen. hiernach ir euch zu richten habt mit bitt euer maynung mich also bolt zu erindern. Obs nun euch also gefellig oder nit. das lasst mich bei diesem meinem aiginen potten wissen.

Datum 16. Februarii an. 97.

Michael Winckhler auff der Költermüll bey Ambstetten.

Orig. unbekannt, gleichzeitige Copie im Archiv zu Seitenstetten.

LVII.

1597, 16. Februar. Amstetten. Richter und Rath von Amstetten ersuchen die von Ips im Vereine mit den Abgesandten der Märkte einige Rathsglieder nach Melk zur Herbeiführung eines friedlichen Ausgleiches abordnen zu wollen.

Edl ehrnveste. fürsichtige und weiße sonnders geliebte herrn mit wünschung Gottes segen. erinndern wir euch. demnach das khays. khriegsvolckh zue und unttter Mölckh alberaith verhanden. die khays. commissari aber dasselb aufhalten so lang und so weit. ob sich die paurschafft zu guettiger abhandlung begäben. sein die märckht im werch durch ire abgesanten sich bei den khays. commissarien der guete halber sich anzumelden. auch unterdes die paurschafft dahin zuermanen. damit iere beschwärten. (die sie wie wir vernemen alberaith schon verfasst. auch dahin auf Mölckh zu denen herrn commissarien schickcheten. zuemall auch sähen. das wiers an unnser unntterhanndlung auch nit erwinden und also guetlich alle sachen tractiern liessen. wie sie dann alberaith im werch auß allen pharren 5 oder 6 außschuß zu bestöllen, auf das, wan das glaidt khombt, also strackhs hinabzuziehen. Wans aber die märckht für ein notturfft achten, das die statt Ybbs ebenfals ire abgesandte mit uns schickhen sollen, alß gelangt ahn E. F. W. unser freundtlich bith zu erhaltung vieler taussent seellen, ier wellet unbeschwörlich auß eueren mittl auch das beste thain und wan die von Aschpach bey uns ahnkhomen, wolten wier euchs bei aignen potten wissen lassen, das wier an weeg und zu Kemenbach euern wartten wolten, freundtlich bit undt euerer verschriebenen antwort, hiemit uns allen Got bevolchen. In eill.

Ambstötten den 16. Februarii an. 97.

E. F. W.

dienstwillige

N. richter und rathe daselbst.

Orig. unbekannt. Copie im Archiv von Seitenstetten.

LVIII.

1597. 16. Februar. Wien. Erzherzog Mathias' Schreiben an die kaiserlichen Commissäre.

Matthias von Gottes genaden ertzhertzog zu Österreich etc.

Wolgeborne, edle, ersame, geistliche, liebe, getreue. Auf der stätt unnd märckht abgesandten relation unnd mit den aufgestandtnen paurn gemachte accorda haben wir uns aines glaidts unnd generals verglichen, wie aus den concepten zu sehen. Stet also an dem, was sie thuen werden; lassen sie es dabei beleiben, so wollet uns eur guet bedunckhen geben, was für commissarii, an was ort unnd auf was zeitt unnd wie vill personen der pauern ausschuß zu verordnen seynd. Item weill ihnen die sicherheit allein zu haus bis zu der commissionsabhandlung versprochen, item allein auf Ir. Khay. Maytt. ratification, item blos auf hausgesessene darunter die obristen und rädlfuerer als ledige leit nit begriffen, so welt uns eur guettünckhen, wie mann donnoch hernach zu billicher demonstration unnd bestraffung kumen kunnt, eröffnen, sonsten haben wir wohl der stätt abgesandten befolchen alle mittl zu suechen, die rädlführer bey den paurn zu verlassen ob sie die gefanngen nämen. Solten sie sich aber wider die glaidt setzen, so ist das nägst, daß unser khriegsvolckh unnd die lanndtleuth so starkh und böst sie kunten, auf allerley fortl ann underschidlichen orthen angriffen unnd die paurn voneinander schreckhen. Wir wolten vermueten jetzige khelten unnd schnee werde sie erstarren, nach haus lauffen machen unnd den hauffen schmellern. Ein sonders bedenkhen ist, wie mann den Seemann unnd andre geffangene aus der paurn händen bringe, ehe sie sich an ihnen rechnen. Die von Ibbs haben unns von aindliften diß geschriben, so uns gestert, den 15., zuekomen: entschuldigen sich hoch, machen die gefahr groß unnd daß sie über 70 person nit ghabt. Nach anhörung der regierung unnd camer guet bedunckhen wellen wir uns entschlueßen.

Was der Moraxi mit eurn rath der paurschafft geschriben, das hat sein weeg, ist vorigen mandat gemeß unnd gewartten wir zu vernehmen, was sie sich darauf werden erckhlärt haben. Euer bestellung unnd vermahnung der burgerschafft unnd innwohner zu St. Pölten ist gut und wol geschehen. Den propsten legen wir ernstlich auf die stattmäuer, thürm unnd wöhren, so seinem closter gehörig, alsbald zu bessern und wesentlich zu halten. Also gewarten wir auch, wes sich die gen St. Pölten beschribne lanndtleuth auff euern fiierhalt erklärn werden. Gar gern haben wir gehört, daß die besatzung in Melckh kummen ist; die aufgehebt schildtwacht soll alsbald examiniert worden seyn, was doch ihr intent eigentlich, unnd ob es alles der gemain willen ist, waß sich ihre häubter bißhero understandten haben. Wir künnten nit ausraitten, warumben die paurschafft angehalten sie durch den marckht Melckh ziehen zu laßen, weill sie außer des wohl in ihren quartier bleiben oder abziehen hetten künnen.

Was du, Strain, uns der Ungerischen paurschafft abgesandten halben erinndert, haben wir den Ungerischen locumtenenten zuer fuerschung communicieret. In allweeg ist not, es geh die sach ab, wie da well, daß das khriegsvolckh nit zuruckh gefurt, sondern so lang die commission nit abgehandlet wird, hin unnd wider an die nöttigsten päss außgethailt unnd auf ihre anschläg acht gegeben werd; zum fall sie sich nicht der gepuer weisen, man ihnen bey zeiten die rädlfuerer aufhenckhen unnd die vortl ablauffen möge; wellen aber auch in dem euer guetachten gewartten.

Wir vernehmen, daß die paurn den lanndtshaubtmann ob der Enns auf Greiinburg tröhlich seyn. Da ihr etwas khünnt vermerkhen, so wellet uns und ihme lanndtshaubtmann des bey tag unnd nacht erinndern. Das übrig wird euch der Pacher mündtlich berichten.

Wien den 15. Februarii an. 97.

Matthias.

Orig. unbekannt, abschriftlich in Kalteneggers Sammlung. II. 482, Nr. 436.

LIX.

1597. 17. Februar, Amstetten. Die Abgeordneten der Märkte und der Pfarren ersuchen Richter und Rath von Ips zur bevorstehenden Friedenshandlung drei Abgeordnete zu senden.

Edl ernvest. fürsichtige. ersamb und weise gunstige herren und nachbarn. denen seyn unnser nachberlich unnd ganntz guetwillige dienst zuvor. Gleich diese stundt um 1 uhr nachmittag khomben auß etlichen märckhten unnd pfarren außschiss, die mit unnß unnd euch zue fridt unnd einigkhait auf der khayßerlichen herrn commissarien. so zue Mölckh vorhandten. außganngen geferttigtes patent. dovon abschrifften hiebey. schliessen hellfen und ratten wöllen. Dieweillen dann das auß schickhung Gottes Allmechtigen ain firtreffliches unnd wollmaynentes werckh. so ist demnach an die herrn unnser der abgesandten von märckhten. item pfarr- haubt- unnd ruttleithen nachberliches ansynnen. dieselben wollten alßbalt unnd unwertzogentlich (doch ohne maßgeben) auß irem mitel 3 personen alhie her zekhomben verordnen. damit der verhoffentlich vorstehenndte fridt nachporlich unnd fridliche ainigkhaitt geschlossn unnd gemacht werden khondte. Das wellen wir. zu deme es den herrn unnd gemainer statt auch zue guettem geraichen thuett. nachbarlich unnd willig verdienen. Gottes genaden mit unnß allen. In eyll.

Ambstetten den 17. Februarii an. 97.

N. und N. die märckht abgesandte auch auß den pfarr- haubt- und ruttleithen.

Denen edlen ernvesten ersamben unnd weisen herrn N. richter und rath der statt Ybbs, unnsern sonders günstigen lieben herrn nachparn.

Orig. unbekannt, gleichzeitige Copie im Archiv des Stiftes Seitenstetten.

LX.

1597, 17. Februar. Melk. Abt Caspar von Melk schreibt an Reichard von Strein in St. Pölten.

Wolgeborner, lieber auch sunders günstiger herr etc.

In dieser stund kumbt diser reüttende cammerpoth mit inligenden schreiben von Pechlarn hieher. Wann dann der herr sambt dessen anwesenden herrn mitcommissarien sowohl der herr General Obrister daraus abzunehmen, dass die paurschaft ungeacht des vertrösten glaidts sich uber heut oder morgen (wie der herr von ihme cammerpothen mehreren mündlichen bericht zu empfangen) nit stillen lassen wollen, sondern fortzuruckhen entschlossen, werden die herrn auf mittl und weg gedenckhen, wie zum nothfall ihnen begegnet und sie gedempft werden mügen. Ob ja wohl (wie ich dem herrn heut durch schreiben angedeut) ich mich allhie wenig und gar nit befürchte, jedoch weilln der umbfang des closters und mareklits etwas weit, wurde ich mit dem allhie ligenden 120 soldaten nit gereichen, sondern zum wenigsten des ganzen fändlein knecht inmassen Ir. Fürstl. Durchl. dis genedigst bewilliget, wohl bedürffen, zumal auch die knecht, wohin mans bedürfftig, jederzeit zuruckh abgefordert werden künten; gib derhalben dies alles zu der herrn gar gueten erwegung.

Melckh den 17. Februarii an. 97.

Caspar Abbt zu Melckh.

P. S. Es vermaynt gleichwohl der allhier wohnende leutenambt, es wäre ihme schimpflich, wann dismal mehr knecht hergelegt werden sollen; ich erachte es (in erwegung das die wöhren, wie obgemelt, etwas weit, ein sonder notdurft zu seyn.

Orig. unbekannt, aus Kalteneggers Sammlung II. 552, Nr. 470.

LXI.

1597, 17. Februar. Sighards. Dietrich Welzers Schreiben an Georg von Puchheim.

Wolgebornen herr etc. Gleich in dise stundt kommen meine underthonen drey von Nieder-Edlits mit anzaigung, wie das ihnen das aufbot von den rebellischen paurn, welche gen Carlstein und Toberspach gehörig unnd umb Zlabings unnd derselben ortten herumb gesessen, das sie sich mitihnen zu raisen gefaßt machen sollen. Neben disen vermelden sie, das deren paurn noch heut auf mittag ettlich hundert gen Edlitz khumben werden, wie dann ietz ein gleiches von zwen meiner underthon von Waldtreichs verkhündet wird, das ihnen auffgebotten worden noch heunt gen Vittes zu khumben.

Geben Sighardts den 17. Februarii an. 97.

Dietrich Weltzer.

P. S. Meinen underthonen habe ich die erscheinung unnd das hinaufraisen verpoten. Ich besorg allein, das sie sich zusambrotten unnd die gefangnen haubtleuth erledigen wellen.

Orig. unbekannt, abschriftlich in Kalteneggers Sammlung II. 555, Nr. 473.

LXII.

1597. 17. Februar, Allentsteig. Schreiben Georgs von Puchheim an Morakhsy.

Wolgeborner etc.

Aus dem einschlus[1]) hat der herr (zu ersehen, das abermal von denen rebellischen paurn das aufboth gehen thuet, sonderlich der ursachen, das ein ihriger haubtmann allhier gefangen worden, den sye zu erledigen vermeynen: dieweill aber solcher in disen haus nit sicher und verwart (ist), hab ich ihn mit mir auf Raabs genumen, und nunmehr anders nichts zu besorgen hab, dann das sie mich überziehen und belägern möchten. Bitt demnach der herr welle uns benachbarten (herrschaften) mit 100 pferdten und zweyhundert guetter Soldaten alsbald zu hülf kumen und verordnen, das sie so vill nur müglich ehisten hier seyn; verhoffen mit der gnad Gottes, weillen wir mit leuthen versehen, ihnen wohl zu begegnen.

Datum Allentstaig den 17. Februarii an. 97.

Georg Ernreich Herr von Puechaimb.

Orig. unbekannt, abschriftlich in Kalteneggers Sammlung II. 555, Nr. 472.

---

¹) Schreiben Dietrichs von Welzer.

LXIII.

1597. 18. Februar. Amstetten. Die zu Amstetten versammelten Bauern geben den in Melk anwesenden Commissären ihre Bereitwilligkeit zum friedlichen Ausgleiche ihrer Beschwerden bekannt.

Der Röm. Khays. Maytt. auch Fürstl. Durchl. Ertzhertzogen Mathiaßen zu Österreich unnsers aller genedigisten unnd genedigisten Fürsten unnd Herrn auff Melckh abgeordnete unnd deputirte herrn commissarien. Edle wolgelert unnd ernvest gebiettendte herrn. Welcher massen sich auf derselben am zwelfften tag diß monats Februarij an die vermainten auffstendigen märckht unnd paurschafft aufsgeschickhte geferttigte patent in ainem unnd dem andern articl die märckht unnd pfarren sambt den haubt- unnd ruttleitten bey sein einer antzall gemain höchsternenter Ir. Khays. Maytt. unnd der Fürstl. Durchl. unnd derselben nachgesetzte obrigkhaitten zu verhiettung des eisseristen verderbens unnd undtergangs zue fridt unnd christlicher ainigkhaitt zue greiffen entschlossen unnd gesohnnen, haben E. H. auß der geferttigten verzeichnuß hiebey mit mehrerm gndl. zu vernemben. Dieweillen dann E. H. im namben hochgedachter Irer Fürstl. Durchl. in derselben geferttigten patent lautter vermelden, das sy alßobalt auß inen zue auffbringung unnd fertigung aines frey sichern glaitts zue Irer Fürstl. Durchl. begeben, den obrigkhaitten, pfarrn unnd paurschafft, damit dieselben auf offner canntzl zue menniglichs nachrichten verleßen werden, unnd das solch bescheechner auffstandt jemants weder denselben personen unnd derselben khindtskhindtern zu ebigen zeitten verhöblich unnd ohne allen nachteil, schaden unnd entgelt sein solle, wöllen wir solches glaitts dorneben auch gleichmässigen patent, inmassen die herrn zuevor aufgeschrieben, auf die obbemelter unnsrer überschickhter verzaichnuß beschriebner märckht unnd pfarrn eheist so müglich gehorsambt unnd fridt erwartten, unnd wann wir die zu unnser handten entpfangen unnd auff der canntzl verleßen werden, alßdann wellen wir unnsere beschwärnußen in ain libell verfassen und dariber christlicher gebirlicher unnd ganntz bittlicher abhandlung in der herrn commissari unnd unnserm beysein erwartten. Unnd wann wir nun mit denselben unnsern beschwärnußen verfasst, wellen wir unnß bey E. H. alls abgeordtneten herrn commissarien dartzue auch doch ohne ainiches maßgeben) Ir. Röm. Khays. Maytt. oder Ir. Fürstl. Durchl. von Hoff aus unparteyisch commissari aindtweders auf Ambtstetten, Ulbmerfelden oder Aschpach zur abhandlung zuerscheinen unverzogentlich anmelden, des allain zue ersparung des weitten und feren wegs auf Prag unnd grossen uncosstens verstandten. Da aber hierinen (das wir doch nit hoffen) in ainem oder dem andern articl ichtes ungeschlossen verblib, nemen wir unnß die verer nodtorfft unnd appellation für Ir. Röm. Khays. Maytt. protesstando und in gebir frey bevor. Unnd wann nun solche mallstatt unnd tagsatzung angestöllt, wohin es die herrn von den obbenenten dreyen fleckhen in derselben ainen haben wöllen, werden die herrn commissarii nit mit khriegsvolckh alls feindten, sondern christlichen unnd Gott wol gefelligen mittlern unnd fridtmachern gegen unnß, den märckhten, pfarrn unnd paursleitten, einkhomben unnd erscheinen. Dagegen unnd hinwiderumben auch wellen wir unnß mit von handten niderlegung der wöhrn unnd waffen gehorsamblich einstellen unnd verhalten, wie erber recht unnd billich ist, alles erber unnd ohne gefär. Daneben lassen wir E. H. auch, was wir die fridtner ainigten, dem Feldobristen zu Pechlorn unnd demselben hellen hauffen zu schreiben gleichermassen zue derselben nachrichtung, was er hierauff thain oder lassen wirdtet, glaubwirdige abschrifften zuckhomben, damit sich dieselben darinen zuersechen wissen. Welches alles E. H. wir in gehorsamb berichten, die fierdersamb erworttung der glaittsbrieff unnd patenten auch bey zaigern schrifttlicher widerantwortt bitten unnd beynebens unnß alle dem reichen schutz Gottes Allmechtigen bevelchen wöllen.

Beschechen und geben in unnser versammblung zu Ambstetten den 18. Februarii an. 97.

E. H.

gehorsambe
N. unnd N. die burger- unnd paurschafft vermög
der geferttigten verzaichnuß.

Orig. unbekannt, gleichzeitige Copie im Archiv von Seitenstetten.

LXIV.

1597, 18. Februar, Amstetten. Beschreibung der auß stett, märckht unnd umbgelegenen fleckhen erschinnen den 17. Februarii an. 97.

Statt Ybbs: —

Ambstetten: N. Richter unnd Rath.

Aschpach: Ire abgeordnete Hanns Rauchperger, Ratsfreundt. Hannß Wibmer eltister Benannter unnd Wilhalbm Spiller Marckhtschreiber daselbs.

Seitenstetten: Petter Torninger Marckhtrichter, Georg Mäubinger Ratsfreundt unnd Joachim Göttfridt Hoffschreiber daselbsten.

Plindtenmarckht: Christoff Schwartz, Anndere Teimbel beede des Rats unnd Friederich Schwartzpach Marckhtschreiber daselbsten.

Vlbmerfelden: Steffan Höldsperger Marckhtrichter unnd Merth Stürtzenpämb Ratsfreundt aldortten.

Ardagger: Georg Khleibel Richter, Christoff Gräßl unnd Niklas Perger beede des Rats alda

Wallsee: Wolff Enngelsdorffer, Hannß Haider, Paull Priemillner alle drey des Rats unnd Simon Peutelperger Bürger daselbstn.

Haag: Hörman Mönich Richter, Wolff Öder Ferber, Michael Fränntzl beede des Rats anstatt des Marckhts, der Pfarrhaubtman Paull undter der Windten.

Ött: Hanns Haußleittner unnd Georg Zieger beede des Rats.

Neuenmarckht: Hannß Peckh Ratsfreundt unnd Lorentz Strötter anstatt der Burgerschafft unnd gantzen Gemain.

St. Peter in der Au: Cainradt Perger, Paulluß Schrofner beede Rats unnd Wolff Neudorffer in der Gemain.

Strenberg: Michael Schitloff, Quirin Öder unnd Symon Eyßenshamber alle drey des Rats.

Ausschüeß. Haubt- Ruttleith unnd Pfarrn:

Aschpach die Pfarr: Christoff Weydtinger Mayr zu Pogenhoven Haubtman, Eustachi Dorffner Wirdt zu Kematen anstatt Geörgen Auers Waydthoverischen Ambtmanß daselbsten. Adam Weber zue Abeltsperg Ruttman, Merthin Pöll am Gschächel Ruttman unnd Matheuß Lindtner zue Haußmaning.

Ambstetter Pfarr: Michael Winckhler Haubtman, Steffan Wiser am Peßenberg, Ruttman, Christian am Häxperg, Ruttman, Steffan Schneckh zu Grueb, Bärtlme Tori zue Eißtornnach, Toman Edlinger zu Preinpach, Hannß auf der Au, Tomaß zue Greimbpelßdorff, Georg Winkhler zue Dingfurtt, Scholdt Schiestel, Hannß Undersperger, Georg in der Puechen, Rieppl zue Ottenholtz, Hannß Tiettl zu Hainstetten, Leopoldt Eißenhuett zu Püttenberg, Tomaß zu Reickhersdorff alle Ruttleith.

Viechdorffer Pfarr: Michael Sidenperger Haubtman.

Winckhlinger Pfarr: Symon Anngerholtzer Ruttman.

Piberpeckher Pfarr: Maister Hannß Rieger Haubtman unnd Sebastian Kraußenöder Ruttman.

Seitenstetter Pfarr: Erhardt an der Puechen, Haubtman unnd Hannß Rode Ruttmann unnd Anndere Prandtstetter auch Ruttman.

Steffanshartter Pfarr: Sebastian Aigner unnd Caspar zu Zechendorff beede Ruttleith.

Ardagger Closterpfarr: Hannß Eblechner Haubtman unnd Georgen Zeitlhover Ruttman.

Sindlburger Pfarr: Petter Weißenperger an der Hackhenmill, Hannß Schechmayr, Geörgn Leittner an der Veittlmill, Sigmundt Riener zu Koppling alle Ruttleith unnd anstatt ires Haubtmanß Tomasen Eggers.

St. Geörgen am Ybbsfeldt: Geörgn Stainprechmillner, Petter Dietl Wirdt daselbs Ruttleith unnd Steffan Schenegger Zechmeister allda.

Zeillinger Pfarr: Florian Grueber Haubtman, Paul Saltzman in Fera, Davidt Kromwaldt am Rütt, Hannß Moser Meyr zu Hödlsdorff, Steffan Kögl Peckh zu Zeilern unnd Hannß Kämb alle Ruttleith.

Neuhofer Pfarr: Weyrer zu Khindtau Ruttman, Hannß Übellackhner an der Stadlmill Haubtman.

Albartsperger Pfarr: Sebastian Freidenschuß anstatt seines Haubtmanß Hansen Geyers, Simon am Mayrhof, Leonhardt Hindterholtzer, Hannß am Krei, Hannß Mayrhover, Caspar Weydtinger, Hannß Sintzenperger unnd Geörg Teiffl alle Ruttleith.

Zu urkhundt haben die benennten märckht, pfarrn, haubt- unnd ruttleith dise fridtenverainigung, sovill derselben pöttschafft gehabt, in aller eyll gefertigt. Actum Ambstetten den 18 tag monats Februarii an. 97.

Windthager Pfarr: Oßwaldt Millwagner Haubtman. Petter in Felben. Fusbichler. Achatz zue Hindterleitten. Michael zue Hainpuech. Andre Hirtzenperger. Petter im Schlägl. Erhardt auff der Ödt.

Collmintzperger Pfarr: Michael Holtzner an der Hueb. Andere Spörneder am Zaun. Hannß Haustorffer am Lechen. Geörg Praumillner. Hannß Gugler. alle Ruttleith.

Wolfspeckher Pfarr: Bärtlme Krottenpeckehn unnd Leopoldt zue Paumgarten.

St. Geörgen bey Waydhofen an der Ypps: Symon Kramber am Kramberlechen Haubtman. Seboldt Tonner. Wirdt daselbs unnd Hannß Hoßleittner. beede Abgeordtnete.

Strenberger Pfarr: Hannß Berntl Haubtman. Michael Berntl. Wolf Teinhofer, Quirin Holtzer am Pach. Sebastian Neßlinger, Hannß Pfriembreitter. alle Ruttleith.

Waydthover Pfarr: Wolf Kreußpaur Haubtman. Wolf am Reitt. Michael Ebenholtzer Ruttleith. sambt Andere Arttner. Symon Kurtzman. Matheuß in der Pechlau. Tomaß Soißleittner, Wolf an der Rien. Mertt zu Teuffenpach und Florian Scherb.

Orig. unbekannt, gleichzeitige Abschrift im Archiv zu Seitenstetten.

LXV.

1595, 18. Februar, Amstetten.

Christoph Weidinger. Maier zu Pogenhofen in der Pfarre Aschbach »unnd der paurschafft umb Aschpach haubtman« übersendet dem Feldobristen und den »hellen Hauffen ainer ersamben paurschafft zue Pechlorn unnd umbgelegenen fleckhen« mehrere Documente — das Patent des Erzherzog Mathias an die Bauern. das Schreiben der kaiserlichen Commissäre an dieselben und das von diesen an die Commission zu Melk erlassene Schreiben, worin sie die ihnen vom Erzherzoge angebotene Gnade annehmen — und schreibt dann:

Unnd ob ich woll auf des herrn zwey überschickhte auffpottschreiben den märckht. pfarrn-, haubt- unnd ruttleithen sambt allen unndterthanen in aller unnd schneller eyll mit iren pössten wöhren unnd waffen auff zue sein alles ernnsts in crafft des herrn schreiben vortzuezichen auffgepotten unnd mich bey tag unnd nacht am wenigisten unnd gar nit gespart, so hab ich doch bey ainem unnd dem andern, weillen sie sich nuhmer zue fridt und ainigkhait begeben wölln unnd schon alberaitt beschlossen khainen verern gehorsamb des persöndlichen zuezugs auch sonderlich und darumben iertz weigern unnd gehoben mögen, das, wie man beylaiffig hört unnd die sag gehet, das etwo auß dem Oberlandt auch khriegsvolckh herundterkhombe, ins landt fahlen, alles verhörn unnd verzörn möchten, derowegen sie sich hinab im wenigisten und gar wie auch dann auß abschrifften des Rauchpergers schreiben zu ersechen, nit lassen wöllen, sondern wie gemelt zue guettiger abhandlung begeben. Des auch hoffentlich, weillen es ainen allgemainen landtfridt unnd gebirlich gehorsamb gegen denen obrigkhaitten geben, den hellen hauffen nit zewider sein wirdtet. Das alles den herrn ich hiemit in aller cyll berichte, benebens unnß dem reichen schutz Gottes bevelchen wollen.

Ambstetten den 18. Februarii an. 97.

Orig. unbekannt, gleichzeitige Copie im Archiv von Seitenstetten.

LXVI.

1597, 18. Februar, Melk. Abt Caspar von Melk fordert von Reichard von Strein dringendst Verstärkung der Besatzung von Melk.

Wolgeborner etc.

Was mann bey den Rebellen sich zu versehen hab, wird fürweiser dises mit mehrern erzehlen. Er sagt, das ihr gänzliche conclusion sey, wo nit noch heut abends doch morgen fruhe gar gewiss hieher zu khumen, alle feind- und mordtliche mittl zugleich meiner person halber sowohl mit der betrohung, das sye beym closter und marckht kein stain auf den andern lassen wellen, an die hand zu nehmen. So dan nit allein ich dise gewisse nachrichtung von ihme, sondern anderwerts her hab, auch das sye feur-kugeln zurichten. Will mich demnach für hochnotwendig ansehen, ob der herr unverzogentlich mit den anwesenden ständen, sowohl den herrn General-Obristen dise gefehrliche sach zu notdurftiger berathschlagung ziehen und da es thunlich (wie es dann mein guetachten), das das ganze kriegs volckh näheter heraufruckhte, den rebellischen hauffen entgegengezogen und die sah nit ernst angriffen wurde, dann ja bey den losen leuthen weder träuen noch glauben gehalten wird. Was nun hierin geschlossen, bitte der herr welle michs verstendigen.

Melckh den 18. Februarii a̋n. 97.

Caspar abbt zu Melckh.

P. S. Ich befinde, das ich nit allein grosse verrätherey bei meinen gotshaus und marckht hab, sondern auch zu defendirung des markhts mit meinen allhie liegenden kriegsvolckh zu schwach sey, dahero die höchste uneinstellige notdurft erfordert, das wir (der Fürstl. Durchl. gnedige verordnung gemess) auf's wenigst das ganze fändlein knecht one allen verzug und aufm fues heraufgeschickht, beynebens mit der entsetzung nicht gefeuert werde, dass ich protestire hiemit offentlich, da hiedurch (sintemal summum periculum in mora) etwas versaumbt, das vor Gott sowol als Ir. Khay. Maytt., Fürstl. Durchl. auch gegen meniglich ich entschuldigt seyn, hergegen mich wie einen redlichen mann gebüert, erzaigen und halten will.

Ich wär nit weniger ain oder zwayr gueten puechsen maister hochbedürftig, bitte demnach, der herr welle disfalls auf mich gedacht seyn und da solche zu bekhumen, wie dieselben in eyll herauf ordnen, dann dye jungen, so ich hab und auf die mich ich zu verlassen gehofft, auf erhaltene erkundigung nit vertrauen darf.

Orig. unbekannt, abschriftlich in Kaltenegger's Sammlung II. 561, Nr. 478.

LXVII.

1597, 18. Februar, Melk.

In einem zweiten am nämlichen Tage abgegangenen Schreiben berichtet der Abt Caspar von Melk Herrn von Strein, dass er vernommen habe, es sollen 15.000 Bauern ennhalben der Thonau zusamben khumen, umb den Thonaustromb zu verwachen«, sowie dass der städtische Abgesandte Silvester Pacher mit dem »Glaidt« angekommen sei. Bittet dringend um Hilfe.

Orig. unbekannt, abschriftlich in Kalteneggers Sammlung II. 561, Nr. 477.

LXVIII.

1597. 19. Februar. Melk. Bericht des Lieutenant Gepaur, Befehlshaber im Stifte Melk an den General-Obristen Morakhsy.

Wolgeborner gnediger herr General etc. E. G. schreiben hab ich empfangen und dessen innhalt verstanden. So thue ich E. G. zu wissen, das uns gott lob der zeit noch zum allerwenigsten kein gefar noch ungelegenheit sey zuegestandten. Wegen der paurn ist auch sindt der zeit, als ich mit meinen soldaten allhie ankummen, kein paur zum marckht oder closter kumen, sondern haben ihr wesen zu Pechlarn, daselbst lauffen sie zu- und ab. Was aber belangt, dass E. G. zu wissen begehren, ob das closter und marckt mit disen soldaten genuegsam verwarret sey, also thue ich E. G. zu wissen, das ich bis auf dato den marckt sowohl als das closter in meiner warnung halte und im fall sich die rebellen etwas understunden, so sollen sy bey uns das finden, was kriegs-leuthen gepuert: ist derowegen noch derzeit unvonöthen ein mehrere hülf zu schickhen. Ob der herr prelat aus forchtsamkeit ohn meinen willen gleich solcher begert hätte, und ob auch wohl den herrn prelaten vill zeitungen zu handen kummen, ist doch solches nur ein blosses geschray. Wir haben gott lob allhie in closter munition genuegsam, wir wellen als erliche soldaten uns vor den rebellen genuegsam defendiren, solches hab ich E. G. zur Nachrichtung.

Melckh den 19. Febr. an. 97.

Mert Gepaur.
Leuttenambt.

Orig. unbekannt, abschriftlich in Kalteneggers Sammlung II. 563, Nr. 479.

LXIX.

1597, 19. Februar, Melk. Abt Caspar von Melk berichtet Strein über die Bauern zu Amstetten.

Wolgeborner etc.

Es ist bishero mein sorg gewesen, ich möchte durch die paurn unversehens überzohen und also umbfangen werden, das mehrers kriegsvolkh zur besezung schwärlich oder doch ohne schaden dessen nit künnte herein bracht werden: wie ich auch nit befindt, dass ein so grosses gezirckh des gotshaus und marckt Melckh mit 120 person kunnte genuegsamlich defendirct werden, angesehen der paurn ein grosse anzahl seyn wird, es wär denn die entsetzung gleich an der hand. Hoffe aber, es werde villeicht nunmehr zu andern fridsamen mitteln gedeyen, wie ich dann den herrn hieneben bericht, das anjezo drei bürger von Ambstetten, Blindten- und Neuen-Marckht hieher kummen und mir angedeutet, ob gleichwol der paurschaft vermeynter Obrister negst verschinen sambstag ein starckhs aufbot bei kopfabschlagen an die obgemelten fleckhen und die daselbst umbligenden pfarren ergehen lassen, das an verschinen montag der ganze hauffen gen Pechlarn erscheinen hett sollen (deren anzal ihren angeben nach bis in die 35.000 sich erstreckht hätte) so haben doch die guetten leuth erwogen die grosse bevorstehende gefahr und seynd ihre ausschus am suntag zu Ambstetten zusamb kummen und haben sich einer frid-vereinigung verglichen.

Beynebens sollen sich diese marckht-fleckhen und pfarren sich dahin verbunden heben, zum fall ihr Obrister von seiner verern aufboth nit cediren sondern noch verer sye damit molestiren sollte, ihme und sein hauffen mit gewerter hand widerstand zu thuen.

Actum Melckh den 19. Febr. An. 97.

Caspar Abbt zu Melckh.

Orig. unbekannt, abschriftlich in Kalteneggers Sammlung II. 504, Nr. 480.

LXX.

1597. 19. Februar. Pechlarn. Revers der Bauern.

Wir N. unnd N. die gauntz burger- und paurschafft in denen zwayen Viertln in Österreich unndter der Ennß alls ob Wiennerwalts. ob Mänhartsperg, so vill unnser wider unnser obrigkhaitten beschwärdt unnd auffgestandten sein, gegenwirdige unnd abwesente, bekhennen an aydts statt fur unnß selbst unnd alle die unserigen in crafft dises revers sambent unnd sonders unnd unverschaidenlich bey unnsern ehrn, träuren und glauben, nachdem mit des

Durchleuchtigisten Fürsten unnd herrn. herrn Mathiae, Ertzhertzogen zue Österreich etc. unnsern gnedigisten herrn alls Gubernator diser landten vorwissen unnd bewilligung die edlen, ernbesten, hochweisen herrn N. der Röm. Khais. Maytt. unnsers allergenedigisten herrn landtsfürstlichen stött unnd märckht des vierten standts abgesandte alls Oßwadlt Hittendorffer. Georg Herbst. beede des innern stattraths zue Wienn, Cristoff Winkhler ratsfreundt zu Krembs. Steffan Mayr. ratsfreundt zu Stain. Sillvester Pacher zu Closterneuburg unnd Hainrich Millner stattschreiber zue Krembs mit unnß gehandlet, das wir der höchsten obrigkhaitt zur gehorsamb zuegesagt auf nachstehenndte conditionen alßbolt jetzo von unnserm zusambenziechen unnd auflauff abzuestehn, zu hauß ziechen, die wöhren niederzuelegen alle sachen in den aller ruebigen standt zu richten, unnsern herrschafften und obrigkhaitten den schuldigen unnd gebirlichen gehorsamb unnd ehrerbiettung, diennst, steuer unnd andere landtsanlag, wie die von allters herkhomben unnd wider den erbfeindt zue schuetz des vatterlandts bewilligt sein. zue raichen. alles so lanng biß unnsere beschwärungen durch unparteyische unnd unverdächtige commissari angehört unnd auf billiche weg abgehandlet unnd verglichen werden, oder da in der commission nit alle articul verglichen wüerden, das Ir. Khay. Maytt. daryber, was sy für recht halten. genedigist selbst sprechen unnd erkhennen mögen, dabey es dann bleiben sollt. das sy auch hinfüro khainen solchen auffstandt mehr machen unnd was sy für gefanngne haben. darundter herrn Ludtwigen. herrn von Starhemberg. herrn Wilhalbm Seemann unnd alle anndere alßbaldt ohne entgelt ledig lassen, der statt Ypps reverß herauß geben unnd die schlösser Pessenpeug. Peckhstall. St. Peter in der Au. Carlspach unnd anders zue Irer Khays. Maytt. handten abtrötten sollen unnd wöllen. welche diß unnser gehorsamb ehrerbietter Ir. Fürstl. Durchl. mit genaden angenomben unnd dagegen von höchstgedachter Röm. Khays. Maytt. wegen unnd auff dero allergenedigist ratification unnß allen haußgesessnen burgern unnd paurn in gemain unnd sonderst genedigist zuegesagt unnd bewilligt auch dorneben ain offens glaitt unnd general an datto den fünfftzechenden diß monats Februarij zue unnsern handten gegeben und allen lanndtleitten zue volziechen genedig unnd ernstlich aufferlegt haben; nämblich. wann wir solchem unnserm zuesagen nachkhomben, das ungeacht der hievon wider unß ausganngnen general unnd der darin bedingten straff sy die landtleitt unnd obrigkhaitten unnß biß zue

angetzogner unparteyischen commissionsabhandlung oder Ir. Khays.
Maytt. resolution diß auffstandts halben gewißlich unnd entlich zu
hauß, feldt unnd strassen unbeschwört unnd ungestrafft lassen, mit
niche rechen, andten oder äfern, sonder villmehr unnß alls getreue
obrigkhaitten bey unnsern heusern unnd guettern in allen billichen
dingen schützen. Doch wie zwischen der commission ain oder mehr
auß unnß den burgern unnd undterthonen sich gegen unnsrer
obrrigkhaitt von neuen strafflich verhalten wuerdt mit tottschläg,
rumohr, scheldthändlen, erbschafft, schuldtsachen unnd dergleichen,
wie es sich zwischen herrn unnd undterthonen oder denen undterthanen selbst zuetragen khindt, darin von alters der grundt- unnd landtgerichtsobrigkhaitt zuverhören, abzuehandlen, zue straffen oder recht
zue sprechen gebirt hat, da soll es bey derselb ortt nach noch verbleiben, damit nit ein jeder sein selbst richter, sonder sich der
obrigkhaitt unnd gerechtigkhaitt betrage unnd beniege, der fromb
unnd gerecht schutz, der ungerecht sein straff habe, guett rhue,
fridt im landt erhalten, wittib unnd waisen geschutzt werden, unnd
das hirauff alle bißhero zwischen unnß firgeloffne aydtpindtnuß unnd
unnserer vorgeber unnd haubtleitt dienst bevelch unnd ämbter
gänntzlich aufgehebt unnd ain jeder auß unnß davon jetzo unnd
khenfftig ledig unnd frey sein solle. So sagen wir hirumb höchst gedachter Röm. Khays. Maytt. unnd irer Fürstl. Durchl. gehorsambist
unnd undtertenigist danckh, seyen mit solchem erbiettem unnd firge-
schlagnen mitteln allerdings beniegt unnd zufrieden, unnd bitten
allain die commission zu befierdern unnd sagen hiemit zue, alles
das, so obstect, unnsers taills wahr, vesst unnd stätt ze halten
unnd zue volziechen; tätten aber wir all ain oder mehr wider
diß zuesagen, so soll Ir. Röm. Khay. Maytt. unnd Fürstl. Durchl.
auch die hoche obrigkhaitt macht haben, unnß zue straffen. Wir
wellen auch dieselben selbst zue der obrigkhaitt billich straff
halten hellffen.

Zue urkhundi haben wir Irer Fürstl. Durchl. disen reverß
mit unnserer verordtneten aufsschiß pettschafften verferttigt doch
inen alls zeugenferttigern ohn irem ferttigen ohn schaden.

Beschechen zu Pochlarn den 19. Februarii an. 97.

Orig.-Pap. im Archiv zu Seitenstetten.

LXXI.

1597, 22. Februar. Hohenegg. Albrecht Ennenkl an Johann Wilhelm von Losenstein.

Wolgeborner etc.

Alle meine Hocheneggerischen underthanen seynd noch bis dato in gehorsamb blieben und haben mir versprochen darinn beständig zu verharren; die einzigen Säsendorffer aber seynd freuwillig von ihren häusern weekh und zu dem rebellischen hauffen geloffen und noch andere mit sich aufrürisch machen wollen. Wie mir von einen paurn, welcher wider zuruckh nach haus gekummen, erzelet wird, das die bey den rebellen ankummende paurn vor ihren Obristen im Ring erscheinen müssen, welcher sie alsdann befragt, ob sye nit beschwär wider ihre obrigkeit hätten, und wann sye von keiner melden, so wird ihnen befohlen, das sie auf beschwärungen nachdenckhen solten. Darauf müssen sye niderknüen und den Obristen einen ayd schwören, das derselben keiner hinfür mehr bis zu austrag der sachen seiner obrigkeit einigen gehorsamb leisten welle; nachgehendts müessen sye stehend noch einen besundern ayd schwören, das sie hernach auch mit ihm als ihren Obristen auf sein künfftig aufbieten wieder den Türckhen ziehen und also ihne hinfüro allen gehorsamb leisten wellen: endlich vertröstet er sye, so sye durch das unjez im lanndt versamblete khriegsvolckh den geringsten schaden leyden sollten, das er ihnen mit seiner gantzen macht zu hülf ziehen welle. Darneben kann ich den herrn mit warheit zu berichten nit unterlassen, das der aufgestandtenen Säsendorffer weiber in die acht täg von ihren häusern abwesend seynd und ein solches gottloses ja recht sodomitisches leben füeren, das nit erhört und nit wohl zu beschreiben ist. Dise weiber bewöhren sich selbst, theillen under ihnen befelch aus als Haubtleuth, Leutenandt, Fendrich, Wäbl und dergleichen; bestellen in den dorff die nachtwacht, rechtfertigen die durchgehenden, wann sie junge paurn oder Hauerknecht antreffen, ziehen sie diselben zu ihnen ihres willens S. R. (salvo respectu) zu pflegen, begreiffen und nöthigen sye, wie dann diser paur, welcher den herrn disen brif überbringt, von disen unverschambten bestien hart angeredt worden, ihr forier zu werden, das er ihnen abgeschlagen und sein zueflucht zu mir genohmen, wellcher den herrn mit mehrer weitschichtigkeit die händl diser gottlosen weiber berichten kann. worüber sich mein herr wohl zu verwundern haben wird.

Hochenegg den 22. Febr. an. 97.

Albrecht Ennenckhl.

Orig. unbekannt, in Kalteneggers Sammlung II. 366, Nr. 481.

LXXII.

1597. 26. Februar, Pressburg. Schreiben des Erzherzogs Mathias an die kaiserlichen Commissäre wegen des gefangen gehaltenen Wilhelm von Seemann.

Matthias von Gottes genaden Ertzhertzog von Österreich etc.

Wolgeborne. edl. ersamber, geistlicher. liebe. getreue.

Wir haben von den Lanndständischen Secretary verstanden wie hoch ihr euch bemühet ihrer May. Regiments-Rath den Seemann von seinen aignen unterthanen und der vier Steyrerischen ambter ungebüer zu entledigen; demnach wir aber vernohmen, dass es kein frucht schaft. immassen uns er Seemann selbst schreibt, und aber wir je zu hinausgebung der freiheit oder ruhe piehl ohne der Röm. Khays. Maytt. bevelch nit willigen kinndten, umb das sie denen von St. Peter nit urtl unnd recht durch die N. Ö. Regierung und Cammer aberkennt, unnd von ihr Khays. Maytt. selbst durch die revision approbiert worden, welches sy mit solchen truz und pochen ohne höchste verschimpfung Ir. Khays. Maytt. hochheit und lanndtsfürstl. gerechtigkeit und böse consequenz nit thuen lest, da sonsten wann die unterthanen den gebürlichen beschaidenlichen weeg giengen, ihnen etwo aus gnaden und nit aus troz und muetwillen dises und noch ein mehrers erfolgen khunt, so mus ihr Khays. Maytt. befelch und beschaidts erwarttet werden, an die wir die sach gelangt haben.

Sonderlich gebürt den unterthanen crafft unsers gelaits und ihres gefertigten revers ihne Seemann alsbald los zu lassen und alle gueter abzutretten. Da vermaynen wir gnedigst, ihr tetet gar woll, wann ihr nochmalen auf vollziehung ihres revers dringet, sie ihres zuesagens erinndert und was sy für drifache straff zu gewartten, dass sy erstlich sich an ihren herrn wider glibt und pflicht. hernach wider Ir. Khays. Maytt. selbst, yez wider der ganzen paurschaft schlüs handelten, des sy zu seiner zeit an all drey orten werden zu verandtworten und zu piessen haben. immassen wir ihnen hieneben selbst auch schreiben. Da fer (?) wo die gemain paurschaft noch an der handt, dass dieselben durch starckes vermahnen angehalten und vermügt wurden zu genugthuung ihres revers, die von St. Peter und die andern vier ambter zue volg und lediglassung des Seemanns zu ermahnen, da sy anderst wellen, dass mann von ihren revers wort und zuesagen was halten solle: sonderlich aber, dass dis gar nit der weg ist einige genad, freyheit oder alte gerechtigkeit mit solchen muthwillen hindurch zu bringen, aber wohl ihnen und andern ein schwäre sach, nachred und verandtwortung machen. und da es nit anderst sein kunnt, so stehet bey dem Seemann den unterthanen zu verschreiben und zu fertigen, was ihm gefelt. nur dass hierinn Ir. Khays. Maytt. hochheit veschondt werd, in dem ihr im zu thuen wisst.

Geben Presspurg den 26. Febr. Ann. 97.

Orig. unbekannt, abschriftlich im Archiv zu Seitenstetten.

LXXIII.

1597. 29. Februar, Seisenstein. Der Prior Fr. Georg Hefterus berichtet dem Abte von Melk über das Auftreten der Bauern vor dem Kloster Seisenstein.

Hochwirdig in Gott geistlich auch edler, genediger unnd gebiettundter herr. E. Hochw. haben wir auß beyligundten ursachen zu schreiben nit vmbgehen khunen unnd beynebens gehorsamblich zu erindern, wie sich die sach mit den paurn bey disem gottshauß verloffen. damit wir nit etwo bey E. Hochw. alß hetten wir den paurn angelibt unnd zuegesagt, möchten in verdacht khumben. Unnd anfangs haben sich die paurn den 9. Februari vasst bey 2000 alhie angemelt unnd dises hiebey ligundtes schreiben mit literat überlifert. drauff mir. damit nit ein anderer schaden dem gottshauß entstundte. dennen abgesandten ein trunckh unnd brott geben unnd der gantzen versamblung der paurschafft ain vass wein sambt prott. sovill diser zeit vorhandten gewesst. damit sie das closster unangedasst lassen sollen, verehrt unnd überlifert, wie sich dan der Obrist desstwegen in namen der paurschafft bedankht unnd woll content gewesst. Uber solhes alles, da wir vermaint alberaith sicher zu sein, hatt sich under diser schar ain undterthon dieses gottshauss mit namen Hanns Dirnauer befundten, welher aines geldts halber, so er wegen verkhauffung aines guetts dem gottshauss billich schuldig worden, auß bevelch E. Hochw. von unns abefordert und doch nit völlig eingenumben, unnss bei dem Obristen zum höchsten verclagt unnd solhes geldt bey grosser straff abgefordert mit dem vermelten, da wir dem solhes nit alssbald werden zuestöllen, woll er mit zway tausendt paurn fuer das closster khumben und soltet mit gewalt hollen. Driber wir inn, damit dem gottshauss khain schadten wurde zugefügt, mit guettes worden abgewisen dieses inhalts, wan wir solhes unbillich empfangen unnd angenumben, solle dem solches zu khunfftiger erseczung durch ain prellatten erstatt unnd wider bezalt werden. Auf solhes ist es bisshero verbliben unnd unnss verrer gleich nichts zuegestandten; hoff es soll also ruehig verbleiben. Solhes haben wir Eur Hochw. wegen mehrers verdachts zueczuschreiben nit underlassen wollen, unnss beynebens E. Hochw. bevelhent.

Seysenstain den 26. Februari an. 97.

   E. Hochwird

     underthännig und gehorsambe
      Fr. Georgius Hefterus,
      pro tempore prior.
      Isaac Etzinger.

Orig.-Pap., im Archiv zu Melk.

LXXIV.

1597, 1. März. Freidegg. Der Pfleger Erasmus Tollinger von Freidegg berichtet seinem Herrn Reichard von Strein zu Schwarzenau den Überfall des Pfarrhofes von Ferschnitz durch die Bauern.

Wolgeborner etc.

Bericht E. G. in eyll, das anheut ungefährlich umb 3 uhr nachmittag in die 1000 paurn zu ross und fuess ganz unversehens fur den pfarrhof gen Versniz komen, welchen ihnen die pfarrerin fur gewalt eröffnet, darinnen sy den pfarrer allenthalben gesucht, der aber zu Freydegg heroben bey mir im schlos gewesen. Welche zimmer mann ihnen nit eröffnet, haben sie eingerent, ein truhen ist nit gespert gewest, daraus haben sye etlich sachen genohmen; was sie sonsten allenthalben zusammbt wein und fleisch hinweckh, kann mann noch nit eigentlich wissen. Unter andern haben sye auch sonderlich der Schulmaister von Neuhofen verwegne reden ausgegossen: »der pfarrer durff sich nichts anders gedennckhen, als das er ihnen werden müsse. Künne er predigen: die paurn seyn der heil. Sacrament, auch des liehen erdreichs nit wehrt, so wöllen sye ihn auch also aufheben, das er das erdreich nit erraichen soll, und sie wellen innerhalb drey tagen mit 1400 starckh kommen, da müsse man ihnen die personen auch alles das, was sich in das schloss geflihet, hinausgeben; würde ihnen ein einziges härl gekhrümbt, so wellen sye bald mit vielen tausent für die ziegelhütten kommen und es genczlich umbkern. Es hätten es doch nur die paurn gebaut, mann hätt sie dabey mit der robath genug geplagt. So vill ich in eyll erkundiget, so seynd die meriste mit röhrn, eysenen trüscheln und kölben bewaffnet gewesen. Da E. G. uns nur ein 20 guette soldaten zu hülff schickten, wollten wirs mit ihnen wagen.

Freidegg den 1. Marty an. 97.

Erasm. Tollinger.

Original unbekannt, abschriftlich in Kalteneggers Sammlung II. 507, Nr. 448.

LXXV.

1597. 1. März. Ips. Die Abgeordneten des vierten Standes Hüttendorfer, Herbst und Pacher berichten den kaiserlichen Commissären über ihre Verhandlungen zu St. Peter in der Au und geben diesen ihr Vorhaben, sich auf das linke Donaunfer zu begeben, bekannt.

Erwürdiger, Wolgeborne etc.

Auf E. G. in namen der fürstl. Durchl. befelch haben wir, sobald wir die burger und paurschaft zu Pechlarn zur ruhe und von dar nach haus bracht, unsern abzug nach St. Peter genumen. Wir haben zwar die sach daselbst mit herrn Seemann und den seinigen sehr gefährlich angetroffen, die aufgestandene paurschaft war in grosser anzahl da, die haben den marckht, schlos und das zimmer des herrn Seemann besonders verwacht. Wir haben uns bis in den vierten tag daselbst aufgehalten, tag und nacht mit ihnen also starckh tractiret, das sy demnach das schlos St. Peter nit allein abtretten, sonndern auch herrn Seemann und alle seinigen uns auf freyen fues gestellt, wie er dann sambt seiner tochter und gesindl jez bey uns ist. Das glaidt haben die burger und paurschaft angenohmen auch den revers aus villen pfarren daselbst gefertigt.

Gleich wie wir gestert in zurückhreisen gewest, ist uns ein both zu Ambstetten mit schreiben so unsere hinterlassene mitverwandte abgesandte an uns gethan, angetroffen, in welchen sy melden, das sy abwesens unser auf Persenbeug verraist, der meynung die eingenumene schlösser wider in Ir. Maytt. handen einzuraumen, die frey glaidter den aufgestandtnen burgern und paurschafft zu behendigen und die revers fertigen zu lassen. Was solche aber bey ihnen verricht, haben E. G. aus den einschlus zu vernehmen. Wir vernehmen bey unser allhisigen ankunft zu Ybbs gleichwol, das dieselben aufgestandtnen in Viertl ob Mannhardtsberg allein auf unser ankunft warten, das wir abgesandte samentlich bey einander seyn, und weil wir in dieser stundt von hinnen über wasser nach Persenbeug zu den andern verraisen, hoffen wir zu Gott, es werde alles zu einen gueten weeg sowohl als in Viertl ob Wiener-Walt beschehen und einigkeit gebracht werden, wie wir dann an unnsern treuen vleiss zu tag und nacht hierin nichts wollen erwinden lassen; es möcht vielleicht umb das allein zu thun seyn, das wir samentlich in die Waltmarch selbst verraisen müsten, den revers in den pfarren fertigen zu lassen.

Ybbs den 1ten Martii an. 97.

Oswald Hüttendorffer.
Georg Herbst.
Silvester Pacher.

Orig. unbekannt, abschriftlich im Archiv zu Seitenstetten.

LXXVI.

1597. 1. März, Stein. Bericht des Sekretärs von Stein Wolf Carl von Mühlbach über den Kampf zu Strass an die kaiserlichen Commissäre.

Wolgeborne, gnedige und hochgebitende herrn etc.

E. G. schreiben habe ich mit seinem inhalt vernohmen und hiermit E. G. in gehorsamb berichten wollen, das das kriegsvolckh zu ross und fuess diese verloffne täg auf Langenloys, Hädersstorff und Strass auch andere umbligende örter passiret. Wie sich die sachen in zwytracht aigentlich beloffen, kann ich noch nit für gewis schreiben. Das gemaine geschrey allhier ist, das den 27. Febr. umb drey uhr nachmittag sich von den Pleckhten weeg herüber in die 6000 paurn versambt haben und bei 100 reiter, so zu Strass gelegen und keiner gefahr besorgt, überfallen und weillen dieselbe ihre Waffen abgelegt hatten, haben die paurn in eil bei vierzig erlegt, ihre ross hinweg geführt. Als dis die andern reutter, so in der nähend zu Häderstorff und der orten gelegen, erfahren, seynd sie alsbald zusammen und auf die paurn geruckt mit ernst in dieselben gesetzt und in die 200 niedergemacht: sie also zertrennet und in das weingebirg versprengt. Weill nun die reutter geschen, das sy zu Strass schaden gelytten, haben sie, wie man sagt, das dorff geplündert und in branndt gesteckht, auch an weib und kindern den grimm ausgelassen, wo über die 400 personen von paurnvolckh gebliben seyn sollen. Folgenden tag hernach ist das kriegsvolck zu ross und zu fuess zusamgezogen und über den Plecktenweeg hinaus in völliger ordnung fortgeruckht. Also hab ich selbst heut geschen das widerumb an underschidlichen orten auf anderthalb oder zwey meill weegs von hier grosse feur aufgangen, die auch immer fort brünnen; wo es aber ist, kann ich eigentlich nit wissen. Es ist mir von einem erbergen man und mehr andern gesagt worden, das die reutter ein dorff Ebersprunn, so mir zugehörig ist, gestert abendts abgebrennt haben; nun mus ich es Gott befehlen. Das die paurn durch die reutter sollten geheneckht und ihnen die ohren seyn abgeschnitten worden, ist hier auch vor gewis angezeigt worden. Hirmit E. G. mich gehorsamblich befelchend.

Stein den 1ten Martij an. 97.

Wolf Carl zu Mühlbach.

Orig. unbekannt, abschriftlich in Kalteneggers Sammlung II. 505, Nr. 447.

LXXVII.

1597. 2. März, Ulmerfeld. Schreiben der Bauern an den Prior von Gaming wegen Freilassung des gefangen gesetzten Klosterkastners.

Erwierdiger, geistlicher herr Prior. Vnnsern gruß zuvor. Wir werdten glaubwierdig bericht, wie eur ehrwierdt vber vnnser eingegebne pacification vnnd fürstlicher durchleicht geferttigt friden gelaidt eurn gewesenen kastner in verhafftung genomen, darauf der ganezen versamblung ernnstlich ersuechen ine kastner incontinent (sic) der verhafftung begehet, ime auch sein christlich fürnemen nit hindtert; da daß nicht beschiecht, solt der herr wissen, daß wier mit starckhem hauffen den herrn überfallen, unnd den, welcher der erste, der den friden zertrennt, genuegsamb belohnen, zu verhiettung wißt ime zu thuen.

Actum Vlmerfeldt den 2. Martii an. 97igst.

Ganeze versamblunge deß
Viertlß ob Wienner-Waldt.

Original unbekannt; aus dem Verhörs-Protokoll im Landesarchiv von Niederösterreich.

LXXVIII.

1597. 5. März, Melk. Die kaiserlichen Commissäre bestätigen die von der städtischen Commission wegen Persenbeug getroffenen Anordnungen.

Wier die unterschriebene kay. räth und zu den burger- und paurnaufstandt in das Virtl ob Wienner-Waldt verordnete commissarien bekhennen hiemit, nachdem bey abtrettung des schlos und herrschaft Persenbeug des vierten standt abgesandte in befelch gehabt, mit den underthanen daselbst alles vleis zu tractiren, das sie solche abtrettung zu handen des wolgebohrn herrn herrn Ferdinand freiherrn von Hoyos etc. als eigenthumbsherrn thuen und ihr beschwärung, so sye wider gedachten herrn von Hoyos zu haben vermeinen, bay der commission fürbringen und darüber gebierlichen endscheid gewarten sollen, welches dann also von einen theil der gedachten abgesandten mit beweglicher ausfüerung beschehen: uns aber dieselbe nit allein von 28. Febr. zuegeschrieben, das die underthanen ihme durchaus für keinen herrn mehr erkennen, halten, noch annehmen wellen, sondern als die obgedachten gesandten hernach sammentlich abermaln dises tractiret. sy uns den dritten dis (id est 3. März) zu Melckh mündlich und ausfürlich bericht, das dis so wenig als zu vor und keineswegs zu erhalten gewest, und das sy daher zur verhuettung eines neuen aufstandt bevorab weill das heftige ansagen und aufboth wegen der Paurn zu Strass von den reuttern erlittenen schadens in demselbigen Virtl gleichmit eingefallen und daher die sachen in höchster gefar gestanden, gedungen worden, die gedachte herrschaft, schloss und underthanen in ihrer Khay. Maytt. unsers allerg. herrn glüb also lang zu nehmen bis sich dieselb oder ihr fürstl. Durchl. herr Matthias Ertzhertzog zu Österreich unser auch gnädigster herr als lanndts-fürstl. Gubernator ferer allergnedigst in dieser sach entschlissen, und das darauf die underthanen ihnen angelobt, das schloss zu Ir Maytt. handen abgetretten und sy drey zu administratorn der herrschaft, als die edln ernvesten Michel Auftinger bisher gewester pfleger daselbst. Trojan Schelhamer, mautner zu Emerstorff und Peter Prandtstetter, richter zu Persenbeug verordnet und den unterthanen samentlich fürgestellt, die auch damit allerdings woll zufriden gewesen. Wann wir dann selbst auch anderst nit befinden kunnen, dan das solches zu verhüttung des, wie vorgemelt, der zeit der sicherste und nächste weg gewesen, also haben wir uns gleichfalls das allerdings gefallen lassen, und daher die gedachten drey verordneten administratores für uns auf Melckh erfordert und von ihnen nach concipirter formel ein corporal iurament Ir Khay. Maytt. darauf zu leisten begehrt, das sy nach erschung desselben kein bedenckhen getragen; allein die neben ihrer nothdurft noch meldet, weil sie mehrgedachten herrn von Hoyos glüb und sy dis iurament leisten sollen, des sy solche glüb zuvor möchten erlassen werden. Weil aber die vorstennde gefährlichkeit kein aufzug leyden wellen, her von Hoyos auch dadurch an seinen rechten nichts benohmen, sundern ihnen dasselb in Ir Maytt. handen am besten gesichert ist, also haben mir auf gnedige ratification höchstgedachter Ir Maytt. gedachte drey administratores ihrer glüb, damit sy herrn von Hoyos zugethan, erlassen und dieselb in Ir Khay. Maytt. glüb und ayd genohmen, den sy uns auch darüber leiblichen und bis auf Ir Khay. Maytt. und fürstl. Durchl, gnedig weittere verordnung praetiret haben; soll demnach ihnen solches an ihren ehren und sunst gegen ihren herrn und meniglich an alle nachred, schaden und nachtheil seyn. Zu urkhund des haben wir ihnen diesen schein mit unserer petschafft und handschriften verfertigter zuegestelt.

Geschehen Melekh den 5. Marty an. 97.

Caspar abbt zu Melekh. Reichard Strein.
Hanns Wilhelm herr von Losenstain. Paul Jakob herr von Starhemberg.

Original unbekannt, abschriftlich in Kalteneggers Sammlung II, 571, Nr. 483.

LXXIX.

1597. 6. März, Scheibbs. Schreiben Christian Hallers an Markgraben wegen des Priors von Gaming.

Edler gestrenger herr Obrister: euer streng sein meine schuldtige gehorsambe dienst yederzeit bevor. Eß hatt sich gestern fast umb mitternacht begeben, daß deß von Gäming officier oder diennner mit vnnser aufgestelten wacht frafel ünd schleg gebraucht, daß ja ein hausgesessner underthan gar sehr wundt geschlagen: fürs aunder, ist bis dato her verwegen des kasstners ime Priorn daß schreiben nit überantwordt worden, daß nun ich gestern gehört, hab ich den Prior selb mündlichen angestanndten, aber noch nichts aigentlich außgericht darüber alß vor beschechen, haben sy ain hineingerissen in das gemeyr unnd in geschlagen, sein wehr genommen und nachher in die gefencknuß gestossen, denselben mir wider herauß geben muessen. Weill nun seine deß münichs officier den glaidtprieff muett unnd fürseezlicher weiß prochen und noch mehrers darauß entstehen mecht, langt demnach an eur streng: die wollen mit dem hellen haulfen alher ziehen. Da aber eur streng bey sich zu wenig volckh hette, wellen wier samentlich entgegen ziehen. Thue also eur streng geschwinde und nottwendige antwort erwarten.

Datum Scheubß in eyll den 6. Martij an. 97igist.

Euer edl. und gestreng

gehorsamen
Christan Haller und versamblung
der ganczen gemain alhie.

Dem edlen und gestrengen herrn Hannßen Margraber der zeit des ganzen gemeinen hör General-Obrister meinen freundlichen lieben herrn unnd Obristen.

Original unbekannt, aus dem Verhörs-Protokoll im Landesarchiv von Niederösterreich.

LXXX.

1597. 7. März. Stein. Wolf Carl berichtet Reichard von Strein über die Aufständigen des Viertels ober dem Manhartsberg.

Wolgeborner, edler, gestrenger, genediger Herr etc.

Der herr Obrist hatte mir unter andern vermeldt, das er in gewisse erfahrung kummen, das die paurschaft von der Waldtmarch in die 20.000 sich bei Horn zusamgezogen, und weill bey disen bösen leuthen nichts helfen will, sey er gänzlich entschlossen ihnen entgegen zu ziehen und sie zu schlagen. Unserer kundschaft nach haben sich die zu Loys und derselben orten herumb in die 1000 paurn versamblet und beden stätten (Crems und Stain) durch unsre eigne leuth zue entholten, das sye nur auf noch grössere anzahl warten, alsdann wollen sie bede belägern, ja auch also mit uns umgehen, das kein bain der burgerschaft davon kummen soll. Aber mit Gottes hulf wollen sye sich die köpf zerstossen. Das das kriegsvolckh widerumb uber die Thonau kommen soll, des hör ich kein wort.

Datum Stain den 7. Martii ann. 97.

Wolf Carl.

P. S.

Herr Caspar von Neuhaus ist nechten spat bey mir gewesen mit clag, das seine underthanen im marckht Sentftenberg als auch das ganze Imbachthall sich alle zu der paurschaft geschlagen, den rath zu Loys verwachten sie gar starckh, die haben ihnen bis dato nit schwören wellen. Nechten abend haben wir allhier gegen Lois werts ein gar grosse brunst gesehen, wissen aber noch nicht wo es eigentlich gewesen ist, das feur sieht man hoch heut.

Original unbekannt, abschriftlich in Kalteneggers Sammlung II. 375, Nr. 485.

LXXXI.

1597. 7. März, Melk. Der Hofschreiber Güttfridt von Seitenstetten gibt dem Hofrichter Jauchinger dieses Stiftes Nachricht über seine Verhandlung mit den städtischen Commissären und über andere Ereignisse.

Edler, ehrnvester, gebiettundter herr. Demselben seyen mein ganntz willige gehorsambe dienst zuvor. Und erinndere denselben das wir heut frue vor tags zue Melckh angelanngt, bey den herrn commissarien gewest, das schreiben von Ir. Gn. (dem Abte von Seitenstetten) außgehendt mit gebürlicher reverenz beantwortt unnd so vill beschaydt bekhomben, das sy guett wissent seyen, das die pfarren, so undter dem gottshauß Seitenstetten allberaitt in revers einkhomben und geferttigt haben, dieselben auch khunfftig bey Ir. Fürstl. Durchlaucht oder wo es die nott erfordern möcht, billich unnd endtlich entschuldigen wöllen. Und seyen gedachte herr commissarien gleich diese stundt im weckhraißen nach Scheibbs unnd des herrn Priors zu Gämbnig, so auch von seinen maisten taills pauern wie die sag alhie gehet, arestirt, ledig ze machen unnd auff freyen fueß ze bringen, auch den pöffl zue geduldt und stillstandt zue bewegen entsohnen. Der herr Pacher aber ist auff ainer aignen zuegerichten fuer in simbili dieser stundt eillendts nach Wien, halt derfür er möchte noch heindt abendts aldortt hin oder aber auffs wenigiste nach haimbs auff Closterneuburg ankhomben. Der sollte bei Ir. Fürstl. Durchl. umb ein offens von ir geferttigtes general des vorstandts, das solches auff ain pfarr auff die ander geschickht unnd getragen werde, die pfarrn und die paurnschafftn auch die commissarien selbsten zu erwöllen und sonderlich die inen gefällige. Die paurschafft endthalb der Tonau begern der commissions mallstadt auf Zwettl, so khan auch auf diesem landt die commission an ainen ortt nit sondern an dreyen oder wenigstens zwayen fieglich nit woll angestellt werden; aber wie ich von offt besagten herrn commissarien verstendigt, soll sonderlich Aschpach depudieret werden.

Der aufflauff so endthalb der Tonau umb Krembs von den reittern unnd der paurschaft fürgangen sein soll, hab ich diese inquisition, das es nit so häfftig zuegangen sein soll. Die paurn aber, wie die reitter unnd khriegsvolckh allerdings unndeutlich in abziechen außen landt gewesst unnd vermainth sicher zu sein, haben sich gerott unnd auff die reitter, welche gleich beim essen, fiedern unnd zuerichten gewesst, starckh gedrungen, auff sie geschossen unnd deren 12 strackhs nidtergepirscht, haben sich die reitter in ier ristungen verfiegt, zu wöhr gesetzt, die paurn unnd was sie angetroffen, nidergehaut, Strass unnd 2 annder unbenannte törffer angefeurt, aber sollen über 17 heiser nit abgeprant, unnd der personen zue beiden taillen paurn unnd kriegsvolckh bei 50 gebliben sein: da aber das kriegsvolckh bei der wahrung unnd in irer ristung gewesst, wär es ybl zuegogangen unnd möchten der paurn wenige davon khomben seyn. Meines einfeltigen bedunkhens werden der herr unnd Ir. Gnd. vor den herrn commissarien zu Scheibbs oder wo sie der orttn ankhomben möchten, wie es mit der commission verstandt, mehrers verständigt werden, dass sie Ir. Gnd. unnd dem herrn gar wolgewogen. Es wierdt auch der herr Pacher Ir. Durchl. diswillen sowoll auch das die reitter unnd khriegsvolckh gewißlich auß dem landt gebracht werden. starckh sollicitiern unnd anhalten. Zue unserer wills Gott ehisten haimbkhunfft wöllen nur dem herrn gewißere posst unnd unnser getreue verrichtung wie wir dann nit feyrn mitbringen. Gottes allmechtiger schucz mit unnß allen.

In eill Melckh den 7. Martij an 97.

Dero gehorsamber
diener
Joachim Göttfridt.

Dem edlen ernvesten herrn Christophoro Innbinger der wirdigen unnser lieben Fraun Gottshauß Seittenstetten Hofrichter, meinem gebiettenden herrn.

Original Papier mit Schlussiegel im Archiv zu Seitenstetten.

LXXXII.

1597, 8. März, Racelsbach. Morakhsy an den Rath von Krems und Stein.

Edl vest ersambe weis fuersichtig liebe herrn und freund.

Eur schreiben hab ich heut empfangen und daraus ersehen, das sich die rebellen eigentlich entschlossen, ihrer ganzen macht und hellen hauffen bede stätt Crembs und Stein zu belegern und durch brand und ander verschlagene renckh zu ihnen zu zwingen gesinnet. Erindere euch hierauf, das ich anheut vortags von einen, so ich allein erkhundung halber aufsgeschickht, glaubwirdiger bericht empfangen, das die rebellische paurn allbereit zuruckh nach den Gföllerwald rottweiß gezogen und also umb Crembs und der orten herum keine mehr vorhanden. Da auch aber von denen rebellanten einige gewalt begegnen oder euch dieselben belägern wurden, solle auch von mir mit sleiniger hülf beigesprungen werden, welche ich in eyl erindere.

Ravelspach den 8. Martij an. 97.

Wenzeslaw Morakhsy von Noskaw
Freyherr.

Orig. unbekannt, abschriftlich im Archiv zu Seitenstetten.

LXXXII.

1597. s. d. et l. 1.—8. März, Pechlarn). Die städtischen Commissäre berichten den kaiserlichen über ihre resultatlosen Verhandlungen mit den Bauern zu Pöggstall.

Erwürdig, wolgeborn genedige unnd gebietunde Herrn! E. G. sein etc.

Wir haben noch selben abend zu Pöckhstall den richter erfordert und vermahnt die gemain und ander mehr negst umbligenden ämbter auf den fruen morgen zur anhörung unsers füertrags zusamb zu erfordern, welches beschehen; mit denen wir von morgen früe an bis nachmittag gehandelt und so vill verstanden, das sie zu der ruh und frid wohl genaigt wären, wie dann auch die mehrern hievor die wöhren wider abgelegt; das sie aber jezo widerumb so starckh und ernstlich aufgebracht, folgt daher, das zu Strass und andrer orten so grosse brunstschäden und mört der armen leuth durch die reuther erstanden, welche, wie der paurschaft für gewis zuegeschrieben worden (ist), den marckht Langenloys auch zur höchsten dörlich seyn und allbereit angezindet haben sollen, dahero die von Loys ihre bothen aller orten herumb schickhen und umb Gottes willen umb hülf bitten.

Indem wir nun nachmittag das früemal einnahmen, kumbt ein burger von Pöckhstall Hanns Poller genant, wohl betruncklen, in grosser furia hinein fur den tisch, befragt uns ob das, was sich jezo verlauft, unsern zu Pechlarn versamlten paurschaft gethanen zuesag, das das kriegsvolckh, so wider die paurschaft angeführt worden, abgeschafft werden solle, gemäs seye, dann es zu Langenloys zuegehe, das es Gott erbarmen möchte, allwo vill 100 personen jämerlich nidergemezt worden, gleichwol des herrn Morakhsi Fendrich und Leutenant auch auf den plaz bliben. Item es wären der weiber mit ganz achtl schäffern voll taller und andern gueten gelt hinzugeloffen, dasselb den reuttern fürgeschittet, sie hätten das gelt zu sich genumben, aber nichts desto weniger die armen leuth nidergemacht, welches er Poller, so von Wien herauf geraist und gleich allererst zu Pöckhstall ankomen, selbst mit augen gesehen, wie die todten cörper allda auf der wallstat nit anderst als wie die holzscheitter übereinander gelegen.

Hiezwischen ist die stube voll paurn angeloffen, welche dermassen fulminirt und solche reden ausgestossen, das wir nit anders vermaynt, sye würden auf der stell hand an uns legen und uns gleich aufreiben. Es hat uns auch ein paur von Mertenberg zunächst bei Pöckhstall gelegen offenlich lose leuth und verräther gescholten.

In solchen gettümel hat sich einer hören lassen, wie das allererst ein Pöckhstallerischer mitburger von Röz kumen, welcher seinen anzeigen nach zu Langenloys durchzogen, von deme der rechte grund zu erfahrn seyn werde. Darauf wir denselben zu erfordern gebetten, das auch beschehen. Welcher zu unsern höchsten trost und freiden das contrarium angezeigt mit vermelden, es wäre zu Strass vor etwelchen tägen woll ein starckhe brunst vorgangen, zu Langenloys aber habe er von keinen feur gehört oder gesehen. So sei auch kein kriegsvolckh allda, vill weniger sei einige niderlag der paurnschaft fürgeloffen, sondern alles still unnd in gueter ruhe unnd sey die gemeinsag, das die reutter zu Kirchberg drey meill unter Krembs liegen sollen. Auf solchen bericht ist die versamblete paurschafft etwas ruhiger worden. Wir haben darauf mit ihnen tractiret unnd schlüsslich cathegorice von ihnen vernehmen muessen, das kein frid und ruhe im landt anzuerichten oder zue hoffen, biß das khriegsvolckh abgeschafft wirdt unnd aus dem landt khombt.

Als wir nun bey so beschaffnen sachen anders nichts ausrichten mögen, seynd wir nach Pechlarn zuruckhgekhert, woselbst uns durch herrn Christoffen von Lindegg pfleger daselbst angezaigt worden, das er von einen undterthanen (gehört), das uns die pauren zu Pögstall alle zusamb haben todtschlagen wollen.

Original unbekannt, abschriftlich im Archiv von Seitenstetten.

LXXXIV.

1597, (post) 8. März. s. l. Bericht eines Ungenannten über den Kampf bei Strass und die nachfolgenden Ereignisse.

Nota ehnhalb der Donau.

Den 27. Februarij sein die paurn den Moratyschen reuttern, deren 100 gewesen, zu Strass eingefallen, unnd ist an allen orden das paursvolckh zusamen geloffen in mainung alle reutter zu erschlagen, haben ihnnen genomen 48 roß, vil harnisch unnd andere zuegeherung unnd habenß gleich zue irem glieckh zwischen 9 und 10 uhr frue angriffen, daß die reutter noch nit gar angelegt unnd beysamen gewest. 15 reutter darunder drey pueben unnd ain waib jammerlich ermert unnd erschlagen, also zerhaut, dass es hat einem stain erbarmbt; darauff sein sy alspalt außgezalt worden, das torf verbrent unnd vil pauren nachent bey 400 erschlagen unnd haben die reutter einen sollichen ansechlichen raub gelt unnd guett bekhumen, davon nit zu schreiben. Nacher khumbt unnß pottschaft, es haben sich bei 8000 pauern) zu Khiriperg versamlet, die wöllen unnß angreiffen unnd mit unnß schlagen; drauf haben wier unnß aufgemacht unnd in voller zugorttnung den ersten diez 1. März) nach Khirichperg gezogen unnd die paurn gesuecht, aber sy haben unsserrer nit erwardt sonnder alßbalt alle entloffen; waß wier aber unnderweg angetroffen, dennen sein ohrn unnd naasen abgeschnitten auch ainesthailß erbärmlich erstochen, erschossen unnd mit pusiran (Partisanen?), hackhen und prigln erschlagn worden. Wie miehr nun nachent gehn Khirigberg khumen, sein wier auf Riettenthal unnd Ottenthal khumen, khainen dahaimb gefunden, haben die khriegsleutt bette (beide dörffer abgebrent unnd alleß ausgeblindert, wie man sagt uber 40.000 fl. schaden beschechen. der ainige Jakob

Fleischackher ist uber 4000 fl. khumen. Es sein auch etlich beraith an die paum gehangen worden unnd haben noch vil reicher richter unnd paurn gefangen. die etlich tausent gultten umb ihr löben göben. Den 7. diez (7. März) haben sich über 30.000 paurn gen Langloiß wider begöben. in maynung unnß anzugreiffen; wir haben unnß aber vor innen gar nit entseczt. sonder den 8. diez hernach inen entgögen zogen unnd sy zu Langloiß angriffen wöllen; allso sein sy abber in Gföller walt geflochen unnd gancz verloffen. also dass khainer von dem andern waiß. unnd haben noch den ganczen marckht Langloiß angezindet. sein aber nit bei 15 heusser doch die bessten verbrunnen und verdorben: haben also vermelten 8. diez unßer leger nach Roffenspach gericht. darin auch vil büsser bueben gefunden. wie daselbst in allen derffern. Es dregt sich täglich zue, daß wier gefangene haben. die trackhtiert man nach der alten paurn rögl. hängt ain dorden den andern tha. wöllicher gar wol darvon khombt. dem schneit man nassen und ohr ab. Morgen verraissen wier nach Horrn unnd sein willenß die 30000 paurn zue suechen: trag sorg. es werde ohne groß bluet vergüssen nicht abgehn. Sy haben heut an herrn Gene(ral) obristen glait begehrth aber mit lautterm schelmßpossen. die sy nit anzunemen; Ir Maytt. unnd Furstl. Durchl. störckh sich naht mit kriegsvolckh unnd haben unnß beraith 300 reutter unnd 500 knecht zuegeschickht, wan der paurn 60.000 wehrn, wolten wiers angreiffen unnd mit gottes hilff schlagen.

Abschrifft wögen der Reutter und Paurn.

Orig. unbekannt, gleichzeitige Abschrift im Archiv des Stiftes Zwettl.

LXXXV.

1597, 9. März, Schallaburg. Die kaiserlichen Commissäre berichten dem Erzherzoge die Vorgänge um Scheibbs und bitten um Hilfe.

Durchleuchtigster Erzherzog etc. Gnädigster herr!

Gestern haben wir samentlich von Melckh aus Eu. Fürstl. Durchl. auf dero gnaediges schreiben vom 5ten dis datiret. gehorsambst beantwortet. so herr von Melckh vergange nacht bey einen reuttenden (boten) uberschickt. Gar spat in der nacht kumbt diser reitund cammerpott Adam Tröstler hieher und wider zuruckh, so zu den abgesandten des vierten standts nach Scheibs reitten wellen aber von 200 paurn aufgehalten worden, so den Marchgraber auf Stainkirchen entgegen gezogen, von denen er sich aber liberiret hat und ausgerissen ist, wie ain mündliche relation mehrers mit sich bringen wird, daraus nun E. F. D. genedigst zu vernehmen, was diser orten fürlauft und das nit allein herr Prior von Gäming in höchster gefahr stehet, sunder weill uns Dr. Linsmayr schreibt, ihr intent seye, die zuefuhr der profiant den holzknechten und kappen zu sperren, weill sie sich nägst nit aufbringen wellen lassen und das ihme von Scheibs aus vertraut worden sey, in was grosser gfar dis Virtl sowol als das ganz Eisenbergwerckh dadurch leichtlicher gerathen kann. Gott geb, das die abgesandte des vierten standts, die bisher unsers bedunckhens den paurn, dem Marchgraber, gar zu vill glaubt und traut haben, dis orts die sachen stillen und wider zurecht bringen werden.

Wie uns Linsmayr bericht, so seynd sie erst gestern frube gen Scheibs gelangt. In omnem eventum ist hochnothwendig dis Virtl nit hülflos zu lassen. Wo aber ein erkleckliche hülf darzue in solcher eyll zu nehmen? Darzu sehen wir kein mittl vor der hand, da Ir. Maytt. und Ihr Fürstl. Durchl. nit das beste thun. Mit den aufboth beschiecht der sach kein genügen; auf die paurn ist sich nicht zue verlassen, auf die burgerschaft in disem Virtl wenig, die Güllpferdt werden schwärlich gesweige ein mehrere anzahl zusamb zu bringen seyn; in allweg aber ist vonnötten, dass E. F. D. vorgerathner massen ein haubt in dis virtl ordne und das der Pöttinger mit seinen knechten sich nach St. Pölten machet, die werden ihn aber nit einlassen, es erfordern dann E. F. D. von der regierung aus den richter und etliche des raths unnd befehlen es mit ernst.

Das aufbot hat der Haller lassen gehen, wie der Linsmayr schreibt, um Planckhenstain und derselben örter nit allein bei kopfabschlagen sondern gar bei verbrennen eines selbst herdt, und wir erfahren selbst auch, das solches aufboth gehet aber allein gegen den gebürg werts.

Ob und welcher gestalt I. F. D. Erzherzog Ferdinand in Steyr wegen der holzknecht der sachen ehist zu erinndern, werden S. F. D. gnädigst und zum besten wissen und ob mann ihnen nit mittler weill aus dem landt Steyr mit profiant zu hülf kommen möcht. Wir haben auf einen weeg gedacht, darvon wir vermeynen, das auch vor disen undter den ständten geredt worden.

Schallaburg den 9. Martij an. 1597.

Original unbekannt, abschriftlich im Archiv von St. Peter in der Au.

LXXXVI.

1597. 9. März, s. l. (Scheibbs). Schreiben eines Ungenannten (Linsmayr?) an die kaiserlichen Commissäre über die Vorgänge zu Scheibbs.

Den 7. Martij abends ist der Pinter sambt noch 5 zu ros starckh von paurn beglaidt zu Purgkstall durch und hat ennhalb der pruckhen an der Widemb bei Christoff Mayr einkehrt, ist auch allda über nacht bliben ganz still. Den 8. frube ist er fort auf Scheibs, seynd ihn alle paurn aus den markt entgegen, das er also sambt denen und vorigen seinen glaidt-leuthen bei 1000 starckh eingezogen und hat bei den Auberger burger und gastgeb daselbst einkehrt, alsbald umbschlagen und offentlich verrueffen lassen, es soll sich meniglich beschaidenlich halten, keinen gewalt üben und alle zehrung zahlen, müge auch jeder selbst sich umb herberg sehen. Nachmittag seynd die burger zu ihm kummen und für ihren herrn den P. Prior intercediret, damit ihme kein mehrerer gewalt bewisen und alle sachen guetig abgehandelt werden möchten. dessen sich Pinter sovill ihme müglich erbotten haben soll mit vermelden, das er derwegen dahin kummen ware. Darauf er den Christan Haller und etlich andere zu der stätt abgesandten und commissarien, (welche bei den Eberwein in herberg, aber doch bei tag und nacht starckh verwart werden) geschickht und begert, das sye zu ihm komen wollen, das sy auch gethan: was aber die tractation gewest, ist dis orts unbewust. Bey der paurschaft sollen sy gar kein gehör haben. Dieselben haben gewölt, ihnen den herrn Prior aus den hof, wo er ist, heraus zu antworten und er in offenen ring gestellt soll werden, das auch volgenden Montag als den 10ten um 7 uhr fruhe beschehen sollen. Und haben Christan Haller und andere befelchshaber ein predicanten, der von Weinberg nägst bey Wasen dahin bracht worden, umb das er ein scharffe predig wider die paurn, als wann sie der commission nit wirdig weren, weillen auch die kinder im muetter leib diser ihrer empörung entgelten muesten, gethan haben soll, angeklagt und in verhaft genohmen und zuegesprochen, er solle sich gefast machen, des andern morgen zu sterben und herr Prior von Gaming müste ihm die leichpredig thuen; davon ers ich zwar weinend entschuldigt, aber sye dabei ernstlich und genzlich verharrt. Es solle aber der Pinter abgewehrt und dis alles eingestellt, auch allenthalben zimlich glimpf gebraucht haben. Wie dann heut Monntags bis auf mittag nichts beschehen, sonder guete hoffnung eines guetigen vergleichs ist.

In der Sontags als gestrichen nacht sollen die paurn zu Gaming in's khloster kummen sein, des Prior zimmer mit gewalt eröffnete und alles durchsuecht und vill bürst röhr und andere wöhren heraus genohmen und mit sich gen Scheibs gebracht haben.

10. Martij an. 97.

<small>Original unbekannt, abschriftlich in Kalteneggers Sammlung II, 579, Nr. 487.</small>

LXXXVII.

1597, 15. März, Litschau. Revers der aufrierischen bauren zu Litschau.

Wir N. alle und jede der herrschafft Litschau gehörigen dorffschaften bekennen sambt und sonders fir unß selbsten und anstatt der gemeyn, demnach wider gott, sein gottliche ordnung und unnsere gethone aydtspflichten wider den wohlgebornen herren herren Wenzelawen Marackhsy von Nossaw, Freiherrn von und zu Lüttschaw, Röm. Khay. Maytt. hofkriegs-rath unnd bestellten General obristen des defensioswesens inn Österreich unden der Ennß, unnserem gnedig und frey aigenthumlichen herren und grundtsoberkeit, wir unnß durch anraitzung des laydig teyffels und verfiehrung böser leuth auß aignem nucz und muetwillen mit aufruehr und ungehorsamb auch nach trachtung unnsers wolgedachts gnedig herren leybs und lebens ohne allen ainichen fueg habender rechtmessigkeit der sach layder amreyssen (anreizen) unnd verfiehren lassen also das Ir. Gn. mit bestraffung leybs und lebens gegen unß, unsern weib und kind auch güettern nach ungnaden mit der straff des rechtens zue procedieren und verfahren zuelassen, genuegsame ursach auch fueg und macht haben, welliches aber alles unns von grund unsers herczensslaidt, bitter hieriber wolermellten unnsern gnedigen herren ganez underthenig durch gottes willen unnsers unchristlichen hochverbrechens halber umb gnedige erbarmung und verzeichung, geloben, zuesagen und versprechen auch, das wir hinfüro weder Ir. Gn. derselben erben und nachkommen nimmermehr aufrierisch werden noch am wenigsten andern darzue ursach geben vil münder uns durch jemanden aufbiethen lassen oder den rebellischen zuezeiten, sondern ir. gn. dero erben und nachgeseczten befelchshabern allen gethreuem gehorsamb willig laysten. Die redelführer, die unnß zue diser unchristlichen sach bewegt, keineswegs verhalten, sondern Ir Gn. bei verliehrung leybs und lebens dieselben alßbald namhafft machen, auch die unnß umb vorgedachts unsers hochunchristlichen abgewichnen ungehorsambs wegen angelegte sraff gehorsamblich leyden und dulden wellen; wie wir dann solliches alles für unnß selbsten unnd die gemeyn mit unnsern aufgeregten fingern und hernach geseczten aydt bestettiget haben. Wir schwören hierauf zue der hailligen Draifaltigkeit gott Vatter, Sohn unnd haylligen Gayst einen aydt, das wir diß alles was unns hiefir gehalten worden, steht, fest unnd unwiderbrechlich halten wellen, so wahr Gott unnd sein hayllig Evangelium unnß helffe. Daß zue wahrem urkundt unnd ewiger gedechtnus haben wir die ersamen, fürsichtigen unnd weyssen herrn burgermaister, richter unnd rath der statt Lütschaw, welliche nicht mit unnß in unnsere teyfflische verbündnus, ob wir sie wol zum offtermallen ersuocht, gewest noch mit darein begeben wellen, durch absönderliche bittzettel mit fleiss erbetten, das sie ir unnd gemainer statt groß innsiegell doch inen unnd iren nachkommen ohne schaden hiefür getruckht haben.

Beschechen im schloss Litschaw den 15. Martii ann. 97.

Orig. unbekannt, aus den Fuggerschen Relationen, Manuscript der k. u. k. Hofbibliothek, Nr. 8970, Fol. 726, in Wien.

LXXXVIII.

1597. 20. März, Allentsgschwendt. Aufgebotsbefehl an den Richter Schospoeck zu Liebenau.

Ain pottzetl, so dem Prandhoferischen richter zuekhomen und es mir zuegestelt unnd ich dem hern General-Obristen zuegeschickht hab.

Unnser grueß zuvor. Lieber richter Schospoeckh. Es ist der ganzen compagnia der pauermannschafft ernstlicher bevelch, das ir alßpaldt bej leibsstraf und khopfabschlagen mit dem halben thail euch gefaßt machet und auf den nächsten sambstag auf das aller fruist euch auf Ottenschlag verfueget. Da ir sonsten mer haubtleuth wißt, so laßt inen dies aufboth zuekhomen, darnach habt euch zue richten und vor schaden zue hieten.

Datum Alantsgwenth. den 20. Martij an. 97.

Geferttigt durch des Augustin bekhen zu Allantsgschwenth und fleischhackhers zu Walthaußen petschaft.

N. die ganeze compagnia der pauerschafft.

Original-Schreiben im Archiv von Melk.

LXXXIX.

1597, 20. März. Allentsgschwendt. Aufgebotsbefehl an den Bauernhauptmann Gruntpichler zu Arbesbach.

Unnsern grueß zuvor. Lieber haubtmann Gruntbilcher. Es ist der ganctzen compagnia der paurschafft ernstlich bevelch, das ier alspaldt bei verlierung leib, haab unnd guet den halben thail eueres volckhs aufbiet, damit sy auf den nächsten Samstag gewiß auf das allerfrüest zu Ottenschlag sein wolgerist: da alßdann ainer oder der ander wierdt aussenbleiben, würdt ime wider erindert werden, was im begegnen wirdt. Diß aufboth zetl last alpaldt auf Arbespach und andern umbligunden haubtleuthen zuekhomen, darnach waiß sich ain jeder zurichten und vor schaden zu hieten. Diser zetl soll von Arbesbach auf Langenschlag, Germbs. Rappottenstein und allen andern fleckhen khain außgenommen zueckhomen.

Datum Allantsgschwendt den 20. Martii an. 97.

N. die ganneze compagnia der pauermanschafft.

Original-Schreiben im Archiv von Melk.

XC.

Eidformel für die von der Erhebung zurückgetretenen Bauern.

Der Aydt.

Wir N. richter unnd eine ganeze gemain in N. ambt schweren hiemit zu Gott im himmel einen auf gereckhten aidt, das wier nun und zu ewigen zeiten den falsch geschwornen aidt. so wier der paurschafft gethan. aufheben unnd auß der unchristlichen verpündtnuß gehen. auch die rädlfüerer unnd andere diser aufruer aufreizer nambhafft machen. derselben khainen verhalten sondern dempfen helffen. entgegen auch unserer von Gott fürgeseczten ordentlichen obrigkhait von grundt unsers herzens umb verzeichung und gnadt bitten und derselben schuldigen und pflichtigen gehorsamb laisten und nichts wider unser mündliches und schrifftliches zuesagen und angeben. gedenckhen. reden. thuen und handlen wöllen. so wahr uns Gott und sein liebes Evangelium hie zeitlich und dort in ewigkhait helfen. Amen.

Original-Schreiben im Archiv von Melk.

XCI.

1597, 21. März, Gföhl. Schreiben der städtischen Commissäre an die neuerdings zu Allentsgschwendt aufgestandenen Bürger und Bauern.

Unnser freundlich willig dienst zuvor. Ersame. liebe freundt. Alß wir gestern abents zu Gföhll ankhumben, haben wier befunnden. das ain neues aufboth erganngen unnd die paurschafft aller orten herumb gen Allentsgschwendt erfordert werden. welches ain solches vorhaben. daß. da dem also volziehunng beschechen unnd der begerte neue aufstanndt seinen fortgang erraichen solte. nit allain euch. euern weibern unnd khinndern. sonndern auch dem ganntzen Viertl dises lanndts zu eyßeristem verderben unnd schaden geraichen wurde. Dann es ist ir der lanndtsfürstlichen mildigkhait unnd ganntzer paurschafft angebotnen gnadt, das ihnen, da sie sich zue ruhe begeben. sicheres glaidt erthailt. iere beschwärungen angehört unnd derselben, so ehist sye nur überraicht. abgeholfen werden solle. immaßen ier auß des glaidts abschrifften. so euch durch den haubtmann zu Gföll angestern seinem anzaigen nach zugeschikht worden, zu sehen haben. unnd was vonn Ir Fürstl. Durchl. durch unnß allererst von neuem fuer bevelch zukhumben vernemben werdet zu wider.

Derhalben ier euch. was ier dißfals thuet, wol zu gedennckhen habt. unnd were unnser guethertziger getreuer rath. das ier durch ainen außschuß zu unnß alheer geen Gföll alßbalt erschinnen weret, alda wir euch, wofern ir vonn euerem unrathsamen fuernehmen absteet, mit lanndtsfürstlichen glaidt vorseen wollen, das ier vor allem gwalt und überfall gnuegsamb versichert sein sollet. Wie dann herr Moräsi alß Genneral-Obrister über das kbriegsvolkh unnd reitern gegen allen denen, so sich zu ruhe begeben unnd der vorstehennden commission dadurch allen unnderthanen der beschwörungen abgeholfen werden wirdt, im wenigsten nicht thätliches, sonndern allain gegen denen unrüehigen, fridthässigen leuthen ainen ernnst zu gebrauchen, lautern bevelch hat, wie ier dann, wann ier durch außschuß zue unnß khumbt, mit mehrern vernemben werdet, unnd solt das vertrauen zu unnß setzen, das wir alß erbare pidersleuth guethertzig unnd ganntz getreulich gegen euch gemainen, da iers nur erkhennen unnd eur hail mit mehrerm bedennklhen wolt. Hierauf wier euer ankhunnfft oder schrifftlichen anndwort zu unnserer nachrichtung bey zaiger disem potten erwartten, unnß Gott bevolchen.

Datum Gföll den 21. Marty an. 97.

  N. und N. die von denen khays. stötten unnd märkhten in Osterreich unter der Ennß aufgestandenen burger unnd paurschafft abgeornde commißarien.

  Steffan Mayr.
  Silvester Pacher.

Original-Schreiben im Archiv von Zwettl.

XCII.

1597, 23. März, Pressburg. Befehl des Erzherzogs Mathias an Morakhsy mit aller Strenge gegen die Aufständigen im Viertel ober dem Munhartsberg vorzugehen.

Matthias von Gottes genaden Ertzhertzog zu Österreich etc.

Du hast dich gehorsambst zu erinndern, was dir zur expedition wider die rebellion und paurnaufstand anbefohlen worden, dem wirdest also nachzuleben wissen. Uns kunt aber für, das einiger glimpf und güetige handlung bey disen leuthen nit stat und das sy erst den 20ten dis wider ein neues aufboth nach Allansgschwendt bei kopfabschlagen ergeen lassen; auf welches aufboth die pedtschaft erkanntlich sein, du wellest denselben, wie auch allen andern rädlfürern und vorgehern durch allerley mittl nachtrachten, sy lebendig oder todt zu bekumen, also die weiter im glait und revers nit begriffen seynd, sondern sich dessen selbst unfähig gemacht haben. Wir halten für das best mittl, das du alsbald offne patent auf die rebellischen dorffer schickhest, das sie inner 6 tägen ihre wöhren ihren obrigkeiten überantworten, zum andern denselben von neuen den gehorsamb bis zue der künfftigen commission und abhandlung anglüben, zum dritten, das jeder fleckhen zur versicherung ein oder zwo angesessene personen Ir. Khays. Maytt. zu geisl und pfandt bis zu der commission stellen zu dein handen, die alsdann gen Wienn und Krembs kunten beschiden werden, und das sye ihr haubter urlauben mit dem anhang, welche dörffer dise 4 artickhl in den 6 tägen nit vollziehen und die von ihren obrigkeiten nit schein bringen werden, die wellest du ohn alle barmherzigkeit alsbaldt mit feur und schwerdt angreiffen, weib und kinder hernemen, darnach sy sich zu richten, vor schaden zu hüeten und zum alten schuldigen gehorsamb einzustellen wissen. Und wenn sy dem nit nachkumen, so ist das nägst, das du mit ain drey oder vier dörffer, darinn die muthwilligsten unterthanen seynd, ein anfang machest und gewarsamblich fortziehest, wellen wier nit zweiflen, die andern werden aus schröckhen und not sich zum creuz legen. Dabey künten die obrigkeiten jedes orts vill diennen, wann sye denen underthanen zuesprechen, sich guetig erzeigen, verzeihung anbietten, sic vertrösten bey Ir. Khay. Maytt. und uns wider zu gnaden zu bringen. Und also sollst das auch in allen ungehorsamen dörffern, wo dein quartier ist, die wehren zu handen ihrer obrigkeiten abfordern lassen, sonsten seynd wir mit fertigung der commission im werckh. Neben den ohren und nasen abschneiden wellest mit rath deiner mitcommissarien bedacht seyn, etlichen die es wohl verdienen, die finger oder gar die recht hand abzustuzen, sonderlich welche wider das glaidt gehandelt, dann dasselb wird sye mehrer als die nasen schröckhen, weill sye hernach zu keiner arbeith recht tauglich seyn.

Dann, so ist unser gnediger bevelch, das du den Schrembser sein feldschreiber, die zwey Molardisch underthanen und alle andere gefangene, so radlfüerer, bevelchsleuth und vorgeher gewesen, mit einer ordentlichen verzeichnus ihrer verbrechen und getragenen ämbter gen Wienn wohl verwarlich, so chist als müglich antworten lassest. Nachdem auch bisher etliche gefangene guetlich und peinlich examiniret worden, so sollest du uns jederzeit dieselben vergangene und künfftige aussagen zueschickhen, in allweg auf den artickhl trachten, was der anfang und scopus dis ihres aufstands gewesen oder noch sey.

Zum dritten lassen wir den pfleger, richter und rath zu Mauttern für die regierung fordern und ernstlich auflegen, alßbaldt dein wacht zu der pruckhen allda nit allain anzunehmen, sondern auch selbst mit burgern zu sterkhen und die pruckhen zu verwaren; entgegen sey ernstlich darob, das dieselben knecht sich gegen den burgern gebürlich halten und essen und trünkhen bezallen. Wir haben von der regierung auch ettleich commissarien verordent, welche zu Crembs, Weydhofen oder Zwettl der pauren beschwärungen abfordern und übernemen sollen, sonsten wirst du wissen, das die paurn im Viertl ob Wiennerwaldt an alle ursach neue auffleuff gemacht, Gaming und Lilienfeldt eingenumben; da wirdt ein notdurfft seyn, das volckh in das ander Viertl zu schickhen, wann allein ob Manhartsberg auf obstehende weeg die undterthanen zu gehorsamb und die wöhren von ihnen gebracht werden. Und hetten wir dafür gehalten, das man, seyderher du oben ligst, wohl ein bündnuss der gehorsamben underthanen wider die aufrührer hätt erhandeln und damit den rebellen das aufbietten abschneiden können, das sollest du noch mit hüllff der lanndleuth und der zuegeordneten commissarien verursachen. Der städt abgesandten befehlen wir, sich nochmalen zu bemühen, die neu auflauffende underthanen zuruck zu weisen. Daneben wollest bedacht seyn, dich an solche ortt zu quartieren, da nit die unschuldigen sondern die schuldigen ihr straff empfahen und auch gewarsamlich auf die rebellen fortziehen und nit so lang an einen ortt still ligen. Die Khays. Maytt. haben wir der Behaimischen hülf berait angemohnt, die hoffentlich nit lang ausbleiben wirdet.

Presburg den 23. Martii an. 97.

Original unbekannt, abschriftlich im Archiv von Seitenstetten.

XCIII.

1597, 26. März, Pöggstall. Auftrag der Bauernanführer an den Rath von Emmersdorf, Prunner gefangen zu setzen.

An die ernvesten, ersamen und weisen herrn n. richter und rath zu Emmerstorf unsern geliebten herrn und nachpern zu eröffnen.

Ernveste, ersamb, fürnemb und weise. Wir berichten alle mit dem hellen hauffen als Persenbeuger herrschaft, Marbach, Pechlarn und was zum teill glübt und geschworn hat und wier auch allbereit auf der armen leutt, die auch in disen glüb seyn und keinen schutz haben und von den reuttern dermassen gemartert werden, das gott zu erbarmen ist. Derwegen schreiben wir euch zue mit allen ernst der ganze helle hauffen, das ihr unsern haubtmann Georg Prunner in verwarung nehmen sollt, dan ihr eur glüb der paurschaft gethan habt und den Schneider für eurn haubtmann erkennt und werd hoffentlich unsern schreiben vollziehung leisten. Im fall ihr dem nit werd nachkhumen, so seynd wir gedacht mit den hellen hauffen euch zu überziehen und alles verhören und verzehren und euch selbst persönlich hereinstellen und den Schneider mit euch. Daran geschieht der hellen hauffen willen und maynung.

Datum Peckhstall den 26. Martii an. 97.

Lorenz Viechtauwer.   Killian Kohl.   Mattheus Schlang.
Burckhardt Müllner.   Mattheus Röfnnger.

Original unbekannt, abschriftlich in Kalteneggers Sammlung II. 616, Nr. 503.

XCIV.

1597, 26. März, Persenbeug. Bericht des Pflegers Auftinger an die kaiserlichen Commissäre wegen des neuen Aufgebotes zu Pöggstall.

Hochwirdig, wolgeborne etc. Erinndere E. G. das Sambstags in der nacht umb ain uhr der richter von marckht Isper meiner verwaltung zu mir kumen und erzchlt, das ihnen ein aufboth von Peckhstall zuekummen sey; begern dann von mir als vorgesetzten obrigkheit ihnen mit rath und that an die hand zu geen. Ich hab ihnen gebotten vermüg des glaidts und von ihnen herausgegebenen revers bey verlierung, chr, guet und blueth sich nit aus der herrschaft zu lassen, welches sie mir zuegesagt. Es seynd der paurn bey 4000 beysamen, sie seynd gänzlich entschlossen, das geschüz von Peckhstall morgen weckhzuführen und sich damit wider die reutter zu armiren, welche wohl etwas unchristlich handlen.

Persenbeug den 26. Martij an. 1597.

M. Auftinger.

Original unbekannt, abschriftlich in Kalteneggers Sammlung II. 619, Nr. 507.

XCV.
1597, 22. März, Emmersdorf.

Hochwürdiger in Gott etc. Erinndere E. G., das die Peckhstallerischen paurn mit ihren adhaerenten einen neuen aufstand machen, sich zu Münichreutt zusambrottiren, die underthanen auch unden am Thonau strohm auch aufwickhlen und zu sich nöthigen wollen. Wie ich heut gehört, so haben sie herrn Christoffen von Lindegg zu Münchreut gefangen.

Emmerstorff den 26. Martiy an. 97.

Th. Schelhamer.

Original unbekannt, abschriftlich in Kalteneggers Sammlung II. 619. Nr. 504.

XCVI.
1597, 27. März, Wien. *Befehl des Erzherzogs Mathias an Morakhsy, nach der Pacificierung des Viertels ober dem Manhartsberg sich mit seinen Truppen auf das rechte Donauufer zu begeben, Melk und Ips zu besetzen und mit dem Reste des Kriegsvolkes dieses Viertel zu beruhigen.*

Matthias von Gottes genaden Ertzherzog zue Östereich etc.

Lieber, Getreuer etc.

Wir haben aus deinen bishero der paurnaufruhr halben einkummenen schrift und mündlichen relationen gnädigst verstanden, das die paurschaft im Viertl ob Mannhardtsberg auf die fürgangene demonstration und execution meistentail sich zum gehorsamb erklärt, die revers fertige und ihren herrn wider von neuen angeloben, auch die fürnembsten rädlfürer albereit in verhafftung gebracht worden seyn sollen.

Da nun dem also und es der underthan ernst auch dermassen versichert ist, das sy denselben geleben werden, man sich darauf verlassen und nit neuen und ärgern aufstandts künfftig befürchten darff, so lassen wir uns dasselb gnädigst gefallen, und wird jezo an dem ligen, das die andern und übrigen alle auch in gleiche terminos gebracht, in specie aber und vor allen dingen dahin getracht werde, das sie die wehren guetwillig ihren obrigkaiten überantworten, von neuen anglüben und nit allein ihre vorgeher, obriste, haubtleutt, feldschreiber, rottmaister, fendrich und dergleichen abschaffen, sondern auch dieselben rädlfürer, ansager und ursacher der obrigkeit überantworten, von neuen anglüben und damit ihnen selbst fried und ruh schaffen.

Die hoch notdurft erfordert, das du dich auf das lannd herüber mit deinen kriegsvolkh begebest und die so zuwider ihrer jüngst gegebenen reversen gehandelt und aus lauter mutwillen ohne allen gegebenen ursachen Ir. Khay. Maytt. cammergüetter, clöster und schlösser angriffen und trolich seyn auch mit ernst wider die andern zum gehorsamb bringest.

Wir haben gleichwohl vermaint, es möcht dein undergebens kriegsvolckh getailt und ainstails enhalb, das andere herdishalb der Thonau wider die rebellen gebraucht werden; sintemal wir sorg tragen muessen, die underthanen ob Mannhartberg möchten nach deinem verruckhen wider zusamblaufen, weil schier ein jeder sich neuer ansag und aufboth bei kopfabschlagen und henckhen understehen darff und es schon in ein gewonheit gebracht haben.

Auf das ist in allweg zu sehen, das du das volckh dennägsten auf die rebellischen fleckhen füerest, nach den rädlfüerern trachtest und wo du ein auflauf merkhest, die nägsten strassen durchstraiffen, die lauffenden paurn mit henckhen und in ander weeg straffen lassest, dabey aber verhüetest, das das kriegsvolckh in solchen fleckhen nit plündern, sondern auf der rebellen personen bestraffung trachten, es sey dann, das sie in ihren ungehorsamb verharren, das man sie mit feur und schwerdt andern zum schröckhen auf deinen und deiner mitcommissarien rath und befelch straffen müsse. Vor deinen verruckhen aber aus den Mannhartsviertl wellest du bei den landleuten der sachen also bestellen, das sie ihre gültpferd und so offt er ein gültpferd ausstäffiret, jedesmal auch drey zu fuess daneben halte und also gefaster an ainen oder zwey orten beysamen wartten. Denen aber wird in allweg ein haubt zu hinterlassen seyn, so das volckh in fall der noth zusamb fordern und under die rebellen, da sy was weitters moviren wolten, fortfueren kunte. Da kunte bei den fuesvolckh der viertlahaubtmann sich gebrauchen lassen und zu den pferden ein lanndtmann vermuegen, des wier dir und deinen zuegeordneten commissarien haimbstellen. Gleichfalls wellest du bey den obrigkeiten und in den dörfern verfuegen, das sy an allen orten einsagen lassen und bey starckher straff erhalten, wann künfftig ansagen und potten mit neuen aufpotten betretten wurden, dieselben alsbald einzuziehen.

Ehe du über die Thonau gehest, sähen wir gern, das du bey denen underthanen zu herrchaft Persenbeug und Emmersdorff gehörig, die sachen dahin richtest, das sy ihren herrn dem von Hoyos von neuen anglüben und sambt den schlos in sein gehorsamb überantwort wurden, wie Pöckhstall, Carlspach und andere schlösser von den paurn ihren herrn wider abgetreten worden. Und kannst du den Prunner Schneider zu Emmerstorff haben, so schickh ihn herab.

Wann du auf dis lannd (diesseits der Donau) kumbst, magst du tails volckh gen Melckh und Ibbs einlosieren mit den übrigen auf die ungehorsamben fortziehn. Also befelchen wir allen landleuthen im Viertl O. W. W. gleichfalls dir mit allen ihren gültspferden und auf jedes pferdt mit dreyen schützen zuzuspringen. Von denen verhafften rädelsfuerern sollest du aus denjenigen, die das leben one mittl verwirckht, ain vier oder fünff nach iren verschuldten andern zum schröckhen expedieren, die andern neben den indicien und aussagen herabschickhen.

Nachdem auch die gemain clag ist, das dis khriegsvolckh one unterschid menigkhlich das seinig nehmen, auch die weiber täumblen, ihr vermügen darzu geben, wellest dise tyraney und ungebuer abstellen und das khriegsvolckh allein gegen die ungehorsamben gebrauchen und auf dero guetter einlosieren, der gehorsamben aber verschonen.

An dem beschiecht unser gnädigiste maynung.

Wien den 27. Martii a. 97.

Matthias.

Original unbekannt, abschriftlich im Archiv zu Seitenstetten.

XCVII.

1597, 28. März, Wien. Erzherzog Mathias gibt den kaiserlichen Commissären bekannt, dass er Morakhsy den Befehl ertheilt habe, mit seinen Truppen auf das rechte Donauufer zu rücken.

Matthias von Gottes genaden Ertzhertzog zue Österreich etc.

Wolgeborne, edle, ersame, geistliche, liebe, getreue.

Wir haben aus euern schreiben und des Hüttendorffer mündlich gethanen relation genedigist verstanden, wie ungebürlich sich die paurschaft ob Wiennerwaldt wider glait und revers verhalten und wie schimpflich sy des vierten stanndts abgesante neulich tractiret, das auch dieselben unverrichteter sachen wider von ihnen abziehen müssen. Und weilen wir befunden, das bey disen unpendigen leuthen nichts zu hoffen, sy kein trauen noch glauben halten, so haben wir uns mit zeitigen rath der für nembsten aus den räthen und ständen semel pro semper resolviert und den Morasi befohlen, wie aus abschrift hiebey zu sehen.

Jezo ligt es an dem, das die landtleuth, geistlich und weltliche in eurn viertl zu ros und fues unvermerekht der underthanen sich gefast machen, und alsbald der Morasi mit seinen volckh herüber kumbt, sich zusamthuen, entweder zu ihm zu stossen oder sich an einen andern ort samblen, neben den virtlhaubtmann einen ritmaister erkiesen.

Ir künt auch hiezwischen nachdenckhen, wann der Morasi herüber kumbt was er am ersten angreiffen soll, damit man den paurn das herz nehme; item, wie man der paurn zusamblauffen verhueten, etliche aufhenckhen oder ihre dörfer anzünden künte, sy weder zurückzuschreckhen.

Das wir uns in aigner person hinaufverfüegen, der underthanen beschwär anhören sollen, scheint uns nit rathsamb, und ist mit so unterschidlichen zeritten köpfen nichts zu richten; aber die vier commissarii, so zu abforderung der underthanen gravamina deputirt, seyn schon auf den weeg nach Ulmerfelden. Ist nun den paurn ernst ihre beschwärung fürzubringen, werden sy sich selbst befürdern.

An dem wird etwas gelegen seyn, das kriegsvolckh in der still über die Thonau zu bringen, die nächsten strassen einzunehmen und zu besetzen, wann neue aufboth gehen wollten, das die potten und zuelauffenden paurn auf den strassen abgefangen, niedergewürgt oder aufgehenckht und ihnen durch ein ernstlichen schreckhen dergleichen auflauff erlaidet wird, und da diz mittel nit gnuegsamb, das mann die recht schuldigen und aufrührigen fleckhen mit feur angreiff.

Wien den 28. Martii an. 97.

Matthias.

W. Unverzagt.

Ad mandatum
Serenissimi archiducis proprium.

G. Schröttl.

P. S. Der Morasi schreibt uns von 26. dis. das sich alle underthanen zum gehorsamb geben und die wehren von sich legen. Wir haben ihm des Lindeckhs ledigung halben den befelch geben. des Jörgers tractation mit den paurn hat ein frembdes aussehen. wellt uns cur guetbedunckhen eröffnen.

Original unbekannt, abschriftlich im Archiv von Seitenstetten.

XCVIII.

1597. 29. März. Melk. Schreiben der kaiserlichen Commissäre an Morakhsy wegen der Erhebung von Pöggstall.

Wohlgeborner Freyherr!

Wir erinndern den herrn hiemit, das der von Lindegg gleichwol wider jedoch auf schwere conditiones ledig worden; das sich auch für dismal die paurschaft von einander begeben, aber den Zitterschlager zuvor zu einem obristen erwehlt; jedoch ist bei ihnen mit erster gelegenheit widerumb ein neuer aufstand zu erwarten; wie sie dann ihre gewandten herdischhalb der Thonau haben, welche da bey diser paurschaft heftig hülf solicitiren. Es ist uns auch kundtschaft einkumen. das der Marchgraber mit 20 tausent mann morgen oder übermorgen nach Pechlarn kummen soll, dessen intent seyn wird entweder für Melckh zu ruckhen oder aber über die Thonau zu sezen und der paurschafft enhalb hilf zu laisten. Daher wir der meinung seyn. das der herr ehist alls müglich nach denen rebellen begeb.

Melckh den 29. Martij an. 97.

Original unbekannt, abschriftlich im Archiv von Seitenstetten.

XCIX.

1597. 29. März. Persenbeug. Aus dem Schreiben des Pflegers Auftinger an die kaiserlichen Commissäre.

Auftinger berichtet, »das die underthanen abermallen durch ein aufbot ermant werden, morgen (30. März) auf Pöckhstall neben andern, so nachher über wasser kumen, sich zu verfuegen und ehistens wider die reitter, damit diselben aus dem landt gebracht werden, zu ziehen«.

Sie haben auch aus herrn Casparn v. Roggendorf seelig risteammer zu Peckhstall gross und klein geschuz hinweckhgenummen und auf die berg daselbsten gefüert, stündlichen der reitter einfall erwarthend, welche mann aller orten mehr als den Türekhen selbst fürchtet.

Bitt hierauf eur gnaden gehorsambich, sye wellen der armen underthanen gnedigst ingedenckh seyn und sye nit allein vor den reitern, sondern auch vor den benachbarten beschüzen, sonst muesten sie ihr thun den notfall heimbsezen, daher sie künftig entschuldigt zu seyn protestiren.

Persenbeug den 29. Martiy an. 97.

Michael Auftinger, pfleger.

Original unbekannt, abschriftlich in Kalteneggers Sammlung II, 632, Nr. 512

C.

1597, 30. März. Wien. Abt Laurenz von Lilienfeld gibt dem Abte Caspar von Melk Nachricht über die Einname und Plünderung seines Klosters.

Erwierdiger in Gott geistlicher auch edler, andächtiger lieber herr praesident.

Won es E. E. wolgieng, höret ichs vom herzen gerne, mir gehet es möchts Gott erbarmen sonderlich mit einnemmung des gotshauß Lilienfeldt, welliches die rebellischen pauern nit allein eingenumen unndt noch starkh verwachen lassen, sondern auch das sie solliches spolirt, ja ein sollichen muetwillen darin triben, das nit zu sagen ist.

Die erste nacht als sie doselbst hinkomen ein zehntausent starkh, haben sie alsbalt 7 hirsch nidergeschossen, ainen teucht abgelassen undt etlich tausendt stückh fisch auß dem teucht unndt fischkältern heraußgenomen unndt verzert, so woll auch 3 ochsen, alle capaunen und hennen, 7 muth meel verpachen, die fannen in der kirchen, so woll die fürheng von den peeten zerschnitten unndt feldpindten darauß gemacht, die zuechen von den peetern herabzogen und 18 vaß wein die besten austrunckhen, den hofrichter hofwirdt undt den platee (?) gefangen, volgents haben sie muessen wirtung thuen, das gelt mit sich die pauern weggenomen unndt waiß noch nit. ob sie nit den kirchenschatz auch angriffen, dass niemandts weder auß noch ein khan, wirdt noch täglich verwacht. Ich hab gleichwoll, so balt lr Fürstl. Durchl. von Presburg herauf kamen, audienz gehabt, die nottdurft fürbracht, drauf alsbald commissere geordnet, die das kloster zu lr Maytt, handen wider sollen abfordern, was sie nun weider verrichten, das würdt ihr returiern künftig ausweisen.

E. E. hette ich gern vorlängst geschrieben so habe ich aber die schreiben niemandts vertrauen derffen, weiln die päss an allen orten also verwacht werden, bit mir diß nit zu verargen.

Herr Moratschkhy wird mit dem kriegsvolckh ohne zweifl schon im Viertl ob Wienerwalt sein, wie im den albereit geschrieben worden, der lantag soll inna 4 wochen wider gehalten werden. Die toppelt gült ist conditionaliter alberait bewilligt, wer solliche von seinen underthanen khan einbringen.

Die einfach gült ist auch bewilligt wegen des jeczigen kriegsvolekh im landt, die mueß auß aignen seckhl oder von den erhaltenten gueter bezalt werden zu Pfingsten.

Albie ist die sag, das sich der Turkh starkh rüste und in aigner person wider herauf wölle, auch das das Turekhisch kriegsvolckh auf Georgi soll anziehen. Gott wölle es wehren.

Ich weiß leider gar zu viel wie es umbgehet, ist mir treulich laidt, muessen es alles Gott bewelchen.

Die Märerisch ständt haben 400 Haramia? und noch in zweien Viertln die gült pfärdt zu hülf zu schikhen bewilligt, so will auch die Fürstl. Durchl. 400 Heiduckhen heraufschickhen undt 100 Arcsibusier, er meindt allain an dem wie man solliche möchte ob Wienerwaldt fueren.

Mein bit ist auch, wann E. E. neben andern herren khaiserlichen räthen dem herr Generalobristen schreiben, so wolt ihn vermanen, das er chest das gottshauß Lilienfeld wider wolte ledig machen, die redlfuerer straffen, wie den recht ist, daneben aber des marklhtes Wilhalbensburg undt Hainfeldt die unschuldigen verschonen.

Weil ich nit heim darf, mueß ich in diesen heiligen feiertag alhie verbleiben. Das habe ich E. E. neben freundlicher salutation auch disenmal willen schreiben. uns alle Gott bevelchend.

Wien den 30. Martii 97zigisten.

E. E. willig
nachper und brueder

Laurentius abbt
zu Lilienfeldt.

Orig.-Pap., Archiv von Melk.

CI.

1597. 2. April, Ulmerfeld.

Befehl des Feldobersten der Bauern an den Hauptmann zu Spitz, das Aufgebot ergehen zu lassen.

Unnser grueß zuvähr. Lieber her haubtman. Wier lassen euch wissen, das miehr (wir) mit etlich taussent holczkhnecht im anzug sein; ist deshalben unnser ernstlicher bevelch, dass ihr alssbolt bey verlierung leib unnd guett den Spiczern, Weißsenkirchern unnd allen andern umbliegenden pfarn unnd flecken aufbiet, damit sy, wo euch selbst am bösern getunnckhen thuet wogt, zue unss khomen: diss haben wir euch in khierz erindern wöllen, wie ihr do von den potten bessern bericht wert einziechen khinnen. Da ir aber diss nit thain wuert oder dessen treuen warnung (nicht) volg (leisten), so solt ihr wissen, dass wiehr alssbelt wollen mit hellem hauffen auf euch fallen unnd im wenigsten khain erbarmnuss weitter uber euch, eur weib oder khint sowoll auch hob unnd guetter ver haben wöllen; darnach wisst euch zu richten unnd vor schaden zu hietten.

Dattum Ulmerfeld den 2. April an. 97.

N. unnd N.
feldobrister.

Orig.-Pap., Archiv des Stiftes Zwettl.

CII.

1597, 5. April. Wien. Erzherzog Mathias Antwortschreiben an Morakhsy. Der Erzherzog gibt seiner Befriedigung über die Pacificierung des Waldviertels Ausdruck, tadelt die Disciplinlosigkeit der Truppen und berichtet ihm über den Aufstand im Viertel ober dem Wienerwalde.

Matthias, von Gottes genaden Ertzhertzog etc.

Wir haben deine zwei schreiben von 29ten verwichnen monats, den 3ten dis wohl empfangen. Ob du nun wol vermeldest, das vill underthanen sich zum gehorsamb geben, ihre wehren zu handen ihrer obrigkeit niderlegen, das dann gar guet ist und das benebens nach den rädlführern griffen und die es wol verdient, alsbald gestraft werden, so spürt man doch, das hin und wider die paurn von neuen auflauff machen, gar über die Thonau und ob der Enns umb hilff schickhen und die ursachen daher nehmen, das dein kriegsvolckh ohne unterschid gehorsame und ungehorsame auf das äusseriste beschwären, nit allein kein haller zörung zallen, sondern was sy wellen, nehmen, die weiber um ihr geld befragen, däumeln, und also der gehorsam so vill als der rebell zu leiden habe. Das wär nun auch nit recht, daher wir schon oft befohlen, der rebellen dörffer zu suchen und das kriegsvolckh allda zu halten, auch nit an einen ort so lang still zu ligen und damit den paurn plag und zeit geben, das sy neuen auflauff erweckhen künnen. Darauf wirst du also gedacht seyn: sonsten hast du recht gethan, das du die so Peckshtall plindert, zu Münichreut und Neukirchen zusammengeloffen zerstreut und wellest fleis haben, dieselben rädlfüerer, haubtleuth, ansager und verwandte zu straffen. Den Schrembser und andere seine gesellen der fürnembisten rädlfüerer las nach gestalt ihres verdienens, weil sy mehr als andere verschuldt haben, am leben alsbald hinrichten, die übrigen kann man hier zum schröckhen richten lassen. Des Prunners, Schneiders zu Emmersdorf, halben fellt dis bedenckhen ein: wofer er seider des angenommnen glaidts nichts verschuldt hette, das gegen seine person nit zu verfarn; er aber alsbal von herkunft der sachen, wer den anfang gemacht und worauf es angesehen, was ihr intent, fleissig examiniert und sein und andre aussagen uns überschickht, er auch neben andern allher gebracht werd, gleiche maynung hat es auch mit seinen andern gesellen so neben ihn eingezogen.

Die bestellung und verwachtung der pruggen zu Mautern ist hoch vonnöten und wird sich die statt dessen nit sezen. Jezo, als wir in ausfertigung dieses gewesen, kummen uns von den probst zu St. Pölten, denen awesenden landleuthen und der statt allda schreiben zue, das die underthanen im Viertl ob Wienerwaldt wider von neuen das aufboth ergehen lassen, in grosser menge beysamen, drey stückhe von Lilienfeld weggenommen und ihr intention auf Mölckh, St. Pölten und Schallaburg gerichtet haben sollen. Wie sy dann der statt St. Pölten bereit zuegeschrieben, sy ihren gehorsamb vermohnet und zu verstehen geben, wo sy nit gehorsamben, werden sy ihnen den pass mit gewalt nehmen; derowegen ein hohe notdurft seyn will auch in diesen virtail gegen den rebellen ein demonstration fürzunehmen. Dahero unser gnedigste maynung ist. das du dich in deinen viertl befürderst und voriger unser resolution das wesen also bestellest und versicherst mit hilf der landleuth, damit weiter kein auflauff zu fürchten und dich so ehe wie besser herüber die Thonau, wo du am nechsten und sichersten kannst, begebest, nichtweniger auch die pruckhen zu Mautern also bestellest, damit man im notfall daselbst überkummen künne. Weil auch Melckh und St. Pölten in gefar, so wellest fleis haben gen Melckh ain sechzig und gen St. Pölten ain hundert knecht zu bringen. Die landschaft wirbt hier 300 knecht, die sollen dir dise täg neben den 300 Harämien und ain hundert Husaren auf Krembs kummen. Also gewarten wir auch der Mächerischen pfert ehist, wie auch die 150 knecht aus Beheimb. Ihrer Liebden Erzherzog Ferdinanden zu Gräz haben wir auch umb das aufboth der Steyrer gegen Österreichwerts ersuchet. Desgleichen lassen wier in allen vier virtln des lannds die gultpfert aufbiethen, dbmit von allen ortsn gedachten rebellen abbruch geschehen müge. Ibbs wäre notwendig zu besetzen.

Du thäst wol, wann du ain zwainzig personen ausschickhen thätest, das sy der rebellischen underthanen dörffer, so jezo zusambgeloffen seynd, anzindeten mit verhaissung ihnen von jeden dorff ein verehrung zu geben, dan durch dasselb wurden sy von einander geschrökt und getrennt.

Item, ob mann leuth fändt, die den häubtern und rädlfüerern auf dem leben nachgiengen gegen aine ergözung, dem du nun nachzudenckhen und es denen dir zugeordneten herrn commissarien zu communiciren hast. Wien. den 5. Apriles an. 97.

Matthias.

P. S. Die toppelhackhen und das geschüz, so mann den paurn zu Neunkirchen genohmen, welst bis auf weittern beschaidt verwarren lassen, daneben den Roggendorftischen. Hoyosischen und anndern ernstlich befelchen, ihre schlösser zur notdurft zu beseczen. Welles daneben bedacht seyn, das weder khriegsvolckh noch die grundtherrn sich an der einzognen und verwirklten rädelfuerern confiscierten guetern nit vergreiffen, sondern dieselben in sequester und versicherung bleiben, bis 1r. Khays. Maytt. sich mit den landtständen im vorstehenden landtag die gebuer entschliessen werden. sodann wellen wir deins vorigen anbringen auch eingedenk seyn.

Orig. unbekannt, abschriftlich in Katteneggers Sammlung. l. c. II. 637, Nr. 516.

CIII.

1597, 5. April. Wien. Kaiser Rudolf II. fordert Wilhelm von Seemann auf, sofort gerüstet nach St. Pölten oder Krems dem kaiserlichen General und seinem Kriegsvolke zuzuziehen.

Rudolff der Ander von Gottes genaden erwölter Römischer Kayßer auch zu Hungern und Böheimb König. Ertzhertzog zu Össterreich etc.

Getreuer, lieber! Demnach über alle gesuchte guettige mitl die poßhaftig paurschafft nit zu stillen, sondern der ernst gebraucht werden mueß derhalben und zu erhaltung Gottes ordnung, schutz der obrigkheit, rettung des adles und alt hergebrachten gerechtigkheit, so ist hiemit unnser gnedigister bevelch an dich und wöllen. daß du (wie dann hieneben absonderlich auch jedem auferlegt worden, so starkh du zu roß und fueß aufkhomen khannst, alßbalt eyllens aufsueczst. unnßerm khayßerlichen general und den bey im habenden khruegsvolckh auf Khrembs und St. Pölten gewüß zueziehest und die rebellen an leib und leben, mit fewer undt schwert ihrem verdienen nach ohne verschonung straffen und verfolgen

helffest, du und ain jeder auch sein hauß bestellest, weib und
khinder an sichere orth flechest und solche fuersechung thuest, wo
diese unterthanen von heusern den rebellen zulauffen. daß jeder
landtmann und nachbar dem andern dieselben aufrnehig wecklaufen,
dörffer. syr gehören wenn sye wöllen. antzündte. verprenne, weib
und khündt weckhfüere. und darmit ain ernst zaige, daß die unterthanen erkhennen, sye hierin unrecht und schaden selbst muett-
willig gethan undt gesuecht haben; doch zuevor du und ain jeder
landtmann seine unterthanen darvor treulich wahrne und zue hauß
zuebleiben vermahne mit vertröstung. daß innen zu hauß nichts
geschechen. sye allen schutz und sicherheit haben sollen; darnach
du dich zue richten und du voltziechest hieran unsern genedigen
auch gefelligen willen und mainung.

Geben in unser statt Wienn den fünfften tag Apriels anno
siben und neuntzigisten. unßerer reiche des Römischen im zway und
zwaintzigisten, der Hungerischen inn fünff und zwaintzigisten und
des Böhmischen auch im zway und zwaintzigisten.

Wolff von Hoffkhürchen.
Statthalter ambts verwalter.

Carl Stedele, Dr.. Cantzler.
ambtsverwalter.

Commissio Domini electi
Imperatoris in consilio.

Christoph von Schallenberg,
Paull Khrauß D.

*Original unbekannt, abschriftlich im Urbar von St. Peter in der Au im
Schloßarchiv daselbst.*

CIV.

*1597. 29. April. Wien. Erlass des Erzherzogs Mathias über die An-
frage der Grund- und Gerichtsherren des Viertels ober dem Manhardsberg wegen der gefangenen Bauern und deren Güter.*

Matthias von Gottes genaden Ertzherztzog zue Österreich etc.

Wir haben eur schreiben vom 21. diß woll empfangen, wöllen
euch darauff in gnaden beantwortten, daß wir erstlich zuegeben
und zuefrieden sein, daß ihr ein iede landtgerichts und grundobrigkhait gegen denen beraith einkhumen und in euren panden ligenden

radlfuerern sowol auch denen, so khunfftig einzubringen sein, mit
guetig und peinlicher examination und verurthailung vermüge der
rechten fuergehen mügen, doch daß solche personen aussag und
urtl vor aller execution der N. Ö. regierung neben eur der landtgerichts und gruntobrigkhaiten guetachten, wer etwo begnadung
wirtig und auff was wegg überschickhete, zuvor aber nichts exe-
quieren lasset. Unnd also auch solle es mit bestraffung derselben
thätter und verprechern in dieser rebellionssach, item mit einziehung
irer haab und güetter gehalten und ohne regierung vorwissen nichts
fiergenomben werden, weil diese verbrechen und bestraffung für-
nemblich Ir. Khais. Maytt. alß landtsfürsten berieren. Darunder
dan alle obrigkhaiten gewarsamb geben und acht haben wöllen,
damit von zeittlicher straff, gueter und genießwegen auff eines oder
andern angeben oder auß feindtschafft zumal der pfleger, richter und
anderer, niemant nit unrecht oder zuvil geschehe. Also sollen auch
alle lantleuth und obrigkhaiten der eingezogenen und straffmessigen
underthanen ligendte und farundte guetter volkhumblich inven-
dieren und dieselben inventari ermelter regierung und eamer überschickhen, darunder man bedacht sein wiert, das Ir. Khais. Maytt. der
gemainen landschafft denen obrigkhaiten und ander vor allen ir
uncosten darvon bezalt werde. Denen hinrichteten radlfüerern und
heubtern, so bißhero oder khünfftig am leben gestrafft, sollen ge-
wießlich und endtlich durch die obrigkhaiten ihre heuser in grund
zu ewigen gedechtnuß nidergerissen, ein hochgericht darauf geseczt
also khünfftig erhalte und nit mer zu pawen gestat werden. Und
weil das genedigiste und ainge mitl zu bestendiger ruehe ist der
underthonen wöhren zu der obrigkhait handen in die schlösser zu
bringen, so wölt darob sein, daß es geschehe und nit bey den
obrigkhaiten stehe aines oder des andern dorffs oder underthans
zu verschonen sondern ein gleichait zu halten, dan inen damit
nichts benomen und dabey wiert man spieren, wellich der gehorsamb ernst ist. Der haubtradlfierer halben saint die maisten albie,
gogen denen werden wir iren verdienen nach zu procedieren nit
underlassen; da nun etliche darunder, so hinauff zu fieren und oben
zu richten, khan dasselb hernach auch geschehn; inmassen wier
der statt Khrembß zwen hinzurichten bevolchen. Da aber der
General noch mehr gefangene oben hette, so in daß Viertl ob
Manhartsberg gehörten, die den tot verschult und darzu condemniert
seyn, wöllen wier ihme beveleh euch dieselben zu execution und

abscheuch der andern underthonen ervolgen zu lassen, mit derselben gueter aber soll es wie oben gehalten, die N. Ö. regierung bericht und nit verwendt werde. Wir vernemben gleichwol, daß etliche lantleuth ihre undertonen, so radtlfierer, bevelchleuth, ansager und dergleichen gewesen, umbs gelt und ihre guetter straffen, daß ist an sich selbst unrecht und werden Ir. Khais. Maytt. und wier auf solchen fal gegen denselben, da wier daß gründlich erfaren, die gebier zuhandlen und sy wol zu straffen nit underlassen. Auß eurer uberschickhten verzaichnuß vernemben wier gleichwol, welliche bishero ihre phert und khnecht gehalten, die haben daran gar recht getan, da wier nun ein verzaichnuß deren haben khünden, so ihr gebier nit gelaistet, wolten wir ihnens zu iecczigen landtagsversamblung nit unverwissen lassen. Wover ihr nun vermaint, daß die underthonen gestilt, man neuen auflaufs sicher, so wollen wier erlauben, daß ihr wider von einander zu hauß ziehen müget dan wir vernemben, daß ihr vil auß euren pferdten auch nuer umbsonst zeren und den armen leuthen groß beschwer auftuet. Aber ehe und zuvor ihr zu hauß ziehet, so wöllet euch vergleichen, wan wieder was unruehigs sich wolte erregen, wie man alßgleich denselben rebellen im anfang begegnen und durch ein khurze losung oder ansagung die pfert an ain ort den rebellen an negsten gelegen zusamb bringen khündt, inmassen wier dan durch general meniglich sich gefaßt zu halten und zuezuziehn bevelch und dabey einleiten wöllen. daß ieder underthon gewißlich iner 3 tag nach erinderung des generalß seine wöhren alle den obrigkhaiten uberantworte, oder die obrigkhait solte nach den ungehorsamben greiffen und unß desselben berichten oder den Generalobristen alß rebellen uberantworten sollen. Und wie wier diser unser resolution die regierung, die verordneten dem General und seine zuegeordneten commissarien erindern, also wiertet sich sich jederman zu erindern haben, wolten wir euch genedig nit verhalten und sein euch gancz wol genaigt.

Wien den 29. April anno 97. jar.

Original unbekannt, gleichzeitige Abschrift im Archiv des Stiftes Zwettl.

CV.

1597. 30. April, Wien. Erzherzog Mathias beruft die Untertanen von St. Peter i. d. Au zur Purgation wegen des Aufstandes nach Wien.

Matthias von Gottes genaden Ertzhertzog zu Österreich etc.

Welchermassen unter jüngst verloffenen paurnaufstand ihr mehr alß andere rebellische gegen der Röm. Khays. Maytt. N. Öst. Regiments-Rath unnßerm getreuen lieben herrn Wilhelmben Seeman von Mangern zu St. Peter in der Au alß eurn herrn und von Gott ordentlich füergesetzten obrigkheit wider alle recht gantz unchristlicher landtfritbrüchiger weiß gehandlet, haben wier mit höchster befrembtung und ungnedigisten mißfahlen vernemben muessen, darumben dann euch dem verbrechen nach die gebuerliche straff bevorstehet, da ihr euch anderst des geiebten unfuegs nit zurecht genueg entschuldtigt und burgiern werdet unb solche sachen anzuhören und zu entscheiden. Bevelchen von Ir. Khays. Maytt. weegen wür euch hiemit ernstlich und wollen, dass ihr euch von dato yber viertzehn tag gewißlichen alhier zue verhör für die N. Öst. Reg. und thueung eur purgation stellet und khaineswegs außbleibet. Weillen ihr euch ermelte eur obrigkbait und seinen borgen damahlen hochsträtflicher zu heraußgebung unbillicher reverß und verschreibung genöttiget, da doch solches bey der N. Öst. Reg. aufgerichter und geferttigter vertrag und vorhanndenen betzettl, in welchen ihr euch an aydt statt ja bei leibs und lebens straff auch verlust ehr, guetts und bluetts verschriben und verbunden gehabt, dasselbe aber in windt geschlagen, strackhs zuwider, so bevelchen wür euch hiemit noch mallen alles ernsts und bey leibs und guett straff, daß ihr dieselben reverß alßbalt und unvertzogentlich zu der N. Öst. Reg. handlten herabschickhen und damit vertziechen. Undt daß ist mehr höchstermelte Ir. Kays. Maytt. wie auch unßer ernstlich endtliche mainung.

Geben in der statt Wienn den lezten tag Appril anno siben unnd neuntzig.

Matthias.

W. Unverzagt.

Ad mandatum Serenissimi Archiducis proprium.

J. Wirich. Dr.

Orig. unbekannt, aus dem Urbar der Herrschaft St. Peter i. d. Au im Schloßarchiv daselbst.

CVI.

1597. 3. Mai. Wien. Revers der Untertanen der Märkte Persenbeug, Isper, Emmersdorf, Wimperg und anderer zu diesen Herrschaften gehörigen Dörfer.

Wir zu der herschafft Persenpeug gehörige unndterthonnen N. richter rathe vnnd ganntze gemain der gehörigen märckt vnnd gerichten Persenpeug. Isper. Emmersdorff. Winperg vnnd andern incorporierten dörffern bekhennen sament sonnders vnnd vnnerschaiden für vnns vnnser erben vnnd nachkhomen wissent wolbedächtlich auch vngezwungen ungetrungen auf freyem fuess stehenndt frey wilkhurlich wem vnnd wo diser brief vnnd reverss zuvernemen vnnd lesen fürkhombt. Nachdem die Röm. Khais. Maytt. Ruedolff der Annder von Gottes genaden unnser allergenedigister herr vnnd lanndtsfürsst. gedachte herrschafft Persenpeug vnnd Emerstorff mit denen dar zue gehörigen märckhten. dörffern. ränndten. diensten. zinsen. robatten. stifften vnnd gemainelich allen ehren. rechten wie lanndtsgebreuchig zuegehörungen vnnd einkhomen dem wolgebornnen herrn herrn Ferdinanndt Albrechten herrn von Hoyess. freyherrn zum Stixenstain. herrn auf Persenpeug Röm. Khay. May. rath, erbaigenthunblich verkhaufft ein- vnnd vbergeben. unns auch dessen durch der abgesanndten commissarien. neben ainem offnen geferttigten gehorsambbrief im monat Novembris abgeganngenen vierundneunzigisten jars aussgchenndt. erfunden vnnd einanntworten lassen. darauff wir dann als erkhauffte erbvnndterthannen zu schuldiger gehorsamb alles dasjenige. so vnns darinnen schrifft- vnnd mündlich von gemelten herrn commissarien fürgehalten. gedachtem herrn von Hoyess zuelaisten mit munndt vnnd hanndt gelübdt angeschworen habe. Vneracht dises alles haben wir vnns laider durch trib des laidigen Sathans dahin bewegen lassen, das wir solichen ayd pflicht liederlich in windt geschlagen. dadurch von Gott vnnd vnnserer cristlichen frommen obrigkhait gannz vnbillich vnbefueget. ja ohne ainiche billiche vrsach abgefallen, eer. träwen, glauben vergessen. treuloss. manaidtig vnnd aidtbruchig worden. haimbliche verpottne verpindtung vnnd zesamenkhvnnfft gemacht. an deme noch nicht ersettigt, sondern alspaldt zu denn verpottnen vber vnnd vundter wöhren leichtfertiger weiss griffen vnnd ganz vngehorsamb vnnd rebellisch vnns wider ihr genaden gesezt, das schloss Persenpeug mit gwalt vnnd bewörter hanndt eingenomen, dasselbige vnnd was darinnen gewest ist, geblindert, beraubt, cassten vnnd kheller sambt anndern gemachen eröffnet, den pharhof Emerstorf spoliert umb mehrfellige hochstraffmessige gwalttättigkhaitten gebraucht, vnnsern genedigen herrn ohne fueg vnnd vrsach truz vnnd trölichhait empotten, ihme weder stewr, robath, diennst, zehenndt, ungellt vnnd täz noch anndere einkhomen zeraichen verwidert haben, auch aus lautter muettwillen vill erdichte vermainte grauamina doch ohne allen grundt der warhait. darzue wir ainiche erhebliche billiche noch befuegte vrsach nit gehabt, dieselben auch wir offenntlich widerrueffen vnnd alls ein lauttern erdichten vngrund khrafft diss revers hiemit annulieren, cassieren vnnd widersprechen vbergeben: wie dann denn maisten aus vnns vmb soliches alles nichts bewisst, sonndern der radlfüerer allain zesambgeklaubte vngegründte mainung vnnd erdichter fälsch gewest ist; hierüer auch die sach so weit gedigen, das wir alls aufgestanndtene rebellianten widerumben zum schuldigen gehorsam mit scherff des schwerts gezwung worden sein. Wann wir dann samennt vnnd sonders crafft diß brieffs selbs freywillig erkhennen vnnd bekhennen, das wir hiemit wider Gott dem Allmechtigen auch die Röm. Khay. Maytt. vnnsern allergenedigisten Herrn vnnd Lanndtsfürssten, sowoll wider Ir. Gnd. alls vnnsern rechten naturlichen frommen cristlichen erbherrn vnnd obrigkhait, auch den gemainen lanndtsfriden zum höchsten gesündtiget vnnd des schuldigen gehorsambs gesezt, gefräfelt vnnd muetwillig aufgestanndten, mit falsch vnnd vngrundt in allem vnnserm angeben furkhomen, manaidig, aidtprüchig vnnd trewloss worden, vnnd damit leib, ehr vnnd guet verlohren: demnach haben wir vnns auf denn sechs vnnd zwainzigisten monatstag Apprillis durch vnnsere vollmechtige vnnd im beschluss dises revers vermelte abgesanndte beschehenen vndtertheniigisten offnen fuessfall auch vbergebnen supplication, credennts vnnd gwaltsbriefen im gehorsamb für Ir. Gnd. hieher nach Wien gstellt, vnnd weill vnns solich vnnser begangene, fürgenomene, hochstraffmessige misshandlung je von herzen treulichen laidt ist, auch nicht allain selbst für vnrecht erkhennen, sonndern hiemit vmb Gottes willen christlich durch den fuessfall gnadt vnnd verzeichung gebetten haben. hierüber Ir. Gnd. vnns aus angeborner miltigekhait (ausser der rädlfürer) widerumben auf ein neues mit gethonen aidtspflichten zue vnndthonen aufgenommen: hierauf geloben. zuesagen vnnd versprechen wir für vnns vnnsere erben, gedachten herrn von Hoyess freyherrn vnnsern rechten erb-, schuzvnnd grundtherrn. Ir. Gnd. erben vnnd nachkhomen, jezo vnnd hinfüran allen lanndtsgebreuchigen schuldigen gehorsamb. mit raichung diennst. steur. robath. freygellt an vnnd auffarth vnnd was deme anhenngig sein möchte. bey verpfenndtung vnnser vnnd eines jeden leibs, ehr. hab vnnd guets. dahin wir samentlich vnnd sonders vnns erclärt vnnd an aydtsstat verpflicht haben wollen. gewisslichen zuerzaigen. Ir. Gnd. vnnd deren erben frommen vnnd nuz zue betrachten. denn schaden zuewarnnen vnnd zuewenndten. getrew, gewerttig vnnd holdt zuesein, auch alles das zuethuen, was getrewen vnnd mit aydt verphlichten unndterthonen irem natürlichen erbherrn in allem zuelaisten schuldig sein, unns auch nimmermehr zue ewigen zeytten, für vnns vnnsere erben vnnd nachkhomen oder jemanndts ander an vnnser stath in khainerlay weiss der gleichen rebellion, aufruer, widersetzlichait vnnd vngehorsamb einzuelassen. Solichem allem wellen wir alls waar vnns Gott vnnd heillig Evangelium helff, vnnd wir khunfftig am jüngsten gericht veranntwortten sollen vnnd muessen, gehorsamblich nachkhomen. auch waar, vest vnnd stät halten. Zum fall aber wir sament vnnd sonnders ainer oder mehr. darvor vnns Gott genedig behuetten welle. solichem zuewider sich verrnner mit rath oder that vergreiffen wurde. der oder dieselbigen sollen alspaldt ohn ainich verrnner urtl vnnd recht, leib. ehr vnd guett ohne alle gnadt verworcht vnnd verlohrn haben. Alles erber (erlich, trewlich vnnd ohn geuerde. Dessen zue wahrem urkhundt vnnd das wir solichem allem waar, fesst vnnd gehorsamblichen nachgeleben sollen vnd wellen. haben wir anfanngs gemelte märckht Persenpeug. Isper, Emerstorf, Winperg alls vollmechtige ausschuss vnnd obgesanndte für vnns vnnd vnnsere mit consorten, so mit aigner marckht sigillsferttigunng nit versehen gewesst. aufgegebne pedtzetl vnnd gwaltsbrief dises reverss mit vnnsern anhanngenden grossen innsigl verferttigt.

Der vorgemelten märckht Persenpeug. Isper, Emerstorf vnnd gericht Winperge abgesannten vnnd geornndten ausschuss verzaichneten namen vnd sambt der anndern eingehörigen vnnd incorporirten ämbtern. — Folgen über 40 Namen von Bürgern und Bauern dieser Herrschaften.

Original Pergament, 3 Hängesiegel der Märkte Persenbeug, Isper und Emmersdorf. Schloßarchiv von Persenbeug.

CVII.

1597, 6. Mai. Wien. Verzeichnus der aufrierischen Bauren bestellte und erkieste Rytter, Obriste, Haubtleuth und andre Befelchshaber, so den 24. April anno 1597 von Enns nach Wien inns Khayßers Ambtshauß gelüfert worden, wie ire befelch volgen.

Rytter: Martin Oßwald Gerla von Nestling, seines handtwerckehs ein tuechscherer, von wegen daß er Ipps und Carlspach bestritten zue rytter geschlagen.

General-Obrister: Georg Prunner, Schneider von Emersdorff, 55 iar alt, so Persenbeug eingenomben: ist erstlichen ein gerichtsdiener, hernach reverendo ein hundtschlager und ieezo zue einem General-Obristen erwehlet worden.

Obrister: Andree Schrembser von Dobersperg, paur, so über 17.000 Gulden vermögt, bei 75 iaren: diser hat kirchen und clöster beraubt.

Ober-Haubtman: Hans Marchgraber, Binder von Rosenheimb (Gossenham) bei 34 iar.

Leopoldt Dieckh aussem Lempach, paur, bei 60 iaren.

Jakob Heinrichman von Viters (Vitis) bei 60 iaren.

Andre Gundtschachner von Grawenegg, 38 iar.

Jacob Rauchenberger wirt vom Hag, 34 iar.

Georg Spatz von St. Valtin (Valentin) 55 iar.

Hans Witting, paur von Hart, 22 iar.

Michael Peer von St. Petter in der Au, bei 40 iar, ist über ein pferdt stalmeister gewest.

Leutnambt: Michael Maurer, burger von Emersdorf, bei 32 iar.

Wachtmeister: Hans Schaufler, burger von Emersdorf, bei 40 iar.

Rottmeister: Thomas Zechenter, paur, von St. Valtin, bei 42 iar.

Profoß: Lucas Ried von Chur.

Feldtschreiber: Georg Khölbell von Schneeberg, 40 iar.

Feldwaibl: Paul Flanckhel von Schneeberg, 40 iar.

Fourier: Petter Prandstetter, herren von Hoys (Hoyos) richter, bei 30 iaren.

Leybschütz: Paul Greynwiller von St. Leonhardt, bei 50 iar.

Trabant: Wolf Erlaer von Hag, paur, bei 40 iar.

Gemeiner Soldat: Wolf von der obern Leuthn, paur, bei 40 iar.

Summe aller gefangnen 21 person.

Auf 3. Mayo hat man abermals 123 Bauren inn eyssen gehn Wienn und in die gefenngnussen gelegt, darunder seyn alte leuth. welliches wol zue erbarmen, denen mochte es nicht wol ergehen.

Archiv Seitenstetten, auch in den Fuggerischen Relationen aus den Cod. Manuscript der k. und k. Hofbibliothek in Wien. Nr. 8970, fol. 599, a et b.

CVIII.

1597, s. d. (vor dem 14. Mai). St. Peter in der Au. Bitte und Entschuldigungsschreiben der Untertanen der Herrschaft St. Peter in der Au an den Erzherzog Mathias von Österreich.

Der herrschafft St. Peter zuegehörige unterthanen gehorsambist entschuldtigung undt abbetschreiben, so sye auf vorgeschriben Ihro Fürstl. Durchl. Ertzhertzogen Matthiaß zu Österreich inen uberschickhten bevelch zur purgation nach Wien zu erscheinen wohlgedachter Ihr. Fürstl. Durchl. nach Wienn yberschickht.

Durchleuchtigister, hochgebohrner Ertzhertzog, genädigister fürst und herr. Eur Fürstl. Durchl. sein unnßer allerunterthenigiste gehorsambiste diennst diemüettigist zuvor. Eur Fürstl. Durchl. an ein gantz gemain der herrschafft St. Peter Seemanische unterthanen erforderungsbevelch unnß auf Wienn zur purgation unnßers layder Gott seys geclagt begangens verbrechens, der belegerung, blinderung des schloß St. Peter und gefenckhlicher enthaltung unnßer gnedigen herrn, des herrn Seemans, halber zu stellen, haben wir zwar mit gehorsambister reverenz doch mit sondern schräckhen und höchster betriebnuß empfangen und ablösunt vernomben. Wann wür dan nunmehr in unser gewißen layder die sach alzuhoch straffmessig und unverandworlich befinden, daß wür hieran wider Gott, die Röm. Khays. Maytt., Eur Fürstl. Durchl. alß unnser allergnedigiste landtsfürstliche obrigkhait mißhandelt, daneben auch unnßern grundtherrn, den herrn Seeman, unverdienter sachen so hoch belaydiget haben, daß wür unnß deren fürgeloffenen handlungen zu recht genueg nit zu purgiern getrauen sondern allein umb gnedige verzeichnung und landtßhuldtigung zu bitten verursacht worden, so bitten wür Eur Fürstl. Durchl. umb Gotteswellen, die wollen unnß die erscheinung zum purgation recht nachvolgender ursachen halber gnedigist erlassen:

Erstlichen, daß wür einfaltig armbe leuth bey kopffabschlagen und abprennung unnßerer heußer durch etlicher rädlfüerer, derer zwenn allberait zu Wien gefangen ligen, alß Michael Perr, Wolf Toberleithner, Hännsl Seidl und Matteus Gäßler, aufgemanet und zum Margraber Obristen zu erscheinen so ernstlich angestrengt worden, daß wür erscheinen müßten.

Zum anderten hat unnß gemelten Margraber ain general am Ibbsfelt fürgelesen, darin gestanden, wie er und alle haubtleuth, wie auch zumall alle paurn, so zu erhaltung der alten gerechtigkhait sich zusamben versamblet hetten, voglfrey gesprochen sein sollen, und weillen gleich darzumall unnßer gnediger herr, der herr Seeman mit vier gutschywägen und ettlichen reyttern auf St. Peter zuezogen, ist unter der gemain ein geschwätz aufkhomen, er herr Seeman, werde die im verleßenen generall betrotte straff' ins werckh ziechen, unnßere obristen und heybter gefangenemben und ybel mit unnß umbgehen.

Zum drütten, so hat gleich daß unglückh den herrn burggrafen von Steyr in der paurnhandt gebracht, welchen sy gefangen und wegen den zwayen zu Steyr enthaubten unterthanen also ein tag ettlich mit ihnen gefürth haben, der soll nun unter andern difien enthaubten zwenn unterthanen halber alle schuldt auf unnßer gnedigen herrn, dem herrn Seeman, gelegt haben, daherr dann die gemain so strackh auf ihn erbittert worden, daß sy alßbalt im herrn Seeman zu yberziechen beschlossen, welches layder also beschechen und ein ybeln außgang genomben, alß wür zwar verhofft und in unßern sinn genumben hetten.

Zum vuertten, so seyn unnß die 4 ämbter Steyer herrschafft so strackh in ohrn gelegen und so hefftig angehalten, weill herr Seeman zway jahr im ihrem mit der Khays. Maytt. streuttigen handlungen commißari geweßen und sye dahin bereden wollen, anstatt ihrer alten khayßerlichen und khuniglichen freyheit ein neye freyheit anzunemben und sye gewißlichen darfür gehalten, daß er herr Seeman solche alte freyheiten bey ihm haben oder ja zum weeg bringen khündte, daß wür in so lang gefencklichen enthalten sollen, biß er dieselbe dargebe. Wie dann diße vier ämbter gegen dem fromben herrn am meisten gewuettet und getobet, auch gar an ainen khleinen gestandten, daß sye in herrn Seeman am freytag nach der Äschermüttwochen durch unchristliches Gotteslestern

24

reißen und wuetten N. Rauchbergers, so aber seithero auch entschlaffen, nit zum fenster hinauß gehänckht haben.

Fünfften. Damit nun der leydige Satan sein spill gantz mache, sein wür durch diß der Steyrischen unterthanen begehrn alter freyheiten auch dahin gerathen und durch trüb unnßerer im anfang benendten rädlfuehrer in diße gedanckhen gefallen, daß ierzt rechte zeitt und gelegenheit vorhanndten wehre, auch unnßer gehabte aber noch vor fünff jahren von der Röm. Khays. Maytt. abgeforderte und aberkhente zerschnittene freyheitten widerumb znverneuern begehrn. Sein also in dißem schwurbl dahin geratten, daß wier unnßer vor der löbl. N. Öst. reg. unnßerm gnedigen herrn gethane aydspflicht und darüber erlegts geferttigts revers gantz vergessen und nicht in acht genomben, sondern mehr wolgedachten herrn Seeman zu einem revers und letzlichen zur pürg verschreibung gezwungen haben.

Weilln wier aber solche alberaith zu handen des herrn General-Obristen und den khays. herrn commissarien handten erlegt, und als wider in den alten standt gebracht, darüber auch von neuen den herrn General-Obristen angelübt und unß reversiert, solches auch die zeit unnßers lebens zu halten gedenckhen, so bitten wier Eur. Fürstl. Durchl. allerunterthenigist gehorsambst und um Gottes willen, die wellen unnß alles und jedes, waß wür auß angeregten verursachungen wider Gott, die Röm. Khays. Maytt., Eur Fürstl. Durchl. alß landsfürstliche obrigkeit, dann auch wider unnßern gnedigen herrn, dem herrn Seeman, gesündiget und mueßgehandlet, auß gnaden verzeichen und vergeben, das purgationsrecht, welches wür außzustehen unnß nicht getrauen, ab- und einzustehlen und unß noch lenger im lande bey hauß und unnßern armen weib und kindlein wonnen und verbleiben lassen mit diesem gehorsambisten erbitten, daß wür unnßern gnedigen hochbelaydigten herrn ain offentlich abbet thuen, allen schuldigen gehorsamb vermög der vor der N. Öst. reg. vormals aufgerichten verträg bey geschwornen aydt laisten uns nie mehr zu ewigen zeitten darwider handlen sollen noch wollen alß bey straff des monnaydts und verlust leibs und lebens, haab, guets und bluedts.

Dessen würdt der barmhertzig Gott, so khain bueßfertigen sünder, wann er sich erkhennt und umbkhert hat außgeschlagen, ein reicher belonner sein, und wür wollens umb Euer Fürstl. Durchl. mit unnßerm empsigen gebett um dero langes leben und glueckliche regierung alleruntertbenigist und gehorsambist verdienen in allertiefster diemuth unnß gehorsambist befelchent.

N. undt N. einer armben paurschafft unter der herrschafft St. Peter sesshaffte erwelte und gevolmechtige ausschüß.

Orig. unbekannt; aus dem Urbar der Herrschaft St. Peter im Schloßarchive daselbst.

CIX.

1597. 1. October, St. Peter in der Au. Erklärung Seemanns von Mangern, unter welchen Bedingungen er seinen Holden ihre gegen ihn verübten Gewaltthätigkeiten verzeihen will und Revers derselben.

Zue der zur herrschafft St. Peter gehörigen underthanen an heutt den letzten Septembris anno 97 beschechenen münndlicher abredt und fuesfall wegen der an ihrer obrigkhaitt den herrn Seemann geübten unchristlichen gewalt, belägerung undt plinderung auch gefänglicher enthaltung erkhlerrt sich herr Seemann nachvolgunder gestaltt:

Erstlichen begertt er von denn underthauen, das sy ihr unrecht und mishandtlung schriftlichen under deren ausschues ferttigung übergeben undt abbitten, inmaßen von anderen herrschafft underthanen auch beschechen.

Zum andern, das sy auf der Fürstl. Durchleucht citation zum purgationrechtt nach Wien ihre verantworttung under gemeltter ausschuesferttigung überraichen laßen.

Dritten, das sy sich als verursacher diser belägerung, plinderung undt gefängnus, indem sy zum Obristen umb hilf geschickht undt frembt volckh alber gebracht haben, umb die erlidtenen schäden vergleichen und ain tausend gulden in zehen jahren nach undt nach also jährlich 100 fl. erlegen undt bezahlen sollen.

Zum viertten, das sy, die underthanen undt ihre nachkhomben zur straff undt ewiger gedechtnus jährlichen am Lichtmestag, daran sy das schlos zu belägern angefangen, sambt ihren khnechten undt söhnen, was doch über funfzehen jahr ist, ohn wehr allain mitt waißer steblein zwischen den zwayen schlostöhren außer der pruckhen erscheinen undt jährlichen ihr mishandtlung und gebrauchter gewaltt undt unrecht erkhennen undt umb genadt undt schuz bietten. Undt nachdem sy den herrn Seemann nitt allain seine rüstkhamber sambtt

24*

den farnusen geplindert sondern auch seiner seidtenwehr beraubt, darneben auch ain ansehliche altte vergulde ritterswehr undt tollich aus seinem zimmer genomben undt also gantz währlos gemachtt, das sy jährlichen ihm undt seinen erben undt nachkhomben ain verguldte wehr sambt den tollich in ainer sambttnern schaiden oder in sonst ain tägschen oder wahr, die er oder sein nachkhomben selbst bestöllen undt machen lassen möchten undt funfzehen gulden wol werth sey, doch darüeber nitt, praesentiren undt also hinfordan ihren gehorsamb ertzaigen, dadurch sy undt ihre nachkhomben solcher unchristlichen thatt undt mißhandtlung erindern, vor dergleichen sündt undt laster sich hietten undt hinfordtan in gehorsamb verbleiben möchtten.

Wan das geschicht, erbiett sich herr Seemann als ein christ ihnen zu verzaichen, wieder zu genaden zu nehmben, bey der Fürstl. Durch. undt Römisch Khaiserlichen Mayestet umb landtshuldigung zu intercetiren undt alles, was verloffen, schwindten undt fahren zu laßen. Doch behelt ihm herr Seemann bevohr, im fall ainer oder der ander vorhanden, der von sturmhauben, pügßen, wehren oder ander farnus aus dem schlos enttragen undt daßelbe verhaltten undt nitt hergeben woltte, das derselbe in diser vergleichung nitt getzogen oder derselben genießen soll. Also soll auch ainer sein, der den schänen ofen in der großen herrnstueben mutwilliger weiß eingeschlagen. Item der Wolf am Schöneg, so vor den herrn commissarien den herrn Seemann ein verlogener man gescholden: gegen disen zwayen heltt ihm herr Seemann das geziembt einsechen bevor.

Dise obgeschriebenen punckt wahr, stet undt recht zu haltten, haben sy. die ausschues, gehorsambst bewilligt undt darüber mit mundt undt handt an aydts stat sambt höchster dankhsagung angelucbt und zu mehrer gezeugnus die vertragspunckhten geferttigt, bis wir solche durch die landtsfürstliche obrigkhait zu ferttigung undt confirmirung bringen.

Actum St. Peter in der Au den ersten Octobris anno sieben undt neuntzig.

Orig.-Pap. mit 15 aufgedrückten Siegeln im Schloßarchiv von St. Peter in der Au.